Die Geschichte des französischen *acte de gouvernement*

Rechtshistorische Reihe

Band 310

Peter Lang
Frankfurt am Main · Berlin · Bern · Bruxelles · New York · Oxford · Wien

Catharina Lodemann

Die Geschichte des französischen *acte de gouvernement*

Peter Lang
Europäischer Verlag der Wissenschaften

Bibliografische Information Der Deutschen Bibliothek
Die Deutsche Bibliothek verzeichnet diese Publikation in der Deutschen Nationalbibliografie; detaillierte bibliografische Daten sind im Internet über <http://dnb.ddb.de> abrufbar.

Zugl.: Kiel, Univ., Diss., 2004

Diese Arbeit wurde von
Herrn Prof. Dr. Hans Hattenhauer
zur Aufnahme in diese Reihe empfohlen.

D 8
ISSN 0344-290X
ISBN 3-631-52792-6

www.peterlang.de

Meinem Onkel Dietrich

Vorwort

Die vorliegende Arbeit wurde im Frühjahr 2004 von der Rechtswissenschaftlichen Fakultät der Christian-Albrechts-Universität zu Kiel als Dissertation angenommen.

Ich danke Herrn Professor Dr. iur. Hans Hattenhauer, dass er mir die Bearbeitung eines in jeder Hinsicht meinen Interessen entsprechenden Themas ermöglicht hat. Er war es, der bereits zu Studienzeiten mein Interesse an dem französischen Rechtskreis durch den von ihm organisierten Austausch nach Paris geweckt hat. Besonders dankbar bin ich für seine außergewöhnlich liebevolle Betreuung, die mit der er mir zu jeder Zeit eine große Hilfe war. Er hat durch die prompte Erstellung des Erstgutachtens maßgeblich zu einem raschen Abschluss des Promotionsverfahrens beigetragen.

Herrn Professor Dr. iur. Jörn Eckert danke ich für die zügige Erstellung des Zweitgutachtens.

Schließlich danke ich der Französischen Botschaft in Berlin, die mir stellvertretend für die französische Regierung ein Forschungsstipendium gewährt hat.

Hamburg, im Februar 2005 Catharina Lodemann

Inhaltsverzeichnis

Abkürzungsverzeichnis

ADJA	Actualité juridique, droit administratif
AöR	Archiv des öffentlichen Rechts
C.E.	Conseil d´État
D.	Le Dalloz (Recueil Dalloz)
DöV	Die öffentliche Verwaltung
EDCE	Études et documents du Conseil d´État
JCP	Jurisclasseur périodique (La semaine juridique)
J.O.	Journal Officiel
JöR	Jahrbuch des öffentlichen Rechts
RA	Revue administratif
Rec.	Recueil des arrêts du Conseil d´État
RDP	Revue du droit publique et de la science politique
RFDA	Revue française de droit administratif
Rev. crit.	Revue critique de législation et jurisprudence
S.	Recueil Sirey
T.C.	Tribunal des Conflits

A. Einleitung

Im nachrevolutionären französischen Staat, der sich auf die Gewaltentrennung MONTESQUIEUS gründete, war der Richter unabhängig von Gesetzgeber und Regierung. Er durfte weder in den Aufgabenbereich der Legislative noch den der Exekutive eingreifen. Dies erklärte die Unzuständigkeit der Judikative, die Rechtmäßigkeit von Gesetzen oder Streitigkeiten zwischen der Exekutive und dem Bürger zu beurteilen. Dem Bürger standen lediglich außergerichtliche Rechtsbehelfe zur Verfügung. So bestand die Möglichkeit, Petitionen an das Parlament zu richten oder sich direkt an die Exekutive zu wenden, die über die sie betreffenden Streitigkeiten selbst entschied. Die Gewaltenteilung wurde also zunächst als absolute Trennung der Gewalten begriffen und auf eine gegenseitigen Hemmung und Kontrolle der Gewalten nach heutigem Verständnis verzichtet. Mit der Entwicklung der Verwaltungsgerichtsbarkeit wurde der Exekutive die Befugnis, über die Verwaltungsstreitigkeiten selbst endgültig zu entscheiden, entzogen und einem unabhängigen Gericht, dem *Conseil d'État,* übertragen. Die Gewaltentrennung erforderte eine Bestimmung der Angelegenheiten, die der Verwaltungsgerichtsbarkeit unterliegen sollten. Der Exekutive oblag vor allem die Ausführung der Gesetze. Der Einzelne sollte vor der willkürlichen Auslegung der Gesetze durch die Verwaltung geschützt werden. So wurde dem Verwaltungsgericht zunächst die Überwachung der rechtmäßigen Anwendung der Gesetze übertragen. Über die Zuständigkeit für die Ausführung der Gesetze hinaus besaß die Exekutive jedoch abhängig von der jeweiligen Verfassung weiter reichende Befugnisse. Sie nahm beispielsweise durch das Initiativrecht oder das Recht der Verkündung der Gesetze an der Gesetzgebung teil. Sie befehligte die Streitkräfte; sie wachte über die innere und äußere Sicherheit des Staates und war mit der Führung der auswärtigen Angelegenheiten betraut. Die Kontrolle dieser Befugnisse aber wollte man nicht dem Richter übertragen, um eine „Regierung von Richtern" zu vermeiden. Vielmehr sollte in einer demokratischen Verfassung das Parlament als Repräsentant des demokratischen Volkswillens die alleinige Zuständigkeit besitzen, das Regierungshandeln zu beurteilen. Also musste ein Ausgleich zwischen der souveränen Autorität des Parlaments und der Möglichkeit der gerichtlichen Kontrolle erzielt werden. So besaß der Richter lediglich die Befugnis, die Rechtmäßigkeit der Akte der Exekutive zu kontrollieren, wohingegen ihm eine Beurteilung der Zweckmäßigkeit des Regierungshandelns nicht zugestanden wurde. Ferner blieb in Frankreich eine Reihe von Exekutivakten einer gerichtlichen Kontrolle vollständig entzogen: die so genannten *actes de gouvernement.* Bereits in Zeiten, in denen das mit der Behandlung von Verwaltungsstreitigkeiten betraute Organ in seiner Entscheidungsbefugnis vom Staatsoberhaupt abhängig war, übten die Staatsräte des *Conseil d'État* Zurückhaltung gegenüber Streitigkeiten politischen Charakters, an denen die Exekutive beteiligt war. Seit 1872 besteht eine unabhängige Entscheidungsbefugnis des *Conseil d'État.* Dennoch weigert jener sich bis heute, bestimmte Akte der Exekutive zu beurteilen. In der Rechtslehre besteht seither Streit, ob überhaupt eine homogene Kategorie von Exekutivakten existiert, die sich wegen eines gemeinsamen Kriteriums der gerichtlichen Kontrolle entzieht.

B. Auf dem Weg zur Revolution: die Geschichte der Entwicklung der Verwaltungsgerichtsbarkeit in Frankreich

Erste Grundlagen einer modernen Verwaltungsgerichtsbarkeit wurden in Frankreich nach der Revolution gelegt. Im Mittelalter wie auch in der absolutistischen Monarchie war der König alleiniger Träger aller Staatsmacht. Seine Herrschaft wurde als ein ihm von Gott verliehenes Recht und nach dem Prinzip der Primogenitur vererbliches Lehen gedeutet. Er allein übte in eigener Person alle staatlichen Funktionen aus, erließ Gesetze, verwaltete und richtete.[1] Schon früh existierte ein beratendes Gremium, zunächst die *Curia regis*, dann die *Cour du Roi*, in dem sich der König mit einigen Vasallen beriet. Thematisch beschäftigte dieser sich mit allen Rechts-, Verwaltungs-, Finanz- und sonstigen politischen Fragen. Die Vasallen hatten eine nur beratende Funktion; die endgültige Entscheidung oblag dem König.[2] Eine Verwaltungsgerichtsbarkeit existierte nicht, und so war die Problematik der *actes de gouvernement* noch unbekannt, da alle Akte des Königs souveräne, unangreifbare Akte waren.[3] Die *Cour du Roi* bestand seit LUDWIG XIV. aus zwei Abteilungen. Der *Conseil d'État du Roi* behandelte unter dem Vorsitz des Königs alle Angelegenheiten der Politik, Verwaltung, Finanzen und Wirtschaft, wohingegen der *Conseil d'État privé* oder *Conseil des parties* unter dem Vorsitz des *Garde des Sceaux*[4] die Aufgaben eines obersten Zivil- und Strafgerichtes übernahm. Ihm untergeordnet waren die *Parlements*, die für Streitigkeiten der ordentlichen Gerichtsbarkeit zuständig waren. Die Zuständigkeit für die Lösung von Konflikten zwischen den Bürgern und dem Staat war ihnen durch königliche Weisung entzogen worden.[5] Jene schränkte den Einfluss der *Parlements* ein und begrenzte deren Zuständigkeit auf die Behandlung der Rechtsstreitigkeiten der Bürger untereinander. Nicht nur den Gerichten, sondern auch der Öffentlichkeit sollte die Beurteilung der Regierungstätigkeit entzogen werden. Wachsende Kenntnisse im öffentlichen Recht suchte man daher überhaupt zu verhindern. Als ein Lehrstuhl für öffentliches Recht am *Collège Royal* eingerichtet werden sollte, lehnte der zuständige Kanzler dies ab, weil er die königliche Autorität gefährdet sah.

Bereits vor der Revolution bestand also eine organisatorische Trennung der gerichtlichen Behandlung zivil- und strafrechtlicher Natur einerseits und verwaltungsrechtlicher Natur andererseits. Eine getrennte Gerichtsorganisation bestand indes nicht. Das Misstrauen der Krone gegenüber der Richterschaft machte die Einrichtung eines Verwaltungsgerichts undenkbar. Das käufliche und vererbbare

---

1 Vgl. dazu und dem folgenden: Müller, Der Conseil d'État, AöR 1992, 337, S. 339ff.

2 Vgl. Pranard, De la notion de l'acte de gouvernement, S. 11: „si veut le roi, si veut la loi."

3 Vgl. Le Courtois, Des actes de gouvernement, S. 8:„L'acte de gouvernement était autrefois la règle."

4 „Garde de Sceaux": Noch heute gebräuchliche Bezeichnung für den Justizminister.

5 Koch, Verwaltungsrechtsschutz in Frankreich, S. 21.

Richteramt[6] besaß wegen der den Richtern zufallenden Gerichtsgebühren einen hohen Wert und konnte nur von vermögenden Untertanen ausgeübt werden.[7] Die Beamtenschaft war eine bevorrechtigte Schicht geworden, weil der seit dem 16. Jahrhundert übliche Ämterverkauf für den Staat eine wichtige Geldquelle war, die für die Amtsinhaber mit erheblichen Privilegien wie zum Beispiel der Befreiung der Steuerpflicht verbunden war.[8] Nur vorübergehend wurde unter RICHELIEU die Käuflichkeit des Richteramtes abgeschafft und jenes so genannten Intendanten übertragen, die königlicher Kontrolle unterstanden. Nach dessen Tod wehrte sich in den fünf Jahren der Fronde vor allem das Pariser Parlament gegen die Intendanten, durch die der König Einfluss auf die Richter ausübte. Die Parlamente erreichten mit der Unterstützung „kleinbürgerlicher Aufständischer" in Paris[9] die Abberufung der Intendanten und Rückübertragung ihrer ursprünglichen Rechte. Von nun an nutzten die Beamten ihre privilegierte Stellung, um die alten Zustände zu bewahren. Ihre Gewohnheit, sich durch *Remontrances* in Gesetzgebung und Verwaltung einzumischen, erweiterte ihren Einfluss ungemein und führte zu einer konservativen Bewahrung ihrer Rechte und einer erheblichen Revolutionsfeindlichkeit.[10] Nach dem Ende des siebenjährigen Krieges verstärkten die Gerichtshöfe Frankreichs ihre bereits begonnene Oppositionspolitik gegen die Reformen der Regierung und erzielten mit dem Verbot des Jesuitenordens 1764 ihren größten Erfolg.[11] Seither bekämpften sie vor allem die Steuer- und Verwaltungsreformpläne der Regierung. Sie wollten die Antiquiertheit ihrer eigenen politischen Stellung und den Ämterkauf, dem sie ihre privilegierte Stellung verdankten, der zunehmend aufgeklärten Öffentlichkeit nicht ins Bewusstsein treten lassen.[12] Gegen Ende der Regierungszeit LUDWIGS XV. wurden aber die alten Gerichtshöfe abgeschafft und Obergerichte ohne die Möglichkeit des Ämterkaufs eingerichtet. Diese Reform hatte jedoch keinen Bestand und wurde von LUDWIG XVI. schon kurze Zeit später rückgängig gemacht. Die öffentliche Diskussion wurde erst durch die großen Werke der französischen Aufklärung

---

6 Auch Montesquieu hatte seinen Namen und das Richteramt von einem kinderlosen Onkel in Bordeaux geerbt.

7 Jèze, Das Verwaltungsrecht der französischen Republik. S. 169, Waline, Droit administratif, S. 24.

8 Van Caenegem, An historical introduction into Western Constitutional Law, S. 101.

9 Hinrichs, Das Frankreich Richelieus und Mazarins, in: Kleine Geschichte Frankreichs, S. 171, 182.

10 Lücking, Die Grundlagen der französischen Verwaltungsgerichtsbarkeit, S. 2; De Laubadère/Venezia/Gaudemet, Manuel de droit administratif, S. 34f; Waline, Droit administratif, S. 24 : Hagens, Die Verwaltungsgerichtsbarkeit in Frankreich, AöR 1902, S. 371, 375 ; Jarass, Besonderheiten des französischen Verwaltungsrechts, DöV 1981, S. 813, 813.

11 Hinrichs, Die Krise des Ancien Régime, in : Kleine Geschichte Frankreichs., S. 232, 236.

12 Hinrichs, a.a.O., S. 237.

VOLTAIRES, MONTESQUIEUS[13] und ROUSSEAUS erweckt.[14] MONTESQUIEUS Gewaltenteilung sollte Grundlage des nachrevolutionären Staates werden. Zwar verstand jener die Gewaltenteilung als deren vollständige Trennung ohne gegenseitige Kontrolle. Die Gliederung der Staatsgewalt in eine gesetzgebende, eine ausführende und eine richtende Funktion schuf jedoch den Nährboden für die spätere gegenseitige Kontrolle der Gewalten und damit die Schaffung gerichtlicher Kontrollorgane.

13 Unterscheidend zwischen Monarchie, Aristokratie und Demokratie begab sich Montesquieu auf die Suche nach der Verfassungsform, welche die größten Freiheiten verspreche: Sobald in ein und derselben Person oder derselben Beamtenschaft die legislative Befugnis mit der exekutiven verbunden sei, gebe es keine Freiheit. Es sei dann nämlich zu befürchten, dass derselbe Monarch oder derselbe Senat tyrannische Gesetze erlasse und sie dann auch tyrannisch durchführe. Freiheit gebe es auch nicht, wenn die richterliche Befugnis nicht von der exekutiven Befugnis geschieden sei. Die Macht über Leben und Freiheit der Bürger werde unumschränkt sein, wenn jene mit der legislativen Befugnis gekoppelt sei, denn der Richter sei dann Gesetzgeber. Der Richter habe die Zwangsgewalt eines Unterdrückers, wenn jene mit der exekutiven Gewalt gekoppelt wäre.

14 Hinrichs, a.a.O., S. 234.

C. Déclaration des droits de l'homme et du citoyen und die Verfassung vom 3. September 1791

Schon vor der Revolution hatten die *Cahiers de doléances* den Abgeordneten den Auftrag zum Entwurf einer neuen Verfassung gegeben. Erst nachdem sich der durch Geistliche und einige Adelige verstärkte Dritte Stand zur *Assemblée Nationale constituante* erklärt und damit den Pariser Volksaufstand ausgelöst hatte, beschloss die *Constituante* am 27. Juli 1789, eine *Déclaration des droits de l'homme et du citoyen* auszuarbeiten, deren Grundsätze später in die Verfassung vom 3. September aufgenommen wurden.[15] Sie verbürgte die Freiheit und Gleichheit der Bürger, das Eigentum sowie Meinungs- und Pressefreiheit.[16] Man suchte nun MONTESQUIEUS Idee der Gewaltentrennung umzusetzen. So wurde vier Jahrzehnte nach dem Erscheinen seines wichtigsten Werkes das Prinzip der Gewaltenteilung in Artikel 16 der *Déclaration des droits de l'homme et du citoyen* und der Präambel der Verfassung von 1791 verfassungsrechtlich niedergelegt.[17]

Art. 16.- Toute société dans laquelle la garantie des droits n'est pas assurée, ni la séparation des pouvoirs déterminée, n'a point de constitution.[18]

Wie die Idee der Gewaltenteilung im einzelnen verstanden wurde, zeigte der bekannte Artikel 13 des Gesetzes vom 16. - 24. August 1790:

Art. 13.- Les fonctions judiciaires sont distinctes et demeureront toujours séparées des fonctions administratives. Les juges ne pourront, à peine de forfaiture, troubler de quelque manière que ce soit les opérations des corps administratifs, ni citer devant eux les administrateurs pour raison de leurs fonctions.

Wegen der schlechten Erfahrungen, die man vor der Revolution mit den *Parlements* gemacht hatte, sollte nun der ins Unermessliche gesteigerte Einfluss der Richter auf die anderen Gewalten beschränkt werden. Sie sollten von Entscheidungen über Streitigkeiten, an denen die Verwaltung beteiligt war, vollständig ausgeschlossen werden. Das bedeutete, dass sie sich weder einmischen, noch die Verwaltungsbeamten vor ein ordentliches Gericht zitieren durften. Die ordentliche Gerichtsbarkeit war für die Beurteilung verwaltungsrechtlicher Streitigkeiten nicht zuständig.[19] Hierin zeigt sich die damals herrschende Auslegung der Gewaltenteilung. Eine gegenseitige Kontrolle und Hemmung der Gewalten, wie sie der heutigen Auffassung entspricht, lehnte man ab. Vielmehr wurde es für

---

15 Hartmann, Französische Verfassungsgeschichte der Neuzeit, S. 46.

16 Vgl. Godechot, a.a.O., S. 33ff.

17 Vgl. zu den Verfassungstexten: Godechot, Les Constitutions de la France, S. 35.

18 Vgl. Godechot, a.a.O., S. 35; ders., L'Histoire de la France de 1789 à nos jours, JöR 1989 (Neue Folge, Band 38), S. 45, 46.

19 Vgl. dazu Hattenhauer, Europäische Rechtsgeschichte, Rn. 1845.

den Fortgang der Entwicklung zu einer freiheitlichen Verfassungs- und Rechtsordnung als unerlässlich angesehen, die Gewalten vollständig voneinander zu trennen, damit sich der Geist der Revolution ungehindert von sachfremder und undemokratischer Bevormundung der Gerichte fortentwickeln könne.[20] Die Verwaltungsstreitigkeiten wurden daher nicht allein der ordentlichen sondern jeder Gerichtsbarkeit entzogen. Man sah es als eine logische Folge der Gewaltentrennung an, dass die Verwaltung über die gegen sie gerichteten Beschwerden selbst entschied.[21] Die Behandlung von Rechtsbeschwerden wurde als aktive Verwaltungstätigkeit betrachtet. Hatte man früher vom *juge-administrateur* gesprochen, dem Zusammenfallen von rechtsprechenden und verwaltenden Befugnissen, bezeichnete man nun den Richter der Verwaltung als *administrateur-juge.*[22]

Die Verfassung von 1791 war die erste geschlossen erarbeitete und geschriebene in Frankreich.[23] Sie legte die Macht in die Hände der *Assemblée nationale* und des Königs. Jener leitete seine Macht nun vom Volk her und hieß von nun an *Roi des Français* und nicht mehr *Roi de France.* Die Nationalversammlung besaß allein alle gesetzgebenden Befugnisse. Dem König wurde lediglich ein aufschiebendes Veto zugestanden.[24] Ausdrücklich legte die Verfassung fest, dass es keine dem Gesetz übergeordnete Autorität gebe. Auch konnte der König die Nationalversammlung nicht auflösen oder ein Initiativrecht ausüben. Er übte jedoch die alleinige exekutive Gewalt aus.[25] Ihm wurde die Aufsicht über die öffentliche Ordnung und Ruhe übertragen. Er befehligte die Streitkräfte und hatte über die äußere Sicherheit des Königreiches zu wachen. Er ernannte die Minister, die ihm allein verantwortlich waren, bestimmte die Besoldungen, verkündete die Gesetze, durfte Akte der unteren Verwaltungsorgane aufheben, wenn sie gegen Gesetze oder seine Vorgaben verstießen, führte die internationalen Verhandlungen und besaß das Recht, den Krieg zu erklären.[26]

---

20 Koch, Friedrich- Karl, Die historischen Grundlagen der Verwaltungsrechtspflege und deren Einfluss, S. 34.

21 „Juger l'administration, c'est encore administrer." Waline, a.a.O., S. 26f.

22 Pacteau, Contentieux administratif, S. 16, Rn. 3.

23 Hartmann, a.a.O., S. 47.

24 Damit konnte er die Anwendung eines Gesetzes für höchstens vier Jahre aufschieben.

25 Titre 3, Art. 4.- Le Gouvernement est monarchique: le Pouvoir exécutif est déléguée au roi, pour être exercé sous son autorité, par des ministres et autres agents responsables, vgl. Godechot, a.a.O., S. 39.

26 Vgl. Godechot, a.a.O., S. 55ff.

D. Die Verfassungen vom 24. Juni 1793 und vom 22. August 1795

Die Kriege gegen die anderen europäischen Staaten leiteten den Untergang der Monarchie ein. Zunächst hatte der König dem Krieg zugestimmt. Später, nach ersten militärischen Niederlagen, lähmte er mit seinem Vetorecht das Parlament an Beschlüssen zu Maßnahmen der Kriegsführung. Nachdem sein Veto mehrere, die Verteidigung Frankreichs betreffende Maßnahmen verhindert hatte, stellte das Parlament das Scheitern der Verfassung von 1791 fest. Der inzwischen gewählte Konvent sprach den König schuldig und ließ ihn hinrichten. Alsbald begann eine Kommission mit der Vorbereitung einer neuen Verfassung. Am 21. September 1792 wurde zunächst die Monarchie abgeschafft.[27] Die neue Verfassung sah das allgemeine Wahlrecht aller männlichen Staatsbürger vor, schrieb die persönliche Freiheit ebenso wie die Gleichheit vor dem Gesetz fest und verlieh der direkt gewählten Nationalversammlung umfassende Befugnisse.[28] Die Exekutive wurde geschwächt. Es wurde ein *Conseil exécutif* geschaffen, dem 24 Minister angehörten. Dieser leitete die gesamte Staatsverwaltung, konnte aber nur in Ausführung der Gesetze und Dekrete der Legislative handeln. Er ernannte die Beamten, verhandelte die internationalen Verträge und sorgte für den Vollzug der Gesetze.[29] Die Legislative besaß weitaus größere Macht. Sie hatte alle Gesetze und *décrets* zu beschließen. Die Gesetze mussten aber nach einer Abstimmung der Kammer dem Volk zur Abstimmung vorgelegt werden. Das erste Gesetz, dem die Bürger zustimmten, war die neue Verfassung, welche aber nie in Kraft trat. Angesichts des Krieges schien sie unanwendbar, da dieser allein mit einer starken Exekutive gewonnen werden konnte.[30] Die *gouvernement révolutionnaire* übernahm die Regierung und übertrug dem *Comité de Salut public* und dem *Comité de Sûreté générale* die exekutive Macht. Die Legislative, die *Convention*, wurde im September 1792 gewählt. Zunehmend gewann ROBESPIERRE Einfluss im *Comité de Salut public* und übernahm nach der Vertreibung der Stadtverwaltung die diktatorische Herrschaft über Paris.[31] Nach militärischen Siegen wurde er gestürzt und eine Kommission mit der Erarbeitung einer neuen Verfassung betraut. In die Verfassung vom 22. August 1795 sollten die Erfahrungen des *Ancien Régime* und die Lehren der Revolutionsjahre gleichermaßen einfließen sowie eine Militärdiktatur verhindert werden.[32] Sie schaffte das allgemeine Wahlrecht wieder ab und verlieh es nur Bürgern, die direkte

---

27 Hartmann, a.a.O., S. 52.

28 Vgl. Godechot, a.a.O., S. 79ff.

29 Art. 65.- Le Conseil (exécutif) est chargé de la direction et de la surveillance de l'administration générale ; il ne peut agir qu'en exécution des lois et des décrets du Corps législatif. Art. 66.- Il nomme, hors son sein, les agents en chef de l'administration générale de la République. Vgl. Godechot, a.a.O., S. 87f.

30 Hartmann, a.a.O., S. 55.

31 Hartmann, a.a.O., S. 56.

32 Godechot, a.a.O., S. 101ff.

Steuern zahlten. Das passive Wahlrecht wurde auf eine Minderheit von Höchstbesteuerten begrenzt.[33] Die in der *Déclaration des droits de l'homme et du citoyen* niedergelegten Grundsätze der Freiheit und Gleichheit aller Bürger wurden nicht wieder in die Verfassung aufgenommen. Die Exekutive wurde einem Kollegium von fünf durch die Legislative ernannten Männern übertragen.[34] Das *Directoire* wachte über die äußere und innere Sicherheit, ernannte die Minister, verkündete die Gesetze, wachte über deren Ausführung, konnte der Legislative die Erklärung des Krieges nahe legen. Es leitete die internationalen Verhandlungen und befehligte die Streitkräfte.[35] Zudem besaß es das Aufsichtsrecht über die gewählten lokalen Verwaltungen und die Justiz und kontrollierte so den Volkswillen auch auf unterer Ebene. Ungeklärt blieb das Verhältnis des *Directoire* zur Legislative. Sie verabschiedete die Gesetze, jenes war ihr aber nicht verantwortlich, so dass ein Kräftegleichgewicht die Regierung des Landes hemmte. Es ermöglichte das Erstarken einer dritten Macht, der Armee. Nach dem im Frühjahr 1797 die Monarchisten bei einer Teilwahl die Mehrheit gewonnen hatten, besetzte die Armee unter dem Vorwand eines drohenden Putsches auf Befehl des *Directoire* die Nationalversammlung und verhaftete missliebige Abgeordnete.[36] Gleichzeitig übertrug jenes NAPOLEON BONAPARTE das Kommando über die Armee in Paris.[37] Die Verfassung wurde aufgehoben.

---

33 Haupt, Direktorium, Konsulat und Kaiserreich, in Kleine Geschichte Frankreichs, S. 268, 273.

34 Art. 132.- Le pouvoir exécutif est délégué à un Directoire de cinq membres, nommés par le Corps législatif, faisant alors les fonctions d'Assemblée électorale, au nom de la Nation.

35 Vgl. Godechot, a.a.O., S. 117ff.

36 Haupt, a.a.O., S. 272.

37 Hartmann, a.a.O., S. 63.

E. Die Verfassung vom 13. Dezember 1799

Nach dem Staatsstreich NAPOLEON BONAPARTES trat im Jahre 1799 eine neue Verfassung in Kraft.[38] Jene sollte die Gräben der Revolution überwinden. Vor allem sollte die innenpolitische Unsicherheit beendet werden und zu diesem Zweck eine starke Zentralgewalt geschaffen werden. Die Befugnisse der Exekutive wurden unter dem Titel „*Du gouvernement*“ drei Konsuln übertragen.[39] Der Erste Konsul NAPOLEON verkündete die Gesetze, ernannte die Minister, und Mitglieder des *Conseil d'État,* die *Commissionaires* bei den *Tribunalen* und die Richter. Die beiden anderen Konsuln besaßen eine rein beratende Stimme, während dem Ersten Konsul die letzte Entscheidung überlassen blieb. Die Regierung besaß das Recht der Gesetzesinitiative und des Erlasses von ausführenden *règlements*, berief die recht schwache Legislative zu außerordentlichen Sitzungen ein, wachte über die innere und äußere Sicherheit und Verteidigung des Staates, besaß das Kommando über die Streitkräfte und verhandelte und unterzeichnete die diplomatischen Verträge. Zwar wurde das allgemeine Wahlrecht ebenso wie plebiszitäre Elemente eingeführt[40] und bestimmte Freiheitsrechte unter den Schutz der Verfassung gestellt, doch das passive Wahlrecht wurde durch die Regierung gesteuert, indem nur bestimmte Kandidaten in die *listes de notabilités* aufgenommen wurden. Eine hierarchische und zentralistische Verwaltung wurde auch dadurch gewährleistet, dass der Erste Konsul die Staatsräte und die Präfekten berief. Die frühere *Cour du Roi* wurde als *Conseil d'État* wieder eingerichtet. Artikel 52 der Verfassung von 1799 wies diesem eine Doppelrolle zu.[41] So war er zuständig für den Entwurf von Gesetzen[42] und für Gutachten in Verwaltungsstreitigkeiten. Wie die *Cour du Roi* besaß der neue *Conseil d'État* jedoch nur beratende Funktion. Die letzte Entscheidung blieb dem Ersten Konsul vorbehalten, welcher allerdings zumeist der Empfehlung der Staatsräte folgte.[43] An dieser zurückbehaltene Gerichtsbarkeit, *justice retenue*, hielt man mit einer kurzen Unterbrechung von 1848 bis 1851 bis 1872 fest. Zunächst bestand keine organisatorisch getrennte Abteilung, die für die Verwaltungsstreitigkeiten zuständig war. Mit dem Dekret vom 11. Juni 1806 wurde eine *Commissi-*

---

38 Vgl. Godechot, a.a.O., S. 151ff.

39 Art. 39.- Le gouvernement est confié à trois consuls nommés pour dix ans, et indéfiniment rééligibles.(...) La Constitution nomme Premier consul le citoyen Bonaparte (...), second consul, le citoyen Cambacérès (...), et troisième consul, le citoyen Lebrun (...).

40 In einem Plebiszit stimmte das Volk im Jahre 1802 dem Antrag Napoleons, ihn als Konsul auf Lebenszeit zu ernennen, und zwei Jahre später seiner Wahl zum Kaiser zu.

41 Art. 52- Sous la direction des consuls, un Conseil d'État est chargé de rédiger les projets de lois et les règlements d'administration publique, et de résoudre les difficultés qui s'élèvent en matière administrative. Vgl. Godechot, a.a.O., S. 157.

42 Auf ihn gehen die napoleonischen Gesetzesbücher Code civil, Code de commerce, Code pénal, Code de la procédure civil und Code de la procédure pénale zurück.

43 Müller, a.a.O., S. 342.

on du contentieux, ein „Ausschuss für Streitsachen“ geschaffen.[44] Diese bestand aus sechs *Maîtres de requête* und sechs *Auditeurs*, die unter dem Vorsitz des *Grand Juge*, des Justizministers, berieten.[45] Nach wie vor blieb dem Ersten Konsul die Entscheidung vorbehalten. Zeitgleich mit der Entstehung des *Conseil d'État* entstanden die *Conseils de préfecture*, die im engen Rahmen der ihnen durch Gesetze verliehenen Befugnisse als Verwaltungsgerichte fungierten. Ihre Einführung verschaffte den Bürgern jedoch nur eine geringe Rechtsgarantie, weil sie zumeist mit Mitgliedern besetzt wurden, die gleichzeitig Funktionen in der Verwaltung ausübten und daher selten unvoreingenommen entschieden.[46]

44 Hattenhauer, a.a.O., Rn. 1845; Müller, a.a.O., Fn. 20.

45 Müller, a.a.O., Fn. 20.

46 Waline, a.a.O., S. 27.

F. Die Verfassung vom 4. Juni 1814 und die Hundert-Tage-Herrschaft Napoleons

Die militärische Niederlage in der Völkerschlacht von Leipzig leitete das Ende der Regierung NAPOLEONS ein. Die Legislative sprach sich gegen eine Fortführung des Krieges aus, und der Rückhalt in der Bevölkerung schwand. Nach der Kapitulation von Paris setzte der Senat NAPOLEON ab, der am 6. April 1814 abdankte. Am 3. Mai zog LUDWIG XVIII. in Paris ein. Er gründete seine Herrschaft auf seine durch Gottesgnade gestiftete Legitimität.[47] Dennoch erkannte die *Charte constitutionnel* vom 4. Juni 1814 die Errungenschaften der Revolution an.[48] So garantierte sie die Gleichheit der Bürger vor dem Gesetz und die gleiche Belastung mit Steuerpflichten, gewährte allen Bürgern den gleichen Zugang zu öffentlichen Ämtern und schützte die Grundfreiheiten, insbesondere die Meinungs- und Religionsfreiheit. Plebiszitäre Elemente allerdings wurden wieder abgeschafft. Auch wurde das allgemeine Wahlrecht erneut beschränkt. Die neue Staatsform wurde als repräsentative Monarchie bezeichnet, in der der König zwar an die Verfassung gebunden war, aber über weite Befugnisse verfügte. Die exekutive Gewalt wurde ihm allein übertragen.[49] Er befehligte die Streitkräfte, erklärte den Krieg, schloss internationale Verträge, ernannte die Beamten und nahm an der Legislative teil, indem er die Gesetzesinitiative besaß, die *Pairs* und den Präsident der Abgeordnetenkammer ernannte, die Kammern einberief, die für den Vollzug der Gesetze und der öffentliche Sicherheit erforderlichen *règlements* und Ordonnanzen erließ und die Gesetze verkündete. Außerdem konnte er die Versammlungen der Departements auflösen und besaß das Begnadigungsrecht und verlieh Adelstitel. Die Legislative blieb schwach. Die Abgeordneten wurden entweder vom König ernannt oder hatten ihr Mandat geerbt. Von nun an arbeiteten Exekutive und Legislative aber teilweise zusammen, indem der König die Gesetze vorschlug und die Kammern darüber abstimmten. Zudem durften die Minister in den Kammern sprechen. Noch einmal, am 20. März 1815, vertrieb BONAPARTE LUDWIG XVIII. Seine letzte Verfassung vom 1. Juli 1815 war aber nur etwa zwei Wochen in Kraft. Dann dankte er nach der verlorenen Schlacht von Waterloo endgültig ab.

LUDWIG XVIII. kehrte aus dem Exil zurück. Ihm folgte 1824 Karl X. In der Folgezeit ging die von der katholischen Kirche unterstützte Verherrlichung der Monarchie mit der Ablehnung der Prinzipien der Revolution einher. Grundrechte wie die persönliche Freiheit und die Pressefreiheit wurden eingeschränkt, die Zensur blieb bestehen, der Druck auf Zeitungen nahm zu, und es gab mehr Strafen für Pressedelikte. Die Drucker und Journalisten waren später unter den ersten Aufständischen der Revolution vom Jahre 1830.

---

47 Haupt, Die Restauration, in: Kleine Geschichte Frankreichs, S. 283, 285.

48 Vgl. Godechot, a.a.O., S. 217ff.

49 Art. 13.- (...) Au roi seule appartient la puissance exécutive. Vgl. Godechot, a.a.O., S. 217ff.

I. Der Conseil d'État

Der *Conseil d'État* fand in der Verfassung vom 4. Juni 1814 zwar keine Erwähnung, bestand aber fort.

II. Erste Erscheinungen des acte de gouvernement

Der *Conseil d'État* besaß nun also eine - wenn auch vom Staatschef abhängige – Entscheidungsbefugnis für Verwaltungsstreitigkeiten. Erstmals übte er im Jahre 1822 politische Zurückhaltung, als er eine Entscheidung über Verwaltungsstreitigkeiten verweigerte, an denen Familienmitglieder der früheren Herrscherdynastien beteiligt waren.

Im Jahre 1822 hatte *Lafitte*[50], ein Bankinhaber, vom Staat eine Summe gefordert, die Napoleon seiner Schwester Marie-Pauline Bonaparte, Ehefrau des Prinzen Camille Borghèse, als Rente zugesprochen hatte. Diese hatte dem Kläger, der Bank Lafitte, ihre Rechte abgetreten.

Der *Conseil d'État* stellte fest, eine Entscheidung über den geltend gemachten Anspruch falle nicht in seine Kompetenz. Sie hätte auf das Gesetz vom 12. Januar 1816 gestützt werden müssen, welches bestimme, dass die Mitglieder der Familie BONAPARTE in Frankreich keine Güter, Titel und Pensionsansprüche besitzen durften. Die Feststellung der ordnungsgemäßen Anwendung des Gesetzes sei eine politische Frage, deren Beantwortung allein der Regierung zustehe.[51]

Im darauf folgenden Jahr begehrte die Witwe Joachim Murats die Rückgabe einer in Frankreich gelegenen Immobilie, die Gegenstand eines Abtretungsvertrages zwischen Prinz Murat und Napoleon gewesen war.[52] Im Gegenzug waren von Murat Grundstücke in Italien abgetreten worden.

Der *Conseil d'État* wies die Eingabe ab. Die Vereinbarung sei ein diplomatischer Akt gewesen, dessen Auslegung nicht im Streitwege vor dem *Conseil d'État* erreicht werden könne.[53]

Mit der Entscheidung *Le corsaire la Représaille*[54] weitete das Gericht seine gerichtliche Unzuständigkeit auf internationale Verträge aus.

---

50 C.E. 1. Mai 1822, Lafitte, S. 1822.II., S. 63.

51 „Considérant que la réclamation du sieur Lafitte tient à une question politique dont la décision appartient exclusivement au gouvernement.“

52 C.E. 25. Juli 1823, Veuve Joachim Murat, Rec. 1823, S. 545.

53 „Considérant qu'il s'agit de l'application de l'acte diplomatique et que les questions auxquelles peut donner lieu l'interprétation dudit acte, ne peuvent être portées devant nous, en notre Conseil d'État par la voie contentieuse.“

54 C.E. 6. August 1823, Le corsaire la Représaille, Rec. 1823, S. 557.

Der Marineminister hatte angeordnet, dass der aufgrund der internationalen Konvention vom 25. April 1818 zu zahlende Sold für ausländische Matrosen an die Invalidenkasse zu entrichten sei. Die Kläger dagegen verlangten von ihrem Reeder die Zahlung der entsprechenden Summe entweder an sie oder an die Rentenkasse der Marine, weil sich die Marineverwaltung weigerte, ihnen den Sold zu zahlen, bevor nicht der Reeder an jene geleistet habe. Nach vergeblicher Aufforderung wandten sich die Matrosen an ein Zivilgericht, um die Marineverwaltung zur Zahlung zu bewegen. Dieses sprach den Klägern den Anspruch zu. Jene ließen nun die Marineverwaltung vor das Zivilgericht laden. Der Präfekt des *Departements* hielt das Zivilgericht für unzuständig, da die Lösung des vorliegenden Konfliktes der Auslegung einer völkerrechtlichen Konvention bedürfe, die allein der Regierung zustehe.

Der *Conseil d'État* folgte der Ansicht des Präfekten. Das Zivilgericht sei unzuständig, weil der Vollzug diplomatischer Konventionen allein Aufgabe der Regierung sei.[55]

Im Fall *Boidron*[56] begehrte der Beschwerdeführer die Aufhebung einer Ausweisung und eine dauernde inländische Verwahrung seines spanischen Schuldners, um einen Anspruch gegen diesen durchsetzen zu können. Spanien hatte zuvor von Frankreich die Auslieferung des in Frankreich lebenden Spaniers gefordert. Während sich dieser schon in Obhut der französischen Behörden befand, kam es zu einem Zivilprozess wegen eines unbezahlten Wechsels. Der Beklagte versäumte den Prozess. Vom Kläger beauftragte Polizeibeamte trafen den Beklagten während seiner Auslieferung an der Grenze an. Der Kläger wandte sich an ein Zivilgericht. Der Präfekt führte aus, jenes sei unzuständig, das Verbleiben des Beklagten in Frankreich zur Sicherstellung der klägerischen Ansprüche anzuordnen. Dies sei eine dem Gesetz vom 24. August 1790 widersprechende Behinderung der Verwaltung durch die Richter.

Schließlich urteilte der *Conseil d'État,* die Beurteilung eines auf diplomatischer Konvention beruhenden Aktes der Hohen Verwaltung sei wegen dessen Natur den Zivilgerichten entzogen.[57]

Im Fall *Coen Bacri*[58] hatte der Beschwerdeführer in Algerien Ansprüche gegen den spanischen Staat gehabt. Der algerische Dey hatte der spanischen Regierung gegenüber vorgegeben, seinerseits Ansprüche gegen den Beschwerdeführer zu haben und brachte diese dazu, ihm die Summe auszuzahlen. Er erhielt diese, leitete die dem Beschwerdeführer zustehenden Anteile jedoch nicht weiter. Nach der Eroberung Algeriens durch Frankreich forderte jener die französische Regierung auf, ihm die von der algerischen Regierung geschuldeten Summen zu zahlen.

---

55 „...basées sur la convention diplomatique du 25 avril, et appartient exclusivement au gouvernement.“

56 C.E. 2. Juli 1836, Boidron, Rec. 1836, S. 330.

57 „...qu'une acte de haute administration fait en vertu d'une convention diplomatique et qu'une question de cette nature ne pouvait être soumise à l'autorité judiciaire.“

58 C.E. 6. Dezember 1836, Coen Bacri, Rec. 1936, S. 525.

Die militärische Kapitulation Algeriens, so der *Conseil d'État*, stelle eine internationale Konvention dar, deren Beurteilung allein der Regierung vorbehalten sei. Ferner sei er für die Beurteilung der Folgen einer Eroberung unzuständig. Der Anspruch wegen Kriegsschäden sei nicht im Streitwege überprüfbar.[59]

Am 5. Dezember 1838 hatte der *Conseil d'État* über die Beschwerde der *Duchesse Saint-Leu*[60] und weiterer Mitglieder der napoleonischen Familie zu entscheiden. Sie begehrten die Zahlung verschiedener Summen aus ihnen von Napoleon gewährten Dotationen. Ihre Ansprüche waren durch den Vertrag von Fontainebleau und weitere Gesetze der Restauration beseitigt worden.

Der *Conseil d'État* weigerte sich, über die Beschwerde zu entscheiden und erklärte, eine Klage sei wegen des politischen Charakters des Streitgegenstandes, eines *acte de gouvernement*, nicht zulässig.[61]

Im Fall *Prince Napoleon*[62] begehrte der Prinz die Zahlung der seinem Vater versprochenen Apanagen. Als König Louis Napoleon auf die holländische Krone verzichtet hatte und französischer Prinz geworden war, war ihm am 13. Dezember 1810 eine jährliche Apanage zugesprochen worden. Weil er sich geweigert hatte, in Frankreich zu wohnen, hatte der Kaiser jene der Königin Hortense zugesprochen. Schon im Jahre 1834 hatte die Duchesse de Saint-Leu ein Zivilgericht angerufen und Forderungen gegen den Staat geltend gemacht, war jedoch durch den Finanzminister zurückgewiesen worden. Im Jahre 1840 wandte sich Prinz Louis erneut an die Gerichte und berief sich darauf, dass Apanagen Eigentum seien und keine Forderungen gegen den Staat.

Der *Conseil d'État* wies die Beschwerde ab und entschied, die Auslegung internationaler Konventionen sowie von *actes de gouvernement* stehe ihm nicht zu, sondern ausschließlich der Verwaltung.[63]

---

59 „Considérant que la prise de possession d'un pays conquis est un fait de guerre dont les conséquences ne sauraient être appréciées par nous par la voir contentieuse. Considérant que les capitulations militaires sont des conventions dont l'appréciation e l'exécution appartient exclusivement au gouvernement."

60 C.E. 5. Dezember 1838, Duchesse Saint-Leu, Rec. 1838, S. 641.

61 „Considérant que les questions se réfèrent à des actes de gouvernement ayant un caractère essentiellement politique dont l'interprétation et l'exécution ne peuvent nous être déférées par la voie contentieuse en notre Conseil d'État."

62 C.E. 22. August 1944, Prince Napoléon, Rec. 1944, S. 508.

63 Considérant que les questions se rattachent soit à des traités et conventions diplomatiques, soit à des actes de gouvernement, ayant un caractère essentiellement politique, dont l'interprétation et l'exécution ne peuvent être déférées aux tribunaux ; qu'à l'autorité administrative seule il appartient d'appliquer les lois de déchéance."

G. Die Verfassung vom 14. August 1830

Eine durch schlechte Ernten ausgelöste Wirtschaftskrise und Hungersnot löste im Juli 1830 Unruhen in der Stadt und auf dem Land aus. Zudem führte die zunehmende Einschränkung der Grundrechte, besonders der Pressefreiheit,[64] zu einem Aufstand der Abgeordneten, die die Prinzipien der Revolution verletzt sahen. Zur Wiederherstellung der Ordnung wurde die von KARL X. aufgelöste Nationalgarde unter der Führung LAFAYETTES wieder eingesetzt. Als der König sich entschied, die Volksbewegung in Paris nicht mit Waffengewalt niederzuschlagen, sondern ins Exil zu gehen, ging die Restaurationszeit zu Ende. LOUIS PHILIPPE wurde erst zum König proklamiert, nachdem er einen Eid auf die neue Verfassung geschworen hatte. Die *Charte constitutionnel* veränderte die Verfassung von 1814 kaum.[65] Auch die Julimonarchie war eine repräsentative Monarchie, die die Rechte des Königs im wesentlichen unangegriffen ließ. Dieser verkörperte die Exekutive, verhandelte die internationalen Verträge, blieb Befehlshaber der Streitkräfte, ernannte die Beamten und die *Pairs,* übte das Begnadigungsrecht aus und verlieh Adelstitel. Er erließ die zur Ausführung der Gesetze notwendigen *règlements* und Ordonnanzen, durfte allerdings Gesetze nicht für ungültig erklären, sondern musste für deren Vollzug sorgen. Das Initiativrecht wurde nun neben dem König auch den legislativen Kammern übertragen. Das Wahlrecht blieb an das Steueraufkommen gebunden. Die Erblichkeit des *Pairamtes* wurde abgeschafft, und die Sitzungen der Kammern fanden öffentlich statt. Die katholische Religion war nicht länger Staatsreligion, und die Zensur der Presse wurde verboten.[66] Der *Conseil d'État* fand in der Verfassung von 1830 keine Erwähnung. Bezüglich der ordentlichen Gerichtsbarkeit legte Artikel 48 fest, dass alle Entscheidungen der Richter im Namen des Königs ergingen.[67] In der Julimonarchie näherte sich der Charakter des Verfahrens vor dem *Conseil d'État* zunehmend einem gerichtlichen an. Durch Ordonnanzen vom 2. Februar 1831 und vom 12. März 1831 wurden die Grundsätze der Mündlichkeit und der Öffentlichkeit der Verhandlung eingeführt.[68] Ein Gesetz vom 18. Juli 1845 bestätigte dies. Außerdem geht auf diese Zeit die Beteiligung eines *Commissaire du Roi* am Verfahren zurück, der als Vertreter des öffentlichen Interesses noch heute unter der Bezeichnung *Commissaire du gouvernement* fungiert.

Dem neuen Staat drohte zwar nach dem gescheiterten Aufstandsversuch der Herzogin VON BERRY keine Gefahr mehr von den Kräften des *Ancien régime.*[69] Jedoch hatte die Julimonarchie mit sozialen Unruhen und Aufständen zu kämp-

64 Vgl. dazu Hattenhauer, a.a.O., Rn. 1699ff.
65 Vgl. Godechot, a.a.O., S. 247ff.
66 Vgl. Godechot, a.a.O., S. 247.
67 Art. 48.- Toute justice émane du roi, elle s'administre par son nom par des juges qu'il nomme et qu'il institue. Vgl. Godechot, a.a.O., S. 250.
68 Waline, a.a.O., S. 30; Koch, Johannes, a.a.O., S. 28.
69 Haupt, Julirevolution und Julimonarchie, S. 296, 301.

fen, die schließlich zu landesweiten Streiks führten. Mit restriktiven Gesetzen wie einem neuen Vereinsgesetz wurde die Bewegung der Arbeiterschaft in den Untergrund getrieben. Nach 1835 verstummten die Unruhen angesichts der günstigeren Wirtschaftslage zunächst. Der Ruf nach sozialen Reformen einte später Republikaner und Ultraroyalisten in der Entwicklung frühsozialistischer Theorien.[70] Die Regierung stellte sich jedoch taub und verhinderte Reformen wie etwa die Ausweitung des Wahlrechts. Das führte schließlich 1848 zum Zusammenbruch des Regimes.

70 Haupt, a.a.O., S. 306.

H. Die Verfassung vom 4. November 1848

Soziale Probleme, eine Wirtschaftskrise sowie der Ruf nach Reformen führten zur Abdankung LOUIS PHILIPPES am 24. Februar 1848. Er folgte KARL X. ins Exil. Die Republik wurde ausgerufen. Die verfassungsgebende *Constituante* wurde zum ersten Mal in der französischen Geschichte durch allgemeines Wahlrecht ohne Beschränkung gewählt. Mit der Verfassung vom 4. November 1848 suchte man die republikanische Tradition der Revolution wieder zu beleben.[71] Zunächst rückte diese die soziale Frage in den Vordergrund, indem sie ausdrücklich die Grundrechte anerkannte und die Prinzipien Freiheit, Gleichheit, Brüderlichkeit und Familie, Arbeit, Eigentum und öffentliche Ordnung zu Staatszielen erklärte.[72] Das allgemeine Wahlrecht wurde wieder eingeführt. Alle mindestens 21 Jahre alten Franzosen besaßen das aktive Wahlrecht und waren mit 25 Jahren wählbar. Die Legislative, die nun *Assemblée nationale* hieß, tagte permanent und ohne Einberufung der Exekutive. Sie sah sich aber einer mindestens ebenso starken Exekutive gegenüber. Ihre Befugnisse wurden einem Bürger, dem Staatspräsidenten, übertragen.[73] Dieser wurde durch direkte allgemeine Wahl für vier Jahre gewählt. Frankreich wählte den Neffen NAPOLEONS, LOUIS NAPOLEON. Dieser wachte über die Minister, die er ernannte, übte das Initiativrecht aus, verkündete die Gesetze, wachte über ihren Vollzug und besaß das Kommando über die Streitkräfte. Der Präsident ernannte die Diplomaten, die höheren Militärbeamten, die Gouverneure in Algerien und den Kolonien sowie die Generalstaatsanwälte. Die Mitglieder des *Conseil d'État* allerdings wurden von der *Assemblée Nationale* ernannt. Der Präsident verhandelte und ratifizierte die diplomatischen Verträge, denen aber die *Assemblée Nationale* zustimmen musste. Er wachte über die Verteidigung des Staates und übte das Begnadigungsrecht aus. LOUIS NAPOLEON dehnte seine Macht zunehmend aus, um das Werk seines Onkels zu vollenden. Er löste das alte Kabinett auf und besetzte es mit Personen seines Vertrauens, welche nicht gleichzeitig Abgeordnete sein mussten. Das allgemeine Wahlrecht wurde vom Parlament 1850 insbesondere zu Lasten der Arbeiterschaft und der Bauern wieder beschränkt. Vor allem aber setzte LOUIS NAPOLEON eine Kommission zur Abschaffung des Verbots der Wiederwahl des Präsidenten ein. Als die Nationalversammlung verhindern wollte, entschloss er sich zum Staatsstreich und ließ durch die Armee am 2. Dezember 1851 alle strategisch wichtigen Punkte von Paris besetzen.[74] Er löste die Nationalversammlung auf und erklärte die Rückkehr zum „System des Ersten Konsuls".

---

71 Hartmann, a.a.O., S. 89.

72 Vgl. Godechot, a.a.O., S. 263ff.

73 Art. 43.- Le peuple français délègue le Pouvoir exécutif à un citoyen qui reçoit le titre de président de la République.

74 Hartmann, a.a.O, S. 106.

Widerstände hiergegen überwand er durch eine Volksabstimmung, mit der das Volk ihn mit den für die Schaffung einer neuen Verfassung nötigen Befugnissen ausstattete.

I. Die vorübergehende „justice déléguée" des Conseil d'État

In der Zweiten Republik hatte der *Conseil d'État* durch die Verfassung vom 4. November 1848 vorübergehende richterliche Unabhängigkeit erhalten und neben seiner gesetzesberatenden Funktion eine Kontroll- und Wachfunktion über die Verwaltung übernommen.[75]

Am 10. Januar 1849 legte eine Kommission unter dem Vorsitz VIVIENS der *Assemblée Nationale* einen Gesetzentwurf über die Neugestaltung des *Conseil d'État* vor.[76] Dieser sah die Gliederung in drei Abteilungen vor: eine gesetzgebende Sektion, eine Verwaltungssektion und eine Sektion für Verwaltungsstreitsachen. Die gesetzgebende Abteilung wurde mit der Beratung aller Gesetzesvorhaben befasst.[77] Sie sollte vor allem die Regierung bei deren Gesetzesvorhaben beraten und auf Wunsch der *Assemblée Nationale* bei Gesetzesvorhaben tätig werden, die aufgrund parlamentarischer Initiative eingebracht wurden. Die Verwaltungsabteilung erließ nach Ermächtigung durch die *Assemblée Nationale* Verwaltungsvorschriften. Auf Ersuchen der Minister entschied der *Conseil d'État* Konflikte, die sich in der Regierung in Zuständigkeitsfragen über die Anwendung von Gesetzen ergaben. Schließlich bestimmte der Erste Entwurf, dass der *Conseil d'État* Verwaltungsstreitigkeiten in letzter Instanz entscheiden solle. Das Ziel einer unabhängigen Verwaltungsgerichtsbarkeit äußerte sich in den Verfahrensgrundsätzen. So wurde der Grundsatz der Öffentlichkeit der Verhandlungen und jener der Mündlichkeit normiert. Das Urteil war in öffentlicher Sitzung zu verlesen. Die Verletzung der Verfahrensregeln war ein Revisionsgrund.

In der Zweiten Lesung des Gesetzes über die Neugestaltung des *Conseil d'État* sah sich dieser als Verwaltungsgericht letzter Instanz gemäß Artikel 6 des Ersten Entwurfes scharfer Kritik ausgesetzt: Der Abgeordnete SAINTE BEUVE bezweifelte seine Daseinsberechtigung als Verwaltungsgericht. Die vorgesehene Unabsetzbarkeit seiner Räte und deren Unabhängigkeit wie auch die Souveränität und

---

75 Art. 75.- Le Conseil d'État est consulté sur les projets de loi du Gouvernement qui, d'après la loi, devront être soumis à son examen préalable, et sur les projets d'initiative parlementaire que l'Assemblée lui aura renvoyés.- Il prépare les règlements d'administration publique; il fait seul ceux de ces règlements à l'égard desquels l'Assemblée Nationale lui a donné une délégation spéciale.- Il exerce, à l'égard des administrations publiques, tous les pouvoirs d contrôle et de surveillance qui lui sont déférés par la loi.- La loi règlera ses autres attributions. Vgl. Godechot, a.a.O., S. 272.

76 Vgl. zum folgenden: Moniteur universel, Januar-März 1849, S. 108ff. Die drei Debatten fanden am 15. Januar, 24. Januar, 27. Januar und 1. , 2. und 3. März 1849 statt. Das Gesetz wurde am 8. März verabschiedet.

77 Moniteur universel, Januar-März 1849, S. 111.

Unangreifbarkeit ihrer Entscheidungen gleiche der Rechtstellung der Räte an der *Cour d'appel.* Deshalb solle man Verwaltungsstreitigkeiten vor jenem Gericht verhandeln. Artikel 6 des Ersten Entwurfes:

Le Conseil d'État statue en dernier ressort sur le contentieux administratif.

beantragte er zu ändern in:

À l'avenir, le Conseil d'État ne connaîtra plus du contentieux administratif.[78]

Sein Antrag wurde jedoch abgelehnt. Ein zweiter Änderungsantrag der Abgeordneten BÉCHARD und BATHÉLEMY fand ebenfalls keine Zustimmung.

Le Conseil d'État connaît du contentieux administratif. Il sera procédé à la révision des lois qui règlent ce contentieux.[79]

Die Verfassung habe den *Conseil d'État* als politischen Körper, nicht aber als Gericht definiert. Wenn man aber eine streitentscheidende Kammer schaffe, dürfe diese nicht von der *Assemblée Nationale* besetzt werden.[80] Auch BARDOT hielt die Schaffung eines mit richterlicher Entscheidungsbefugnis ausgestatteten Verwaltungsgerichtes für gefährlich. Der *Conseil d'État* werde von der *Assemblée Nationale* mit „Männern der Politik" besetzt, so dass das Gericht Herr der Exekutive werde.[81] Artikel 6 wurde jedoch in der Fassung der Kommission angenommen.[82] Der entscheidende Schritt zu einer Verwaltungsgerichtsbarkeit war getan. Die Problematik des *acte de gouvernement* in Abgrenzung zum überprüfbaren Verwaltungsakt trat zutage. Die Frage, ob bestimmte Akte sich von den nunmehr gerichtlich überprüfbaren Verwaltungsakten unterschieden, entzündete sich an der Abgrenzung zur Zuständigkeit des *Tribunal des Conflits.* Die Verfassung vom 4. November 1848 bestimmte, dass Zuständigkeitskonflikte zwischen der Verwaltung und der Judikative von einem Spezialgericht, dem *Tribunal des Conflits,* unter dem Vorsitz des Justizministers zu lösen waren. Es bestand aus Mitgliedern des Kassationshofes und des *Conseil d'État.*[83]

---

78 Moniteur universel, Januar-März 1849, S. 237.

79 Der Conseil d'État wird für Verwaltungsstreitigkeiten zuständig sein. Er wird Gesetze erarbeiten, die jene regeln.

80 Moniteur universel, Januar-März 1849, S. 237 (vgl. dazu H.).

81 Moniteur universel, Januar-März 1849, S. 238.

82 Moniteur universel, Januar-März 1849, S. 237.

83 Godechot, JöR 1989, S. 274.

II. Artikel 52/47 des Gesetzentwurfes über die Neugestaltung des Conseil d'État- Rechtsgrundlage für die Erscheinung des acte de gouvernement?

Artikel 52 des Ersten Entwurfes sah vor, dass der *Commissaire de la République* Streitfälle, die vor dem *Conseil d'État* anhängig waren, aber nicht in die Zuständigkeit der Verwaltungsgerichtsbarkeit fielen, vor die Generalversammlung des *Conseil d'État* bringen durfte:

Artikel 52.- Il (le commissaire de la République) a également le droit de revendiquer devant l'assemblée générale du Conseil d'État les affaires portées devant la section du contentieux, et qui n'appartiendraient pas au contentieux administratif.
Toutefois il ne peut se pourvoir devant le Conseil d'État qu'après que la section du contentieux a refusé de faire droit à la demande en revendication qui doit lui être préalablement soumise.

Die Debatte um Artikel 52, der später als Artikel 47 verabschiedet wurde, war unübersichtlich. Die Redner diskutierten wohl einerseits den Text dieses Artikels, andererseits stellten sie die Berechtigung des *Conseil d'État* als Verwaltungsgericht infrage. Zwar wurde mit der Verabschiedung des Artikels ein scheinbarer Konsens gefunden. Dessen Inhalt war aber nicht eindeutig bestimmbar. Zunächst schien es den Abgeordneten, als sei die Regelung des Artikel 52 neben der Bestimmung über die Zuständigkeit des *Tribunal des Conflits* überflüssig. Das Gesetz erkannte die Existenz von Akten an, für die der Verwaltungsrechtsweg verstellt sein sollte. Unklar war jedoch, welche Akte dies sein sollten. Es stellte sich die Frage, ob ein Akt, der nicht als Verwaltungsakt vom *Conseil d'État* zu beurteilen war, automatisch vor die Zivilgerichte zu bringen sei oder ob es eine weitere Kategorie von Akten - die *actes de gouvernement* - gebe, die Artikel 52 regelte. Hätte es sich um eine Bestimmung für Akte gehandelt, für die die ordentlichen Gerichte zuständig waren, wäre Artikel 52 neben den Vorschriften über das *Tribunal des Conflits* überflüssig erschienen. Möglicherweise war der Artikel 52 jedoch eine gesetzliche Grundlage des *acte de gouvernement*, dessen Beurteilung man dem *Conseil d'État* entziehen wollte. Denkbar ist, dass diese Regelung das in der Rechtsprechung des *Conseil d'État* zutage getretene Bedürfnis befriedigen sollte, bestimmte Angelegenheiten unjustiziabel zu lassen. Im Namen der Kommission, die mit dem Entwurf des Gesetzes betraut gewesen war, gab VIVIEN erste Hinweise, wie Artikel 52 auszulegen sei.[84]

En effet, la définition du contentieux n'est pas toujours facile. Nous avons dit qu'il naissait au moment ou un droit est méconnu; mais la limite qui sépare les droits des intérêts n'est pas toujours certaine. D'ailleurs, il est de même des droits dont la violation ne donne pas lieu à un recours par la voie contentieuse. Dans un gouvernement représentatif, sous le principe de responsabilité, il est des circonstances où, en vue d'une grande nécessité publique, les minis-

---

84 Moniteur universel, Januar-März 1849, S. 110.

tres prennent des mesures qui blessent les droits privés. Ils en répondent devant le pouvoir politique. Les rendre justiciables du tribunal administratif, ce serait paralyser une action qui s'exerce en vue de l'intérêt commun, et créer dans l'État un pouvoir nouveau et menaçant pour tous les autres. Les mesures de sûreté générale, l'application des actes diplomatiques ne rentrent pas non plus dans le contentieux administratif, bien que les droits privés puissent en être atteints. C'est ce que la jurisprudence du Conseil d'État a consacré.[85]

VIVIEN schien die durch bisherige Rechtsprechung des *Conseil d'État* als unüberprüfbar genannten Angelegenheiten mit den in Artikel 52 behandelten Akten gleichzusetzen. Dieser könnte also die Rechtsgrundlage für den *acte de gouvernement* sein. Der spätere Redebeitrag PARIEUS in der zweiten Debatte über das Gesetz zur Neugestaltung des *Conseil d'État* lässt ebenfalls vermuten, dass die *actes de gouvernement* aus dem Zuständigkeitsbereich des *Conseil d'État* als Verwaltungsgericht herausgelöst werden sollten:

Comme l'honorable préopinant, nous voulons que si les frontières de la France sont menacées, les armées du pays, pour employer son image; se lèvent à la voix du chef du pouvoir exécutif et défendent au besoin l'intégrité du territoire. Mais, je le demande, qu'a de commun la juridiction du Conseil d'État avec ses hauts intérêts ? Qu'importe au pouvoir exécutif d'avoir à juger(...)ou à laisser juger par la juridiction...du Conseil d'État des questions de pension, de grande et petite voirie, les questions d'élections municipales...qui, en définitive, constituent presque tout ce contentieux administratif dont on vous parlait tout à l'heure.[86]

Auch in der zweiten Debatte um ein unabhängiges Verwaltungsgericht zitierte RAUDOT den Bericht VIVIENS und wandte sich gegen die Definition des *Conseil d'État* als streitentscheidendes Gericht.

---

85 Die Definition der Verwaltungsstreitsache ist nicht immer einfach. In der Regel liegt eine Verwaltungsstreitigkeit vor, wenn ein geschütztes Recht verletzt worden ist. Es gibt aber auch Rechte, deren Verletzung nicht zu einer Verwaltungsklage berechtigt. In einer repräsentativen Regierung unter dem Prinzip der Staatshaftung können die Minister wegen spezieller Umstände oder wegen eines überwiegenden öffentlichen Interesses Maßnahmen ergreifen, die private Rechte verletzen. Sie verantworten sich dafür vor der politischen Gewalt. Lässt man eine Klage gegen solche Maßnahmen zu, lähmt man die im öffentlichen Interesse ergehenden Maßnahmen und schafft eine weitere Staatsgewalt, die die anderen Gewalten bedroht. Auch die Überprüfung von Maßnahmen innerer Ordnung und Ausführung diplomatischer Akte fällt nicht in den Zuständigkeitsbereich der Verwaltungsgerichtsbarkeit, wenngleich sie private Interessen verletzen könnten. Moniteur universel, Januar-März 1849, S. 110.

86 Wie mein Vorredner will ich, dass die Armee auf die Stimme die Stimme des Chefs der Exekutive hört und Frankreich verteidigt, wenn seine Grenzen bedroht sind. Was aber hat die Rechtsprechung des Conseil d'État mit den höchsten Staatsinteressen gemein? Warum aber soll sich (...) die Exekutive vom Conseil d'État beurteilen lassen? Moniteur universel, Januar-März 1849, S. 235

Ainsi messieurs, on reconnaît l'immense danger de rendre le comité du contentieux juge souverain de toutes les questions qui peuvent être portée devant lui. Et remarquez qu'en justice administrative tout particulier peut traduire devant le Conseil d'État l'acte n'importe quel ministre ou fonctionnaire public, sur n'importe quel sujet. Comment a-t-on paré à ce danger? En portant l'affaire devant le Conseil d'État entier? Quelle garantie, le Conseil d'État vous donne-t-il de plus? (...) Il (le Conseil d'État) sera maître de l'administration si vous lui conservez les attributions qu'on lui donne. (...) Il y aurait bien moins de danger à renvoyer (...) le jugement des affaires administratives contentieuses aux tribunaux ordinaires, et voici pourquoi: les tribunaux ordinaires sont très-nombreux, ils ne peuvent pas se coaliser pour mettre la main sur l'administration. (...) Mais avec le Conseil d'État (...) le danger est immense, lorsqu'on pense que le Conseil d'État sera composé d'hommes politiques, (...), des rivaux des ministres (...). Je veux, qu'il y ait une justice régulière, et voilà pour quels motifs je vote contre l'article de la commission.[87]

RAUDOT bezog sich auf das Zitat VIVIENS, und so ist zunächst davon auszugehen, dass auch er die *actes de gouvernement* meinte. Gegen eine solche Auslegung spricht jedoch die Tatsache, dass sich nicht feststellen lässt, über welchen Artikel diskutiert wurde. Möglicherweise ist der Redebeitrag RAUDOTS auch als generelle Kritik an der Schaffung einer Verwaltungsgerichtsabteilung des *Conseil d'État* aufzufassen. In demselben Redebeitrag formulierte er nämlich weitere Argumente gegen den *Conseil d'État* als Verwaltungsgericht und plädierte stattdessen für die Ausweitung der Zuständigkeit des Kassationshofes.

In der dritten Lesung wurden erneut Bedenken gegen Artikel 52 laut. Der Justizminister BARROT äußerte:

Toutes les fois que des actes d'administration pure sont déférés à un tribunal contentieux, que le tribunal soit administratif, qu'il soit d'un tout autre ordre, cette garantie, elle peut paraître exorbitant, c'est le droit pour le pouvoir de revendiquer lui-même l'acte est de pure administration; c'est le droit de dessaisir de son autorité la juridiction, soit administrative, soit judiciaire, qui est saisie mal à propos d'un acte de pure administration, d'une attribution gouvernementale, de revendiquer avec son droit sa responsabilité.(...) et quand le conflit existe entre l'administration pure et le contentieux, quand le Gouvernement peut se trouver engagé dans

---

87 So erkennt man doch die ungeheuer großen Gefahren, den Conseil d'État zu einem souveränen Gericht zu machen. Jeder Bürger könnte dann jeden Akt jedes Inhaltes eines Ministers oder Beamten vor das Gericht bringen. Wie begegnete man dieser Gefahr? Indem man die Angelegenheit vor den gesamten Conseil d'État brächte (gemeint ist die Assemblée générale)? Welche Garantie gibt aber der Conseil d'État? Er wäre dann Verwaltungschef. Viel weniger gefährlich ist es, die betreffenden Angelegenheiten den ordentlichen Gerichten zu übertragen. Von ihnen gibt es zu viele, als dass sie sich gegen die Verwaltung zusammen tun könnten. Mit dem Conseil d'État aber ist die Gefahr ungeheuer groß, wenn man sich vergegenwärtigt, dass er mit Politikern besetzt wird, mit Rivalen der Minister. Ich wünsche eine rechtmäßige Gerichtsbarkeit und stimme daher gegen den Artikel in der Form des Kommissionsvorschlags. Moniteur universel, Januar-März 1849, S. 238.

une question de compétence. Il y a des questions qui engagent profondément la responsabilité du pouvoir. Vous savez mieux que moi que ces questions se présentent tous les jours; vous savez mieux que moi combien la limite qui sépare le contentieux administratif de l'administration pure est une limite difficile à saisir; vous savez mieux que moi combien facilement un comité du contentieux, qui a conscience de sa souveraineté et de son indépendance, peut être franchir cette limite; combien il peut y avoir perturbation ainsi dans les pouvoirs qui doivent être profondément séparés. (...) Dans ce cas, vous donnez aucune garantie au pouvoir administratif.[88] *Tout tribunal qui peut régler souverainement sa compétence, sans contrôle, d'une manière définitive et absolue, a, par cela même, un pouvoir indéfini et souverain.(...) Vous l'avez senti dans votre constitution, pour le cas où il y a conflit entre le pouvoir judiciaire et le pouvoir administratif, vous avez voulu organiser un tribunal mixte dans lequel le pouvoir judiciaire est représenté, et dans lequel le pouvoir administratif l'est également ; et c'est ce tribunal qui, sous la présidence du garde de sceaux, règle le question des compétences. (...) Ce pouvoir, qui était attribué au chef de l'état avant l'institution de ce tribunal mixte, vous l'avez transporté à ce tribunal mixte. (...)Vous avez, selon moi, satisfait avec sagesse à toutes les garanties qu'on pouvait désirer pour le maintien de la limite qui existe entre le pouvoir administratif et le pouvoir judiciaire.(...) Mais, il s'agit du pouvoir du Gouvernement, dont il use sous sa responsabilité, dont il est obligé de venir incessamment vous rendre compte à cette tribune, de ce pouvoir de gouverner enfin sous sa responsabilité, qui suppose la liberté de décision, de résolution, eh bien, pour ce pouvoir, vous attribuez à un autre pouvoir indépendant de lui, constitué en dehors de lui, peut-être même contre lui, vous attribuez au Conseil d'État la faculté de juger souverainement sans contrôle, sans appel, la question de savoir si un acte du Gouvernement sera soumis à sa décision, s'il pourra le revendiquer comme contentieux. (...) En matière de droit (...) qui peut engager la paix ou la guerre, qui peut engager au plus haut degré la responsabilité du Gouvernement, (...), qui peut ainsi compromettre les relations nationales (...) il y a exercice d'un droit essentiellement gouvernementale dont le pouvoir exécutif ne peut cesser que sous sa responsabilité.(...) Je vous demande, reconnaîtrez-vous au Conseil d'État, constitué d'éléments politiques variables, qui peuvent être soumis à toutes influences politiques (...), lui reconnaîtrez-vous le droit absolu, souverain, sans contrôle, de déclarer qu'il est compétent de juger tel ou tel acte d'administration par cela seul qu'il le qualifiera de contentieux? Si vous décidez ainsi, vous décidez par voie de conséquence, que l'administration et le Gouvernement tout entier peuvent passer dans le sein du Conseil d'État.*[89]

---

88 Jedes Mal, wenn ein reiner Verwaltungakt (wohl: Ermessensakt) vor irgendein Gericht gebracht wird, scheint diese (Art. 52) Garantie ausladend; sie bedeutet das Recht, selbst zu bestimmen, ob ein Ermessensakt vorliegt oder nicht. Das Gericht könnte sich in eigener Verantwortung für unzuständig erklären. Die Regierung könnte in einen Kompetenzkonflikt verwickelt werden, wenn ein Konflikt der reinen Verwaltung und der Streitsache vorliege. (...) Täglich gibt Angelegenheiten, die die Verantwortung der Gewalt (Exekutive) stark fordern. Die Grenze zwischen reinen Verwaltungsakten und der Streitsache ist schwer zu ziehen. Ein Kommitée, das sich seiner Unabhängigkeit bewusst ist, könnte diese Grenze leicht überschreiten. So käme es zu schwerwiegenden Konflikten zwischen den Gewalten, die doch eigentlich vollständig getrennt sein müssten. So entzieht man der Exekutive jede Garantie. Moniteur universel, Januar-März 1849, S. 281.

89 Jedes Gericht, das ohne Kontrolle seine Kompetenz bestimmen darf, besitzt unbegrenzte und souveräne Macht. Dafür hat die Verfassung ein gemischtes Tribunal, das

Dem entgegnete MARTIN DE STRASBOURG:

Sans doute le pouvoir exécutif ne veut se soumettre à aucun contrôle, s'il veut être souverain, s'il veut qu'au-dessus de lui il n'y a absolument rien au monde qui puisse l'arrêter dans ce qu'il appellera ses actes d'administration ou de gouvernement, car il faut aller jusque-là, je le conçois, mais alors que ne contestez-vous le principe de la loi tout entier?[90]

Der Justizminister forderte ein weiteres Mal im Namen der „*nécessité du Gouvernement*" den Schutz der Regierung vor deren Kontrolle durch den *Conseil d'État.*

Ne reconnaissez donc pas au Conseil d'État, dans tous les cas possibles, le droit de dire le dernier mot dans les conflits qui pourraient s'élever entre lui et le Gouvernement, car vous feriez passer ainsi au Conseil d'État tout la puissance gouvernementale sans responsabilité.[91]

Die Worte „*le commissaire du gouvernement*" wurden schließlich auf den Vorschlag des Abgeordneten RAUDOT in „ *Le ministre de la justice*" geändert.[92]

Tribunal des Conflits, geschaffen. Dies ist sowohl mit Verwaltungsrichtern als mit ordentlichen Richtern besetzt und ist unter der Leitung der Garde des Sceaux für Kompetenzkonflikte zuständig. Dieses Recht stand ursprünglich dem Staatschef zu und ist nun dem Gericht übertragen worden. Dadurch hat man mit großer Weisheit die Grenzen zwischen der Verwaltungs- und der ordentlichen Gerichtsbarkeit bewahrt. Aber hier handelt es sich um die Regierungsgewalt, deren Entscheidungen Freiheit und Unabhängigkeit erfordern. Diese lässt man nun durch den Conseil d'État kontrollfrei beurteilen- ohne Berufungsmöglichkeit. Er kann einen acte de gouvernement seiner Entscheidung unterwerfen, wenn er ihn als Verwaltungsstreitgegenstand behandelt. (...) In Fragen des Kriegs- oder Friedensrecht, die die höchste Verantwortung der Regierung erfordern, die zudem die internationalen Beziehungen berühren, gibt es ein grundsätzliches Regierungsvorrecht, das nur unter deren Verantwortung ausgeübt werden kann. (...) Soll man dem Conseil d'État, der durch seine politische Besetzung jeglichem politischen Einfluss unterliegt, ein absolutes, souveränes Recht verleihen und ihm erlauben, selbst zu entscheiden, über welchen Verwaltungsakt es entscheiden darf? Wenn man so entscheidet, führt dies dazu, dass die gesamte Verwaltung und Regierung im Herzen des Conseil d'État ausgeübt wird. Moniteur universel, Januar- März 1849, S. 289.

90 Ohne Zweifel wünscht die Exekutive keine Kontrolle, wenn sie souverän sein kann. Sie wünscht nicht, dass irgend etwas in der Welt ihre Macht in Verwaltungs- und Regierungsakten begrenzt, aber stellt man nicht so das Prinzip des übergeordneten Gesetzes in Frage? Moniteur universel, Januar-März 1849, S. 289.

91 Billigt dem Conseil d'État nicht das Recht zu, das letzte Wort über Konflikte zwischen ihm und der Regierung zu sprechen. So übertragt ihr ihm die gesamte Regierungsmacht. Moniteur universel, Januar-März 1849, S. 289.

92 Der Justizminister kann die nicht-verwaltungsrechtlichen Streitigkeiten, die vor den Conseil d'État gebracht werden, vor das Tribunal des Conflits bringen. Voraussetzung dafür ist, dass sich der Conseil d'État zuvor geweigert habe, die Klage anzunehmen. Moniteur universel, Januar-März 1849, S. 290.

Artikel 52 der Ersten Fassung wurde zunächst wie folgt angenommen:

Art. 52.- Le ministre de la justice a également le droit de revendiquer, devant le tribunal spécial des conflits organisé par l'art. 89 de la constitution, les affaires portées devant la section du contentieux et qui n'appartiendraient pas au contentieux administratif.
Toutefois il ne peut se pourvoir devant cette juridiction qu'après que la section a refusé de faire droit à la demande en revendication qui lui doit être préalablement soumise.[93]

Die Kommission zur Neugestaltung des *Conseil d'État* brachte jedoch in der dritten Lesung des Gesetzes zur Neugestaltung des *Conseil d'État* einen neuen Vorschlag ein. Artikel 47 (zuvor Artikel 52) des Gesetzes solle wie folgt gefasst werden:

Le ministre de la justice a le droit de revendiquer les affaires portées devant la section du contentieux et qui ne appartiendraient pas au contentieux administratif.
Si le ministre allègue que l'affaire est de la compétence de l'autorité judiciaire, la demande en revendication est portée devant la juridiction des conflits, organisée par l'article 89 de la constitution.
Si le ministre allègue que la décision de l'affaire appartient au Gouvernement, sous sa responsabilité, il est statué sur la demande en revendication par le président de la République, en conseil des ministres, après avoir pris l'avis du Conseil d'État, en assemblée générale.
Dans tous les cas, le ministre ne peut se pourvoir, soit devant la juridiction des conflits, soit devant le président de la République, qu'après que la section du contentieux a refusé de faire droit à la demande en revendication qui doit lui être préalablement soumise.[94]

PARIEU schlug die folgende Änderung vor:

(...) Si le ministre allègue que la décision de l'affaire appartient au Gouvernement, sous sa responsabilité, il est statué sur la demande en revendication par le président de la République, en Conseil des ministres, après avoir pris l'avis du Conseil d'État, en assemblée générale.(...)[95]

---

93 Moniteur universel, Januar-März 1840, S. 291.

94 Der Justizminister kann nichtverwaltungsrechtliche Streitigkeiten vor die streitentscheidende Kammer bringen. Wenn der Minister geltend macht, die Angelegenheit sei ordentlich-rechtlich, wird die Klage vor das Tribunal des Conflits weitergeleitet. Wenn der Minister sich darauf beruft, die Angelegenheit gehöre zu den Aufgaben der Regierung, entscheidet der Präsident der Republik im Conseil des ministres nach Beratung durch die Generalversammlung des Conseil d'État. In jeden Fall kann sich der Minister erst an die zuständige Stelle wenden, wenn die streitentscheidende Kammer ihre Zuständigkeit verweigert hat. Moniteur universel, Januar-März 1849, S. 689.

95 Wenn der Minister sich auf die Zugehörigkeit zu den Regierungsangelegenheiten beruft, wird über die Klage vom Präsidenten der Republik im Conseil des ministres beraten, nachdem die Assemblée générale des Conseil d'État ihren Rat erteilt hat.

Er begründete dies wie folgt:

Le conflit peut exister entre l'autorité judiciaire et l'autorité qui préside aux jugements du contentieux administratif. (...) Il existe une autre nature de difficultés qui peut résulter de ce qu'une affaire se présente avec une caractère mixte et indécis, comme appartenant, d'un côté, au contentieux administratif, et, de l'autre, au pouvoir administratif pur, c'est-à-dire au pouvoir exécutif.(...) Après un mûr examen, nous avons cru que le tribunal des conflits, tel qu'il es organisé par la constitution, n'était pas un tribunal apte à juger les difficultés de la nature de celles sur le sort desquelles nous avons à statuer [parce que] l'autre moitie du tribunal des conflits, celle composée de conseillers de la cour de cassation, était radicalement incompétente pour connaître un conflit [de tel sort].(...) Dans cette situation (...) il fallait appeler le président de la République et le conseil des ministres.[96]

MARTIN DE STRASBOURG beschwor die *Assemblée nationale* die Fassung der zweiten Lesung beizubehalten.[97]

[On a créé] dans la constitution un tribunal spécial des conflits, tribunal mixte, composé d'éléments judiciaires et d'éléments administratifs, et en même temps présidé par le ministre de la justice, qui représente le pouvoir exécutif, ce qui donne à la fois des garanties aux citoyens par l'élément de l'ordre judiciaire, des garanties à l'administration par l'élément de l'ordre administratif, et une garantie puissante au pouvoir exécutif, puisque le pouvoir exécutif intervient par le ministre de la justice, qui préside et qui tient en quelque sorte la balance en main. (...) Il y a là une question de compétence dont le Conseil d'État ne pouvait pas être juge lui-même, parce que il est parti intéressé. (...) Il faut toujours en attribuer la connaissance au tribunal des conflits [le jugement de] la confection de travaux publics, des routes, de rues, de chemins de fer, voilà des actes de pure administration (...) Eh bien, où serait la garantie des citoyens, des propriétaires, si dans un question comme celle-là, le ministre pouvait venir dire: Il n'y a eu qu'un acte de pure administration; aucun droit n'est lésé; je suis seule juge de la question au dommage, du tort que j'ai commis (...).[98]

96 Der Streit kann einerseits zwischen den ordentlichen Gerichten und dem Verwaltungsgericht bestehen, andererseits ist aber auch ein Konflikt anderer Art denkbar, der aus dem „gemischten" und unbestimmten Charakter einer Sache herrührt. Dieser besteht dann zwischen der Verwaltungsgerichtsbarkeit und der eigentlichen Verwaltung. Nach reiflicher Überlegung bin ich überzeugt, dass das Tribunal des Conflits für diese Streitigkeiten nicht zuständig ist, weil die eine Hälfte des Gerichts mit Conseillers des Cour de cassation besetzt ist, die offensichtlich unzuständig sind. In einer solchen Situation muss vielmehr der Präsident der Republik und der Conseil des Ministres angerufen werden. Moniteur universel, Januar-März 1849, S. 689.

97 Moniteur universel, Januar-März 1849, S. 694.

98 Das Tribunal des Conflits, ein aus ordentlichen und Verwaltungsrichtern besetztes Gericht, dem der Justizminister vorsitzt, gibt zugleich den Bürgern und der Verwaltung Garantien. Zudem verspricht der Vorsitz den Justizministers eine starke Garantie für die Exekutive. Jener sorgt für Ausgleich. Es handelt sich um einen Zuständigkeitskonflikt, den der Conseil d'État als beteiligte Partei nicht lösen kann. Wo bleibt der Schutz der Bürgerrechte, des Eigentums, wenn der Minister eine solche Frage beantworten kann, indem er sagt, es handele sich um einen Ermessensakt, der kein Recht

Der Redner sprach von reinen Ermessensakten der schlichten Verwaltung. *Actes de gouvernement* im Sinne der Entscheidungen des *Conseil d'État* schien er damit jedoch nicht zu meinen. Wenig später zitierte MARTIN DE STRASBOURG den Justizminister: dieser fordere eine Garantie, dass nicht der *Conseil d'État* über die Zuständigkeiten der Regierung entscheide.

Les questions de compétence entre le Gouvernement et le Conseil d'État sont aussi des questions de constitutionnalité, de légalité, d'attribution régulière et légale.[99]

Der Justizminister meldete sich in derselben Debatte erneut zu Wort und bekräftigte seine Auffassung.

Un conflit entre le Conseil d'État et le pouvoir exécutif ne peut s'élever que dans ces conditions: le Gouvernement, au nom de sa responsabilité, revendique un acte pour lequel la loi a établi sa liberté d'action (il n'y a pas de responsabilité là où il n'y a pas de liberté d'action); le Conseil d'État, au contraire, prétend retenir le jugement de cet acte, (...) c'est-à-dire que c'est tout le Gouvernement qui est en question.[100] *Lorsque la question est résolue par un gouvernement qui incessamment doit vous répondre de tous ses actes, à vous qui avez le dernier mot dans ces questions, à vous qui représentez le souverain (...), à vous dont la surveillance est toujours éveillée sur tous les grands intérêts du pays, lorsque le Gouvernement résout cette question, lorsqu'au nom de sa liberté d'action et de sa responsabilité il revendique une question, un acte l'appréciation d'une mesure, il se place devant vous, et c'est vous qui, sur la moindre interpellation, pouvez lui demander compte de la manière dont il a usé de ce droit que vous lui attribuez.*[101]

Unzweifelhaft sprach der Minister an dieser Stelle nicht allein von Akten der Verwaltung beim Vollzug von Gesetzen. Wenig später erklärte er, es gebe Fälle, in denen eine Partei nicht mehr als Privatpersonen an einer Streitigkeit beteiligt sei, sondern die gerichtliche Entscheidung das Handeln der Regierung beurteile und deren Macht begrenze und ihren Entscheidungsfreiraum beschränke.[102] Am

---

verletzt? Ich selbst bin der Richter über die Schadensfrage, über das Unrecht, welches ich begangen habe. Moniteur universel, Januar-März 1849, S. 695.

99 Die Kompetenzkonflikte zwischen der Regierung und dem Conseil d'État sind zugleich Fragen der Verfassungsmäßigkeit, der Rechtmäßigkeit und der rechtmäßigen und gesetzlichen Zuständigkeit. Moniteur universel, Januar-März 1849, S. 695.

100 Moniteur universel, Januar-März 1849, S. 695.

101 Ein Konflikt zwischen der Regierung und dem Conseil d'État kann nur dann entstehen, wenn die Regierung in eigener Verantwortung einen Akte erlässt, für den ihr gesetzlich Freiraum eingeräumt ist. Entscheidet in einem solchen Fall der Conseil d'État, werde damit die gesamte Regierung in Frage gestellt. Die Regierung muss sich in allen Fragen dem Parlament gegenüber verantworten, das die großen Interessen des Landes überwacht. Das Parlament besitzt allein das Recht, über die Regierung zu urteilen und sie zur Verantwortung zu ziehen. Moniteur universel, Januar-März 1849, S. 695.

102 Moniteur universel, Januar-März 1849, S. 696.

Ende der Debatte verdeutlichte er nochmals den Bezug zu Streitigkeiten unter Beteiligung der Regierung. Deren Politik müsse sich in vollständiger Freiheit entfalten können.

(...) Là où est la responsabilité, là où sont les nécessités du Gouvernement, là doit être la liberté complète de l'action. (...)Il y a un conflit gouvernementale, il y a une question de gouvernement; il n'y a pas une question de contentieux; il n'y a pas une question de droit privé, il y a une question de haute politique.[103]

Auch der Präsident des *Conseil d'État* betonte, die Regierung dürfe nicht durch ein gerichtliches Urteil beeinflusst werden.

(...) mais il n'y a pas jugement là où le Gouvernement est en question; mais il y a un acte de politique qui ne peut être résolu que par le pouvoir politique à son plus haut degré.[104]

DE LEYVAL lehnte diese Auffassung ab:

Sans doute, c'est une bonne chose, c'est la liberté du Gouvernement; mais elle a ses limites; car, si elle n'a pas de limites, le pouvoir exécutif, nécessairement, par la loi de sa propre nature, empiétera sur le contentieux, et le contentieux sera peu à peu attiré dans le sein du pouvoir exécutif, et vous serrez arrivés précisément à l'excès contraire à celui que vous condamnez maintenant.[105]

Artikel 47 wurde in der ursprünglich vorgeschlagenen Fassung angenommen und lautete:

Art. 47.- Le ministre de la justice a également le droit de revendiquer devant le tribunal spécial des conflits, organisé par l'art. 89 de la constitution, les affaires portées devant la section du contentieux, et qui n'appartiendraient pas au contentieux administratif.[106]

Alle Redebeiträge der Abgeordneten lassen den Schluss zu, dass es sich bei den Angelegenheiten „*qui n'appartiendraient pas au contentieux administratif*" um

---

103 Bei verantwortlichen Fragen, den für die Regierung notwendigen Angelegenheiten muss absolute Unabhängigkeit und Freiheit bestehen. Ein Regierungskonflikt ist keine gerichtlich zu klärende Angelegenheit, sondern eine Frage der Hohen Politik. Moniteur universel, Januar-März 1849, S. 696.

104 Wenn die Regierung beteiligt ist und ein politischer Akt in Frage steht, kann dieser nur von der politischen Gewalt selbst beurteilt werden. Moniteur universel, Januar-März 1849, S. 696.

105 Die Regierungsfreiheit ist eine gute Sache, aber sie hat ihre Grenzen. Wenn sie keine Grenzen hätte, griffe die Exekutive in die Gerichtsbarkeit ein und diese würde zunehmend von dieser verschlungen. Der gegenteilige Übergriff dessen, was man nun verurteilt, träte ein. Moniteur universel, Januar-März 1849, S. 696.

106 Das Gesetz über den Conseil d'État wurde am 8. März 1849 im Moniteur universel veröffentlicht, Moniteur universel 1849, Januar-März, S. 755.

bestimmte Akte der Regierung handelte. So stellten die Abgeordneten die Akte der Regierung den Verwaltungsakten gegenüber, sprachen von Ermessensentscheidungen der Regierung oder bezeichneten deren Akte als solche der Politik. Dabei scheint es sich nicht allein um Akte der Exekutive beim Vollzug von Gesetzen oder zur Daseinsvorsorge gehandelt zu haben. Artikel 47 des Gesetzes vom 3. März 1849 ist somit die erste gesetzliche Anerkennung der Rechtsfigur des *acte de gouvernement.*

J. Die Verfassung vom 14. Januar 1852

Der durch Volksabstimmung legitimierte Staatsstreich LOUIS NAPOLEON besiegelte den Sieg der Exekutive über die Legislative.[107] Die Verfassung vom 14. Januar 1852 sah eine starke Exekutive ohne wirkliches Gegengewicht vor.[108] Die Regierung wurde LOUIS NAPOLEON vorerst für zehn Jahre übertragen. Er übte gemeinsam mit dem Parlament und dem Senat die legislativen Aufgaben aus. In allen anderen Bereichen wurde ihm jedenfalls die Kontrolle über die Staatsorgane übertragen. Er besaß das Kommando über die Streitkräfte, erklärte den Krieg, verhandelte die Friedensverträge und die Handelsverträge, ernannte die Beamten, erließ alle zur Ausführung von Gesetzen erforderlichen *règlements* und Dekrete, besaß allein das Recht der Gesetzesinitiative sowie das Begnadigungsrecht, verkündete die Gesetze und war befugt, den Staatsnotstand zu verhängen. Die Verfassung von 1852 normierte das allgemeine Wahlrecht. Der *Corps législatif* wurde für sechs Jahre gewählt. Die gesetzgebende Kammer besaß aber kein Initiativrecht. Die Abgeordneten besaßen kein Petitionsrecht, Öffentlichkeit der Parlamentsreden war nicht zugelassen, die Minister hatten keinen Zutritt zum Parlament, so dass dieses als „Karikatur eines Parlaments" bezeichnete wurde.[109] Zudem war dessen Sitzungsdauer auf drei Monate im Jahr begrenzt.[110] Die Minister waren nur dem Präsidenten verantwortlich, eine Zusammenarbeit mit der Legislative oder gar deren Kontrolle gab es nicht. Der Senat unterstand dem Präsidenten, der die Senatoren ernannte und sie mit jährlichen Dotationen bedenken konnte, um sich deren Gefolgschaft zu sichern.[111] Die unbegrenzte Herrschaft BONAPARTES führte schließlich zur Umwandlung der Republik in ein Kaiserreich. Als NAPOLEON III. bestieg LOUIS NAPOLEON, der *Empereur*, am 2. Dezember 1852 den Thron. Dies ließ er durch Volksentscheid legitimieren. Seine Gegner suchte er durch Zensur, Überwachung ihrer Versammlungen sowie Veränderung der Wahlkreiseinteilungen auszuschalten.[112] Er baute eine politische Polizei auf und überwachte die Richter. Auch beherrschte er die Kirche, deren Personal nicht mehr unabhängig, sondern vom Staat bezahlte Beamte waren. Als sich die Kirche und Industrielle des Landes gegen ihn wandten, lockerte er seine Politik. Er billigte der Legislative ein Mitspracherecht zu, stellte die Öffentlichkeit der Debatten wieder her[113] und gewährte den Ministern Zutritt zum *Corps législatif*.[114] Später erhielt jener das Recht, Gesetzesänderungen auch dann zu diskutieren, wenn der *Conseil d'État*

107 Hartmann, a.a.O., S. 107.
108 Vgl. Godechot, a.a.O., S. 287ff.
109 Vgl. Hartmann, a.a.O., S. 109.
110 Tacke, Das Zweite Kaiserreich, in: Kleine Geschichte Frankreichs, S. 321, 322.
111 Tacke, a.a.O., S. 322
112 Hartmann, a.a.O., S. 111.
113 Ab diesem Zeitpunkt wurden die Debatten im Moniteur universel veröffentlicht.
114 Hartmann, a.a.O., S. 113.

sie bereits abgelehnt hatte. Das zunehmende Erstarken der Opposition schadete dem Kaiser zunächst nicht. Im Jahre 1870 sprach ihm das Volk sein Vertrauen aus, als er gleichzeitig über die Liberalisierung des Staates und seine eigene Stellung sowie die Thronfolge abstimmen ließ.[115] Erst der Deutsch-Französische Krieg von 1870/1 kostete ihn nach der Niederlage von Sedan den Thron. Am 4. September 1870 wurde die Dritte Republik ausgerufen und eine provisorische Regierung einbestellt.

I. Der Conseil d'État

Die Unabhängigkeit des *Conseil d'État* und dessen Funktion als souveränes Gericht waren nur ein vorübergehender Fortschritt gewesen. Mit der Wiederkehr der Monarchie wurden dem *Conseil d'État* gemäß Artikel 37 der Verfassung vom 14. Januar 1852 seine früheren Aufgaben rückübertragen.[116] Er bereitete die Gesetze vor und sollte gemäß Art. 50 unter der Leitung des Präsidenten der Republik die im Bereich der Verwaltung entstehenden Probleme lösen. Artikel 17 des *Décret organique* vom 25. Januar 1852 gestand der Abteilung für Verwaltungsstreitigkeiten zu, das schriftliche Vorverfahren zu führen, und darüber zu berichten.[117] Seine wichtige Stellung als unabhängiges Gericht im Staatsgefüge verlor der *Conseil d'État* wieder. Er war nun lediglich ein Hilfsinstrument des Kaisers.

1. Die Neugestaltung des Conseil d'État im Jahre 1872

Mit dem Zusammenbruch des Kaiserreiches im Jahre 1870 endete die Monarchie in Frankreich. Der *Conseil d'État* wurde ein unabhängiges Verwaltungsgericht. Im Zuge der republikanischen Neuordnung sah das Gesetz über die Neugestaltung des *Conseil d'État* vom 24. Mai 1872 grundlegende Änderungen vor.[118] Am 1. Juni 1871 stellte die Regierung das Gesetzesprojekt vor[119], am 29. Januar 1872 legte der Abgeordnete BATBIE einen Bericht vor.[120]

Nach drei Lesungen erhielt die Verwaltungsstreitabteilung des *Conseil d'État* ihre souveräne Entscheidungsbefugnis in Verwaltungsstreitigkeiten zurück.[121]

115 Hartmann, a.a.O., S. 115.

116 Art. 37.- Le Conseil d'État est chargé, sous la direction de l'empereur, de rédiger les projets de lois et les règlements d'administration publique, et de résoudre les difficultés, qui s'élèvent en matière d'administration. Vgl. Godechot, a.a.O., S. 318f.

117 Reinhard, Der Staatsrat in Frankreich, JöR 1981 (Neue Folge Band 30), S. 73, 77.

118 Vgl. dazu Drago, La Loi du 24 Mai 1872, EDCE 1972, S. 13ff; Wright, La Réorganisation du Conseil d'État en 1872, EDCE 1972, S. 21ff.

119 Journal officiel 1871, Juni 1871, Annexe N° 279.

120 Journal officiel 1872, 29. Januar, Februar.

121 Die erste Lesung fand am 19. Februar statt, die zweite am 23., 29. , 30. April und 1., 2., 3., Mai 1872. Die dritte Lesung fand am 23. und 24. Mai statt, nachdem der Vorschlag eines Abgeordnete am 24. April, die Diskussion bis zur Verabschiedung einer Verfassung ruhen zu lassen, abgelehnt worden war.

Artikel 9 des Gesetzes vom 24. Mai 1872 lautete:

Art. 9. - Le Conseil d'État statue souverainement sur les recours en matière contentieuse administrative, et sur les demandes d'annulation pour excès de pouvoir formés contre les actes des diverses autorités administratives.

Damit trat an die Stelle der *justice retenue* die *justice déléguée*. Das Staatsoberhaupt verlor das Recht der letzten Entscheidung über Verwaltungsstreitigkeiten, und der *Conseil d'État* wurde ein unabhängiges Verwaltungsgericht letzter Instanz und fällte seine Urteile „*au Nom du peuple français*". Zunächst wurde zwar noch die Auffassung vertreten, dass der zuständige Minister Richter der ordentlichen Gerichtsbarkeit erster Instanz sein müsse und der *Conseil d'État* erst in zweiter Instanz urteile.[122] Diese Theorie *du ministre-juge* wurde erst im Jahre 1889 vom *Conseil d'État* aufgegeben.[123] Er stellte fest, eine Klage vor dem *Conseil d'État* sei auch ohne vorherige Anrufung des Ministers zulässig. Diese Entscheidung markierte den endgültigen Abschluss der Entwicklung zu der heutigen Verwaltungsgerichtsbarkeit. Auch das *Tribunal des Conflits* wurde durch Artikel 25 des Gesetzes vom 24. Mai 1872 nach dem Vorbild der Verfassung von 1848 wieder neu eingerichtet. Das Gesetz vom 24. Mai 1872 veränderte die Stellung des *Conseil d'État* grundlegend. Seine Verwaltungsstreitkammer hatte sich endgültig zu einem unabhängigen Obersten Verwaltungsgericht entwickelt.

2. Artikel 26 des Gesetzes vom 24. Mai 1872 als Rechtsgrundlage des acte de gouvernement

Artikel 26 war eine dem Artikel 47 des Gesetzes über die Neugestaltung des *Conseil d'État* vom 3. März 1849 nahezu wortgleiche Vorschrift, die als Rechtsgrundlage für den *acte de gouvernement* angesehen wurde.

Art. 26.- Les ministres ont le droit de revendiquer devant le tribunal des conflits les affaires portées à la section du contentieux et qui n'appartient pas au contentieux administratif.
-Toutefois ils ne peuvent se pourvoir devant cette juridiction qu'après que la section du contentieux a refusé de faire droit à la demande en revendication qui lui doit être préalablement communiquée.[124]

Dieser war als Artikel 24 am 1. Juni 1871 mit dem gleichen Wortlaut im Rahmen des Entwurfs eines Gesetzes über die Wiedereinrichtung des *Conseil d'État* im Parlament vorgestellt worden. Über seine Motive findet sich nichts in dem von BATBIE im Namen der Kommission verfassten Bericht noch in den anschließenden Debatten. Artikel 26 wurde in der vorgeschlagenen Formulierung

122 Reinhard, a.a.O., S. 73, 77.

123 C.E. 13. Dezember 1889, Cadot, Rec. 1889, S. 1148; dazu Long/Weil/Braibant, Les grands arrêts de la jurisprudence administrative, S. 27ff.

124 Journal officiel 1872, Mai 1872.

ohne Debatte angenommen. Es ist davon auszugehen, dass sich der Gesetzgeber mit der Debatte von 1849 begnügen wollte, in der Artikel 26 gleichlautend als Artikel 47 diskutiert worden war.[125] Anhand der Gesetzesmaterialien zu Artikel 26 lassen sich keine weiteren Schlüsse ziehen. Die gleichen Motive bewegten das Parlament 1849 und 1872. Artikel 26 des Gesetzes vom 24. Mai 1872 war daher die neu-alte Rechtsgrundlage für die Theorie des *acte de gouvernement.* Dennoch blieb jener in der Folgezeit nahezu bedeutungslos. Es ist kein Fall bekannt, in dem sich ein Minister auf ihn berufen hat. So hatte Artikel 26 nur die Bedeutung, dass der Gesetzgeber den Unterschied anerkannte, der zwischen gewöhnlichen, gerichtlich überprüfbaren Verwaltungsakten und anderen Akten der Exekutive bestand, für deren Überprüfung der *Conseil d'État* unzuständig war. Die Diskussion um Artikel 47 des Gesetzes vom 3. März 1849 hatte bereits gezeigt, dass die Abgeordneten unter der Formulierung „*actes, qui n'appartiendraient pas au contentieux administratif*“ solche Akte verstanden hatten, die von der Regierung erlassen worden oder von erhöhtem politischen Interesse waren. So ließ sich wie seinerzeit dem Artikel 47 des Gesetzes vom 3. März 1849 nun auch Artikel 26 des Gesetzes vom 24. Mai 1872 lediglich das faktische Anerkenntnis der durch den *Conseil d'État* erklärten Unzuständigkeit entnehmen.

II. Rechtsprechung

In den folgenden Jahren erging eine Vielzahl von Entscheidungen, in denen der *Conseil d'État* und das *Tribunal des Conflits* die gerichtliche Unzuständigkeit für die Beurteilung politischer Akte bestätigten.

Dem Fall *Heritiers d'Orléans*[126] lag ein Dekret des Prinz-Präsidenten der Republik vom 22. Januar 1852 zugrunde, das angeordnet hatte, alle beweglichen und unbeweglichen Güter, die am 7. August 1830 Gegenstand einer Schenkung des Königs Louis-Philippe an seine Kinder gewesen waren, seien dem Staat zurückzugeben. Gegen die Veräußerung eines Teiles der betreffenden Güter durch den Finanzminister wandten sich nun die Erben des Königs und riefen zunächst ein Zivilgericht an. Die Streitigkeit gelangte vor das *Tribunal des Conflits.*

Das Gericht urteilte, das Dekret sei ein *acte de gouvernement,* dessen Ausführung und Folgen nicht von den Zivilgerichten beurteilt werden könnten.[127] Anderes gelte für aber jene Güter, welche der König nach seiner Inthronisierung erworben habe und die nicht Gegenstand einer solchen Schenkung gewesen seien. Diese fielen daher nicht unter das Dekret. Ihre gerichtliche Überprüfung, befand das *Tribunal des Conflits,* seien sei von den Zivilgerichten vorzunehmen.

---

125 Siehe H. II.

126 T.C. 18. Juni 1852, Héritiers d'Orléans, Rec. 1852, 252.

127 „Considérant que le décret du 22 janvier 1852 est un acte politique et de gouvernement dont l'exécution et les effets ne peuvent être soumise à l'appréciation de l'autorité judiciaire.“

Mit der Entscheidung *Le prince Wagram*[128] wurde eine weitere Kategorie des *acte de gouvernement* bekannt.

Der Kläger stritt mit dem französischen Staat über die Höhe einer Entschädigung, die ihm wegen der Rückgabe eines Waldgebietes an dessen frühere Besitzer der damit verbundenen Vertreibung aus seinen Gütern zustand. Jene war durch den Finanzminister entgegen einer früheren Ordonnanz des *Conseil d'État* von 1836 geschätzt und nicht nach dem konkreten Wert festgelegt worden. Außerdem hatte dieser entschieden, dass der Austausch der Güter erst mit legislativer Zustimmung rechtskräftig werde. Der Kläger wandte sich nun gegen eine Entscheidung des Finanzministers, mit der der Wert der Entschädigung pauschal geschätzt und der Kläger aufgefordert worden war, auf alle weiteren Ansprüche gegen den Staat zu verzichten. Er machte geltend, der Finanzminister habe überdies eine erforderliche legislative Bestätigung des Parlamentes einzuholen gehabt.

Der *Conseil d'État* hob die Entscheidung des Finanzministers wegen des Widerspruchs zu seiner früheren Ordonnanz auf, urteilte aber hinsichtlich des zweiten Klagebegehrens, Fragen der Gesetzgebung seien seiner gerichtlichen Beurteilung entzogen.[129]

In anderen Entscheidungen, die als mit der Erscheinung des *acte de gouvernement* zusammenhängend betrachtet werden, lehnte der *Conseil d'État* die Staatshaftung für Fehlverhalten von Konsularbeamten ab.

Im Fall *Dumeste*[130] begehrten die Klägerinnen die Aufhebung einer Entscheidung des Außenministers, der die Haftung für das Fehlverhalten eines Konsuls abgelehnt hatte. Jener hatte auf halbamtliche Anweisung des Ministers die Durchsetzung einer Erbschaft in Baltimore vorantreiben sollen, die ihm eingeräumten Vollmachten aber missbraucht.

Die Entscheidung des Ministers sei rechtmäßig gewesen, eine Haftung des Staates bestehe nicht, erklärte der *Conseil d'État.*[131]

Mit der Entscheidung *Dautreville*[132] dehnte der *Conseil d'État* seine Rechtsprechung weiter aus.

128 C.E. 12. März 1853, Prince Wagram, Rec. 1853, S. 329.

129 „Considérant que les questions relatives à la présentation des projets de loi au Corps législatif ne peuvent nous être soumises par la voie contentieuse.“

130 C.E. 6. Dezember 1855, Dumeste, Rec. 1856, S. 701

131 „Considérant que c'est sur la demande... et à titre purement officieux, que notre ministre a invité cet agent consulaire à faire les démarches nécessaires… ; que dans ces circonstances l'État ne peut être déclaré responsable.“

132 C.E. 10. Januar 1856, Dautreville, Rec. 1856, S. 28.

Der Kläger begehrte vom Staat Schadensersatz, weil Material seiner Druckerei von Streitkräften der französischen Armee beschädigt und zerstört worden war. Der Innenminister hatte während des Staatsnotstandes die Besetzung der Druckerei angeordnet, weil in ihr die verbotene Zeitung „*La vraie République*" gedruckt worden war. In einer Ordonnanz vom 13. Juni 1849 war die Verhinderung ihrer Veröffentlichung mit „jedem Mittel" angeordnet worden.

Der *Conseil d'État* erklärte, es handele sich um einen Streitgegenstand, für den der Klageweg nicht eröffnet sei. Der Kläger habe sich an die Verwaltung zu halten.[133]

Der berühmten Entscheidung *Duc d'Aumale et Michel Lévy*[134] lag folgender Sachverhalt zugrunde:

In der Buchhandlung *Michel Lévys* hatte der Polizeipräfekt am 19. Mai 1863 ein Buch mit dem Titel „*L'Histoire des princes de Condé*" beschlagnahmt, dessen Autor der Herzog d'Aumale war. Zunächst hatten der Prinz und sein Verleger Rechtsschutz bei der *Cour de Paris* ersucht und später den *Conseil d'État* angerufen, um eine *Autorisation de poursuite* gegen den Polizeipräfekten zu erlangen. Diese war ihnen verweigert worden, weil der Polizeipräfekt auf Anordnung des Innenministers gehandelt habe. Die Kläger hatten sich daraufhin an den Minister selbst gewandt, der die Eingabe gleichfalls abgewiesen hatte.

Das Gericht befand die Klage für unzulässig, weil die Beschlagnahme der Bücher wie auch die Entscheidung des Ministers „politische Akte" gewesen seien, die „nicht der Natur sind, vor den *Conseil d'État* gebracht zu werden".[135]

III. Rechtslehre

Die Rechtslehre entwickelte ab 1854 anhand der Entscheidungen des *Conseil d'État* die ersten wissenschaftlichen Definitionen des *acte de gouvernement.* In Übereinstimmung mit dem Gericht erklärte man die Unjustiziabilität bestimmter Akte zunächst mit deren politischen Gehalt. Dem Staatschef und der Regierung müssten politische Entscheidungen vorbehalten bleiben, die einer gerichtlichen Kontrolle unzugänglich seien. Die Väter dieser so genannten Mobiltheorie überließen den Regierenden ausdrücklich die Bestimmung des „Politischen", indem sie deren politisches Motiv - *le mobile* - zur Grundlage der Unjustiziabilität erklärten. Eine wirkliche Definition konnte es so nicht geben, weil jeder gewöhn-

---

133 „...le ministre de l'intérieur a pris une mesure de haute police commandée par les circonstances qui avait fait déclarer le ville de Paris en état de siège, (...), il ne peut naître de ce fait contre l'État une action en indemnité qui soit de nature à être suivie par la voie contentieuse..., que si Dautreville croit pouvoir demander au gouvernement une indemnité à raison du préjudice (...), cette demande ne peut être appréciée que par la voie administrative."

134 C.E. 9. Mai 1867, Duc d'Aumale et Lévy, Rec. 1867, S. 472.

135 „...sont des actes politiques qui ne sont pas de nature à nous être déférés, pour excès de pouvoir, en notre Conseil d'État par la voie contentieuse."

liche Akt durch die Motivgebung seines Urhebers unjustiziabel gemacht werden konnte. Zudem musste sich jener nicht einmal ausdrücklich auf sein politisches Motiv berufen. Der *Conseil d'État* erkannte selbständig, wann ein politisches Motiv den Akt bestimmt hatte, und erklärte rücksichtsvoll seine Unzuständigkeit. Im Jahre 1867 deutete sich erstmals eine Veränderung dieser Rechtsprechung an. In der Sache *Duc d'Aumales et autres* entbrannte zwischen den Regierungskommissaren die Diskussion um die Natur des Aktes. Jene Entscheidung markierte den Übergang von der Mobiltheorie zur Theorie der Natur des Aktes. Der *Conseil d'État* stützte seine Unzuständigkeit sowohl auf den „politischen Akt" als auch auf dessen besondere „Natur". Jene bestehe, so die Regierungskommissare, in einer Unterscheidung zwischen Regierung und Verwaltung.

1. 1854- 1864: Dufour, Dareste, Batbie, Mobiltheorie

DUFOUR, dem die prägendste Formulierung der Mobiltheorie zu verdanken ist, definierte:

> *Ce qui fait l'acte de gouvernement, c'est le but que se propose son auteur. L'acte qui a pour but de défendre la société prise en elle même ou personnifié dans le gouvernement, contre ses ennemis intérieurs ou extérieurs, avoués ou cachés, présents ou à venir, voilà l'acte de gouvernement.*[136]

Sein besonderes Merkmal sei das politische Ziel, das seinen Erlass bedinge, wobei sich dieses aus dem Motiv seines Urhebers ergebe. DUFOUR meinte übereinstimmend mit dem *Conseil d'État*, dass Staatschef und Regierung mit souveräner Macht ausgestattet seien, die keiner gerichtlichen Kontrolle unterliegen dürfe. BATBIE erklärte, es gebe Akte des Staatschefs, auch einzelne Maßnahmen, die zwar private Rechte wie das Eigentum oder die persönliche Freiheit verletzten, jedoch weder von einem ordentlichen Gericht noch vom *Conseil d'État* beurteilt werden dürften, weil sie sich von den gewöhnlichen Verwaltungsakten durch ihren politischen Charakter unterschieden. Dazu gehörten diplomatische Akte und alle anderen, die auf politischen Erwägungen beruhten.[137]
Zu den *actes de gouvernement* zähle man solche, schrieb DARESTE im Jahre 1862, die die Verfassung und die Gesetze der souveränen Macht ohne Kontrolle und ohne Verantwortung gegenüber den politischen Körpern und der öffentlichen Meinung vorbehielten. Beispiele dafür seien Kriegshandlungen, diplomatische Verträge und Kapitulationen gegenüber ausländischen Staaten.[138] Abweichend von DUFOUR hielt DARESTE jedoch die ordentlichen Gerichte im Rahmen der allgemein geltenden Vorschriften für zuständig. Der *acte de gouvernement* sei wie die legislativen Akte einer gerichtlichen Beurteilung entzogen. Jedoch

136 Dufour, Traité général de droit administratif appliqué, tome V, S. 128.
137 Batbie, Traité de droit public et administratif, tome 1, S. 403.
138 Dareste, Justice administrative en France, S. 221.

hätten die ordentlichen Gerichte das Recht, Verletzungen des Personenstands, der Freiheit und des Eigentums der Bürger zu überprüfen.[139] Eine Zuständigkeit des *Conseil d'État* lehnt auch er ab. Diese erste Theorie des *acte de gouvernement* wurde nach ihrem Definitionskriterium des politischen Motivs benannt. Sie ist der französischen und auch deutschen Rechtslehre noch heute unter der Bezeichnung *théorie du mobile* - Mobiltheorie - bekannt. Sie spiegelte die Verfassung ihrer Zeit wieder, indem sie das politische Motiv eines Aktes zum Wesensmerkmal einer rechtlichen Kategorie erklärte. Die Staatsräson bestimmte jede Staatsaktivität. Eine juristische Analyse gab es während der *justice retenue* noch nicht. Der *Conseil d'État* gestand der Regierung aus Sorge um den Bestand des Staates, aber auch um seines eigenen Fortbestehens willen, einen großen Freiraum zu. Die Mobiltheorie ist mehr eine richterliche Schöpfung denn eine abstrakt-theoretische Konzeption der Lehre. Jene machte sich letztlich allein die Tenorierung des *Conseil d'État* in den betreffenden Urteilen zueigen und entwickelte vorläufig keinen eigenen Ansatz.

2. 1867: Choppin, Aucoc, Ablehnung der Mobiltheorie und Entwicklung der Theorie der Natur des Aktes

CHOPPIN sprach sich in einer Anmerkung zum Fall *Duc d'Aumale et Lévy,* in dem es um das Verbot eines Buches ging,[140] deutlich gegen die Mobiltheorie aus.[141] Es leuchte nicht ein, dass die politische Natur eines Verwaltungsaktes die Zuständigkeit des *Conseil d'État* hindere. Sie habe keinen Einfluss auf die Zulässigkeit der gerichtlichen Kontrolle. Die Verwaltung bleibe auch dann dem Legalitätsprinzip verpflichtet, wenn sie im übergeordneten Interesse der Gesellschaft handele. Die Unterscheidung zwischen Akten, die das Recht zum außergesetzlichen Handeln ermöglichten, und solchen, die dem Legalitätsprinzip unterlägen, entziehe sich einer rationalen Begründung.[142] Die Rechtsprechung sei grundsätzlich geprägt vom Geist der Legalität und der Gleichheit, so dass das Urteil *Duc d'Aumale et Lévy* hoffentlich eine Ausnahme bleiben und der *Conseil d'État* dem Bürger nicht länger aus politischen Gründen den Rechtsschutz verweigern werde.[143] AUCOC wandte sich als Regierungskommissar in derselben Angelegenheit gegen eine Definition der *actes de gouvernement* nach dem ihnen von außen gegebenen Motiv und sprach sich für eine Definition nach deren Natur aus.[144] Der *Conseil d'État* kontrolliere lediglich Verwaltungsakte. Die *actes de gouvernement* seien jedoch keine gewöhnlichen Verwaltungsakte. Zwar ver-

139 Dareste, a.a.O., S. 222.
140 C.E. 9. Mai 1867, Duc d'Aumale et Lévy, Rec. 1867, S. 472 (siehe J. II.).
141 Choppin, Note sous C.E. 9. Mai 1867, Duc d'Aumale et Lévy, S. 1867, II., S. 124.
142 Choppin, a.a.O., S. 125.
143 Choppin, a.a.O., S. 125.
144 Aucoc, Conclusions, C.E. 9. Mai 1867, Duc'd'Aumale et Michel Lévy, S. 1867.II. S. 126.

wende man die Begriffe „Verwaltung“ und „Regierung“ im einfachen Sprachgebrauch oft ohne Unterscheidung. In der Sprache der Rechtsprechung und der Rechtslehre hingegen hätten diese Worte einen unterschiedlichen Sinn. Die Akte gegen die Familienmitglieder *d'Orléans* seien Maßnahmen zum Schutz der öffentlichen Ordnung und daher keine Verwaltungs- sondern Regierungsakte, für die der *Conseil d'État* deshalb nicht zuständig sei. Die öffentlich-rechtliche Funktion des Präfekten, der die Maßnahmen angeordnet habe, vermöge die Zuständigkeit des *Conseil d'État* allein nicht zu begründen.[145] Die ordentlichen Gerichte aber blieben weiter zuständig, Eigentumsverletzungen zu beurteilen. Zwei Jahre später konkretisierte AUCOC seine Auffassung: Die Exekutive habe zwei voneinander verschiedene Aufgaben: die Regierung und die Verwaltung. Unter dem Begriff des Regierens verstehe man eine spezielle Kategorie der Leitung von politischen Angelegenheiten. Darunter fielen die Beziehungen des Staatschefs zu den anderen Staatsorganen, die sich beispielsweise in der Einberufung der Abgeordneten der Kammern, der Auflösung des Parlaments, ferner der Aufnahme von diplomatischen Beziehungen, der Befehlsmacht über die Streitkräfte, in der Ausübung des Begnadigungsrechts und der Verleihung von Adelstiteln ausdrückten. Die Verwaltung dagegen habe eine andere Aufgabe. Sie sorge für die Bedürfnisse der Bürger, die der Einzelne selbst nicht befriedigen könne. Sie gewährleiste die öffentliche Daseinsvorsorge und pflege die öffentlichen Einrichtungen.[146] Für die Beurteilung der Akte der Regierung im Bereich der diplomatischen Beziehungen, der Kriegsführung und der Friedensverhandlungen bestehe weder eine Zuständigkeit des *Conseil d'État* noch eine solche der ordentlichen Gerichte.

145 Aucoc, a.a.O., S. 126.

146 Aucoc, Conférences sur le droit administratif, 2. Ausgabe, S. 442, 445, 481.

K. Die konstitutionellen Gesetze von 1875

In den Jahren nach 1870 bis zur Annahme der drei Grundgesetze, die als Verfassung galten, vergingen fünf Jahre mit einer provisorischen Regierung. Bis zur endgültigen Einigung über die Zukunft Frankreichs führte THIERS die Regierungsgeschäfte - später unter dem Titel des „*président de la République*". Die inzwischen gewählte *Assemblée* sollte eine neue Verfassung erarbeiten, was ihr aber zunächst nicht gelang. Als die Nationalgarde entwaffnet werden sollte, kam es zum Aufstand der Pariser Kommune. Ein *Comité central* übernahm die Macht, setzte die Trennung von Kirche und Staat und eine begrenzte Sozialisierung durch, wurde aber später von der provisorischen Regierung wieder abgelöst.[147] Nach Spannungen zwischen THIERS und der rechten Mehrheit führte eine von den Monarchisten beantragte Abstimmung zu seinem Rücktritt. Die Monarchisten betrieben weiter die Restauration, hatten damit aber keinen Erfolg. Am 30. Januar 1875 stimmte die Mehrheit der Abgeordneten für die Republik. Endlich wurden die konstitutionellen Gesetze verabschiedet.[148] Das erste betraf den Senat, das zweite die Organisation der öffentlichen Gewalt und das dritte die Beziehungen der Gewalten untereinander. An der Spitze des Staates stand der Präsident der Republik, der mit absoluter Mehrheit von dem Abgeordnetenhaus und dem Senat gewählt wurde. Ihm stand gemeinsam mit den Kammern die Gesetzesinitiative zu. Er verkündete die Gesetze, überwachte ihre Ausführung, berief die Kammern ein, konnte sie auflösen, ernannte die Minister, die Staatsbeamten und übte das Begnadigungsrecht aus. Ihm standen die Kammern gegenüber. Die Abgeordnetenkammer wurde durch allgemeine, gleiche, direkte und geheime Wahlen nach dem Mehrheitsprinzip und der Senat von den Wahlversammlungen der Departements und Kolonien gewählt. Den Kammern wurde die Zuständigkeit übertragen, über die Rechtmäßigkeit ihrer Wahl zu urteilen.[149] In den folgenden Jahren gab es drei Verfassungsänderungen. Erst wurde im Jahre 1879 der Sitz der Exekutive und der Kammern von Versailles nach Paris verlegt und der 14. Juli zum Nationalfeiertag sowie die Marseillaise zur Nationalhymne erklärt. Im Jahre 1884 wurde die Staatsform der Republik für unabänderlich erklärt. Personen der ehemals regierenden Familien konnten als Präsident nicht gewählt werden. Zudem gab es fortan keine Senatoren auf Lebenszeit mehr. Andere Änderungen waren eher gewohnheitsrechtlich bedingt. So wagte der Präsident es nicht mehr, die Kammern aufzulösen, weil dies als antirepublikanisch galt.[150] Dadurch verlor er an Einfluss. Die Legislative war nun stark wie nie zuvor. Der Erste Weltkrieg erforderte schließlich die Stärkung der Befugnisse des Kabinetts, welches von nun an Dekrete mit Gesetzeskraft erlassen

147 Hartmann, a.a.O., S. 118.

148 Vgl. Godechot, a.a.O., S. 331ff.

149 Art. 10.- Chacune des Chambres et juge de l'éligibilité de ses membres et de la régularité de leur élection ; elle peut, seule, recevoir leur démission.

150 Hartmann, a.a.O., S. 126.

konnte. Die Regierung übte nun gar legislative Aufgaben aus, blieb aber auf das Parlament angewiesen, welches sie stürzen konnte. Die Folgen des Ersten Weltkrieges führten für Frankreich zunächst zu einer immensen Staatsverschuldung. In dem Vertrauen, dass Deutschland als Hauptverantwortlicher des Krieges für die Kosten aufkommen werde, nahm der Staat immer neue Anleihen auf.[151] Bei der Friedenskonferenz in Paris stellten sich die Gegensätze zwischen den Siegern heraus. Während Frankreich sich um seine eigene Sicherheit sorgte, legte Amerika den Schwerpunkt auf die Umsetzung seiner politischen Ideale. Groß-Britannien machte die revolutionäre Entwicklung Russlands Sorgen, das nach dem Frieden von Brest-Litowsk aus dem Kreis der Alliierten ausgeschieden war.[152] Der Friedensvertrag mit Deutschland genügte den französischen Erwartungen, wenn auch nicht in politischer, so doch in wirtschaftlicher Hinsicht. Trotzdem gelang es Frankreich in der Folgezeit nicht, seinen Anspruch auf eine politische Führungsrolle in Europa erfolgreich zu behaupten. Die Reparationsfrage beherrschte die Politik. Deutschland akzeptierte die Festsetzung der Höchstsumme von 132 Milliarden Goldmark nicht. Als Deutschland und Russland sich auf einen gegenseitigen Verzicht auf Reparationsansprüche einigten und Großbritannien und die Vereinigten Staaten von Amerika ihre Kriegsschulden miteinander verrechneten, stand Frankreich allein da. Im Jahre 1923 besetzten französische und belgische Truppen das Ruhrgebiet. 1926 ratifizierten Frankreich, Großbritannien und die USA ein Abkommen, das ihre gegenseitigen Kriegsschulden neu regelte.[153] Zunehmend setzte sich die Auffassung durch, dass ein dauerhafter europäischer Frieden nur unter Einbeziehung der Deutschen erreicht werden könne. Im Jahre 1930 zogen die französischen Truppen aus dem Rheinland ab und das Verhältnis entspannte sich zunehmend. Als HITLER jedoch 1938 die Angliederung des Sudetengebietes forderte, rückte ein Krieg wieder näher. Frankreich hielt sich zunächst gegenüber der verbündeten Tschechoslowakei zurück. Der Krieg war aber nur aufgeschoben. Nach dem deutschen Angriff auf Polen erklärten Frankreich und Großbritannien dem Deutschen Reich den Krieg, der für Frankreich zunächst mit dem Waffenstillstand vom Jahre 1940 endete. Der Präsident LEBRUN berief als letzte Amtshandlung die Nationalversammlung nach Vichy ein. Jene erteilte dem Marschall PÉTAIN den Auftrag, eine neue Verfassung auszuarbeiten.[154]

---

151 Martens, L´entre-deux-guerres- die Zwischenzeit, in : Kleine Geschichte Frankreichs, S. 369, 371.

152 Martens, a.a.O., S. 372.

153 Martens, a.a.O., S. 382.

154 Martens, Der Untergang der Republik, in : Kleine Geschichte Frankreichs, S. 385, 405.

I. Rechtsprechung bis zum Ausbruch des Ersten Weltkrieges

1. Preisgabe der Mobiltheorie

Vor dem Hintergrund seiner wiedererlangten unabhängigen Entscheidungsbefugnis gab der *Conseil d'État* die Mobiltheorie in seiner berühmten Entscheidung vom 19. Februar 1875 endgültig auf.[155] Wenn er auch seine Unzuständigkeit nicht länger auf das politische Motiv stützte, so bedeutete dies nicht, dass er sich von nun an für grundsätzlich unbeschränkt zuständig hielt.

Der *Prinz Napoleon* war im Jahre 1853 von Napoleon III., seinem Cousin, zum Divisionsgeneral ernannt worden. Im Jahre 1873 erschien erstmalig nach dem Zusammenbruch des Zweiten Kaiserreiches wieder das militärische Jahrbuch. Der Name des Prinzen war nicht aufgeführt. Er wandte sich an den Kriegsminister, ob es sich um ein Versehen oder eine Entlassung handele. Dieser antwortete, die Ernennung des Prinzen habe auf den speziellen Umständen eines politischen Regimes beruht, das heute nicht mehr existiere. Seine Ernennung sei daher ungültig. Der Prinz focht diese Entscheidung vor dem *Conseil d'État* an. In seiner Klageerwiderung berief sich der Kriegsminister darauf, es liege seinerseits ein *acte de gouvernement* vor, für dessen Überprüfung der *Conseil d'État* nicht zuständig sei.

Dieser wies die Einlassung des Ministers zurück. Die Klage sei zulässig und die Mobiltheorie abzulehnen. Nicht das Motiv sei für das Vorliegen eines *acte de gouvernement* entscheidend. Eine als *acte de gouvernement* zu qualifizierende Maßnahme müsse vielmehr im Zusammenhang mit einer Aufgabe stehen, die der Regierung durch Gesetz übertragen worden sei.[156]

Das *Tribunal des Conflits* schloss sich dieser Rechtsprechung mit den Urteilen *Marquigny*[157] und *Bouffier*[158] an:

Per Dekret vom 29. März 1880 und vom 30. Juni 1880 war der Orden „*Compagnie de Jésus*“ in Lille und Avignon durch die dortigen Präfekten aufgelöst worden. In Ausführung der Dekrete waren einige der Mitglieder, unter ihnen der Kläger *Marquigny* und der Kläger *Bouffier*, aus Häusern der Compagnie in Lille und Avignon ausgewiesen worden, welche sie bewohnt hielten. Sie hatten sich an die örtlich zuständigen Tribunale gewandt, um wieder Zugang zum Haus zu bekommen. Das Zivilgericht erklärte sich für zuständig. Beide Präfekten allerdings brachten den Fall vor das *Tribunals des Conflits*, weil sie das ordentliche Gericht für unzuständig hielten.

---

155 C.E. 19. Februar 1875, Prince Napoleon, Rec. 1875, S. 155.

156 „Pour présenter le caractère exceptionnel qui le mette en dehors et au-dessus de tout contrôle juridictionnel, il ne suffit pas qu'un acte émané du gouvernement ou de l'un de ses représentants ait été délibéré en Conseil des ministres ou qu'il ait été dicté par un intérêt politique ; il faut encore qu'il se rattache directement à l'un des objets pour lesquels des pouvoirs généraux ont été confiés au gouvernement par la loi.“

157 T.C. 5. November 1880, Marquigny, Rec. 1880, S. 800.

158 T.C. 5. November 1880, Bouffier, Rec. 1880, S. 813.

Das *Tribunal des Conflits* entschied entgegen der Auffassung des Regierungskommissars RONJAT,[159] der die Maßnahmen wegen ihrer politischen Motivation für einen *acte de gouvernement* hielt, es lägen Maßnahmen verwaltungsrechtlichen Charakters vor, für deren Überprüfung die ordentlichen Gerichte unzuständig seien und verwies die Kläger an die Verwaltung, wenn sie „diesen“ Verwaltungsakt für rechtswidrig hielten. Deswegen hob es die bereits ergangenen gerichtlichen Vorladungen der Präsidenten der Zivilgerichte auf. Der in dieser Angelegenheit zuständige Regierungskommissar SABATIER vertrat eine andere Auffassung. Er behauptete entgegen der Auffassung des *Tribunal des Conflits* eine Zuständigkeit der ordentlichen Gerichte, wenn Individualrechte - wie vorliegend das Eigentum - berührt seien. Unabhängig davon, ob ein Verwaltungsakt oder ein *acte de gouvernement* vorliege, könne mit dieser Begründung die Zuständigkeit der ordentlichen Gerichte nicht ausgeschlossen werden.[160]

Im Jahre 1887 verwarf der *Conseil d'État* in seiner Entscheidung *Henri d'Orléans, duc d'Aumale et autres*[161] erneut die Mobiltheorie.

Der Kriegsminister hatte die Kläger am 26. Juni 1886 aus der französischen Armee entlassen. Der Minister bezog sich auf ein Gesetz vom 22. Juni 1886, nach dem Mitglieder der Familien, die Frankreich einst regiert hätten, keine militärischen Funktionen ausüben durften. Die Kläger begründeten ihre Klage vor dem *Conseil d'État* damit, der Kriegsminister habe das Gesetz falsch ausgelegt. Dieser brachte vor, er halte das Gericht für unzuständig, weil es sich bei den getroffenen Maßnahmen um *actes de gouvernement* handele. Die Gesetze, aufgrund derer er gehandelt habe, seien vom Parlament verabschiedet worden, was den Entlassungen den Charakter von *actes de gouvernement* verliehe.

Der *Conseil d'État* wies diese Einlassung zurück und lehnte die Mobiltheorie ein weiteres Mal ausdrücklich ab. Der Charakter eines *acte de gouvernement* bestimme sich weder nach dessen politischen Motiven noch nach einem parlamentarischen Votum, sondern allein nach seiner besonderen Natur.[162] Er überprüfte die Angelegenheit auf ihre Begründetheit hin und hob die Entscheidung des Kriegsministers auf. Der Regierungskommissar MARGUERIE fasste die Entscheidung zusammen: Ein Akt, der aus bestimmten politischen Motiven erlassen

---

159 Ronjat, Rec. 1880, S. 806, 811.

160 Sabatier, Rec. 1880, S. 801, 802.

161 C.E. 20. Mai 1887, Henri d'Orléans, duc, d'Aumale et autres, Rec. 1887, S. 409.

162 „...que le caractère de l'acte de gouvernement ne résulte ni des motifs politiques qui l'ont inspiré, ni de l'approbation qu'a pu lui donner le Parlement, mais uniquement de sa nature même, et que les décisions qui touchent à l'état et à la position des officiers sont par leur nature des actes essentiellement administratifs (...), que d'ailleurs, quand bien même les décisions attaquées constitueraient des actes de gouvernement, elles n'échapperaient pas à la juridiction contentieuse puisqu'elles atteignent les requérants dans un droit de propriété spécial...“

werde, verliere dadurch nicht seinen eigentlichen verwaltungsrechtlichen Charakter.[163]

2. Ausdehnung der Theorie des acte de gouvernement?

Parallel zur Ablehnung der Mobiltheorie erließ der *Conseil d'État* eine Vielzahl von Urteilen, in denen er seine Zuständigkeit ablehnte, weil ihm die N a t u r des Aktes eine gerichtliche Überprüfung verbiete. Er weitete seine Unzuständigkeit aus. Zwar verwarf er weiter eine Definition nach dem politischen Motiv des Aktes, behielt aber die grundsätzliche Anerkennung einer Kategorie unjustiziabler Akte der Regierung bei, indem er auf deren besondere Natur verwies, ohne diese aber zu definieren.

a) Akte des nationalen Rechtskreises

Im Jahre 1876 hatte die *Cour de Paris* über die Schadensersatzklage des Prinzen Napoleon zu befinden.[164] Dieser verlangte eine Entschädigung wegen seiner vom Präfekten angewiesenen und später vom Innenminister bestätigten Ausweisung aus Frankreich im Jahre 1872.

Das Gericht entschied, es habe sich bei der Ausweisung um einen Akt der öffentlichen Gewalt gehandelt, der als *acte de gouvernement* weder von einem ordentlichen Gericht noch vom *Conseil d'État* beurteilt werden könne.

Im Fall *Prévost*[165] verlangte der Kläger von der Regierung die Einbringung eines Gesetzes, durch das ein Teil einer Gemeinde von der bereits bestehenden Kommune abgetrennt werde.

Die Beziehungen der Exekutive zur Legislative könnten wegen ihrer Natur nicht Streitgegenstand einer Klage sein, befand der *Conseil d'État.*

Im Fall *Dufeuille*[166] begehrte der Kläger Schadensersatz oder Rückgabe seines beschlagnahmten Eigentums. Der Graf von Paris hatte allen Bürgermeistern in Frankreich ein Rundschreiben geschickt, das nebst Abzügen bei dem Kläger wegen dessen unliebsamen Inhaltes vom Polizeipräfekten von Paris beschlagnahmt worden war. Wegen eines Streits über die gerichtliche Zuständigkeit hatte das *Tribunal des Conflits* über die Angelegenheit zu entscheiden.

---

163 „La pensée politique qui a déterminé un représentant de la puissance publique à accomplir on acte déterminé, ne lui enlève pas nécessairement le caractère administratif, si cet acte, par sa nature est un acte d'administration." (vgl. dazu unten K. II. 3.).

164 Cour de Paris 29. Januar 1876, Prince Jérôme- Napoléon, S. 1876, II., S. 297.

165 C.E. 17. Februar 1888, Prévost, Rec. 1888, S. 149.

166 T.C. 25. März 1889, Dufeuille, S. 1891, III., S. S. 32.

Es erteilte der Mobiltheorie eine erneute Absage. Die Beschlagnahme ändere nicht ihre Rechtsnatur, weil der Innenminister sie aus politischen Motiven angeordnet habe.[167] Eine Entscheidung über die Rückgabe der Rundschreiben stehe den ordentlichen Gerichten zu.

Im Fall Vincent[168] begehrte der Kläger Schadensersatz wegen der Zerstörung seiner Wahlplakate durch Polizeibeamte, die auf Anweisung des Unterpräfekten gehandelt hatten. Wegen Uneinigkeit über die gerichtliche Zuständigkeit war das *Tribunal des Conflits* angerufen worden.

Es entschied, es handele sich weder um einen Verwaltungsakt, noch um einen *acte de gouvernement*, da das Gesetz, welches das Beseitigen von Wahlplakaten unter Strafe stelle, auch für Beamte gelte.[169] Die Billigung des Innenministers ändere daran nichts. Die vermutete politische Intention verhelfe den Beklagten nicht zur Abweisung der Klage wegen Unzulässigkeit. Das Gericht verwies die Sache an die Zivilgerichte.

Im Urteil *De Condinguy*[170] kam es zur Anerkennung einer weiteren Kategorie des *acte de gouvernement.*

Der Kläger war in Indien zu einer Geldstrafe verurteilt worden. Der Conseil du contentieux administratif des établissements français dans l'Inde hatte seiner Bitte um Aufschub nicht stattgegeben. Der Kläger machte geltend, er könne nicht zur Zahlung gezwungen werden, bis sein Gnadengesuch zum Präsidenten der Republik weitergeleitet worden sei.

Der Conseil d'État urteilte, Fragen im Zusammenhang mit einem Gnadengesuch seien nicht der Natur, dass sie von ihm überprüft werden könnten.[171]

Im Fall Gugel[172] war der Kläger, ehemaliger Soldat des Zweiten Regiments der Marineinfanterie, vom Kriegsgericht in Brest wegen einer Gewalttat gegen einen Vorgesetzten im Dienst zum Tode verurteilt worden. Der Staatspräsident hatte ihn am 7. Januar 1892 zu zwanzig Jah-

---

167 „Considérant... que les instructions verbales invoquées par le préfet de police ne sauraient imprimer au mandat et à la saisie des 5 et 6 juillet 1888 les caractères d'acte administratif et de gouvernement ;- qu'en effet la saisie ne change pas de nature par ce fait qu'elle est ordonné par le ministre de l'intérieur dans un but politique et que la mesure a été approuvée par les Chambres."

168 T.C. 15. Februar 1890, Vincent, Rec. 1890, S. 183.

169 „Considérant que l'acte... même qu'il aurait été accompli sur les ordres du Ministère de l'Intérieur, revêtie le caractère ni d'un acte administratif, ni d'un acte de gouvernement."

170 C.E. 16. Mai 1890, De Condinguy, Rec. 1890, S. 496.

171 „Considérant que les questions que soulève le présent pourvoi sont relatives à l'exercice du droit de grâce et ne sont pas de nature à être portées devant la juridiction contentieuse."

172 C.E. 30. Juni 1893, Gugel, Rec. 1893, S. 544.

ren Zwangsarbeit und zwanzig Jahren Aufenthaltsverbot begnadigt. Der Kläger wandte sich gegen die Begnadigung mit dem Argument, seine Situation werde dadurch verschlechtert. Seine ursprüngliche Strafe sei durch eine Strafe ersetzt worden, die zugleich eine Ehrenstrafe sei und eine vom Richter nicht ausgesprochene militärische Degradierung nach sich ziehe. Sein Vergehen könne zudem nur mit Todesstrafe oder mit der Verpflichtung zu gemeinnütziger Arbeit bestraft werden. Der Staatspräsident habe sein Begnadigungsrecht missbraucht.

Der Conseil d'État lehnte die Klage wie bereits die De Condinguys als unzulässig ab. Begnadigungen des Staatsoberhauptes seien einer Beurteilung des Conseil d'État nicht zugänglich.

Gegenstand der Entscheidung Jacquot[173] war die Weigerung des Innenministers, ein Gesetz einzubringen. Die Einwohner der Sektion einer Gemeinde, die ihre Verselbständigung forderten, verlangten die Aufhebung einer Entscheidung des Innenministers, der sich weigerte, ein diesbezügliches Gesetz im Parlament einzubringen.

Der Conseil d'État verwendete seine bekannte Formulierung und entschied, Akte der Exekutive im Zusammenhang mit den Beziehungen zum Parlament seien nicht der Natur, vom Conseil d'État beurteilt werden zu können.[174]

Im Jahre 1897 erklärte der Conseil d'État im Urteil Sieur Ferret[175] seine Unzuständigkeit für die Beurteilung einer Maßnahme des Kriegsministers in Militärangelegenheiten.

Dieser hatte einen Soldaten in ein anderes Regiment versetzt und ihn in einem Militärkrankenhaus internieren lassen.

Der Minister habe in den Grenzen seiner Befugnisse gehandelt, so dass die Entscheidung nicht vor den *Conseil d'État* gebracht werden könne.[176]

Gegenstand der Entscheidung *Sieur Parquet*[177] war die Antwort des Marineministers auf eine Petition im Parlament. Der Kläger hatte sich zunächst wegen der fälschlichen Auszahlung einer ihm zustehenden Kriegsbeute an einen Namensvetter an den Marineminister gewandt und war abgewiesen worden. Später hatte er eine Petition an das Parlament gerichtet.

---

173 C.E. 13. November 1896, Jacquot et autres, Rec. 1896, S. 709.

174 „Considérant que les actes du pouvoir exécutif concernant ses rapports avec le Parlement ne sont pas de nature à faire l'objet d'un débat par la voie contentieuse."

175 C.E. 26. Februar 1897, Sieur Ferret, Rec. 1897, S. 159.

176 „Considérant que le Ministre a agi dans la limite de ses attributions, qu'ainsi cette décision n'est pas susceptible d'être déférée au Conseil d'État."

177 C.E. 13. Juni 1902, Sieur Parquet, Rec. 1902, S. 454.

Die Antwort eines Ministers gegenüber dem Präsidenten des Parlaments auf eine durch eine Petition motivierte Anfrage sei ein gerichtlich unüberprüfbarer Akt, entschied der *Conseil d'État.*[178]

Im Fall *Maître*[179] rügte der Kläger ein Dekret, mittels dessen die Wahl eines Senators auf den 19. Mai festgesetzt wurde. Die *Conseil municipaux* wurden aufgerufen, sich am 14. April zu versammeln, um die Kandidaten für den Senat aus ihrer Mitte zu wählen. Der Kläger rügte den Zeitpunkt der Wahl, weil sich die *conseils municipaux* am 5. Mai erneuern würden und die Befugnisse der aufgestellten Kandidaten demgemäß am 19. Mai abgelaufen seien.

Der *Conseil d'État* wies die Klage als unzulässig ab, weil es sich um einen die Wahl vorbereitenden Akt handele, dessen Beurteilung allein den legislativen Versammlungen zustehe.[180]

Ebenfalls im Jahre 1912 rügte eine Klägerin die Verweigerung einer Empfangsbestätigung ihrer Kandidatur für die legislativen Wahlen.[181]

Hier prüfte das Gericht die Klage auf deren Begründetheit hin: die allgemeinen Regeln über die Wahl der Legislative seien nicht auf Kandidaten weiblichen Geschlechts anwendbar.

b) Akte des internationalen Rechtskreises

Im Urteil *Villebrun*[182] begehrte der Kläger eine Entschädigung für Schäden, die er während der Besetzung durch deutsche Streitkräfte erlitten habe.

Der *Conseil d'État* stützte sich auf die Friedensverträge von Versailles vom 26. Februar 1871 und den Frankfurter Vertrag vom 10. Mai 1871 und verweigerte einen Schadensersatzanspruch aus Staatshaftung wegen des Zusammenhanges mit diplomatischen Verträgen. Diese seien Akte der souveränen Gewalt und daher nicht geeignet, die Haftung des Staates im Streitwege zu begründen.[183]

---

178 „Considérant que la réponse… n'est pas un acte susceptible d'être déféré au Conseil d'État par la voie contentieuse."

179 C.E. 6. August 1912, Maître, Rec. 1912, S. 982.

180 „Considérant que les assemblées législatives, à qui appartient la vérification des pouvoirs de leurs membres, sont seules compétents, à moins de texte contraire, pour apprécier la légalité des actes qui constituent le préliminaire des opérations électorales,…qu'ainsi le décret pris par le Président de la République….ne rentre pas dans la catégorie des actes susceptibles d'être déférés au Conseil d'État."

181 C.E. 26. Januar 1912, Dame Marguerite Durand, Rec. 1912, S. 108.

182 C.E. 23. Juli 1875, Villebrun, Rec. 1875, S. 717.

183 „Considérant, que les traités des 26 février et 10 mai 1871 constituent des actes diplomatiques émanés de la puissance souveraine, dont les conséquences ne peuvent par elles-mêmes donner ouverture à aucune réclamation contre l'État par la voie conten-

Im Fall Dupuy184 begehrte der Kläger die Aufhebung einer Entscheidung des Außenministers, der ihm die Zahlung von Schadensersatz verweigert hatte. Dem Kläger stand ein Schadensersatzanspruch wegen eines ihm durch eine Ausweisung zugefügten Schadens gegen die haitische Regierung zu. Deren Präsident hatte dem französischen Generalkonsul die Zahlung verlässlich zugesagt. Jene erfolgte jedoch nicht. Der Kläger machte geltend, er habe wegen des fehlerhaften Verhaltens des französischen Generalkonsuls in Haiti keine Zahlung erlangen können. Dieser berief sich darauf, dass seine Handlungen als Regierungsmaßnahmen gerichtlich nicht überprüfbar seien.

Das Gericht entsprach seiner Auffassung, indem es die Klage zurückwies. Die Ausübung souveräner Macht in internationalen Beziehungen könne nicht gerichtlich überprüft werden.[185]

Im Jahre 1882 erließ der *Conseil d'État* das Urteil *Laffon.*[186]

Der Kläger, französischer Generalkonsul in Ägypten, war durch den Außenminister wegen fehlerhaften Verhaltens aus Kairo abberufen worden. Er begehrte die Aufhebung dieser Entscheidung durch den *Conseil d'État.*

Dieser wies die Klage wegen des Zusammenhanges mit den Befugnissen der Regierung im Bereich der diplomatischen Beziehungen zurück. Die Entscheidung des Ministers sei nicht der Natur, durch das Gericht beurteilt werden zu können.[187]

Der Kläger *Szaniawski*[188] begehrte die Aufhebung einer Entscheidung des Finanzministers, der ihm die Auszahlung seines geerbten Rentenspruches gegen den Staat verweigert hatte. Der Kläger war Erbe eines Polen, dem in den Jahren 1710 und 1711 ein dauerhafter Rentenanspruch gewährt worden war. Der Minister stützte seine Ablehnung darauf, der Kläger habe seine Ansprüche nicht, wie durch Dekret vorgeschrieben, tituliert. Der Kläger berief sich darauf, dass das Dekret nicht in Polen veröffentlicht worden sei, die Ansprüche der polnischen Gläubiger gegen den französischen Staat durch einen Vertrag vom 30. Mai 1814 und einer Konvention vom 20. November 1815 jedoch ausdrücklich anerkannt worden seien.

Das Gericht überprüfte einen Teil der Ausführungen des Klägers auf ihre Begründetheit hin. Das französische Recht gelte kraft seiner Veröffentlichung im

---

tieuse...(rejet)."

184 C.E. 12. Januar 1877, Dupuy, Rec. 1877, S. 48.

185 „...que ces questions se rattachent à l'exercice du pouvoir souverain dans les matières de gouvernement et dans les relations internationales, et ne sont pas de nature à être portées devant le Conseil d'État par la voie contentieuse."

186 C.E. 8. Dezember 1882, Laffon, Rec. 1882, S. 983.

187 „...soulève des questions qui se rattachent à l'exercice des pouvoirs du gouvernement en matière diplomatique et internationale et qui ne sont pas de nature à être portées devant le Conseil d'État par la voie contentieuse."

188 C.E. 14. November 1884, Szaniawski, Rec. 1884, S. 779.

Journal Officiel, so dass eine mangelnde Veröffentlichung in Polen bedeutungslos sei. Hinsichtlich der Klauseln des Vertrages sei demgegenüber der Verwaltungsrechtsweg nicht eröffnet, da es solche einer internationalen Konvention seien.[189]

Die Kläger im Fall *Société anonyme belge des Chemins de fer*[190], Gesellschafter einer Bahngesellschaft, begehrten Zahlung für die Errichtung eines Zollbahnhofes, den sie aus eigener Initiative nach der durch den Vertrag von Frankfurt geänderten Grenzziehung erbaut hatten. Seitens des Departements war ein einfacher Haltebahnhof vorgesehen gewesen. Die Kläger stützten ihre Klage auf den Frankfurter Vertrag.

Der *Conseil d'État* entschied, der Kläger könne seinen Anspruch nicht auf die diplomatische Konvention stützen, da deren Folgen nicht durch ihn beurteilt werden könnten,[191] überprüfte aber anhand der Konzessionsverträge die Begründetheit der Klage.

Im Fall *Saccoman*[192] begehrte der Kläger Schadensersatz für die während der Besetzung Tunesiens durch französische Truppen erlittenen Schäden.

Das Gericht beschied seine Klage negativ: die Schäden hätten sich im Verlauf der Expedition der französischen Armee gegen aufständische tunesische Stämme ereignet. Schäden, die im Verlauf von militärischen Operationen im Ausland verursacht würden, könnten nicht Gegenstand einer gerichtlichen Überprüfung sein. Der Annahme des Klägers, diese Regel sei im vorliegendem Fall unanwendbar, weil die Franzosen nicht als kriegsführende Partei, sondern stellvertretend für die tunesische Regierung gehandelt hätten, entgegnete das Gericht, diese Frage lasse sich allein anhand der zwischen Frankreich und Tunesien geschlossenen Verträge beurteilen und entziehe sich daher seiner Zuständigkeit.[193]

Im Fall *Vandelet et Faraut*[194] hatte der König von Kambodscha, einem Protektorat Frankreichs, aufgrund eines Abkommens zwischen ihm und Frankreich durch einen Erlass

---

189 „...et que le sieur Szaniawski se croit fondé à invoquer des droits qui résultèrent de conventions diplomatiques intervenues entre le gouvernement français et les gouvernements étrangers, ce n'est pas par la voie du recours devant le Conseil d'État qu'il appartient de faire valoir ses prétentions."

190 C.E. 5. Dezember 1884, Société belge des Chemins de fer, Rec. 1884, S. 885.

191 „Considérant que le traité du 10 mai 1871 constitue un acte diplomatique..., dont les conséquences ne peuvent par elles-mêmes donner ouverture à aucune réclamation contre l'État par la voie contentieuse."

192 C.E. 26. Februar 1886, Saccoman, Rec. 1886, S. 173.

193 „...que cette prétention soulève un débat sur le sens et les effets du traité précité, dont il n'appartient pas à la juridiction administrative de connaître."

194 C.E. 18. Dezember 1891, Vandelet et Faraut, S. 1893, III., S. 129.

vom 8. Mai 1888 den Klägern Vandelet und Faraut die Erlaubnis für die Veranstaltung des Spieles der 36 Bestien, einem lotterieähnlichen Spiel, entzogen. Nach einigen parlamentarischen Zwischenfällen hatte der Generalresident Frankreichs den kambodschanischen König darüber informiert, dass der Kolonieminister dies akzeptiere. Die französische Regierung verpflichte sich, den Bauern Vandelet und Faraut bereits gezahlte Beiträge zu erstatten. Sie gestattete den Bauern die Veranstaltung des Spiels bis zum Beginn des Neuen Chinesischen Jahres am 14. März 1889 und stellte den Klägern eine Entschädigung für die drei Jahre in Aussicht, in denen sie das Spiel nach ihrer Konzession noch hätten veranstalten dürfen. Weiter riet sie den Klägern zu einer Klage. Nach einer Befragung des Parlamentes am 17. und 18. Juli 1888 erteilte der Unterstaatssekretär jedoch dem Generalresidenten eine neue Instruktion, der das Spiel vom 15. Oktober an untersagte. Der Minister autorisierte das Protektorat, den Bauern die Hälfte der bereits gezahlten Abgaben zu erstatten. Vandelet und Faraut protestierten am 15. Oktober gegen die Untersagung und forderten den französischen Staat auf, die Betreibung des Spiels für weitere sechs Monate zu gestatten oder anderenfalls Schadensersatz in Höhe von 800 Francs zu zahlen. Der Unterstaatssekretär antwortete ihnen am 26. April 1889, ihre Forderung sei vom Ministerrat abgelehnt worden. Vandelet und Faraut klagten vor dem *Conseil d'État*.

Dieser nahm die Klage nicht zur Entscheidung an, weil es sich bei den gerügten Akten nicht um solche der französischen Regierung sondern des kambodschanischen Königs handele, die im Zusammenhang mit der Ausübung diplomatischer und internationaler Regierungsbefugnisse und daher nicht vor dem *Conseil d'État* diskutiert werden könnten.

Mit dem Urteil *Thubé-Lourmand*[195] erschien eine weitere Kategorie des *acte de gouvernement*.

Der Kläger rügte, dass die französische Regierung ihm bei dem ihm durch Dekret gestatteten Fischen keinen diplomatischen Schutz gegen die Übergriffe englischer Angler gewährt habe und begehrte Schadensersatz.

Der *Conseil d'État* entschied, die Gewährleistung diplomatischen Schutzes stehe im Zusammenhang mit der Ausübung der Regierungsaufgaben im Bereich der internationalen Beziehungen und entziehe sich daher der gerichtlichen Kontrolle.[196]

Im Jahre 1898 klagte der *Conseil générale du Senegal*[197] gegen den dortigen französischen Generalgouverneur. Dieser hatte die zuvor annektierten Territorien des ersten Arrondissements Senegals unter sein Protektorat gestellt.

195 C.E. 10. Februar 1893, Thubé-Lourmand, Rec. 1893, S. 114.

196 „Considérant que la question ainsi soulevée se rattache à l'exercice du pouvoir souverain dans les matières de gouvernement et dans les relations internationales et n'est pas de nature à être portée devant le Conseil d'État par la voie contentieuse.“

197 C.E. 18. März 1898, Conseil générale du Senegal, Rec. 1898, S. 233.

Der *Conseil d'État* befand, es handele sich dabei um die Ausübung von exekutiven Rechten im Bereich von Regierungsangelegenheiten. Daher sei der beklagte Akt nicht der Natur, vor den *Conseil d'État* gebracht zu werden.[198]

Im Urteil *Bachatouri*[199] wandten sich die Kläger gegen den französischen Außenminister, der eine Entscheidung des Generalkonsuls in Smyrna, dem heutigen Izmir, bestätigt hatte. Ein Vorfahr der Kläger hatte im Oktober 1789 den Status eines französischen Staatsangehörigen erhalten und dafür im Gegenzug für sich und seine Nachkommen auf die venezianische Staatsbürgerschaft verzichtet. Am 10. März 1889 entzog der Generalkonsul den Klägern ihren Protegiertenstatus. Aus deren Sicht lag der Grund dafür in einem von ihnen angestrengten Rechtsstreit über das Eigentum an einem Grundstück. Der Außenminister bestätigte die Entscheidung und berief sich darauf, dass das Recht der französischen Regierung, ausländischen Residenten im Orient Protektion zu gewähren oder zu entziehen, ein Ermessensrecht sei.

Der *Conseil d'État* bestätigte diese Auffassung. Es handele sich nicht um einen Verwaltungsakt, sondern um einen Akt im Zusammenhang mit der Ausübung von Rechten aus internationalen Verträgen und Konventionen. Der Rechtsweg vor dem *Conseil d'État* sei nicht eröffnet.[200] 1904 hatte sich der *Conseil d'État* mit der Frage zu beschäftigen, wie die Schulden eines annektierten Staates zu behandeln seien.[201]

Eine madagassische Klägerin begehrte die Aufhebung einer Entscheidung des Kolonieministers vom 16. April 1901, der ihr die Rückzahlung von 28.568 Piaster verwehrte. Die frühere madagassische Regierung schuldete ihr diese Summe seit dem Jahre 1885. Nachdem der französische Staat Madagaskar und dessen Dependancen annektiert hatte, verlangte die Klägerin vergeblich von diesem Zahlung.

In seinem Urteil befand der *Conseil d'État*, es handele sich um die Ausübung souveräner Rechte. Aus diesem Grund stehe ihm die Klärung der Frage, ob der französische Staat an die Schulden des madagassischen Staates gebunden sei, nicht zu.[202]

---

198 „... et qu'il se rattachent à l'exercice de la puissance exécutive dans les matières de gouvernement...; qu'il suit de la que cet arrêt n'est pas de nature à être déféré au Conseil d'État par la voie contentieuse."

199 C.E. 12. Februar 1904, Bachatori, dits Bachadour, Rec. 1904, S. 105.

200 „Considérant que les actes attaqués se rattachent à l'exercice des pouvoirs reconnus à la France par les traités et conventions internationales ; qu 'il ne sont pas des actes administratifs et ne peuvent comme ces derniers, donner ouverture à un recours devant le Conseil d'État par la voie contentieuse."

201 C.E. 5. August 1904, Dame Ravero, Rec. 1904, S. 663.

202 „Considérant que la question soulevée par cette demande se rattache à l'exercice des droits de souveraineté résultant pour la France de la prise de possession de l'île de Madagascar et que ce n'est pas au Conseil d'État qu 'il appartient d'apprécier si, par suite de cette prise de possession, l'État français est tenu des dettes de l'État malgache."

Im Dezember 1904 lag dem *Conseil d'État* der Fall *Consorts Poujade*[203] vor. Die Kläger begehrten erstens Einsicht in die Akte über den Erbfall Bambino, zweitens die Zahlung von zwei Dritteln der Entschädigungssumme von 1.600 Francs, die die französische Regierung bei der osmanischen Regierung hätte geltend machen müssen und drittens einen Ersatz für den Schaden, den sie durch das Verhalten der Konsuln von Damaskus und Beirut erlitten hätten. Ihr Großvater, M. Bambino, früherer Vizekonsul Frankreichs in Syrien und dem Libanon, hatte ein umfangreiches Erbe hinterlassen. Der französische Konsul hatte dessen Haus versiegeln und alle Unterlagen in das Konsulat verbringen lassen, um den Erbfall abzuwickeln. Sein Nachfolger war fälschlicherweise davon ausgegangen, der Erblasser sei Osmane gewesen und hatte die Papiere den osmanischen Autoritäten herausgegeben. Den Erben war es so unmöglich, ihre Erbschaft anzutreten.

Die Klage wurde in allen Punkten abgewiesen, weil das Verhalten der Konsuln Ausfluss ihrer souveränen Macht sei. Es obliege dem *Conseil d'État* nicht, den Rechtsverkehr zwischen der französischen Regierung und ausländischen Regierungen zu beurteilen.[204] Der *Conseil d'État* fügte aber überraschend hinzu, dass die Kläger ein Fehlverhalten des Konsuls nicht bewiesen hätten und es daher keiner Untersuchung bedürfe, ob der Staat hafte. Grundsätzlich lässt sich daraus schließen, dass einer Haftung nun nichts mehr im Wege stand.

In einem Urteil vom 3. März 1905[205] erweiterte der *Conseil d'État* seine Rechtsprechung zur Haftung für Schulden annektierter Staaten.

Die Kläger besaßen Fabriken, die im Zuge militärischer Maßnahmen bei der Eroberung von Dahomey in den Jahren 1890 und 1892 von einheimischen Banden geplündert worden waren. Der französische Kolonieminister hatte die Schadensersatzforderung der Brüder zurückgewiesen.

Der *Conseil d'État* beschied ihre Klage wie folgt: Eigentlich hätten sich die Kläger an die alte dahomeysische Regierung wenden müssen. Die Klärng der Frage, ob die französische Regierung für die Schulden ihrer Vorgängerin einzustehen habe, obliege nicht dem *Conseil d'État*, sondern allein der Regierung.[206]

203 C.E. 23. Dezember 1904, Consorts Poujade, Rec. 1904, S. 871.

204 „...se rattachent à l'exercice du pouvoir souverain dans les rapports du Gouvernement français avec les gouvernements étrangers et ne sont pas de nature à être portées devant le Conseil d'État par la voie contentieuse."

205 C.E. 3. März 1905, Sieurs Mante frères et Borelli de Régis, Rec. 1905, S. 226.

206 „...mais que cette prétention soulève un débat relatif à l'exercice des droits de souveraineté résultant pour la France de l'annexion du Dahomey et que ce n'est pas au Conseil d'Etat qu'il appartient de se prononcer sur un litige de cette nature."

Im Jahre 1905 erließ der *Conseil d'État* ein bemerkenswertes Urteil.[207]

Die Klägerin wandte sich gegen einen Bescheid des *Conseil du contentieux-administratif* der Kolonie Madagaskar. Dieser hatte ihr Schadensersatzbegehren abgelehnt. Nach der Ausweisung ihres Ehemannes wegen rebellischen Verhaltens war dessen vermeintliches Vermögen, eine Pferdeherde, beschlagnahmt worden. Tatsächlich stammte die Herde aus einer Erbschaft der Klägerin. Sie hatte ihre Miterben bereits für deren Verlust entschädigen müssen. Der beklagte *Conseil* verteidigte sich mit dem Hinweis, die Klage sei gegen die Folgen eines Ausweisungsdekretes gerichtet, das als *acte de gouvernement* nicht vor dem *Conseil d'État* angreifbar sei.

Das Ausweisungsdekret, stelle tatsächlich einen souveränen Akt dar, der einer gerichtlichen Überprüfung nicht zugänglich sei. Die Begleitumstände indes, die die normale Ausführung desselben überstiegen hätten, könnten vor dem *Conseil d'État* Gegenstand einer Klage sein. Er hob den abschlägigen Bescheid des *Conseil du contentieux-administratif* der Kolonie Madagaskar auf und ordnete eine neue Verhandlung an. Mit dieser Entscheidung war der Grundstein für eine neue Rechtsprechung gelegt. Zum ersten Mal unterschied der *Conseil d'État* zwischen einem gerichtlich unüberprüfbaren Akt (und blieb insofern der Lehre des *acte de gouvernement* treu) und den ihn ausführenden Maßnahmen, deren gerichtliche Überprüfung dem allgemeinen Recht folgte. Zunächst handelte es sich jedoch um ein einziges Urteil. Die Tendenz in der Rechtsprechung, die Anwendung des *acte de gouvernement* zugunsten des Legalitätsprinzips einzuschränken, wurde erst später sichtbar.

Die Kläger *Sieur et Dame Le Chartier*[208] begehrten Schadensersatz. Teile ihrer Waren seien beim Einmarsch in Madagaskar auf Anordnung des französischen Generalresidenten beschlagnahmt und später an französische Truppen verteilt oder zu niedrigen Preisen verkauft worden. Es handele sich nicht um Kriegsschäden, machten die Kläger geltend. Einerseits habe es keine Kriegserklärung gegeben, andererseits seien die Schäden nach dem Ende der Kämpfe eingetreten. Der Kolonieminister hatte ihnen einen Schadensersatz verwehrt, da der Staat nicht für Kriegsschäden hafte.

Der *Conseil d'État* erklärte seine Unzuständigkeit. Die aus militärischen Operationen rührenden Schäden auf fremdem Territorium seien nicht klagbar. Die Klage wurde als unzulässig abgewiesen.

Ebenfalls aus dem Jahre 1907 stammte das *Urteil Humblot*[209].

Der französische Präsident hatte durch ein Dekret die Waldnutzung im Protektorat La grande Comore neu geregelt. Der Kläger sah sich hierdurch in seinen aus einem früheren Vertrag mit

---

207 C.E. 22. Dezember 1905, Dame Ramiadana, Rec. 1905, S. 967.

208 C.E. 22. Februar 1907, Le Chartier Rec. 1907, S. 185.

209 C.E. 5. Juli 1907, Humblot, Rec. 1907, S. 637.

dem Sultan stammenden Rechten verletzt und begehrte die Feststellung, dass der Präsident in den Kolonien nicht die legislative Macht besitze.

Der *Conseil d'État* wies die Klage zurück und erklärte, die Frage berühre die Ausübung souveräner Rechte, deren Beurteilung ihm nicht zustehe. Anders als in ähnlichen Fällen erklärte er aber darüber hinaus, dass sich der Kläger an eine zuständige Instanz wenden könne, um seinen Schadensersatzanspruch geltend zu machen. Diesen Gedanken führte er jedoch nicht weiter aus. Diese Entscheidung verdeutlichte jedoch, dass der *Conseil d'État* durchaus einen Schadensersatzanspruch für möglich hielt.

Im Fall *Rouzier*[210] hatte der in Haiti lebende Franzose Rouzier vor den haitischen Autoritäten 1902 mit der Deutschen Blanche de Madelung die Ehe geschlossen. Im Jahre 1905 wurde die Ehe geschieden. Zwei Jahre später wollte sich das geschiedene Paar erneut vermählen, wurde aber von den haitischen Behörden abgewiesen, weil nach haitischem Recht eine Wiederheirat unzulässig war. Sie wandten sich an den *ministre de France*, der die Vornahme ihrer Wiedervermählung zusagte. Kurz vor der Vermählung veröffentlichte der ehemalige und zukünftige Ehemann einen Brief über die Wiederverheiratung in einer lokalen Zeitung. Am darauf folgenden Tag teilte der *ministre de France* dem Kläger mit, seine Eheschließung werde nicht stattfinden. Nach einem ergebnislosen Briefwechsel reisten die Kläger nach Paris, wo sie sich trauen ließen. Ein Jahr später wandten sie sich wegen des Ersatzes der Reisekosten an das *Tribunal de la Seine*, das sich für unzuständig erklärte. Die *Cour de Paris* erklärte sich ebenfalls für unzuständig und verwies die Sache an das *Tribunal de la Seine*. Der *Préfet de la Seine* brachte die Angelegenheit vor das *Tribunal des Conflits*.

Dieses hielt die Ablehnung des Ministers nicht für einen *acte de gouvernement*. Der Minister habe zwar möglicherweise aus diplomatischen Erwägungen gehandelt, bei einer Eheschließung handele er aber nach den Vorschriften des *Code civil* als gewöhnlicher Standesbeamter. Ein fehlerhaftes Verhalten könne also einen Schadensersatzanspruch auslösen. Die Angelegenheit gehöre so vor ein Zivilgericht.[211] In seiner Empfehlung wies der Regierungskommissar darauf hin, der vorliegende Akt sei wie der eines Bürgermeisters in Vollzug der *police judiciaire*, obgleich auf Anordnung etwa des Innenministers, von den ordentlichen Gerichten zu beurteilen.[212] Seine Rechtsnatur ändere sich nicht durch die Anordnung einer übergeordneten öffentlichen Autorität. Ein politisches Motiv verleihe ihm weder die Natur eines Verwaltungsaktes noch die eines *acte de gouvernement*.[213] Das gleiche gelte auch für den Akt eines Diplomaten, so der Regie-

---

210 T.C. 25. März 1911, Rouzier, Rec. S. 392.

211 „Considérant que ...les agents diplomatiques agissent comme officiers de l'état civil; que lorsqu'ils célèbrent un mariage, l'acte qu'ils reçoivent est donc essentiellement civil quant à sa forme;...et l'action en dommage-intérêts (...), est de la compétence de l'autorité judiciaire."

212 Chardenet, Rec. 1911, S. 392.

213 Chardenet, a.a.O., S. 394.

rungskommissar, wenn dieser in seiner Funktion als Standesbeamter tätig werde.[214] Der Akt, zu dessen Erlass er aufgefordert werde, sei der Natur, der Form und dem Zweck gemäß ein zivilrechtlicher.[215] Wenn er sich aus diplomatischen Gründen weigere, ihn vorzunehmen, tue er dies in seiner Funktion als Standesbeamter und könne daher zur Verantwortung gezogen werden.[216] Demgegenüber qualifizierte der *Conseil d'État* den im Fall *Époux Olzenski*[217] gerügten Sachverhalt als eine Angelegenheit, deren Beurteilung ihm nicht zustehe.

Der Kläger war von italienischen Behörden zu Unrecht verhaftet worden. Der Außenminister weigerte sich aus diplomatischen Gründen, bei den italienischen Behörden eine Entschädigung geltend zu machen.

Wegen des Zusammenhanges mit den Befugnissen der Regierung bei der Behandlung diplomatischer Angelegenheiten verweigerte der *Conseil d'État* die Prüfung.[218]

Im Fall *Said Ali Ben Said Omar*[219] beklagte der Kläger den Verlust seiner souveränen Rechte als Sultan aufgrund diplomatischer Verträge, die Grande-Comore als Protektorat unter die Herrschaft Frankreichs stellten.

Die Klage wurde als unzulässig abgewiesen, weil eine Beurteilung der Angelegenheit dem Verwaltungsrecht fremde Fragen berührt hätte.[220]

II. Rechtslehre bis zum Ausbruch des Ersten Weltkrieges

Parallel zur Abkehr der Rechtsprechung von der Mobiltheorie entwickelten sich in der Rechtslehre unterschiedliche Definitionen der Natur des *acte de gouvernement*. Ausgehend von der Rechtsprechung des *Conseil d'État* suchte man, die Gemeinsamkeit der Akte festzustellen, für deren Beurteilung er sich als unzuständig erklärt hatte. Das Gericht ließ die Formel, der Akt sei solcher Natur, dass er nicht von ihm beurteilt werden könne, stets unbegründet. Einziges Kriterium für eine Kategorisierung der unterschiedlichen Akte konnte der materielle Klagegegenstand sein. Ein Teil der Rechtslehre bestimmte die Natur des Aktes, in-

---

214 Chardenet, a.a.O., S. 396.
215 Chardenet, a.a.O., S. 397.
216 Chardenet, a.a.O., S. 397f.
217 C.E. 12. Mai 1911, Époux Olzenski, Rec. 1911, S. 551.
218 „Considérant que la requête....relève des questions relatives à l'exercice des pouvoirs du Gouvernement en matière diplomatique ; que ces questions ne sont pas de nature à être portées devant le Conseil d'État par la voie contentieuse."
219 C.E. 21. Juli 1911, Said Ali Ben Said Omar, Rec. 1911, S. 847.
220 „Considérant que le jugement de cette prétention implique l'examen de questions relatives à l'exercice des droits de souveraineté sur la Grand Comore, questions étrangères au contentieux administratif, et dont il n'appartient pas au Conseil d'État de connaître."

dem sie den *acte de gouvernement* vom schlichten Verwaltungsakt unterschied. Nahezu Einstimmig suchte man dabei das Definitionskriterium in der Unterscheidung zwischen der exekutiven Gewalt der Regierung einerseits und der exekutiven Funktion der Verwaltung andererseits. Diese Unterscheidung beherrschte in den folgenden Jahrzehnten die Rechtslehre, die eine Vielzahl von Theorien der Natur des Aktes hervorbrachte. Zeitgleich entwickelte sich Kritik an der besonderen Behandlung des *acte de gouvernement.* Die Vertreter der Negativen Theorie vertraten die Auffassung, der als unüberprüfbar behandelte Akt unterscheide sich nicht von anderen Verwaltungsakten und sei daher zumeist justiziabel. Wenn ein Akt unjustiziabel sei, beruhe dies auf den allgemeinen Regelen. Eine gemeinsame Kategorie des *acte de gouvernement* gebe es nicht. Beide Theorien glichen einander mehr als ihre Vertreter meinten. Die einen waren der Auffassung, es gebe den *acte de gouvernement* nicht, und zeigten die Gründe für überhaupt unjustiziable Akte auf. Die anderen hielten seine Unjustiziabilität für seiner besonderen Natur innewohnend und lieferten auf dieser Grundaussage die gleichen Erklärungen. So erklärten beide Theorien übereinstimmend, dass die gerichtliche Immunität der *actes de gouvernement* oder der als *acte de gouvernement* betrachteten Akte dem Grundsatz der höheren Gewalt zu verdanken sei. Vereinzelt wurden zudem Stimmen laut, die sich nicht allein mit der juristischen Begründung der Unjustiziabilität bestimmter Akte befassten, sondern mehr aus politischer Sicht zu begründen suchten, warum es *actes de gouvernement* geben m ü s s e oder nicht geben s o l l e.

1. 1876: Labbé, Politische Verantwortung für Regierungsakte

LABBÉ sprach sich in einer Urteilsanmerkung 1876 gegen die Zuständigkeit des *Conseil d'État* zur Beurteilung von Regierungsakten aus. Er unterschied zwischen Regierung und Verwaltung.[221] Unter Verwaltung verstehe man einen großen Körper, der vielerlei Dienste im öffentlichen Interesse erfülle und die Gesetze anwende, um gesellschaftliche Interessen zu befriedigen. Die Regierung hingegen besitze begrenztere Befugnisse, nämlich den Abschluss von diplomatischen Verträgen, die Gewährung diplomatischen Schutzes, den Befehl über die Streitkräfte, den Schutz der inneren Sicherheit, die Kriegserklärung, die Kriegsführung und Verhängung des Staatsnotstandes sowie die Regulierung von Kriegsschäden. Außerhalb dieses geschlossenen Kataloges könne sie nicht unter Berufung auf die Staatsräson politisch motivierte, unjustiziable Akte erlassen.[222] Innerhalb dieses Bereiches dürfe die Regierung nach freiem Ermessen handeln und unterliege nur ihrer politischen Verantwortung. Der Weg vor den *Conseil d'État* sei dann zwar verstellt, dem Betroffenen bleibe jedoch die Möglichkeit einer Petition an das Parlament oder die Beeinflussung der öffentlichen Meinung

---

221 Labbé, note sous Paris, 29. Januar 1876, S. 1876.II., S. 297.
222 Labbé, a.a.O., S. 297.

über die Tagespresse.[223] LABBÉ räumte ein, es sei zwar anzunehmen, dass die Regierung von vertrauenswürdigen Kräften ausgeübt werde, dennoch bestehe die Gefahr des Missbrauches, da das menschliche Handeln niemals vollkommen sei. Daher bedürfe man manchmal außerordentlicher Abhilfe. Das einzige hierzu berufene Organ sei das vom Volk beauftragte souveräne Parlament. Wenn die Exekutive demnach einen Akt außerhalb der geltenden Gesetze erlasse, sei dieser nicht vom Staatschef, sondern durch das Parlament zu beurteilen.[224] Billige das Parlament den Akt nicht, bleibe er unrechtmäßig, und die ordentlichen Gerichte könnten das Verfahren übernehmen. Aus Artikel 114 ff. des *Code pénal,* der eine Verurteilung von Ministern zu einer Strafe oder zu Schadensersatz wegen willkürlicher Akte ermögliche, ergebe sich, dass der Urheber eines Aktes unabhängig von seinen Motiven oder dessen Qualifizierung als *acte de gouvernement* zur Verantwortung zu ziehen sei. Es zeige sich, so LABBÉ, dass die Regierung Akte, die persönliche Rechte verletzten, nicht mit Hilfe politischer Motive legitimieren könne.

2. 1879: Gautier, Negative Theorie

Sowohl die Definition des *acte de gouvernement* durch Unterscheidung zwischen Regierung und Verwaltung als auch die Anerkennung der Rechtsfigur des *acte de gouvernement* als solche blieben nicht ohne Kritik in der Rechtslehre. Im Jahre 1879 äußerte GAUTIER Bedenken hinsichtlich der besonderen Behandlung des *acte de gouvernement.*[225] Sie öffne der Illegalität und Willkür Tür und Tor. Es gebe keinen vernünftigen Grund für eine Unterscheidung zwischen Regierungs- und Verwaltungsakt. Anhand einer Analyse der Urteile des *Conseil d'État* zum *acte de gouvernement* stellte er fest, einige Akte seien nicht justiziabel, weil sie Ermessensakte seien. Anderen dürfe man den Rechtsschutz nicht versagen, weil „die unerhörtesten und gefährlichsten Unrechtmäßigkeiten" zu befürchten seien. Da es keinen plausiblen Unterschied zwischen schlichten Verwaltungsakten und *actes de gouvernement* gebe, müssten letztere die gleiche rechtliche Behandlung erfahren wie die Verwaltungsakte. *Actes de gouvernement* gebe es daher nicht. Mit diesen Erwägungen wurde GAUTIER der Begründer der „Negativen Theorie".

---

223 Labbé, a.a.O., S. 298.

224 Labbé, a.a.O., S. 298.

225 Gautier, Précis des matières administratives dans leurs rapports avec les matières civiles et judiciaires, S. 6f.

3. 1880-1891: Gomel, Ducrocq, Glasson, Aucoc, Fuzier-Hermann, Marguerie, Laferrière, Bequet, Theorie der Natur des Aktes

Auch der Regierungskommissar im Fall *Bouffier*[226] GOMEL lehnte die Mobiltheorie ab.[227] Die Auffassung, die Natur des Aktes werde durch die Motive des Autors bestimmt, „schockiere". Wenn sich die Behandlung des Aktes danach richtete, könnte die Regierung unter Berufung auf politische Erwägungen jede Maßnahme der gerichtlichen Kontrolle entziehen.[228] Die Sieger des Tages könnten Rache an Gegnern des Vortages nehmen. Hierin zeige sich die Staatsräson des *Ancien Régime*.[229] Wenn die Regierung unter Berufung auf ein politisches Ziel jede Maßnahme einer gerichtlichen Kontrolle entziehen könne, lebten die französischen Bürger nicht mehr unter einer konstitutionellen Verfassung.[230] Der Beweis dafür liege darin, dass selbst der Kaiser NAPOLEON III. im Jahr 1858, als er geglaubt habe, er bedürfe weiterer Befugnisse, die Legislative um deren Bewilligung gebeten habe. Erst diese habe sie ihm dann verliehen. Schon NAPOLEON III. sei nicht davon ausgegangen, dass er unter dem Deckmantel von *actes politiques* gesetzlos handeln dürfe.[231] Die politische Motivation sei daher für die Natur eines Aktes unerheblich, obwohl es tatsächlich Akte gebe, für deren Beurteilung der *Conseil d'État* unzuständig sei. GOMEL erkannte auch die Unterscheidung der Exekutive in zwei Funktionen an. Ein *acte de gouvernement* bedürfe zweier Voraussetzungen. Er werde durch die Exekutive erlassen und beinhalte zudem die Führung der auswärtigen Beziehungen und die Ausübung souveräner Rechte.[232] Während der *Conseil d'État* unzuständig sei, blieben die ordentlichen Gerichte zuständig, wenn der Akt die persönlichen Rechte der Bürger verletze.

Auch DUCROCQ folgte dem üblichen Unterscheidungskriterium und gliederte die Exekutive in zwei Bereiche.[233] Die Regierung führe das Land in seiner inneren Entwicklung sowie in seinen Außenbeziehungen, während die Verwaltung deren Ergänzung sei und sie am Leben halte.[234] *Actes de gouvernement*, forderte DUCROCQ, dürften nur kraft einer Rechtsgrundlage von Verfassungsrang erlassen werden. Der *Conseil d'État* sei dann nicht zuständig, diese zu beurteilen, da er allein über Verwaltungsstreitigkeiten entscheiden dürfe.[235] Demgegenüber blie-

226 T.C. 5. November 1880, Bouffier, Rec. 1880, S. 813 (siehe K. I. 1.).
227 Gomel, Rec. 1880, S. 814; siehe auch S. 1881.III., S. 93ff.
228 Gomel, a.a.O., S. 816.
229 Gomel, a.a.O., S. 817.
230 Gomel, a.a.O., S. 817.
231 Gomel, a.a.O., S. 817.
232 Gomel, a.a.O., S. 815.
233 Ducrocq, Cours de droit administratif, Bd. 1, hier 6. Auflage 1881, S. 23ff.
234 „(Gouverner) c'est la portion du pouvoir exécutif qui a mission de diriger le pays dans les voies de son développement intérieur et de ses relations extérieurs tandis que l'administration en est complément et l'action vitale."
235 Ducrocq, a.a.O., S. 233.

ben die ordentlichen Gerichte zuständig, Verletzungen des Eigentums, der persönlichen Freiheit oder des Personenstandes zu beurteilen, ohne einen *acte de gouvernement* jedoch annullieren zu können.[236]
In einem Aufsatz schloss sich GLASSON der Definition DUCROCQS an.[237] Ein *acte de gouvernement* sei der Akt einer politischen Autorität im Rahmen der ihr durch die Verfassung verliehenen Befugnisse.[238] Im Prinzip sei dann sowohl die Zuständigkeit der ordentlichen Gerichte als auch der Verwaltungsgerichte abzulehnen. Die Rechte der Bürger seien zwar gefährdet, die absolute Unzuständigkeit der Gerichte jedoch durch die Umstände bestimmt.[239]
Im Jahre 1883 konkretisierte AUCOC in einer weiteren Urteilsanmerkung seine Auffassung von 1867 bezüglich der Zuständigkeit der ordentlichen Gerichte.[240] Seine bisher vertretene Auffassung sei missverständlich gewesen. Während er einerseits für einzelne actes de gouvernement eine Zuständigkeit der ordentlichen Gerichte befürwortet habe, lehne er dies für andere ab. AUCOC unterschied zwei Arten des acte de gouvernement. Die einen beruhten auf der Verfassung oder einfachen Gesetzen, wie beispielsweise die Führung der diplomatischen Angelegenheiten oder Kriegsoperationen und seien folglich Ausdruck der legitimen Ausübung der exekutiven Befugnisse. Solche Akte könnten weder durch den Conseil d'État noch durch die ordentlichen Gerichte überprüft werden, sondern unterlägen allein der Kontrolle des Parlaments und jener der öffentlichen Meinung.[241] Demgegenüber gebe es andere Akte der Regierung, die diese außerhalb ihres verfassungsrechtlichen Auftrages erlasse. Diese könnten zwar nicht durch den Conseil d'État überprüft werden, aber von den ordentlichen Gerichten, wenn sie gegen das Gesetz verstießen und die Freiheit oder das Eigentum der Bürger beeinträchtigten.[242]
FUZIER-HERMANN nahm die Unterteilung der Exekutive in Regierung und Verwaltung in sein *Répertoire général alphabétique* auf, beließ es aber bei einer Aufzählung, ohne ihre Behandlung zu erklären.[243] *Actes de gouvernement* seien diejenigen Akte, mit der die Exekutive ihre Aufgaben zur Lenkung der allgemeinen Belange des Landes erfülle.
In seinem Plädoyer zum Fall *Henri d'Orléans, duc d'Aumale et autres*[244] stellte der Regierungskommissar MARGUERIE den Unterschied zwischen der regieren-

---

236 Ducrocq, a.a.O., S. 232.
237 Glasson, de l'incompétence absolue, Rev. crit. 1881, S. 496.
238 Glasson, a.a.O., S. 503.
239 Glasson, a.a.O., S. 505ff.
240 Aucoc, Note sur la Jurisprudence du Conseil d'État, Rev. crit. 1883, S. 266.
241 Aucoc, a.a.O., S. 269.
242 Aucoc, a.a.O., S. 270.
243 Fuzier-Hermann, Répertoire générale alphabétique du droit français 1886, Titre 1, Chapitre 1, N° 26.
244 C.E. 20. Mai 1887, Henri d'Orléans, duc d'Aumale et autres, Rec. 1887, S. 409 (siehe K. I. 1.).

den und der verwaltenden Funktion der Exekutive deutlich heraus.[245] Er lehnte die Mobiltheorie ausdrücklich ab. Politische Motive befreiten einen Akt nicht von seinem administrativen Charakter, wenn dieser der Natur nach ein Verwaltungsakt sei. Ebenso wenig könne ein parlamentarischer Beschluss den Rechtscharakter eines Aktes bestimmen. Schließlich genüge auch die Qualität der Adressaten eines Aktes nicht, diesen als *acte de gouvernement* zu definieren.[246] Ein Minister erlasse täglich schlichte Verwaltungsakte. Darüber hinaus besitze er einen Teil der Regierungsautorität, in deren Namen er ebenfalls Maßnahmen ergreifen dürfe.[247] Der *acte de gouvernement* sei Ausdruck der durch die Verfassung verliehenen souveränen Befugnisse der Regierung. Das ihn auszeichnende Element sei sein Ermessenscharakter. Deswegen sei er, so MARGUERIE, jeder gerichtlichen Kontrolle entzogen.[248]

Im Jahre 1888 erschien das Lehrbuch LAFERRIÈRES, in dem der oft als Vater der Theorie der Natur des Aktes bezeichnete Rechtsgelehrte die Rechtsnatur des *acte de gouvernement* untersuchte.[249] Die allgemeinen Prinzipien des öffentlichen Rechts erforderten eine Unterscheidung zwischen Verwaltungsakten und Regierungsakten. Verwalten sei die tägliche Gewährleistung der Gesetzesanwendung und die Überwachung der Beziehungen der Bürger zu der zentralen oder lokalen Verwaltung, während Regieren die Gewährleistung der Einhaltung der Verfassung, der Funktionsfähigkeit der großen öffentlichen Gewalten und die Führung der Beziehungen zwischen Regierung und Parlament sowie zwischen dem Staat und den ausländischen Mächten sei. Das den *acte de gouvernement* bestimmende Element, sei der ihm innewohnende politische Charakter, nicht aber das Motiv seines Urhebers.[250] Der Weg vor das Verwaltungsgericht sei dann verstellt; die ordentlichen Gerichte blieben jedoch zuständig, Verletzungen des Eigentums oder der Freiheit zu beurteilen. Die Billigung eines Aktes der Verwaltung durch das Parlament reiche nicht, um diesem einen politischen Charakter zu verleihen und ihn damit jeder gerichtlichen Kontrolle zu entziehen. Eine derartige Billigung bestätige und betone lediglich das politische Motiv, könne aber keinen Einfluss auf die gerichtliche Zuständigkeit nehmen.[251] Nach LAFERRIÈRE zählten zu den *actes de gouvernement* Akte der Regierung in deren Beziehungen zum Parlament und Akte zum Schutz der inneren und äußeren Sicherheit des Staates. Eine abschließende Aufzählung, räumte LAFERRIÈRE ein, sei nicht möglich, weil

---

245 Marguerie, C.E. 20. Mai 1887, Henri d'Orléans, duc d'Aumale et autres, Rec. 1887, S. 409.

246 Marguerie, a.a.O., S. 410.

247 Marguerie, a.a.O., S. 410.

248 Marguerie, a.a.O., S. 411.

249 Laferrière, Traité de la Juridiction administrative et des recours contentieux, Kapitel II ff, vorliegend 2. Auflage, 1896.

250 Laferrière, a.a.O., S. 33.

251 Laferrière, a.a.O., S. 34.

actes de gouvernement vor allem im Bereich der internationalen Beziehungen zunehmend vorkommen könnten.[252] Er analysierte die Rechtsprechung und suchte die Unjustiziabilität einzelner *actes de gouvernement* zu beweisen. Akte im Bereich der Beziehungen zwischen Regierung und Parlament richteten sich beispielsweise nach verfassungsrechtlichen Vorschriften. Ein Verstoß gegen sie führe lediglich dazu, dass der Minister sich vor dem Parlament verantworten müsse oder unterliege dem politischen Urteil des Parlaments.[253] Die Erklärung des Staatsnotstandes entziehe sich der gerichtlichen Kontrolle, weil das Notstandsrecht die Beteiligung des Parlaments vorsehe. Es obliege allein dem Parlament, die Beachtung solcher Vorschriften zu gewährleisten. Die während des Notstandes ergehenden Maßnahmen hingegen seien einer gerichtlichen Kontrolle zugänglich, weil der Notstand den Bürger nicht unter ein absolut ermessensbestimmtes Regime stellen wolle. Dessen Rechte blieben eingeschränkt bestehen und bedürften daher des gerichtlichen Schutzes.[254] Die Rechtsprechung gegenüber den Mitgliedern der früheren Dynastien gehe, so LAFERRIÈRE, zu weit. Sie sei von der damals herrschenden Mobiltheorie bestimmt gewesen, habe jedoch inzwischen eine Anpassung an das politische System erfahren.[255] Die Regierung besitze außerhalb der ihr durch Gesetz übertragenen Befugnisse nicht das Recht, durch ihre Entscheidungen die subjektive Rechte des Einzelnen zu verletzen. Es obliege dem Gesetzgeber zu beurteilen, ob ein Gesetz dem Missbrauch Raum gebe, und dagegen Vorsorge zu treffen. Die Exekutive dürfe sich nicht selbst mit Befugnissen ausstatten, die der Gesetzgeber versäumt habe, ihr zuzuordnen.[256] Die Führung der diplomatischen Beziehungen Frankreichs sei Aufgabe der Regierung. Die Befugnisse der Verwaltung eines Staates endeten regelmäßig an den Landesgrenzen. Darüber hinausreichende Maßnahmen seien politische Akte oder Regierungsakte, deren Natur eine gerichtliche Kontrolle verbiete.[257] Es sei zwischen diplomatischen Konventionen zu unterscheiden, die allein mit dem öffentlichen Recht im Zusammenhang stünden, und Maßnahmen, die private Rechte berührten. Der Abschluss von Friedensverträgen, Bündnisverträgen, Gebietsabtretungen oder Protektoraten, Grenzverträgen sowie alle anderen Fragen des internationalen öffentlichen Rechts seien ausschließlich Akte der Regierung. Ihre Unjustiziabilität erstrecke sich nicht allein auf deren Auslegung, sondern auch auf die sie ausführenden Akte. Bei Verhandlungen der französischen Regierung mit ausländischen Regierungen zur Erlangung von Reparationszahlungen für französische Staatsangehörige ende die internationale Konvention nämlich nicht mit der Zahlung des ausländischen Staates, sondern wirke in

252 Laferrière, a.a.O., S.45.
253 Laferrière, a.a.O., S. 35
254 Laferrière, a.a.O., S. 37.
255 Laferrière, a.a.O., S. 39.
256 Laferrière, a.a.O., S. 45.
257 Lafferière, a.a.O., S. 46.

den ausführenden Akten fort.[258] Die Verteilung der von einem ausländischen Staat erlangten Schadensersatzzahlungen an französische Staatsangehörige sei gerichtlich nicht nachprüfbar. Wenn eine diplomatische Konvention die privaten Rechte des Bürgers im Ausland schützen solle, beispielsweise deren Personenstand oder Eigentum, blieben die ordentlichen Gerichte für die Überprüfung der Rechtmäßigkeit der ausführenden Maßnahmen zuständig, wohingegen die Auslegung einer internationalen Konvention allein der Regierung zustehe.[259] Ferner besitze ein diplomatischer Ausweisungsakt einen unjustiziablen Charakter, weil auch er mit der Führung diplomatischer Angelegenheiten im Zusammenhang stehe.[260] LAFERRIÈRE widmete der staatlichen Verantwortlichkeit für Kriegsschäden ein ausführliches Kapitel. Die politische Natur der internationalen Beziehungen erscheine in größter Intensität im Rahmen eines Konfliktes zwischen zwei Nationen. Die individuellen Rechte müssten hier hinter den staatlichen Interessen zurückstehen; die gerichtliche Kontrolle sei dann stark eingeschränkt. Zwar setze der Krieg die geltenden Gesetze nicht außer Kraft, jedoch würden diese durch die Verhängung des Staatsnotstandes oder bestimmte Kriegsoperationen modifiziert.[261] Grundsätzlich bestehe kein Entschädigungsanspruch wegen Kriegsschäden. Zu diesen gehörten sowohl die Folgen vorbereitender Maßnahmen, präventiver Maßnahmen als auch militärischer Beschlagnahmen sowie aller mit den plötzlichen Erfordernissen des Kampfes verbundenen Maßnahmen.[262] Allein das Parlament könne über eine Entschädigung der Betroffenen entscheiden. Nach dem deutsch-französischem Krieg von 1870/1871 sei durch Gesetz eine Spezialkommission eingerichtet worden, die abschließend über Entschädigungsansprüche entscheide. Der Rechtsweg sei dabei ausgeschlossen worden. Überschreite die Kommission jedoch ihre durch Gesetz festgelegten Befugnisse, könne Anfechtungsklage erhoben werden.[263] Auch Rechtsstreitigkeiten über Rentenansprüche der Landstreitkräfte seien vom Gericht zu entscheiden, da sie im Rahmen der allgemeinen Gerichtsbarkeit lägen.[264] Für Kriegsschäden maritimen Ursprungs bestehe hingegen eine Spezialgerichtsbarkeit. Die Rechtsprechung in diesem Bereich weise einen stark politischen Bezug auf. Es sei ein souveränes Recht des Staates, diese nach seinen Vorstellungen auszugestalten.[265] Die Unterscheidung der Exekutive in Regierung und Verwaltung galt inzwischen als herrschende Meinung. Auch BEQUET folgte ihr.[266] Ver-

---

258 Lafferière, a.a.O., S. 47.
259 Laferrière, a.a.O., S. 50ff.
260 Laferrière, a.a.O., S. 53.
261 Laferrière, a.a.O., S. 53.
262 Laferrière, a.a.O., S. 57.
263 Laferrière, a.a.O., S. 55.
264 Laferrière, a.a.O., S. 56.
265 Laferrière, a.a.O., S. 67ff.
266 Bequet, Répertoire du droit administratif, Bd. VIII, Contentieux administratif, N° 285.

gleiche man die zahlreichen höchsten Entscheidungsträger der Exekutive, könne man sie leicht unterscheiden, schrieb er. Die einen übten im wesentlichen politische Befugnisse aus. Sie regelten die Beziehungen Frankreichs zu den ausländischen Nationen und lenkten im Inneren des Landes die grundsätzliche Richtung der öffentlichen Angelegenheiten. Sie stellten jenen Teil der exekutiven Befugnisse dar, den man „Regierung" nenne. Die übrigen Befugnisse hingegen stünden der Verwaltung im eigentlichen Sinne zu. Durch sie würden die Bürger und deren Eigentum geschützt und die öffentliche Daseinsvorsorge und – fürsorge garantiert. BEQUET unterließ es - wie alle Vertreter der Theorie der Natur des Aktes - den Begriff des „Politischen" zu definieren. Er kritisierte den Ansatz LAFERRIÈRES[267].[268] Dessen Unterscheidung sei eher fiktiv als real. Worin bestehe die Verwaltung bei der täglichen Anwendung von Gesetzen? Was bedeute es, über die Beziehungen der Bürger zur zentralen Verwaltung zu wachen? Wenn die Regierung die Ausführung eines Gesetzes aussetze, um die innere Sicherheit zu bewahren oder die Beziehungen der Bürger mit der zentralen Verwaltung unterbreche, um die äußere Sicherheit zu bewahren, erlasse sie dann einen Verwaltungsakt oder einen Regierungsakt? Das einzig richtige Unterscheidungskriterium zwischen Regierung und Verwaltung sei der politische Charakter eines Aktes. *Actes de gouvernement*, ergänzte er, könnten nur solche sein, zu deren Erlass die Regierung aufgrund von Gesetzen oder durch die Verfassung autorisiert sei.[269]

4. 1888-1896: Brémond, Michoud, Negative Theorie

BRÉMOND schloss sich der Ansicht GAUTIERS[270] an. Ab 1888 veröffentlichte er zahlreiche Aufsätze und Urteilsanmerkungen zum *acte de gouvernement*.[271] In einer Anmerkung zu *Henri d'Orléans, duc d'Aumale et autres*[272] wies er die Unterscheidung zwischen Regierung und Verwaltung zurück.[273] Das praktische Interesse an der Rechtsfigur des *acte de gouvernement* bestehe allein darin, bestimmte Akte jeglicher gerichtlicher Überprüfung zu entziehen und nur einer parlamentarischen Kontrolle zu unterwerfen. Diese gewähre dem Einzelnen jedoch keine ausreichende Garantie gegen Missbrauch.[274] Den gelegentlich als Rechtsgrundlage betrachteten Artikel 26 des Gesetzes vom 24. Mai 1872 halte

---

267 Siehe K. II. 3.

268 Bequet, a.a.O., N° 285.

269 Bequet, a.a.O., N° 285.

270 Siehe K. II. 2.

271 Brémond, Rev. crit. 1888, S. 561ff; ders., Rev. crit. 1891, S. 133ff; ders.: Rev. crit. 1893, S. 321ff; ders., RDP 1896, S. 23ff.

272 C.E. 20. Mai 1887, Henri d'Orléans, duc d'Aumale et autres, Rec. 1887, S. 409 (siehe K. I. 1.)

273 Brémond, Examen doctrinal, Rev. crit. 1888, S. 561.

274 Brémond, Rev. crit. 1888, S. 561, 562.

er für unzureichend. Der Bericht VIVIENS habe lediglich dessen persönliche Ansicht wiedergegeben.[275] BRÉMOND räumte ein, es gebe eine Vielzahl unjustiziabler Akte. Deren gerichtliche Immunität sei aber teilweise gerechtfertigt, weil sie Ermessensakte der Regierung seien.[276] Die Qualifizierung eines Aktes als *acte de gouvernement* mittels der Unterscheidung zwischen Befugnissen der Regierung oder der Verwaltung sei dagegen abzulehnen, weil es dafür keine gesetzliche Grundlage gebe. Sie sei willkürlich.[277] Aus diesem Grund sei die Entscheidung des *Conseil d'État*, den Fall *Henri d'Orléans, duc d'Aumale et autres* auf dessen Begründetheit hin zu überprüfen, richtig.[278]
Im Jahre 1889 erschien die Abhandlung MICHOUDS über den *acte de gouvernement*.[279] Dieser lehnte die Theorie des *acte de gouvernement* als „*théorie parasite*"[280] ab. Er kritisierte insbesondere die Mobiltheorie. Existiere in Krisenzeiten eine derart ausdehnbare Macht, sei ein solches Staatsgefüge nur als Diktatur zu bezeichnen. Zwar hänge der Grad der Gefährlichkeit dieser Lehre von der jeweiligen Staatsform ab und sei in einem parlamentarischen System geringer, aber parlamentarische Kontrolle könne die gerichtliche nicht ersetzen. Die ministerielle Verantwortlichkeit sei eine schlechte Garantie privater Rechte, weil die Kammern politische Versammlungen seien, die den Schutz der Individualrechte leicht zugunsten der Regierungsstabilität preisgäben. Die Auffassung, der *acte de gouvernement* könne durch parlamentarische Billigung die souveräne Qualität eines Gesetzes erlangen, betrachtete MICHOUD als Variation der Mobiltheorie. Diese sei deswegen abzulehnen, weil Souveränität an sich gefährlich und daher ihre Ausweitung zu vermeiden sei. Gesetz sei nur das gemäß der vorgeschriebenen Verfahrensregeln verabschiedete Gesetz. Dann sei die Gefahr für den Bürger gering, weil das Gesetz der Übereinstimmung zweier Kammern bedürfe. Übertrage man den Kammern hingegen die Beurteilung des Machtmissbrauches eines Ministers, werde diese voraussichtlich aus politischen Gründen eher gebilligt, als dass wegen juristischer Bedenken eine Regierungskrise riskiert werde. Die Legislative sei ausschließlich damit beauftragt, allgemein gültige Regeln für die Zukunft aufzustellen. Die Regierung dürfe sich nicht über jene erheben. Die Beurteilung des Regierungshandelns obliege einem Gericht, das die bestehenden Gesetze anwende. Die Unterscheidung zwischen Regierung und Verwaltung hielt MICHOUD zwar aus politischer Sicht für hilfreich, sprach ihr jedoch eine juristische Daseinsberechtigung ab. Zudem sah er die Gefahr, dass man auf Umwegen zur Mobiltheorie zurückgelange, wenn man den Aufgaben-

275 Brémond, Rev. crit. 1888, S. 561, 563.
276 Brémond, Rev. crit. 1888, S. 561, 564.
277 Brémond, Rev. crit. 1888, S. 561, 564.
278 Brémond, Rev. crit. 1888, S. 561, 565f.
279 Michoud, Des actes de gouvernement, Annales de l'Enseignement supérieur de Grenoble, Bd. 1, 1889, S. 263.
280 Michoud, a.a.O., S. 264.

bereich der Regierung zu weit fasse. Die Vertreter der Theorie der Natur des Aktes wollten die Konstruktion einer rationellen Theorie entwerfen. In ihren Aufzählungen der unterschiedlichen *actes de gouvernement* fänden sich keine Akte, die private Rechte verletzten. Entweder, so MICHOUD, müsse man auch Akte, bei deren Anordnung die Regierung souverän sei, als *acte de gouvernement* klassifizieren und auch für die Verletzung privater Rechte die Unannehmlichkeiten der gerichtlichen Überprüfung der *actes de gouvernement* in Kauf nehmen, oder man verstehe unter *actes de gouvernement* ausschließlich solche von allgemeiner und unpersönlicher Natur, die keine Privatrechte verletzten. Dann jedoch sei die Rechtsfigur des *acte de gouvernement* ungefährlich, weil sie fast ohne Bedeutung sei. Die Unterscheidung zwischen gewöhnlichem Verwaltungsakt und *acte de gouvernement* sei schlicht überflüssig.[281] Das Prinzip der Gewaltenteilung sehe nur eine Unterscheidung zwischen Legislative und Exekutive vor, wobei sich letztere in eine Regierungs-, Verwaltungs- und Gerichtsfunktion unterteile.[282] Die Formulierungen in Verfassungen und Gesetzen bewiesen, so MICHOUD, dass eine Unterscheidung zwischen Regierung und Verwaltung vom Gesetz nicht gestützt werde. Zunächst verwies er auf den Text des Gesetzes vom 16.-24. August 1790.[283] Die Formulierung „*fonctions administratives*" beinhalte zweifelsfrei auch die Regierungsfunktion. Im übrigen könne man aus der Bestimmung schließen, dass die Gerichte vor allem an einem Übergreifen in die Funktion der *administrateurs,* nicht aber an einem Übergreifen in die R e g i e r u n g sfunktion gehindert werden sollten.[284] Wie die Verfassung vom 3.-14. September 1791 in ihrem Dritten Titel unterschieden auch die Verfassungen von 1795 und 1799 und 1848 drei Gewalten. Die Regierung werde nicht erwähnt. Nur in einem Text werde der Verwaltung die Regierung gegenübergestellt. In der Präambel des Dekretes zur Dezentralisierung sei bestimmt:

Considérant que si l'on peut gouverner de loin, on n'administre bien que de près.

Der Autor habe aber, so MICHOUD, nur in Form der These und Antithese die grundlegende Idee des Dekretes offen legen wollen, nicht jedoch einen verfassungsrechtlichen Grundsatz aufstellen wollen. Zudem könne die Präambel eines Dekrets Bestimmungen des Verfassungsrechts nicht abändern.[285] Schließlich beinhalte der *Code pénal* eine Reihe von Artikeln[286], die Übergriffe der einzelnen Gewalten in die Kompetenzen der anderen sanktionierten. Die Regierungsfunktion werde nicht absolut geschützt. Aus der Studie der allgemeinen Geset-

281 Michoud, a.a.O., S. 282.
282 Michoud, a.a.O., S. 291.
283 Siehe C.
284 Michoud, a.a.O., S. 292.
285 Michoud, a.a.O., S. 296.
286 Artikel 127ff des Code pénal von 1810.

zestexte folge daher, dass mit dem Begriff „*administration*" oder „*acte d'administration*" sowohl die Akte der Regierung als auch die der Verwaltung gemeint seien.[287] Auch den speziellen, zur Rechtfertigung der Rechtsfigur des *acte de gouvernement* herangezogenen Texten sei keine ausreichende Legitimation zu entnehmen. Die in Artikel 26 des Gesetzes behandelten „*affaires qui n'appartiennent pas au contentieux*" seien vornehmlich Angelegenheiten, für die die ordentlichen Gerichte zuständig seien. Weiter gehörten dazu Ermessensakte, weil diese ohnehin kein Recht verletzten. Der Bericht VIVIENS[288] anlässlich der Debatte um Artikel 47 des Gesetzes vom 3. März 1849 könne schon deshalb nicht als Beweis dafür herangezogen werden, dass die Bestimmung die *actes de gouvernement* meine, weil der Artikel nach einer regen Diskussion in geänderter Fassung angenommen worden sei. Gegen die Auffassung, der Gesetzgeber habe bei der Bestimmung der Zuständigkeit des *Conseil d'État* nur den „*contentieux administratif*" genannt und damit die *actes de gouvernement* nicht gemeint, weil er sie nicht ausdrücklich in die Bestimmung aufgenommen habe, wandte MICHOUD ein, eine Definition könne nicht deshalb als gegeben betrachtet werden, weil das Gesetz schweige.[289] Eine gesetzliche Grundlage für die Figur des *acte de gouvernement* gebe es daher nicht. Daher seien alle Akte der Verwaltung den allgemeinen Regeln der Verwaltungsgerichtsbarkeit unterworfen. Hiervon gebe es Ausnahmen, die jedoch nicht auf der Figur des *acte de gouvernement* beruhten.[290] Grundsätzlich sei eine Anfechtungsklage zulässig; ein *acte de gouvernement* entziehe sich einer gerichtlichen Überprüfung nur häufiger als ein schlichter Verwaltungsakt, weil er seltener private Interessen verletze. Die gerichtliche Unzuständigkeit für Akte des Staatschefs im Verhältnis zu den Kammern liege allein darin, dass der *Conseil d'État* für Streitigkeiten des Einzelnen gegenüber der Verwaltung zuständig sei. Ein geschütztes Interesse oder verletzbares Recht der Bürger sei nicht ersichtlich. Außerdem sei die Anfechtungsklage nur dann zulässig, wenn kein anderes Mittel zu Verfügung stehe. MICHOUD schlug die Einrichtung eines Obersten Gerichts für Verfassungsstreitigkeiten vor.[291] Bei der Erklärung des Staatsnotstandes sei eine gerichtliche Überprüfung hingegen nicht notwendig, weil das Parlament gemäß Artikel 12 der Verfassung vom 14. Januar 1852 beteiligt sei. Die Rechtmäßigkeit diplomatischer Verträge könne der *Conseil d'État* nicht beurteilen, weil er für jeweils mindestens eine der Vertragsparteien grundsätzlich örtlich unzuständig sei. MICHOUD schlug die Schaffung eines zuständigen internationalen Tribunals vor. Akte auf der Grundlage eines internationalen Vertrages seien jedoch justiziabel, weil sie einfache Verwaltungsakte

287 Michoud, a.a.O., S. 297.
288 Siehe H. II.
289 Michoud, a.a.O., S. 306.
290 Michoud, a.a.O., S. 313.
291 Michoud, a.a.O., S. 314.

seien.[292] In Fällen, in denen Bürger den Staat wegen nicht aufgenommener diplomatischer Beziehungen oder mangelnden im Ausland gewährten Rechtsschutzes verklagten, sei der Verwaltungsrechtsweg nicht eröffnet, weil dies keine klagbaren Rechte seien.[293] Die Unüberprüfbarkeit von Schadensersatzansprüchen wegen Kriegsschäden beruhe ebenfalls nicht auf der Figur des *acte de gouvernement*, sondern vielmehr auf der in jedem Staat unverzichtbaren Idee der höheren Gewalt.[294] Schließlich müssten Akte, die zum Schutz der öffentlichen Sicherheit und des allgemeinen Wohls erlassen werden, sowie Akte gegen die Pressefreiheit vom *Conseil d'État* überprüft werden können.[295] So könne man zwar alle Akte, die sich einer Gerichtsbarkeit entzögen, unter dem Begriff *acte de gouvernement* zusammenfassen. Man dürfe jedoch nicht versuchen, daraus ein gemeinsames Kriterium abzuleiten.[296] Ein solcher Versuch bringe Rechtsunsicherheit für die Bürger und die gleichen Gefahren wie die Mobiltheorie. Der Grundsatz der Legalität müsse streng beachten werden.[297] Im Jahre 1891 bekräftigte BRÉMOND in einer weiteren Urteilsanmerkung erneut seine Zweifel an der Rechtmäßigkeit der Rechtsfigur des *acte de gouvernement*.[298] Er schloss sich der Meinung MICHOUDS an. Dieser habe bewiesen, dass eine Unterscheidung zwischen Regierung und Verwaltung dem positiven Recht fremd sei. Diese sei zudem willkürlich. MICHOUD habe zudem bewiesen, dass die Ausführungen VIVIENS zu Artikel 47 des Gesetzes vom 3. März 1849 keine Rechtswirkung entfaltet hätten. Die Debatte über diesen Artikel beweise, dass der Gesetzgeber die rechtliche Behandlung von Ermessensakten habe regeln wollen. BRÉMOND hoffte, dass die Arbeit MICHOUDS die Anhänger der Theorie des *acte de gouvernement* überzeuge, da sie beweise, dass diese keine rationale positivrechtliche Basis besitze.[299] Im Jahre 1893 beschäftigte sich BRÉMOND ein weiteres Mal mit der Theorie des *acte de gouvernement*.[300] Ein solcher sei von einer einen Kriegsschaden verursachenden Maßnahme zu unterscheiden. Deren gerichtliche Immunität gründe sich auf das Vorliegen höherer Gewalt.[301] Anlässlich des Urteiles *Vandelet et Faraut*[302] beschäftigte sich BRÉMOND mit der Frage, ob diplomatische Konventionen *actes de gouvernement* darstellten. Die Rechtslehre und die Rechtsprechung, die grundsätzlich die gerichtliche Überprüfbarkeit einer internationalen Konvention ausschlössen, seien abzulehnen. Zudem beurteilten fran-

292 Michoud, a.a.O., S. 319.
293 Michoud, a.a.O., S. 321f.
294 Michoud, a.a.O., S. 324.
295 Michoud, a.a.O., S. 330.
296 Michoud, a.a.O., S. 332.
297 Michoud, a.a.O., S. 332.
298 Brémond, Examen doctrinale, Rev. crit. 1891, S. 129.
299 Brémond, Rev. crit. 1891, S. 129, 135.
300 Brémond, Examen doctrinal, Rev. crit. 1893, S. 321.
301 Brémond, Rev. crit. 1893, S. 321, 324.
302 C.E. 18. Dezember 1891, Vandelet et Faraut, S. 1893, III, S. 129 (siehe K. I. 2. b)).

zösische Gerichte die Reichweite der gegenseitigen Verpflichtungen der vertragsschließenden Regierungen nicht. Dies sei jedoch nicht mit der Theorie des *acte de gouvernement* zu begründen, sondern hänge damit zusammen, dass es sich um Verträge handele, deren Auslegung nicht allein der einen Partei zustehe. Ein internationales Gericht wäre dafür erwünscht, pflichtete er MICHOUD bei.[303] Im Jahre 1896 fasste BRÉMONDS seine bisherigen Ausführungen in einer Abhandlung über den *acte de gouvernement* zusammen.[304] Für die Unterscheidung zwischen dem *acte de gouvernement* und dem Verwaltungsakt gebe es weder eine gesetzliche noch eine rationale Begründung.[305] Sämtliche Akte der öffentlichen Gewalt seien überprüfbar, soweit sie private Rechte verletzten. Die Lehre des *acte de gouvernement* sei unnütz und gefährlich.[306] Die Unterscheidung zwischen Regierung und Verwaltung sei ungenau, weil die Grenzen zwischen Regierungs- und Verwaltungsaufgaben nicht bestimmbar seien. Jedenfalls beschränke sich die Regierungsfunktion auf allgemeine, richtungweisende Programme. Deren praktische Umsetzung und Durchführung obliege der Verwaltung. Weil die Regierungsfunktion nur allgemeine und nicht auf einen einzelnen bezogene Akte umfasse, könne sie kein subjektives Recht verletzen.[307] Eine Klage dagegen sei schon aus diesem Grund unzulässig. Die Unterscheidung werde auch nicht durch Gesetze gestützt. Eine von der Verwaltung losgelöste Regierungsfunktion werde von diesen nie erwähnt. Auch die Bestimmungen des Gesetzes vom 24. Mai 1872 gäben keinen Aufschluss über die Rechtmäßigkeit der Figur des *acte de gouvernement*. Wenn Artikel 9 des Gesetzes vom 24. Mai 1872[308] bestimme, der *Conseil d'État* sei für die Verwaltungsstreitigkeiten zuständig, aber zu der Regierungsstreitsache schweige, dann liege dies darin begründet, dass der Gesetzgeber von 1872 die gleiche Sprache wie jener von 1848 verwendet habe, und das Wort „Verwaltung“ in einem umfassenden Sinne gebraucht habe.[309] Auch Artikel 26 des Gesetzes vom 24. Mai 1872 könne nicht als Rechtsgrundlage für die *actes de gouvernement* herangezogen werden. Dessen Entstehungsgeschichte gebe zwar Aufschluss über die Meinungen einzelner Abgeordneter im Parlament, aber dem Text selbst könne man nichts dergleichen entnehmen. Einigkeit, so BRÉMOND, könne nur darüber bestehen, dass dieser Artikel Ermessensakte meine. Auch der Bericht VIVIENS[310] besage nichts: Zwar sei wohl anzunehmen, dass der Berichterstatter die *actes de gouvernement*“ gemeint habe, es sei aber deutlich, dass er sich dabei auf die damalige Rechtspre-

303 Brémond, Rev. crit. 1893, S. 321, 326.
304 Brémond, Des actes de gouvernement, RDP 1896, S. 23ff.
305 Brémond, a.a.O., S. 27.
306 Brémond, a.a.O., S. 37.
307 Brémond, a.a.O., S. 31.
308 Siehe J. I. 1.
309 Brémond, a.a.O., S. 39.
310 Siehe H. II.

chung des *Conseil d'État* bezogen habe, welche seit der Preisgabe der Mobiltheorie veraltet sei.[311] In der nachfolgenden Debatte habe kein Redner die Bezeichnung *acte de gouvernement* verwendet. Im zweiten Teil seiner Abhandlung beschäftigte sich BRÉMOND wie MICHOUD mit einzelnen Akten, die als *acte de gouvernement* galten.[312] Er suchte aufzuzeigen, dass ihre Unjustiziabilität auf anderen Gründen beruhe als auf der Lehre des *acte de gouvernement.* Er komme zu den gleichen Ergebnissen wie Vertreter der Lehre des *acte de gouvernement*, dies jedoch mit einer anderen Begründung.[313] Er gliederte die so genannten *actes de gouvernement* in Kategorien und untersuchte für jede die Ursache der Unjustiziabilität. Akte des Staatspräsidenten, wie beispielsweise die Vertagung von Parlamentssitzungen oder die Auflösung des Senates seien schon deshalb nicht justiziabel, weil die Klagebefugnis mangels persönlichen Interesses des Bürgers an der Aufhebung des Aktes regelmäßig nicht gegeben sei.[314] Allein das Plenum als Ganzes habe ein Interesse, im eigenen Namen zu klagen. Für eine solche Klage sei der *Conseil d'État* jedoch unzuständig, weil nur eine der beiden Parteien eine Verwaltungsautorität darstelle, das Parlament hingegen die Legislative sei. Aus diesem Grund sei ein Oberstes Gericht, das mit der Lösung derartiger Konflikte betraut werde, wünschenswert.[315] Ebenso sei die Gesetzesinitiative der Regierung der Kontrolle der Gerichte entzogen. Der *Conseil d'État* habe sich in den Jahren 1853 und 1888 in zwei Fällen für unzuständig erklärt, in denen Kläger die Initiative der Regierung gefordert hatten.[316] Weil der *Conseil d'État* die Formulierung *acte de gouvernement* vermieden habe, folgerte BRÉMOND, liege kein *acte de gouvernement* vor. Der Grund für die Unzulässigkeit jener Klagen liege darin, dass das Recht der Gesetzesinitiative der Exekutive einen reinen Ermessenscharakter aufweise.[317] Die eine Wahl vorbereitenden Akte seien dagegen deshalb nicht gerichtlich überprüfbar, weil erst die vollzogene Wahl Interessen der Bürgers berühren könne. Für die Behandlung von Akten im Bereich internationaler Beziehungen schloss sich BRÉMOND zunächst der Ansicht MICHOUDS an. Ein nationales Gericht habe nicht das Recht, einen internationalen Vertrag zu beurteilen, wenn zwei unterschiedliche Regierungen beteiligt seien. Auch er sprach sich für die Schaffung eines internationalen Tribunals aus. Etwas anderes gelte aber dann, wenn ein Konflikt allein zwischen Bürgern bestehe und die Entscheidung des Richters die Interessen der Regierung

311 Brémond, a.a.O., S. 41.
312 Brémond, a.a.O., S. 44ff.
313 Brémond, a.a.O., S. 48.
314 Brémond, a.a.O., S. 44.
315 Brémond, a.a.O., S. 46.
316 C.E. 12. März 1853, Le prince de Wagram c. l'État, Rec. 1853, S. 329 (siehe J. II.), C.E. 17. Februar 1888, Prévost, Rec. 1888, S. 149 (siehe K. I. 2. a)).
317 Brémond, a.a.O., S. 47.

nicht berühre. Hier sei kein Anlass für Unjustiziabilität ersichtlich.[318] Unstreitig sei jedenfalls, dass sowohl die ordentlichen Gericht als auch die Verwaltungsgerichte im Bereich ihrer Zuständigkeit die Klauseln eines diplomatischen Vertrages anwenden dürften, wenn sie klar und präzise seien. BRÉMOND befürwortete eine Erweiterung der gerichtlichen Zuständigkeit. Wenn die Regierung in einem diplomatischen Abkommen Verpflichtungen eingehe, die Einzelne begünstigten, müsse dieser die Gelegenheit bekommen, sich deswegen an die Gerichte zu wenden.[319] Grundsätzlich, so BRÉMOND, müsse man die ein internationales Abkommen ausführenden Akte von dem Abkommen selbst unterscheiden. Sie seien schlichte Verwaltungsakte. Beträfen sie lediglich Konflikte des nationalen Rechtes, könnten sie vor den *Conseil d'État* gebracht werden.[320] Die fragwürdigste Anwendung der Lehre des *acte de gouvernement* liege bei den Maßnahmen der öffentlichen Sicherheit. Hier gefährde die gerichtliche Immunität der Akte die subjektiven Rechte des Einzelnen besonders nachhaltig. Jeder Machtmissbrauch könne unter Berufung auf die öffentliche Sicherheit legitimiert werden. Dies erinnere an die abgelehnte Mobiltheorie.[321] Die Unjustiziabilität der Erklärung des Staatsnotstandes liege darin, dass dessen Erklärung selbst noch kein subjektives Recht verletze. Es fehle insoweit also an einer Klagebefugnis, und die Theorie des *acte de gouvernement* sei überflüssig. Für die Überprüfung von Maßnahmen, die unter der Herrschaft des Staatsnotstandes ergingen, erkenne der *Conseil d'État* seine Zuständigkeit an. Die Unjustiziabilität von schadensverursachenden Kriegshandlungen beruhe nicht auf einer Anwendung der Theorie des *acte de gouvernement*. Der *Conseil d'État* habe sich in diesen Fällen niemals auf den *acte de gouvernement* berufen. Wie MICHOUD hielt BRÉMOND derartige Akte für unjustiziabel, weil es sich um Fälle höherer Gewalt und Zufall handele, für die der Staat nicht verantwortlich gemacht werden könne.[322] Anderes gelte für Schäden, die in Vorbereitung auf Kriegshandlungen entstünden. Diese würden richtig vom *Conseil d'État* geprüft, weil sie aus zweckgerichtetem Handeln entstanden seien, für die ihr Veranlasser verantwortlich sei. Zuletzt wandte sich BRÉMOND den Begnadigungsakten zu. Für deren Beurteilung sei der *Conseil d'État* zuständig. Das Gericht habe lediglich formuliert, es sei nicht zulässig, gegen diese Akte vor dem *Conseil d'État* zu klagen. Begnadigungsakte seien aber auch keine Akte der ordentlichen Gerichtsbarkeit. Zwar modifiziere eine Begnadigung das Urteil eines ordentlichen Gerichtes, aber die Rechtsnatur eines Aktes könne jene seiner Folgeakte nicht bestimmen. Diese werde allein durch die Rechtsnatur der Zuständigkeit bestimmt, kraft derer er erlassen wer-

318 Brémond, a.a.O., S. 51.
319 Brémond, a.a.O., S. 53.
320 Brémond, a.a.O., S. 55.
321 Brémond, a.a.O., S. 61.
322 Brémond, a.a.O., S. 70.

de.[323] Der begnadigende Präsident handele nicht als Richter, weil jener dazu berufen sei, lediglich Gesetze anzuwenden. Er handele vielmehr als Wächter über die öffentliche Ordnung im materiellen und moralischen Sinne, im Interesse der allgemeinen Gerechtigkeit und Gleichheit. Das Begnadigungsrecht sei ihm in Artikel 3 des konstitutionellen Gesetzes vom 25. Februar 1875 verliehen worden. Er übe es also in administrativer Funktion aus. Für die Beurteilung eines Begnadigungsdekrets müsse demnach der Verwaltungsrechtsweg eröffnet sein.[324] Die gerichtliche Behandlung der einzelnen so genannten *actes de gouvernement* beruhe also nicht auf Anwendung der Theorie des *acte de gouvernement*, sondern auf anderen grundlegenden Prinzipien des öffentlichen Rechtes, so die Folgerung BRÉMONDS.

5. 1893: Hauriou, Acte de gouvernement als Ausdruck höherer Gewalt, Theorie der Erforderlichkeit

In zwei Urteilsanmerkungen entwickelte HAURIOU einen auf der Idee der höheren Gewalt basierenden Erklärungsansatz. 1893 äußerte auch er sich zum Urteil *Vandelet et Faraut*[325] aus dem Jahre 1891.[326] HAURIOU setzte sich in seiner Urteilsanmerkung vornehmlich mit der Frage auseinander, warum der Staat für die von ihm verursachten Schäden in Regierungsangelegenheiten dank der Lehre des *acte de gouvernement* von einer Schadensersatzpflicht befreit sei. Die Unterscheidung zwischen Regierung und Verwaltung allein löse dieses Problem nicht. Für ihn liege die wahre Legitimation der Theorie in den Vorschriften der *responsabilité juridique* im *Code Civil* begründet. Im Zivilrecht, so HAURIOU, entbinde höhere Gewalt oder Zufall von der Schadensersatzpflicht. Diese Regel sei auf die Haftung des Staates übertragbar. Hier sei „höhere Gewalt“ mit „Staatsräson“ gleichzusetzen. Sie bestehe im Schutz des Staates. Die *actes de gouvernement* seien unjustiziabel, weil sie von höherer Gewalt erzwungen worden seien. Für *actes de gouvernement* spreche der Anschein der höheren Gewalt, der in Einzelfällen zu widerlegen sei. Zu ihnen gehörten Kriegsschäden, Akte im Bereich der diplomatischen Beziehungen, Erklärung des Belagerungszustandes, Einberufung des Parlaments und Akte der Gesundheitspolizei.[327] HAURIOU verteidigte die Theorie des *acte de gouvernement* gegen ihre Kritiker GAUTIER[328], BRÉMOND[329] und MICHOUD[330]. Sie sei nützlich für die Handlungsfreiheit der Regierung und die Entwicklung der Verwaltungsrechtsprechung des *Conseil*

---

323 Brémond, a.a.O., S. 74.
324 Brémond, a.a.O., S. 74.
325 C.E. 18. Dezember 1891, Vandelet et Faraut, S. 1893. III. S. 129 (siehe K. I. 2. b)).
326 Hauriou, S. 1893. III. S. 129ff.
327 Hauriou, S. 1893. III., S. 129, 132.
328 Siehe K. II. 2.
329 Siehe K. II. 4.
330 Siehe K. II. 4.

d'État. MICHOUD habe die Überflüssigkeit der Theorie lediglich in einigen Fällen behauptet; doch müsse dies in allen Fällen erfolgen. Bestimmte *actes de gouvernement,* bedürften einer gerichtlichen Immunität. Waffenstillstandsabkommen beispielsweise müssten zügig umgesetzt werden. Ein Prozess sei wegen Zeitmangels nicht möglich. Hier liege höhere Gewalt vor. In vielen anderen Fällen führe die Zulassung einer Anfechtungsklage zu gefährlichen Situationen. Habe zum Beispiel die Anfechtung des Aktes eines Residenten in einem Protektorat dessen Aufhebung zur Folge, entstehe eine unklare Situation, weil diese in dem großen Zusammenhang einer diplomatischen Situation stehe. Zudem lähme die Ablehnung der Theorie des *acte de gouvernement* den *Conseil d'État* in dessen Entwicklung als Verwaltungsgericht. Weil er auf die Überprüfung der *actes de gouvernement* verzichte, dürfe er alle anderen Akte, auch die Ermessensakte, frei beurteilen. Die Lehre des *acte de gouvernement* sei also aus Gründen der Staatsräson gerechtfertigt und verhelfe dem *Conseil d'État* im Gegenzug zu einer freien Entwicklung. Diesen Ansatz führte HAURIOU im Jahre 1895 in einer weiteren Urteilsanmerkung fort.[331] Darin definierte er den *acte de gouvernement* erneut. Dieser werde unter der Herrschaft der Staatsräson erlassen, wobei seine Erforderlichkeit (*nécessité*) den Erlass bestimme. Diese Erklärung könne auf Kriegsschäden, Akte im Bereich diplomatischer Beziehungen, die Erklärung des Staatsnotstandes angewandt werden. Sie sei indes weniger brauchbar für die Akte des Staatschefs in Beziehung zum Parlament. Der unantastbare Charakter eines *acte de gouvernement* gründe sich nicht mehr, schrieb er nun, auf die Staatsräson als Ausdruck des Antagonismus zwischen Staat und Individuum, sondern beruhe auf verfassungsrechtlichen Gründen, auf der Unterscheidung von Regierung und Verwaltung. Die Liste der *actes de gouvernement* müsse begrenzt werden. Die verfassungsrechtlichen Vorrechte seien zu definieren und in einer Charta zusammenzufassen. Naturgemäß erfordere die Regierung gegenüber einer immer stärkeren Verwaltungsgerichtsbarkeit Garantien ihrer Unabhängigkeit. Sie verlange für die Erfüllung ihrer Aufgaben Garantien, um ihre Unabhängigkeit in der neuen Gewaltenordnung zu bewahren. Die Theorie der *actes de gouvernement* und die Unterscheidung zwischen Regierung und Verwaltung hätten sich entwickelt, weil die Notwendigkeit erkannt worden sei, die Verwaltungsgerichtsbarkeit nach der Trennung von der Verwaltung gegenüber der Regierung abzugrenzen. Die Verwaltungsgerichtsbarkeit suche dagegen lediglich, sich von der Exekutive zu trennen, um sich der Judikative anzunähern. Aus beiden könne in der Zukunft eine gemeinsame Jurisdiktion von Verfassungsrang entstehen. Damit entstehe keine weitere Gewalt, sondern eine Erweiterung der Exekutive mit Anspruch auf einen Platz im Staatsgefüge. Die Regierung, räumte HAURIOU gegenüber MICHOUD ein, finde als vierte Gewalt keine Erwähnung in den Verfassungstexten, sie sei Teil der Exekutive. Ihre verfassungsrechtliche

331 Hauriou, S. 1895. III., S. 41ff.

Unabhängigkeit lasse sie jedoch der Einrichtung einer Verfassungsgerichtsbarkeit misstrauen.

6. 1898: Dauphinot, Theorie der Natur des Aktes

1898 erschien die erste Dissertation zum Thema *acte de gouvernement* an der Rechtswissenschaftlichen Fakultät der Universität von Nancy unter der Betreuung von BLONDEL.[332] DAUPHINOT übte harsche Kritik an der Negativen Theorie. GAUTIER setze durch seine Kritik die Autorität des Staates täglich neu aufs Spiel.[333] Den Regenten eines Staates müssten Regierungsvorrechte vorbehalten bleiben.[334] Bestimmte Akte dürften nicht gerichtlich überprüfbar sein, weil der Staat unter dem Zwang der Notwendigkeit handle.[335] Bereits der römische Gesetzgeber habe dieses Prinzip in Worte gefasst: *Salus populi suprema lex esto.*[336] Wer dieses Prinzip ablehne, stelle das Fundament jeder Verfassung in Frage und fördere politische Unruhen.[337] Zur Gewährleistung der Funktionsfähigkeit eines Staates, müsse der Einzelne einen Teil seiner Freiheit opfern.[338] Einem Richter, einer Privatperson, könne man nicht die Beurteilung von Akten überlassen, die sein Wissen weit überschritten und deren Urheber ihre Gründe besser kennten als er. Die Beurteilung derartiger Akte sei allein Politikern vorbehalten.[339] Daraus folge, dass solche Akte kraft ihrer Natur jeder gerichtlichen Kontrolle entzogen sein müssten.[340] Er lege seiner Untersuchung die Unterscheidung zwischen Regierung und Verwaltung zugrunde.[341] Sie sei durch die Formulierung in zwei früheren Ordonnanzen gestützt.[342] In zwei wesentlichen Punkten unterschieden sich die *actes de gouvernement* von den schlichten Verwaltungsakten. Jene behandelten schlichte lokale Interessen, während der *acte de gouvernement* Ausdruck der öffentlichen Staatsmacht sei, wobei Beziehungen zu fremden Staaten betroffen seien. Durch ihn würden Interessen höchster Dringlichkeit geregelt. Nur Regierungsmitglieder als die obersten Autoritäten im Staate seien zu seinem Erlass berechtigt, während die Beamten nur Verwaltungsarbeit erledigten. Es sei gerechtfertigt, die Regierungsmitglieder von der streng hierarchischen Kontrolle

---

332 Dauphinot, Des actes de gouvernement, 1898.
333 Dauphinot, a.a.O., S. 65.
334 Dauphinot, a.a.O., S. 31.
335 Dauphinot, a.a.O., S. 63.
336 Dauphinot, a.a.O., S. 165.
337 Dauphinot, a.a.O., S. 31.
338 Dauphinot, a.a.O., S. 32.
339 Dauphinot, a.a.O., S. 33.
340 Dauphinot, a.a.O., S. 34.
341 Dauphinot, a.a.O., S. 1.
342 Dort heiße es einerseits: „Les traités passés entre les nations ne sont pas de véritables actes administratifs." andererseits: „Considérant qu'à l'autorité administratif seule, il appartient d'apprécier les lois de déchéance et que les réclamations formées par la duchesse de Saint-Leu ont été rejetées par la décision de notre ministre de finances."

durch einfache Beamte auszunehmen.[343] Der zweite Unterschied, stellte er fest, liege darin, dass *actes de gouvernement* unjustiziabel seien.[344] So erhob DAUPHINOT die Rechtsfolge zur Voraussetzung der Unjustiziabilität des *acte de gouvernement.* Hatten andere versucht, die durch die Rechtsprechung des *Conseil d'État* vorgegebene Behandlung der so genannten *actes de gouvernement* juristisch zu erklären, begnügte sich DAUPHINOT mit der Feststellung faktischer Unterschiede. Er grenzte den zum Erlass eines *acte de gouvernement* berechtigten Personenkreis nach dem Kriterium ein, ob jemand sowohl Verwaltungs- als auch Regierungsmacht besitze. Jedenfalls habe nach dem Ende der Monarchie nicht allein der Staatschef diese Autorität inne. Neben ihm seien auch die Minister und der Polizeipräfekt, soweit er Regierungserlasse ausführe, geeignete Autoritäten.[345] Die rechtliche Grundlage, kraft derer Mitglieder dieses Personenkreises handelten, finde sich zum einen in der Verfassung, die die Beziehungen zwischen Regierung und Parlament sowie das Begnadigungsrecht regele, zum anderen in Gesetzen wie beispielsweise jenem über die Erklärung des Staatsnotstandes, über die Verleihung von Titeln oder über das Disziplinarrecht der Regierung gegenüber Mitgliedern des Klerus oder im Gewohnheitsrecht betreffend die Auslegung diplomatischer Verträge.[346] Im Gegensatz zu LABBÉ, AUCOC und GOMEL lehnte DAUPHINOT jegliche gerichtliche Überprüfbarkeit der *actes de gouvernement* grundsätzlich ab. Dennoch dürften die Bürger nicht ganz ohne Rechtsschutz bleiben, weil sich sonst die demokratische Verfassung in eine despotische verwandle.[347] Es bestünden aber außerhalb von Anfechtungs- oder Entschädigungsklagen andere Rechtsschutzmöglichkeiten. Zunächst habe der Verwaltungsrichters einen weiten Ermessensspielraum, Akte als *acte de gouvernement* zu qualifizieren. Diese richterliche Unabhängigkeit garantiere dem Bürger genügend Rechtsschutz.[348] Auch Petitionen im Parlament könnten Abhilfe schaffen und Schadensersatz ermöglichen.[349] Die Verfassung von 1875 sehe zudem die politische und persönliche Verantwortlichkeit der Minister vor.[350] Diese bestehe in zivilrechtlicher, politischer und strafrechtlicher Hinsicht und biete dem Bürger hinreichenden Rechtsschutz.[351] Die effektivste Rechtsschutzmöglichkeit sei aber die Presse. Sie unterwerfe jeden Akt der öffentlichen Gewalt einer strengen Untersuchung. Auch ohne gerichtlichen Rechtsschutz sei der

343 Dauphinot, a.a.O., S. 37.
344 Dauphinot, a.a.O., S. 38.
345 Dauphinot, a.a.O., S. 42.
346 Dauphinot, a.a.O., S. 45.
347 Dauphinot, a.a.O., S. 76.
348 Dauphinot, a.a.O., S. 77.
349 Dauphinot, a.a.O., S. 77f.
350 Art. 6.- Les ministres sont soldairement responsable devant les Chambres de la politique générale du gouvernement, et individuellement de leurs actes personnels. Vgl. Godechot, a.,a.O., S. 332.
351 Dauphinot, a.a.O., S. 78ff.

Bürger also hinreichend geschützt. Die Lehre des *acte de gouvernement*, wiederholte DAUPHINOT abschließend, sei notwendig, um die Regierungsmacht nicht zu beschränken und um die fortschreitende Entwicklung der Verwaltungsgerichtsbarkeit nicht zu behindern.[352]

7. 1898-1900: Lonné, Berthelémy, Negative Theorie

Während die Dissertation DAUPHINOTS wie ein Rückfall in die Mobiltheorie und die Anerkennung der Staatsräson als staatstragendes Prinzip wirkte, erfuhr die negative Theorie BRÉMONDS und MICHOUDS durch eine weitere Dissertation an der Rechtswissenschaftlichen Fakultät in Paris unter der Betreuung CHENONS Zustimmung.[353] LONNÉ legte seiner Untersuchung die entgegengesetzte Idee des Verhältnisses zwischen Bürger und Staat zugrunde. Während DAUPHINOT die Interessen des Bürgers hinter jene des Staates zurückstellte, sah LONNÉ die Aufgabe des modernen Staates darin, die Person des Bürgers zu schützen und deren Entfaltung zu unterstützen.[354] Der politische Charakter eines Aktes sei kein hinreichendes Hindernis für den Verzicht auf den Schutz privater Rechte.[355] Die Unjustiziabilität bestimmter Akte beruhe auf allgemeinen Rechtsgrundsätzen, nicht auf der Theorie des *acte de gouvernement*.[356] Es gebe keinen rechtserheblichen Unterschied zwischen Regierung und Verwaltung. Zwar sei dies eine erkenntnisleitende Unterscheidung, doch habe sie keine juristische Bedeutung, bevor nicht bewiesen sei, dass der Gesetzgeber sie ausdrücklich in das positive französische Recht habe einführen wollen oder dass sie implizit in der Rechtsordnung enthalten sei.[357] Ausdrücklich sei dies jedenfalls nicht der Fall gewesen. Daher bleibe allein die Frage, ob die Unterscheidung etwa auf Gewohnheitsrecht beruhe.[358] Voraussetzung dazu wäre, dass sich Lehre und Rechtsprechung einig gewesen seien, eine vom Gesetzgeber übersehene Lücke regeln zu müssen. Die Lehre des *acte de gouvernement* sei aber nicht gewohnheitsrechtlich begründet, weil ihre Erscheinung neu gewesen sei und seither Uneinigkeit über deren Definition und die unterschiedlichen Kategorien des *acte de gouvernement* sowie über dessen rechtliche Behandlung bestanden habe. Daher seien sämtliche Akte der Exekutive grundsätzlich vor dem *Conseil d'État* justiziabel. Diejenigen Verwaltungsakte, die einer gerichtlichen Überprüfung entzogen seien, seien Ausnahmen, die sich aus der Anwendung allgemeiner Rechtsvorschriften erklärten.[359] MICHOUD und BRÉMOND[360] folgend, führte LONNÉ deren Unjustiziabilität

352 Dauphinot, a.a.O., S. 171.
353 Lonné, Les actes de gouvernement, 1898.
354 Lonné, a.a.O., S. 5.
355 Lonné, a.a.O., S. 31.
356 Lonné, a.a.O., S. 10.
357 Lonné, a.a.O., S. 57.
358 Lonné, a.a.O., S. 78.
359 Lonné, a.a.O., S. 81ff.

anhand einer Untersuchung der einzelnen Kategorien auf den Mangel der Klagebefugnis, die Idee der höheren Gewalt oder das Ermessen zurück. Seine Erklärungen unterschieden sich nicht von denen seiner Vorgänger. Der Theorie des *acte de gouvernement* fehle die juristische Grundlage. Sie laufe dem Geist des öffentlichen Rechts zuwider und provoziere gefährliche Illegalitäten, solange die Rechte der Regierung nicht genau definiert seien. ROUSSEAU zufolge gebe es weder Freiheit ohne Gesetze, noch im Falle, dass sich jemand über das Gesetz erhebe.[361]
In seinem Lehrbuch vom Jahre 1900 vertrat BERTHELÉMY, Beisitzer der mündlichen Prüfung LONNÉS, ebenfalls die Auffassung, die Theorie des *acte de gouvernement* sei überflüssig, weil es eine Kategorie des *acte de gouvernement* überhaupt nicht gebe.[362] Die meisten als solche behaupteten Akte seien wegen ihres Bezuges zur Verfassung keine Verwaltungsakte. Die Unjustiziabilität von schadensverursachenden Handlungen hingegen beruhe auf höherer Gewalt und entziehe sich daher der gerichtlichen Beurteilung.[363] Übrig blieben lediglich Akte der inneren Sicherheit entsprechend der Aufzählung LAFFERIÈRES. Entweder stünden diese Maßnahmen mit den Gesetzen im Einklang, und es sei kein Grund ersichtlich, sie anders als andere gesetzesausführende Verwaltungsakte, zu behandeln, oder sie stünden nicht im Einklang mit den Gesetzen. In diesem Fall sei kein Rechtsprinzip erkennbar, das den Staatschef ermächtige, derartige Akte zu erlassen und deren gerichtliche Unjustiziabilität zu bestimmen.[364] Eine gesetzliche Grundlage gebe es jedenfalls nicht.[365]

8. 1899-1902: Le Courtois, Jacquelin, Pranard, Theorie der Natur des Aktes

Auch die ausführliche Abhandlung LONNÉS, dessen Anlehnung an MICHOUD unübersehbar ist, beeindruckte die Rechtslehre nicht. In den folgenden Jahren behaupteten die Rechtsgelehrten immer wieder einen grundsätzlichen Unterschied von Regierung und Verwaltung, der eine unterschiedliche gerichtliche Behandlung rechtfertige.[366] Während des Absolutismus seien alle auf königlichem Willen beruhenden Akte nichts anderes als *actes de gouvernement* gewesen. Ihre Entdeckung sei Folge der Trennung der Gewalten gewesen.[367] Nach einigen Irrwegen, so LE COURTOIS, verstehe man die Gewaltenteilung nun als Dasein zweier Gewalten: zu unterscheiden seien Legislative und Exekutive. Jene

360 Siehe K. II. 4.
361 Lonné, a.a.O., S. 122.
362 Berthelémy, Traité élémentaire de droit administratif, 1900, S. 93ff.
363 Berthelémy, a.a.O., S. 97.
364 Berthelémy, a.a.O., S. 97.
365 Berthelémy, a.a.O., S. 98.
366 Le Courtois, Des actes de gouvernement, 1899; Pranard, De la notion de l'acte de gouvernement, 1902.
367 Le Courtois, a.a.O., S. 18.

sei wiederum in Judikative, Verwaltung und Regierung gegliedert. LE COURTOIS suchte die von der Verwaltung zu unterscheidenden Regierungsfunktion mit allgemeinen Erwägungen der Staatslehre zu beweisen. Einen Staat ohne Verwaltung könne man sich vorstellen, nicht aber einen Staat ohne Regierung. Ein Staat sei erst existent, wenn ein oder mehrere Individuen anderen Mitgliedern der Gemeinschaft Befehle erteilen könnten, um die Gewährleistung der gemeinsamen Bedürfnisse zu erreichen.[368] Die Regierungsfunktion werde mit dem Staat selbst geboren. Sie sei die prinzipale Funktion, ohne die ein Staat nicht existieren könne.[369] Das Schweigen der revolutionären Verfassungs- und Gesetzestexte über die Regierungsfunktion, das gegen die Theorie der Natur des Aktes als Gegenbeweis angeführt werde, beruhe darauf, dass die Exekutive vor allem vor den Übergriffen der ordentlichen Gerichte habe geschützt werden sollen, was das Fehlen einer Regierungsfunktion aber nicht beweise.[370] LE COURTOIS und PRANARD beriefen sich zur Unterstützung der behaupteten Unterscheidung zwischen Regierung und Verwaltung auf den Text des Gesetzes über die Dezentralisierung[371].[372] PRANARD sah die Unterscheidung zwischen Regierung und Verwaltung im Gegensatz zu anderen Rechtsgelehrten darüber hinaus durch die Formulierungen allgemeiner und spezieller Gesetzestexte gestützt. Zwar finde sich in den Verfassungstexten seit der Revolution kein Hinweis auf die behauptete Unterscheidung, jedoch seien bestimmte Gesetze einer entsprechenden Auslegung zugänglich. So könne Artikel 127 Absatz 2 des *Code pénal* nicht nur den Gegnern des *acte de gouvernement* als Argument dienen. Er sanktioniere die Einmischung der Gerichte in die Angelegenheiten der *autorité administrative.* Wenn hier nicht ausdrücklich von einer Einmischung in die Angelegenheiten der Regierung gesprochen werde, heiße dies nicht zwangsläufig, dass es keine *autorité gouvernementale* gebe. Wenn die Einmischung der Gerichte in Angelegenheiten der Verwaltung untersagt sei, dann gelte dies a fortiori auch für Angelegenheiten der Regierung, weil diese höhere Autorität als die Verwaltung besitze.[373] Auch der spezialgesetzlichen Regelung des Artikels 26 des Gesetzes vom 24. Mai 1872[374] lasse sich die Unterscheidung zwischen der Regierung und der Verwaltung und damit zwischen Regierungsakten und Verwaltungsakten entnehmen. Zwar scheine das Argument der Symmetrie zugunsten der Gegner jener Ansicht zu sprechen: während Artikel 6 und 9 der Ordonnanz vom 1. Juni 1828 die Verwaltung vor Übergriffen der ordentlichen Gerichtsbarkeit hätten schützen sollen, diene Artikel 26 des Gesetzes vom 24. Mai 1872 dem Schutz der ordent-

368 Le Courtois, a.a.O., S. 39.
369 Le Courtois, a.a.O., S. 43.
370 Le Courtois, a.a.O., S. 44.
371 Siehe K. II. 4.
372 Le Courtois, a.a.O., S. 45; Pranard, a.a.O., S. 41f.
373 Pranard, a.a.O., S. 43.
374 Siehe J. I. 2.

lichen Gerichte vor Übergriffen der Verwaltung. Die Formulierung „*qui n'appartiendraient pas au contentieux administratif*" könne dann so verstanden werden, dass jene Angelegenheiten gemeint seien, die vor die ordentlichen Gerichte gehörten.[375] VIVIEN habe jedoch in seinem Bericht zweifellos die *actes de gouvernement* gemeint. Seine Ansicht sei in der gesamten Debatte nicht widerlegt worden.[376] Wie PRANARD sah auch JACQUELIN in Artikel 26 des Gesetzes von 1872 die Rechtsgrundlage für die Unterscheidung von Regierung und Verwaltung. Wenn auch der Lehre des *acte de gouvernement* vorgeworfen werde, sie sei gefährlich, so sei sie dennoch gesetzlich begründet.[377] Zudem sei die Theorie des *acte de gouvernement* keineswegs gefährlich. Dieser Vorwurf sei lediglich gegenüber der Mobiltheorie begründet.[378] Er sei an den Gesetzgeber zu richten, der die Theorie des *acte de gouvernement* institutionalisiert habe, ohne die Akte ausreichend zu definieren.[379] So habe um die Jahrhundertwende hinsichtlich der gesetzlichen Grundlage der qualitativen Unterscheidung von Regierung und Verwaltung weitgehend Einigkeit unter den Rechtsgelehrten bestanden. Das Gesetz gebe Auskunft über eine grundsätzliche Unterscheidung, schweige aber darüber, wann ein Akt der gerichtlichen Überprüfbarkeit entzogen sei. Eine „gute" Definition der „Regierung" stehe allerdings trotz zahlreicher Versuche noch aus, stellte LE COURTOIS fest. Die Exekutive „regiere" in Ausführung der Verfassungsgesetze, wenn sie das Parlament einberufe, den Krieg erkläre, internationale Verträge unterzeichne oder Botschafter entsende.[380] Seine Definition unterschied sich allerdings nicht grundlegend von den bisher vorgeschlagenen. Die Regierung befehle, die Verwaltung gehorche. Die eine denke, die andere handele.[381] Die Regierung sei der Zweig der Exekutive, der die grundsätzliche Richtung des Staates in inneren und äußeren Angelegenheiten im Rahmen der Verfassung vorgebe.[382] Wie BEQUET[383] suchte auch LE COURTOIS, den weiten Ermessensspielraum der Regierung zu begrenzen, indem er einen *acte de gouvernement* nur jenen nannte, der kraft verfassungsrechtlich normierter Befugnisse seitens der Regierung ergehe. Einen ähnlichen Ansatz präsentierte PRANARD. Die Regierung sei das Prinzip und der Motor der Verwal-

---

375 Pranard, a.a.O:, S. 44f.

376 Pranard, a.a.O., S. 51.

377 Jacquelin, Les principes dominants du contentieux administratif, S. 302.

378 Pranard, a.a.O., S. 73.

379 Pranard, a.a.O., S. 74.

380 Le Courtois, a.a.O., S. 110.

381 „Le premier (Le gouvernement) commande, la seconde obéit. L'un c'est la pensée, l'autre l'action." Le Courtois, a.a.O., S. 38.

382 „Gouvernement est la branche du pouvoir exécutif qui a pour mission d'assurer la direction générale de l'État à l'intérieur et à l'extérieur, dans la limite des droits définis par la Constitution." Le Courtois, a.a.O., S. 49.

383 Siehe K. II. 3.

tung, die Verwaltung sei die ausführende Gewalt.[384] Auch er begrenzte die *actes de gouvernement* auf solche, die die Verfassung direkt ausführten.[385] Verwaltungsakte hingegen setzten Verwaltungsrecht um.[386] LE COURTOIS bestimmte anhand von Artikel 3 der Verfassung von 1875 jene Akte, die er als *acte de gouvernement* betrachtete. Artikel 3 regele die Aufgaben und Rechte des Präsidenten. Zum Erlass eines *acte de gouvernement* seien in einem konstitutionellen System vor allem der Präsident und die Minister ermächtigt. Andere Autoritäten, wie zum Beispiel der Polizeipräfekt, könnten *actes de gouvernement* nur kraft ausdrücklich und begrenzt delegierter Regierungsmacht erlassen. Hierzu zählten Spezialgesetze, Dekrete oder *règlements*.[387] Auch die Verfassung von 1875 gebe Aufschluss über die Befugnisse der Regierung.[388] PRANARD kritisierte LE COURTOIS. Wenn sich die als *acte de gouvernement* angesehenen Akte nach der Verfassung bestimmten, definiere man jene nicht nach ihrer Natur, sondern nach deren mehr oder weniger zufälligen Erwähnung in der Verfassung.[389] So habe die Verfassung von 1852 in Artikel 6 vorgesehen, dass der Präsident der Republik die für die Ausführung von Gesetzen notwendigen Dekrete und *règlements* erlasse. Folge man der Auffassung LE COURTOIS, gebe es danach nur noch *actes de gouvernement*. Zudem habe die Verfassung von 1852 beispielsweise dem Präsidenten in Artikel 12 das Recht verliehen, den Staatsnotstand zu erklären, während die Verfassung von 1875 darüber schweige. Daher sei das Kriterium von LE COURTOIS abzulehnen. Es gründe sich nicht auf die politische Realität, sondern sei davon abhängig, wie detailliert die Regelungen einer Verfassung seien.[390] PRANARD stimmte LE COURTOIS jedoch hinsichtlich der Bestimmung der zum Erlass von *actes de gouvernement* befugten Personen zu. Jedenfalls der Staatspräsident und die Minister übten Regierungsmacht aus. Auch sei die Einbeziehung anderer Personen in diesen Kreis möglich, wenn sie kraft ausdrücklicher gesetzlicher Delegation regierungseigene Rechten ausübten.[391] Um den Kreis der *actes de gouvernement* einzugrenzen, unterstützte PRANARD den Vorschlag JACQUELINS, der eine abschließende Aufzählung der *actes de gouvernement* vorgelegt hatte. Jener unterscheide zwei Kategorien von *actes de gouvernement*: Akte im Bereich der Beziehungen zu ausländischen Mächten und Akte

384 „Le gouvernement est le principe, le moteur de l'administration, l'administration est l'agent d'exécution, de transmission." Pranard, a.a.O., S. 115.

385 „Seraient actes de gouvernement tous les actes accomplis en exécution directe de la Constitution."

386 „Au contraire, ceux accomplis pour l'exécution directe des lois ordinaires resteraient des actes administratifs. Les premiers ne relèvent que du droit constitutionnel, les seconds seuls seraient soumis aux règles du droit administratif." Pranard, a.a.O., S. 122.

387 Le Courtois, a.a.O., S. 115f.

388 Siehe K.

389 Pranard, a.a.O., S. 123.

390 Pranard, a.a.O., S. 125.

391 Pranard, a.a.O., S. 133ff.

im Vollzug konstitutioneller Vorrechte.[392] Diese sei ausreichend, trotzdem sei der Katalog nicht unbegrenzt.[393] Einigkeit bestand zwischen LE COURTOIS, JACQUELIN und PRANARD darüber, dass die *actes de gouvernement* einer verwaltungsgerichtlichen Überprüfung entzogen seien. Umstritten war jedoch die Frage, ob die ordentlichen Gerichte einen *acte de gouvernement* beurteilen durften, wenn Privatinteressen der Bürger verletzt worden seien. Während JACQUELIN und PRANARD eine Zuständigkeit der ordentlichen Gerichte grundsätzlich ablehnten,[394] befürwortete LE COURTOIS dies für den Fall der Verletzung von Eigentums- oder Freiheitsrechten.[395] Die ordentlichen Gerichte könnten zwar einen *acte de gouvernement* nicht annullieren, doch verlören sie nicht ihre Zuständigkeit für die Beurteilung der Folgen von Verletzungen privater Rechte. Eine solche Kontrolle vertrage sich nicht mit dem Prinzip der Gewaltenteilung, widersprachen JACQUELIN und PRANARD. Wenn schon die Streitigkeiten der Exekutive absolut unabhängig von Streitigkeiten der ordentlichen Gerichtsbarkeit seien, so müsse dies erst recht für Angelegenheiten der Regierung gelten.[396] Dem entgegnete LE COURTOIS, die Vertreter dieser Ansicht hätten sich zu sehr vom Prinzip der Gewaltentrennung beeindrucken lassen. Die Trennung der Gewalten sei nach derzeit herrschender Meinung nicht absolut, sondern lasse vielmehr eine Zusammenarbeit zu.[397] Wie PRANARD prüfte er die dem Bürger verbleibenden Rechtsschutzmöglichkeiten. Der Präsident der Republik könne nicht zur Verantwortung gezogen werden; davor schütze ihn Artikel 6 der Verfassung von 1875. Gegen Akte der Minister könne sich der Bürger jedoch mittels einer Petition an das Parlament wenden. Dieser gewohnheitsrechtliche Rechtsbehelf könne zur Annullierung, Abänderung oder Bestätigung des Aktes führen, ziehe aber jedenfalls die ministerielle Verantwortlichkeit nach sich, welche zivil-, strafrechtlichen oder politischen Charakter habe.[398] Außerdem sehe das Verfassungsgesetz vom 16. Juli 1875[399] vor, dass die Minister vom Abgeordnetenhaus vor dem Senat angeklagt werden könnten. LE COURTOIS befürwortete eine weite Auslegung der Formulierung „*pour crimes commis dans l'exercice de leurs fonctions*". Er verstehe darunter auch die „*mauvaise usage d'un pouvoir autorisé par la loi*".[400] Neben der Petition und der Ministeranklage existiere gemäß Artikel 40 des Dekretes vom 22. Juli 1806 der *recours gracieux*.[401] Wenn der *Con-*

392 Jacquelin, a.a.O., S. 311.
393 Pranard, a.a.O., S. 127f.
394 Jacquelin, a.a.O., S. 301; Pranard, a.a.O., S. 85.
395 Le Courtois, a.a.O., S. 120ff.
396 Jacquelin, a.a.O., S. 298, Fn 1; Pranard, a.a.O., S. 85f.
397 Le Courtois, a.a.O., S. 121.
398 Le Courtois, a.a.O., S. 128.
399 Vgl. Godechot, a.a.O., S. 336.
400 Le Courtois, a.a.O., S. 128.
401 Art. 40.- Lorsqu'une partie se croira lésée dans ses droits ou sa propriété, par l'effet d'une décision de notre Conseil d'État, rendue en matière non contentieuse, elle pour-

seil d'État eine Klage bereits als unzulässig abweise, liege kein Endurteil der streitentscheidenden Kammer des *Conseil d'État* vor. Der Weg des *recours gracieux* könne auch dann noch beschritten werden. JACQUELIN wiederum bedauerte, dass in Frankreich keine Verfassungsgerichtsbarkeit nach dem Vorbild der Vereinigten Staaten von Amerika existiere.[402] Bei den *actes de gouvernement* handele es sich um verfassungsrechtliche Streitigkeiten. Insgesamt, so LE COURTOIS, müsse ein Gleichgewicht zwischen dem Rechtsschutzinteresse der Bürger, und dem Allgemeininteresse angestrebt werden.[403] Dies sei der Grund, warum er entgegen der Auffassung MICHOUDS grundsätzlich an der Lehre vom *acte de gouvernement* festhalte, soweit sie mit den Rechten der Bürger vereinbar sei.[404]

9. 1905, 1911: Jèze, Anmerkung zu C.E. 5. August 1904, Dame Ravero und C.E. 23. Dezember 1904, Consorts Poujade; Anmerkung zu T.C. 25. März 1911, Rouzier

Die Entscheidungen *Dame Ravero*[405], *Consorts Poujade*[406] und *Rouzier*[407] wurden von JÈZE kommentiert.[408] Die ersten beiden Urteile seien, so JÈZE, ein Rückschritt in der Tendenz der Rechtsprechung, die Zahl der den Gerichten entzogenen Akte zu verringern, zumal die Bestrebungen der Rechtslehre um Eliminierung der rechtswidrigen Theorie zu keiner Zeit so stark gewesen sei wie gegenwärtig.[409] Die Liste der *actes de gouvernement* sei noch immer zu umfangreich. Die Rechtsfigur des *acte de gouvernement* gründe sich lediglich auf die Staatsräson und ein veraltetes Gesetz. Die Texte von Artikel 47 des Gesetzes vom 3. März 1849 und Artikel 47 des Gesetzes vom 24. Mai 1872 existierten zwar, doch seien sie mangels einer eindeutigen Bezugnahme auf die *actes de gouvernement* so restriktiv wie irgend möglich auszulegen. Man könne allein die Dekrete des Präsidenten der Republik zu Einberufung oder Auflösung des Parlaments als *actes de gouvernement* anerkennen. Die Abgeordneten seien insoweit wehrhaft genug und den Bürgern erwachse kein Schaden.[410] Zudem stehe diese Ansicht in Übereinstimmung mit der den Bürgern günstigen Rechtsprechung des *Conseil d'État*. Bei der Beurteilung der Fälle des Jahres 1904 habe der *Conseil*

---

ra nous présenter une requête pour, sur le rapport qui nous en sera fait, être l'affaire renvoyée s'il y a lieu, soit à une section d'État, soit à une commission. Pranard, a.a.O., S. 97f.

402 Jacquelin, a.a.O., S. 304, 313.

403 Le Courtois, a.a.O., S.110f.

404 Le Courtois, a.a.O., S. 9.

405 C.E. 5. August 1904, Dame Ravero, Rec. 1904, S. 663 (siehe K. I. 2. b)).

406 C.E. 23. Dezember 1904, Consorts Poujade, Rec. 1904, S. 871 (siehe K. I. 2. b)).

407 T.C. 25. März 1911, Rouzier, Rec. S. 392 (siehe K. I. 2. b)).

408 Jèze, Notes de Jurisprudence, RDP 1905, S. 90ff.

409 Jèze, a.a.O., S. 91.

410 Jèze, a.a.O., S. 91.

d'État mehrere Gelegenheiten verpasst, die Liste der *actes de gouvernement* zu verkürzen.[411] Im Fall *Bachatouri*[412] habe der Beklagte, der Kolonieminister, sich nicht nur darauf beschränkt, die Zulässigkeit der Klage zu bezweifeln, sondern auch die Forderungen in der Begründetheit bestritten. Hier hätte der *Conseil d'État* die Klage annehmen müssen.[413] Die Frage, ob ein Nachfolgestaat für die Schulden seines Vorgängers hafte, sei im internationalen Völkerrecht unumstritten. Die Schulden gegenüber Privatpersonen seien vom Nachfolgestaat zu übernehmen.[414] Wenn also der Gläubiger seine Forderung gegen den madagassischen Staat hätte beweisen können, wäre die Verpflichtung des französischen Staates zweifelsfrei gegeben gewesen. Es sei nicht hinnehmbar, dass sich in einem zivilisierten Staat kein Gericht für die Durchsetzung von Ansprüchen des Bürgers finde. Zudem sei die Argumentation des Kolonieministers, nach geltendem Recht obliege die Klärung aller Fragen des internationalen Rechts allein der Regierung, unzutreffend. Eine schrankenlose Unverantwortlichkeit des Staates im Bereich der internationalen Angelegenheiten sei nicht länger zu rechtfertigen. Sie führe dazu, dass ein ausländisches Opfer in einem Staat, der die Rechte seiner Staatsangehörigen achte, Schadensersatz erlangen könne, ein französischer Staatsangehöriger hingegen nicht.[415] Das Urteil *Consorts Poujade,*[416] rufe die gleichen Bedenken hervor. Bei der Frage, ob der französische Staat dem Kläger Schadensersatz schulde, weil er versäumt habe, dessen Forderungen gegenüber dem ausländischen Staat zu unterstützen, hätte der *Conseil d'État* die Klage mangels Begründetheit abweisen müssen, weil der Staat nach geltenden Recht nicht verpflichtet sei, einen Bürger für unterlassene diplomatische Bemühungen zu entschädigen.[417] Er sehe, so JÈZE, keinen juristischen Grund, zwischen den Handlungen eines französischen Beamten im Inland und im Ausland zu unterscheiden.[418] Bei der Frage nach dem Schadensersatzanspruch wegen eines Fehlers der Konsularbeamten habe der *Conseil d'État* eine bemerkenswerte Änderung seiner bisherigen Rechtsprechung vorgenommen. Er habe die Klage abgewiesen, weil die Kläger den Beweis der rechtswidrigen Handlung des Konsularbeamten schuldig geblieben seien.[419] Der *Conseil d'État* wirke erschrocken wegen seiner Kühnheit und scheine sein Zugeständnis selbst wieder zurückziehen wollen, indem er formuliert habe, die Einlassungen der Kläger seien zurückzu-

411 Jèze, a.a.O., S. 92.
412 C.E. 12. Februar 1904, Bachatori/Bachadour, Rec. 1904, S. 105 (siehe K. I. 2. b)).
413 Jèze, a.a.O., S. 93.
414 Jèze, a.a.O., S. 93.
415 Jèze, a.a.O., S. 94.
416 C.E. 23. Dezember 1904, Consorts Poujade, Rec. 1904, S. 871 (siehe K. I. 2. b)).
417 Jèze, a.a.O., S. 98.
418 Jèze, a.a.O., S. 98f.
419 „Considérant que les requérants n'établissent pas que le consul de France à Damas ait commis une faute en remettant aux autorités ottomanes le dossier de la succession du sieur Bambino, qu'il estimait, d'après les pièces produites, être sujet ottoman.“

weisen, ohne dass es einer Untersuchung bedürfe, ob die angegriffenen Akte ihrer Natur nach die Staatshaftung eingreifen ließen.[420] Entweder, so JÈZE, sei der Staat grundsätzlich nicht verantwortlich für die Fehler seiner Konsularbeamten und die Fehlerhaftigkeit der Handlung müsse nicht bewiesen werden, oder er sei im Fall von Fehlverhalten schadensersatzpflichtig unter der Voraussetzung des erbrachten Beweises.[421]

Im Jahre 1911 veröffentlichte JÈZE eine Urteilsanmerkung zur Entscheidung *Rouzier*, in der das Fehlverhalten eines Diplomaten auf seine Begründetheit hin geprüft worden war.[422] Er lobte die neue Rechtsprechung, wies aber erneut auf die Gefahren hin, die die Anwendung der Lehre des *acte de gouvernement* gerade im Bereich der diplomatischen Akte entfalte.[423] Diplomaten könnten unter dem Schutz der Lehre ungestört Unrecht begehen. So sei es zunächst richtig, die Tätigkeit diplomatischer Beamter in Personenstandsangelegenheiten gemäß der Bestimmungen des *Code civil* der ordentlichen Gerichtsbarkeit zu unterwerfen.[424] Den von dem Außenminister in dessen Klagerwiderung geforderten Ermessensspielraum für Diplomaten dürfe es in Personenstandsangelegenheiten nicht geben. Hier überprüfe der Beamte lediglich die Einhaltung der Vorschriften. Die Auffassung des Ministers sei seit mehr als einem Jahrhundert veraltet und verleugne die Errungenschaften der Französischen Revolution, mit der sich die Franzosen von der pedantischen Bevormundung durch die Beamten befreit hätten.[425]

10. 1910: Doucet, Negative Theorie, Theorie des subjektiven Rechts

Im Jahre 1910 widmete MICHOUDS Schüler DOUCET der Frage der *actes de gouvernement* im internationalen Bereich eine Dissertation an der rechtswissenschaftlichen Fakultät von Grenoble.[426] Die Lehre vom *acte de gouvernement* beruhe allein auf Gewohnheitsrecht.[427] Die Verwaltung sei niemals unabhängig gewesen, sondern habe in politischen Fragen der Regierung unterstanden. Der *Conseil d'État*, zitierte DOUCET die damalige *Garde de Sceaux*, werde niemals ein Gericht, auch wenn er sich mit Angelegenheiten beschäftige, die man „*contentieuse*" nenne. Nun aber stehe die Idee des *acte de gouvernement* im absolu-

---

420 „Sans qu'il y ait lieu de rechercher si les actes accomplis par les consuls lors de l'ouverture à l'étranger de succession intéressant des Français, sont de nature à engager la responsabilité pécuniaire de l'État, les conclusions prises par ce chef par le requérants doivent être rejetées."

421 Jèze, a.a.O., S. 101.

422 Jèze, Notes de Jurisprudence, RDP 1911, S. 663.

423 Jèze, a.a.O., S. 664.

424 Jèze, a.a.O., S. 671.

425 Jèze, a.a.O., S. 679.

426 Doucet, Étude critique de la notion d'acte de gouvernement et de son application aux matières internationales, 1910.

427 Doucet, a.a.O., S. 67ff.

ten Gegensatz zum herrschenden Geist des Verwaltungsrechts.[428] Der *Conseil d'État* sei ein echtes Gericht geworden, und der Staat könne zur Verantwortung gezogen werden.[429] Je mehr sich die Anzahl der einer Klage vor dem Gericht zugänglichen Akte erhöht habe, desto mehr sei die Sorge der Exekutive wegen der vollständigen Überprüfung ihres Handelns durch die Gerichte gewachsen.[430] Der *Conseil d'État* habe diese Besorgnis durch den Entwurf der Rechtsfigur des *acte de gouvernement* entkräftet. Dies sei nun, da sich der *Conseil d'État* zu einem unabhängigen Gericht entwickelt habe, nicht länger haltbar. Die Theorie des *acte de gouvernement* sei nunmehr „antijuristisch, unrichtig und gefährlich", so DOUCET in Übereinstimmung mit seinem Lehrer.[431] Er erkannte aber höhere Gewalt als Grund für die Unjustiziabilität einiger Akte an.[432] Das Gericht prüfe auch in solchen Fällen die genauen Umstände eines Aktes, bevor es eine Klage als unzulässig abweise und erkläre nicht schon deshalb jeden Akt für unjustiziabel, weil er die Interessen des Staates berühre.[433] Das Konzept der höheren Gewalt garantiere die größtmögliche Gerechtigkeit. DOUCET unterzog im zweiten Teil seiner Abhandlung die *actes de gouvernement* im internationalen Bereich einer genauen Untersuchung. Zu diesem Zweck gliederte er sie in folgende Kategorien: Die erste betreffe die internationalen Beziehungen selbst. Zu ihnen zählte er die Handlungen des Staates zum Schutz seiner Staatsangehörigen und jene im eigenen Interesse in Gestalt von Kriegshandlungen, Eroberungen und Verträgen. Die zweite Kategorie umfasse mittelbare diplomatische Beziehungen, worunter sowohl das Recht des Staatchefs der Ausweisung von Ausländern als auch die Tätigkeit von Konsularbeamten falle. Bezüglich der ersten Kategorie bestehe in Rechtsprechung und Rechtslehre Einigkeit, dass ein französischer Staatsangehöriger vor dem *Conseil d'État* diplomatischen Schutz in Gestalt von Interventionen der französischen Regierung bei einem ausländischen Staat nicht erzwingen könne. Diese Ansicht, so DOUCET, habe nunmehr nur noch historischen Wert. Mit der Entwicklung der Anfechtungsklage und der allgemeinen Verantwortlichkeit des Staates, sei sie nicht länger haltbar.[434] Es sei zwar richtig, wegen der Interessen eines Einzelnen nicht die gesamte Staatsordnung zu gefährden. In inneren Angelegenheiten dürfe sich der Einzelne nicht selbst sein Recht verschaffen. Deshalb organisiere der Staat die kollektiven Mittel zu dessen Schutz. Dieselbe Verpflichtung müsse auch für äußere Angelegenheiten gelten.[435] Der Bürger müsse also die Rechtsmittel haben, um den Staat zur Inter-

428 Doucet, a.a.O., S. 79.
429 Doucet, a.a.O., S. 79.
430 Doucet, a.a.O., S. 80.
431 Doucet, a.a.O., S. 84.
432 Doucet, a.a.O., S. 85.
433 Doucet, a.a.O., S. 87ff.
434 Doucet, a.a.O., S. 113.
435 Doucet, a.a.O., S. 115.

vention zwingen zu können. Wenn aber der ausländische Staat nicht rechtswidrig gehandelt habe, die Forderung von Wiedergutmachung wegen höherer Gewalt unbegründet sei oder sich die ausländische Macht nach der Formel des internationalen Rechts „*ne fait pas aux étrangers, ce que tu ne voudrais pas qu'on fît à tes nationaux*", verhalten habe, scheide ein Anspruch auf Schadensersatz aus.[436] Wenn aber die geforderte Intervention erwarten lasse, dass ihretwegen ein Krieg ausbreche, sei dies nicht allzu „bedauerlich", wenn der betroffene Staat zweiter oder gar letzter Ordnung sei. Dann sei eine Intervention zur Wiedergutmachung des erlittenen Schadens eine gute Gelegenheit, „eine Lehre in Zivilisation zu erteilen". Dieses System praktizierten die zivilisierten europäischen Länder gegenüber Afrika, der Türkei, China.[437] Sehe man sich dagegen einem starken Staat gegenüber und bestehe man auf seinem guten Recht, dürfe man, so DOUCET, die Gegenwehr nicht fürchten.[438] Zu den direkten internationalen Beziehungen zähle auch die Kriegsführung. Hinsichtlich der Kriegsschäden infolge eines im Inland geführten Krieges sei zu unterscheiden, ob der Schaden vom Gegner verursacht worden und daher kein Schadensersatzanspruch gegen den französischen Staat gegeben sei, ob ein Schaden vorliege, den ein französischer Staatsangehöriger durch erforderliche Kampfmaßnahmen verursacht habe und der aus diesem Grund nicht justiziabel sei oder ob ein zufälliger Schaden vorliege, für den der Staat verantwortlich sei und für den Schadensersatz geschuldet werde.[439] Der Grund für die Unjustiziabilität eines wegen notwendiger Kampfhandlungen entstandenen Schadens sei das Prinzips der höheren Gewalt und nicht die Konzeption des *acte de gouvernement*. Bei einem im Ausland geführten Krieg lehne der *Conseil d'État* eine Entschädigung für Kriegsschäden grundsätzlich ab.[440] Dies sei, so DOUCET, auf den ersten Blick gerechtfertigt. Man wolle die Kriegsführung des Staates nicht behindern und verursache Schäden gerade, um den Gegner auf seinem eigenen Territorium zu schwächen. Der Krieg sei eine „antijuristische" Angelegenheit.[441] Wenn der Staat, aber nach seiner These bereits verpflichtet werden könne, seine Staatsangehörigen mittels diplomatischer Intervention gegen die Übergriffe der lokalen Macht zu schützen, müsse er erst recht für Schäden zur Verantwortung gezogen werden können, die er selbst verursache.[442] Ein Staat, der den Krieg in sein Nachbarland transportiere, sei bei Fehlen höherer Gewalt verantwortlich für Schäden, die sein Handeln den im fremden Land lebenden französischen Staatsangehörigen, den Einheimi-

436 Doucet, a.a.O., S. 121f.
437 Doucet, a.a.O., S. 126.
438 Doucet, a.a.O., S. 128.
439 Doucet, a.a.O., S. 133.
440 C.E. 26. Februar 1886, Saccoman, Rec. 1886, S. 173 (siehe K. I. 2. b)); C.E. 22. Februar 1907, Le Chartier, Rec. 1907, S. 185 (siehe K. I. 2. b)).
441 Doucet, a.a.O., S. 136.
442 Doucet, a.a.O., S. 137.

schen oder Angehörigen anderer Nationen zufügen.[443] Zu den direkten internationalen Beziehungen gehöre die Regulierung von Staatsschulden eines besiegten Staates. In mehreren Entscheidungen, in denen Bürger eines annektierten Staates Gläubiger desselben gewesen seien und nun die französische Regierung zur Übernahme der Zahlung gefordert hätten, habe der *Conseil d'État* entschieden, es handele sich um Fragen der Ausübung souveräner Rechte, die aus der Inbesitznahme eines Territoriums erwüchsen.[444] Die im internationalen Recht vorherrschende Auffassung, der Siegerstaat trete mit allen Rechten und Pflichten an die Stelle des besiegten Staates, sei zu ungenau. Wenn es sich um ein barbarisches Land ohne ernstzunehmende politische Organisation handele, erscheine es nicht allzu schockierend, wenn man den Siegerstaat von der Haftung befreie. Schließlich habe der Gläubiger auch im alten System mit Schwierigkeiten bei der Durchsetzung seiner Forderung rechnen müssen.[445] Anderes gelte für die Eroberung eines zivilisierten Landes. Die Auffassung des *Conseil d'État*, der eine grundsätzliche Nichtverantwortlichkeit der Regierung unterstütze, sei also nur zum Teil zutreffend. Ferner sei die Haltung des *Conseil d'État,* Klagen mit Bezug zu internationalen Verträgen abzuweisen, in solcher Absolutheit unzutreffend. Zunächst sei zu bestimmen, ob es sich jeweils um einen wirklichen Vertrag handele. Dies richte sich danach, ob das Abkommen zwischen zwei voneinander unabhängigen und gleich starken Staaten zustande gekommen sei oder der eine in Abhängigkeit des anderen handele. Nach dem Grad dieser Abhängigkeit verlören die Beziehungen zwischen zwei Staaten ihren diplomatischen Charakter. Verfüge der eine wie ein Herr über die inneren Angelegenheiten des anderen, beweise dies das Vorliegen eines nicht-diplomatischen Aktes.[446] DOUCET führte den Fall *Vandelet et Faraut*[447] an. Das Abkommen zwischen dem kambodschanischen König und Frankreich sei dem König aufgenötigt worden. Die direkte Zustellung des Abkommens durch den Gouverneur an die Bauern und die endgültige Entscheidung des französischen Residenten auf Anordnung des Kolonieministers bewiesen, dass die französische Regierung in eigener Autorität in Kambodscha gehandelt habe. Es liege daher ein gewöhnlicher Verwaltungsakt vor, der einer Anfechtungsklage ebenso wie einer Entschädigungsklage zugänglich hätte sein müssen.[448] Der *Conseil d'État* sei im Interesse der Rechte des Einzelnen jedenfalls gehalten, im Einzelfall zu prüfen, ob ein echter diplomatischer Akt vorliege.[449] DOUCET befürwortete eine Zuständigkeit der ordentlichen

---

443 Doucet, a.a.O., S. 139f.

444 C.E. 5. August 1904, Dame Ravero, Rec. 1904, S. 663 (siehe K. I. 2. b)); C.E. 3. März 1905, Mante frères et Borelli, Rec. 1905, S. 226 (siehe K. I. 2. b)).

445 Doucet, a.a.O., S. 143.

446 Doucet, a.a.O., S. 171.

447 C.E. 18. Dezember 1891, Vandelet et Faraut, S. 1893, III, S. 129 (siehe K. I. 2. b)).

448 Doucet, a.a.O., S. 172.

449 Doucet, a.a.O., S. 173.

Gerichte. Voraussetzung sei, dass der Einzelne die Verletzung eines Rechtes geltend machen könne. So besitze der Einzelne bei seiner Auslieferung kein verletzbares subjektives Recht: Ein internationaler Vertrag über das Verfahren bei Ausweisungen ändere die Beziehung zwischen dem verfolgten Bürger und dem ihn suchenden Staat nicht. Wenn jener den Verfolgten auf eigenem Territorium hätte verhaften können, stünden diesem keine Rechte zu. Er könne in diesem Fall nicht geltend machen, er werde aus politischen Gründen gesucht.[450] Trotzdem müsse das Gericht in jedem Fall prüfen, ob private Rechte durch einen Vertrag verletzt seien. Bei der Ausführung internationaler Verträge unterliege der einzelne Staat keinem Zwang in der Wahl der umsetzenden Maßnahmen. Gegenüber seinen Staatsangehörigen befinde er sich also in der gewöhnlichen Situation und sei an die geltenden Gesetze gebunden.[451] Fraglich sei, ob die Erlangung einer Entschädigung eines Staates von einem anderen Staat ein subjektives Recht des Einzelnen auf Entschädigung begründe. Leiste ein Staat dem anderen eine Entschädigung für von einzelnen Bürgern erlittene Schäden, bestehe ein subjektives Recht, weil der überweisende Staat Schuldner sei und der Bürger Gläubiger des Schadensersatzanspruches. Der Staat, der die Entschädigungssumme erhalte, übe lediglich eine verteilende Funktion aus. Auch in diesem Fall berechtige die Rüge der Verletzung eines subjektiven Rechts dessen Inhaber, seinen Anspruch gerichtlich geltend zu machen.[452] Zu der zweiten Kategorie, den indirekten diplomatischen Beziehungen, zählte DOUCET die Ausweisung von Ausländern durch den Staatspräsidenten, die konsularische Ausweisung und die diplomatische Tätigkeit. Die durch Dekret gestattete Ausweisung vagabundierender oder bettelnder Ausländer sei nach Ansicht der Rechtsprechung und der Lehre durch Klage lediglich wegen Formfehlern anfechtbar. Die Motive, die zu einer Ausweisung geführt hätten, seien der gerichtlichen Kontrolle entzogen.[453] DOUCET bestritt den internationalen Charakter einer Ausweisung. Allein der Schutz der inneren Ordnung sei Rechtsgrund der Ausweisung und diese mithin ein gewöhnlicher Polizeiakt und der Anfechtungsklage zugänglich.[454] Diese Kontrolle sei umso mehr geboten, als dass es sich bei dem Ausweisungsrecht um ein außerordentliches Recht handele, das allein an die ausländische Staatsbürgerschaft anknüpfe. Schließlich habe die konsularische Tätigkeit der französischen Repräsentanten im Ausland keinen internationalen Charakter: Deren Funktionen als Gerichtsvollzieher, Standesbeamte, Notare, Schiedsrichter oder Richter variierten von Staat zu Staat. Sie seien auf die Aufgaben beschränkt, die der ausländische Staat nicht erfülle.[455] Die Entscheidung im Fall *Consorts Pou-*

450 Doucet, a.a.O., S. 180.
451 Doucet, a.a.O., S.184.
452 Doucet, a.a.O., S. 196.
453 C.E. 26. Dezember 1902, Rapi, Rec. 1902, S. 793; zitiert bei Doucet, S. 198.
454 Doucet, a.a.O., S. 199.
455 Doucet, a.a.O., S. 205.

jade[456] beweise, dass die Konsuln zivilrechtliche und verwaltungsrechtliche Aufgaben wahrnähmen, bei deren Erfüllung sie sich schadensersatzpflichtig machen könnten. Eine Klage müsse daher zulässig sein.[457] Die Unjustiziabilität der *actes de gouvernement* im internationalen Bereich sei folglich nicht gerechtfertigt. Die Unantastbarkeit der betreffenden Akte habe eine doppelt verwerfliche Konsequenz: einerseits würden alle diplomatische Akte gleich behandelt und so wichtige Rechte angetastet, andererseits führe die Annahme ihrer grundsätzlichen Unklagbarkeit zur zunehmenden Qualifizierung als diplomatischer Akt, wenn dessen Unantastbarkeit erreicht werden wolle. Hier lebe die Mobiltheorie wieder auf.[458]

III. Rechtsprechung nach Ausbruch des Ersten Weltkrieges

Die Rechtsprechung während und nach dem Ersten Weltkrieg war stark beeinflusst von den Ereignissen des Krieges. Der *Conseil d'État* hatte über Klagen im Zusammenhang mit der Verhängung des Staatsnotstandes sowie Schadensersatzklagen wegen Kriegsmaßnahmen des Staates zu entscheiden.

1. Theorie der pouvoirs de guerre

In den Urteilen *Delmotte, Isabelle Dol et Jeanne Laurent* und weiteren entwickelte der *Conseil d'État* die Theorie der *pouvoirs de guerre*.

Im Fall *Delmotte*[459] konkretisierte der *Conseil d'État* seine Auffassung zur gerichtlichen Behandlung von Maßnahmen zur Zeit des Notstandes.

Einem Getränkehändler war während des Belagerungszustandes von einem Kommandanten der Armee die Schließung seines Getränkeausschankes befohlen worden. Der Regierungskommissar erklärte für den beklagten Staat, er werde auf Unzulässigkeit der Schadensersatzklage wegen eines *acte de gouvernement* nicht bestehen.

So nahm der *Conseil d'État* die Klage an und entschied zur Begründetheit, die Militärmacht habe in Übereinstimmung mit den geltenden Gesetzen zur Vermeidung öffentlicher Unruhen durch Zusammenkünfte gehandelt. Der Kommandant dürfe während der Kampfhandlungen jegliche Maßnahmen zur Bewahrung der öffentlichen Ordnung ergreifen.

Dies wiederholte er im Fall *Isabelle Dol et Jeanne Laurent.*[460]

456 C.E. 23. Dezember 1904, Consorts Poujade, Rec. 1904, S. 871 (siehe K. I. 2. b)).
457 Doucet, a.a.O., S. 206.
458 Doucet, a.a.O., S. 217.
459 C.E. 4. August 1915, Delmotte, Rec. 1915, S. 275.
460 C.E. 28. Februar 1919, Isabelle Dol et Jeanne Laurent, Rec. 1919, S. 208.

Der *préfet maritime* hatte unter Berufung auf den Notstand verboten, in Schankstätten an begleitete und unbegleitete Frauen Getränke auszuschenken. Im Fall einer Zuwiderhandlung dürfe der Ausschank geschlossen und die Damen verhaftet werden. Die Frauen Dol und Laurent, die sich als „öffentliche Mädchen" bezeichneten, hatten vor dem *Conseil d'État* wegen Verletzung der Gewerbefreiheit und ihrer persönlichen Freiheit geklagt.

Das Gericht befand die Klage für zulässig und entschied, die Maßnahmen seien rechtmäßig gewesen. Dabei weitete der *Conseil d'État* seine Argumentation im Verhältnis zum Urteil *Delmotte* aus, indem er erklärte, die Grenzen der Polizeibefugnisse seien in Friedenszeiten nicht dieselben wie in Kriegszeiten, wenn die Interessen der nationalen Verteidigung besondere Maßnahmen erforderten. Die Klage der Frauen wurde als unbegründet zurückgewiesen. Die Besonderheit der beiden Urteile bestand zum einen darin, dass der *Conseil d'État* die Klagen nicht als unzulässig abgewiesen hatte, sondern in die Begründetheitsprüfung eingetreten war, doch wurden beide Klagen abgewiesen, ohne dass die Theorie des *acte de gouvernement* angewendet worden wäre. Der *Conseil d'État* entwickelte damit eine neue Argumentationsstruktur, um den Staat wegen kriegsbedingter Maßnahmen von Schadensersatzpflichten frei zu halten. So hatte der Regierungskommissar im Fall *Delmotte* erklärt, bestimmte Gesetze seien im Belagerungszustand anders auszulegen als in Friedenszeiten.[461] Werde in Friedenszeiten der Ausschank in einer Gastwirtschaft nicht als Versammlung angesehen, könne er doch während des Notstandes als eine solche behandelt werden. Im Fall *Isabelle Dol et Jeanne Laurent* bekräftigte das Gericht diese Auffassung: Die Befugnisse der Polizei könnten in Kriegszeiten weiter reichen als in Zeiten des Friedens. Die Bestimmung der vom *ordre public* gezogenen Schranken sei dann weit auszulegen.[462] Wegen der besonderen Situation während des Notstandes habe die öffentliche Gewalt erweiterte Befugnisse. Die Rechtsfolge ähnelte zwar jener der Theorie des *acte de gouvernement,* die Klage wurde jedoch unter Berufung auf die Theorie der *pouvoirs de guerre* als **unbegründet** abgewiesen. In weiteren Urteile vertiefte der *Conseil d'État* diese Argumentation.

Im Fall *Heyriès*[463] rügte ein Beamter, dass seine Disziplinarstrafe unter Verfahrensverstoß verhängt worden sei.

Der *Conseil d'État* wies die Klage als unbegründet ab, weil der Präsident der Republik als Chef der Exekutive zu jeder Zeit die Funktionstüchtigkeit des öffentlichen Dienstes gewährleisten müsse und der Krieg ihn daran nicht hindern dürfe. Er sei also zu dem Verfahrensverstoß berechtigt gewesen.

461 Corneille, Conclusions, C.E. 4. August 1915, Delmotte, Rec. 1915, S. 275, 277.
462 C.E. 28. Januar 1919, Isabelle Dol et Jeanne Laurent, Rec. 1919, S. 208, 209.
463 C.E. 28. Juni 1918, Heyriès, Rec. 1918, S. 651.

Im Urteil *Syndicat National de la Boulangerie de Paris*[464] ging es um ein Dekret der Regierung vom 30. November 1917, das den Bäckern die Herstellung von Gebäck verboten hatte.

Der *Conseil d'État* hielt diese Maßnahme für rechtmäßig, weil der Präsident gemäß Artikel 3 des konstitutionellen Gesetzes vom 25. Februar 1875 berechtigt sei, die Ausführung von Gesetzen entsprechend der Umstände im Einzelfall zu überwachen. Die Regierung dürfe alle den Umständen nach erforderlichen Maßnahmen ergreifen.

Der Kläger im Fall *Société générale des transports maritimes à vapeur*[465] wandte sich gegen das Dekret vom 29. September 1917, das der Regierung das Kommando über die gesamte Handelsflotte übertragen hatte.

Der *Conseil d'État* erklärte dies für rechtmäßig, weil die Regierung zu Kriegszeiten zur Gewährleistung der zivilen und militärischen Versorgung besondere Maßnahmen ergreifen dürfe.

Im Fall Wannieck[466] hatte der Kläger vom Staat eine Entschädigung begehrt, weil er als ehemaliger Angehöriger der Fremdenlegion von seinen Aufgaben entbunden und nach einmonatiger Haft nach Algerien ausgewiesen worden sei.

Der *Conseil d'État* wies die Klage ab, weil die Entscheidung wegen außergewöhnlicher Umstände gerechtfertigt gewesen sei.

Ähnlich entschied er im Fall *Cotte.*[467]

Am 4. August 1914 hatte der Direktor der Allgemeinen Sicherheit die Präfekten Frankreichs angewiesen, alle verdächtigen Werbeplakate zu zerstören. Der Kläger war Eigentümer einer Werbeagentur. Seine Plakate waren abgenommen und vernichtet worden. Er begehrte deswegen vor dem Conseil d'État Schadensersatz. Der Innenminister setzte der Klage den Einwand des acte de gouvernement entgegen.

Der Regierungskommissar RIVET folgte dem nicht, da der *Conseil d'État* derartige Akte nicht mehr zur Kategorie des *acte de gouvernement* zähle. In Kriegszeiten reichten die Befugnisse der öffentlichen Hand zur Wahrung von Ordnung und Sicherheit weiter als in Friedenszeiten. Im Krieg erforderte der *ordre public* andere und strengere Maßnahmen. Er beantragte, dem Kläger einen Schadensersatzanspruch zuzubilligen, weil die Vernichtung der Plakate nicht erforderlich

---

464 C.E. 14. Mai 1920, Syndicat National de la Boulangerie de Paris, Rec. 1920, S. 499.

465 C.E. 23. März 1923, Société générale des transports maritimes à vapeur, Rec. 1923, S. 305.

466 C.E. 5. November 1920, Wannieck, Rec. 1920, S. 923.

467 C.E. 31. Oktober 1924, Cotte, Rec. 1924, S. 839.

gewesen sei; ihre Abnahme hätte zur Gewährleistung der öffentlichen Ordnung ausgereicht. Der *Conseil d'État* folgte dem nicht und wies die Klage *Cottes* aber als unbegründet ab. Der Präfekt habe einerseits wegen der Dringlichkeit besondere Maßnahmen ergreifen dürfen. Andererseits habe der Kläger das fehlerhafte Verhalten des Präfekten nicht bewiesen. Ein Schadensersatzanspruch bestehe daher nicht. In allen diesen Fällen wies der *Conseil d'État* Klagen nicht als unzulässig ab, sondern prüfte die Übereinstimmung des angefochtenen Aktes mit der geltenden Rechtslage und weitete den Geltungsbereich der Gesetze unter Berücksichtigung der kriegsbedingten Erfordernisse aus.

2. Schadenverursachende Kriegsmaßnahmen

Im Jahre 1919 wurden mehrere Gesetze zur Regelung der Staatshaftung für Kriegsschäden erlassen. Das Gesetz vom 17. April 1919 regelte die Haftung für Eigentumsschäden. Die Gesetze vom 31. März 1919 und vom 24. Juni 1919 behandelten die Staatshaftung für Kriegsschäden an Leib und Leben. Das Gesetz vom 17. April sah eine umfassende Entschädigung für Sachschäden vor, die das Opfer in Frankreich oder Algerien erlitten hatte. Für die Behandlung derartiger Fälle schuf das Gesetz eine Spezialgerichtsbarkeit. Der *Conseil d'État* verwies die unter die Gesetze vom 17. April, 31. März und 24. Juni 1919 fallenden Klagen wegen Kriegsschäden an den *ministre chargé du service des réparations aux victimes civiles de la Guerre* oder den *ministre des Pensions et allocations militaires* oder das *tribunal départemental des pensions* als zuständige Instanzen und erklärte sich selbst für unzuständig.

In den Fällen *Besegher, Cazeilles, Époux Bélaton, Braillon* und *Époux Derisbourg-Bara*[468] waren die Kläger oder ihre Angehörigen zivile Opfer von Kriegshandlungen geworden.

Die Tochter des Klägers *Besegher* war von einer Kugel getötet worden. Der minderjährige Sohn des Klägers *Cazeilles*, war als Angehöriger der Fremdenlegion getötet worden. Der Kläger warf der Militärverwaltung vor, sein Sohn hätte nicht in die Fremdenlegion aufgenommen und an die Front geschickt werden dürfen. Dieser hatte sich als volljähriger Spanier ausgegeben. Auch der Kläger *Braillon* hatte seinen Sohn verloren. Dieser war durch eine Explosion zurückgelassener Granaten auf dem Hof seines Vaters getötet worden. Die Kläger *Époux Bélaton* begehrten Schadensersatz für die Zerstörung eines Gebäudes durch Feuer, in das Truppen einquartiert worden waren.

468 C.E. 13. Februar 1920, Besegher, Rec. 1920, S. 165; C.E. 26. März 1920, Cazeilles, Rec. 1920, S. 357 ; C.E. 30. April 1920, Époux Bélaton, Rec. 1920, S. 429; C.E. 21. Mai 1920, Braillon, Rec. 1920, S. 531 ; C.E. 29. Oktober 1920, Époux Derisbourg-Bara, Rec. 1920, S. 891.

In allen Fällen erklärte sich der *Conseil d'État* unter Hinweis auf die zuständige Spezialgerichtsbarkeit für unzuständig. In anderen Fällen prüfte er dagegen den geltend gemachten Schadensersatzanspruch selbst.[469]

So wies er die Klage *Mahalins* und *Bord-Tridons* als unbegründet ab.

Beide Kläger machten Schadensersatz wegen Verletzung oder Tötung ihrer Söhne durch Kriegsereignisse geltend. Den Fahrern der Militärfahrzeuge falle kein fehlerhaftes Verhalten zur Last, entschied das Gericht. Ebenso beschied es den Kläger *Millevoix*, der infolge eines Unfalls mit einem Militärfahrzeug ein Bein verloren hatte.

Dagegen lehnte er es ab, die im Krieg gegen ausländische Schiffe getroffenen Maßnahmen zu prüfen.

In den Fällen *Continental Pétroleum Company*[470], *Internationale Credit en Handels* Vereenigung[471] und *Compagnie Van den Bergh's Limited*[472] begehrten die Kläger Schadensersatz für die Beschlagnahme ihrer Schiffsladungen.

Der *Conseil d'État* führte aus, er sei unzuständig, Kriegsmaßnahmen der Regierung gegen Schiffe neutraler oder feindlicher Staaten zu beurteilen, weil diese im Zusammenhang mit der Kriegsführung und den internationalen Beziehungen Frankreichs gestanden hätten.

Im Fall *De Poorter*[473] begehrte der Kläger Schadensersatz wegen der Sistierung seines mit Erz beladenen Dampfschiffes am Vorabend des Krieges.

Der *Conseil d'État* erklärte sich für unzuständig, Maßnahmen zu beurteilen, die in Vorbereitung auf den Krieg zur nationalen Verteidigung getroffen worden seien.[474]

---

469 C.E. 2. Juli 1920, Mahalin, Rec. 1920, S. 660; C.E. 9. Juli 1920, Bord-Tridon, Rec. 1920, S. 688; C.E. 19. November 1920, Millevoix, Rec. 1920, S. 980.

470 C.E. 25. Juli 1919, Continental Pétroleum Company, Rec. 1919, S. 694.

471 C.E. 7. August 1920, Internationale Credit en Handels Vereeniging, Rec. 1920, S. 869.

472 C.E. 3. März 1922, Compagnie Van den Bergh's Limited, Rec. 1922, S. 189.

473 C.E. 2. Juli 1922, de Poorter, Rec. 1922, S. 498.

474 „Considérant que les difficultés... sont exclusivement relatives à l'exercice, par le Gouvernement, du pouvoir qui lui appartenait de prendre, à la veille des hostilités, à l'égard des navires ou des cargaisons appartenant à des étrangers, les mesures de police qu'il jugeait nécessaires à la défense nationale ; qu'elles se rattachent donc tout à la fois à la préparation immédiate à la guerre et aux rapports internationaux de l'État français avec les puissances et qu'à ce double titre, elles échappent à la compétence du Conseil d'État statuant aux contentieux."

Die Kläger *Sieurs Svendsen et Christensen*[475] begehrten ebenfalls Schadensersatz wegen Sistierung ihres Schiffes.

Der *Conseil d'État* ließ die Klage zu, verwendete aber in seinen Ausführungen fast die gleiche Formel wie im Fall *De Poorter.*[476] Mit derselben Begründung wies er die Schadensersatzklagen *Tatem Steam Navigation Company Limited*[477], *Albyn Line Limited*[478], *Compagnie royale néerlandaise de navigation*[479], *Sieur Calucundis*[480] wegen Umleitung von Schiffen ebenso ab wie auch die Klagen *Sieurs Pithis et Dallas*[481] und *Consorts Lichiardopoulos*[482] wegen Verlust oder Beschädigung.

Die Kläger *Sieurs Framjee sons et Compagnie*[483] begehrten Schadensersatz wegen der Prise ihres Schiffes durch ein von der französischen Regierung gemietetes Dampfschiff.

Wieder erklärte sich der *Conseil d'État* für unzuständig. Der Schaden beruhe auf einem Kriegsrisiko, und ein Schadensersatzanspruch hänge von Reparationszahlungen ab, für die keine Spezialgerichtsbarkeit zuständig sei.

In den Fällen *Sieur Panisse*[484] und *Sieur Pancrazi*[485] begehrten die Kläger Schadensersatz wegen des Verlustes oder der Plünderung ihrer Waren anlässlich der Evakuierung Odessas.

Die Schäden stünden im Zusammenhang mit Kriegshandlungen gegen einen von französischen Truppen besetzten Staat und könnten nicht Gegenstand einer Klage vor dem *Conseil d'État* sein.

---

475 C.E. 23. Februar 1923, Sieurs Svendsen et Christensen, Rec. 1923, S. 185.

476 „Au fond: Considérant que les difficultés qui ont donné lieu au pourvoi des sieurs Swendsen et Christensen sont exclusivement relatives à l'exercice, par le Gouvernement, du pouvoir qui lui appartenait de prendre, pendant la durée des hostilités, à l'égard des navires des puissances étrangères, les mesures les mesures de police qu'il jugeait nécessaires à la défense nationale ; qu'elles se rattachent donc tout à la fois à la préparation immédiate à la guerre et aux rapports internationaux de l'État français avec les puissances et qu'à ce double titre, elles échappent à la compétence du Conseil d'État statuant aux contentieux."

477 C.E. 31. Januar 1919, Tatem Steam Navigation Company Limited, Rec. 1919, S. 114.

478 C.E. 5. Juli 1919, Albyn Line Limited, Rec. 1919, S. 594

479 C.E. 7. Februar 1925, Compagnie royale néerlandaise de navigation, Rec. 1925, S. 132.

480 C.E. 1. Mai 1929, Calucundis, Rec. 1929, S. 434.

481 C.E. 6. Mai 1921, Sieurs Pithis et Dallas, Rec. 1921, S. 450.

482 C.E. 3. November, Consorts Lichiardopoulos, Rec. 1922, S. 793.

483 C.E. 30. Dezember 1921, Sieurs Framjee sons and Compagnie, Rec. 1921, S. 1134.

484 C.E. 5. März 1926, Sieur Panisse, Rec. 1926, S. 245.

485 C.E. 27. Februar 1929, Sieur Pancrazi, Rec. 1929, S. 240.

Der Kläger *Sieur Tokatlian*[486] war Eigentümer eines Hotels in Konstantinopel, das vom militärischen Gesundheitsdienst besetzt worden war. Er begehrte eine höhere Entschädigung, als ihm der Kriegsminister zugesprochen hatte.

Das Gericht führte aus, die Entscheidung, das Gebäude des Klägers für den Sanitätsdienst der Armee zu nutzen, habe im Zusammenhang mit den militärischen Befugnissen während der Kampfhandlungen auf feindlichem Boden gestanden. Es handele sich nicht um einen Verwaltungsakt, der selbst oder dessen Folgen im Verwaltungsstreitwege beurteilt werden könnten.[487]

3. Theorie des acte détachable

In den Jahren 1924 und 1926 erfuhr die Lehre des *acte de gouvernement* durch zwei grundlegende Urteile eine deutliche Einschränkung.

Im Jahre 1924 wandten sich die Kläger *Goldschmidt* und *Strauss*[488] an den *Conseil d'État*, um eine Entscheidung des Generalkommissars der Republik in Straßburg annullieren zu lassen. Sie seien zu Unrecht als Eigentümer einer Brennerei von einer im Versailler Vertrag von 1919 vorgesehenen Zollbefreiung für den Export französischer Waren nach Deutschland ausgeschlossen worden.

Der *Conseil d'État* prüfte die Zulässigkeit der Klage und stellte fest, dass zwar einerseits ein internationaler Vertrag vorliege, der eine gerichtliche Kontrolle ausschließe. Andererseits treffe die Regierung jährlich aus eigenem Ermessen die Entscheidung, welche Produkte von der Zollbefreiung profitieren sollten. Dies dürfe sie vollkommen unabhängig vom Vertrag selbst tun. Es sei eine Einzelentscheidung, die keines Rückgriffes auf den Vertrag bedürfe.[489] Die Klage sei daher zulässig.[490]

In dem Fall *Dame Caraco*[491] begehrte die Klägerin die Aufhebung eines Dekretes vom 28. Januar 1924, mit dem eine zwischen Frankreich und Tunesien geschlossene Konvention bestätigt und veröffentlicht wurde. Dadurch war der *commission supérieure des bénéfices de guerre* in Frankreich das Recht der Berufung gegen Entscheidungen einer Kommission erster

---

486 C.E. 15. Juni 1928, Sieur Tokatlian, Rec. 1928, S. 754.

487 „...que de telles mesures, prises au cours des hostilités et en territoire ennemi, ne constituent pas des actes administratifs susceptibles d'être discutés soit en eux-mêmes, soit dans leurs conséquences, par la voie du recours contentieux."

488 C.E. 27. Juni 1924, Goldschmidt et Strauss, Rec. 1924, S. 607.

489 C.E. a.a.O., S. 607.

490 „...qu'il résulte de cette clause que les mesures à prendre par le Gouvernement français en vue de déterminer les ayants droits aux avantages ainsi stipulés sont absolument indépendants du traités lui-même et que par suite, les difficultés nées à leur occasion sont de nature à être soumise à la juridiction contentieuse ; que dès lors, la requête est recevable."

491 C.E. 5. Februar 1926, Dame Caraco, Rec. 1926, S. 125.

Instanz in Tunesien über die Verteilung der während des Krieges erzielten Gewinne eingeräumt worden.

Der *Conseil d'État* entschied, die Konvention sei ein Gegenstand der diplomatischen Regierungsangelegenheiten. Das Dekret, welches die Konvention ratifiziere, könne aus diesem Grund ebenso wenig wie die Konvention selbst vor dem *Conseil d'État* erörtert werden. Es beinhalte jedoch über die Ratifikation hinaus die Zuweisung der Zuständigkeiten der Kommissionen. Diese Frage erfordere eine Erörterung der Konvention selbst nicht und könne daher zum Gegenstand einer Klage gemacht werden.[492] Mit diesen Urteilen legte der *Conseil d'État* den Grundstein für die noch heute geltende Lehre des *acte détachable*. Internationale Verträge selbst blieben von einer gerichtlichen Überprüfung durch den *Conseil d'État* ausgeschlossen. Sie ausführende Akte, die formell und materiell von ihnen abtrennbar waren, wurden der gerichtlichen Beurteilung zugänglich gemacht. Allerdings definierte der *Conseil d'État* das Kriterium der Abtrennbarkeit nicht.

4. Weitere unjustiziable Akte; Rechtsprechung bis 1940

a) Akte des nationalen Rechtskreises

Mit dem Urteil *Voltine*[493] wurde eine weitere Kategorie unüberprüfbarer Akte bekannt.

Der Kläger, der seit mehr als 18 Monaten an der Front Dienst tat, begehrte die Gewährung eines 25-tägigen Urlaubes, den ihm der Kriegsminister verwehrt hatte.

Der *Conseil d'État* hielt sich für unzuständig, die Zurückweisung des Urlaubsgesuches eines Soldaten zu überprüfen. Gestaltende Maßnahmen des Militärs seien keine Verwaltungsakte. Aus diesem Grund sei die Klage unzulässig.[494] Demgegenüber ließ das Gericht eine Klage gegen einen Erlass des Kriegsministers zu.[495]

Dieser hatte einem Offizier den Rang des Oberleutnants entzogen.

Die dagegen erhobene Klage prüfte der *Conseil d'État,* ohne auf ihre Begründetheit einzugehen.

492 „...le décret ne se borne pas à cette ratification (...); que les dispositions qu'il édicte ainsi ne se confondent pas avec la convention elle-même, et peuvent dès lors faire l'objet d'un recours contentieux."

493 C.E. 18. Oktober 1918, Voltine, Rec. 1918, S. 908.

494 Vgl. dazu auch C.E. 10. Januar 1919, Woisthenrisch, Rec. 1919, S. 15.

495 C.E. 16. Juli 1920, Bernard, Rec. 1920, S. 708.

Im Fall *Sieur Rouché*[496] weigerte sich der Finanzminister, zugunsten der *Académie nationale de musique et danse* ein Subventionsgesetz im Parlament einzubringen. Der Direktor der Musikakademie forderte von dem Finanzminister eine Gesetzesinitiative. Die Akademie hätte im Jahre 1922 mit 700.000 Francs subventioniert werden können.

Der *Conseil d'État* stellte seine Unzuständigkeit für die Beurteilung der Beziehungen der Regierung zum Parlament fest. Das Begehren des Klägers sei nicht der Natur, im Streitwege durchgesetzt zu werden.

Im Fall *Desrumeaux*[497] war über die Klage eines Friedensrichters zu entscheiden, der sich gegen ein Dekret zur Verkündung eines Gesetzes zur Regelung des Instanzenzuges der Friedensjustiz wendete.

Das Gericht entschied, die Verkündung eines Gesetzes durch Dekret sei Angelegenheit der Beziehungen zwischen der Exekutive und dem Parlament und könne daher nicht vor den *Conseil d'État* gebracht werden.

Im Fall *Préfets de police de la Seine*[498] hatten jene den Handelsminister aufgefordert, das Parlament zur Erstattung verauslagter Mittel für die Erteilung von *Cartes d'identité professionelle* an Handelsreisende zu aufzufordern. Als der Minister sich weigerte, begehrten sie die Entscheidung des *Conseil d'État.*

Dieser urteilte, die Entscheidung des Ministers, das Parlament nicht anrufen zu wollen, entziehe sich der gerichtlichen Überprüfung.

b) Akte des internationalen Rechtskreises

Im Jahre 1916 erklärte der *Conseil d'État* sich in der Entscheidung *Moninot*[499] erneut für unzuständig, die Beziehungen der französischen Regierung zu ausländischen Regierungen zu beurteilen.

Der französische Konsul in China, sowie diplomatische Verträge zwischen China und Frankreich hatten dem Kläger die Betreibung eines Dampfschifffahrtunternehmens zwischen Shanghai und Shao-Kung gestattet. Trotzdem wurde ihm die Aufnahme des Betriebes von der chinesischen Regierung untersagt. Der Kläger forderte von der französischen Regierung Schadensersatz, weil diese deswegen keine Verhandlungen mit China aufgenommen habe.

Das Gericht wies die Klage ab. Die Frage betreffe souveräne Rechte der Regierung in internationalen Angelegenheiten und sei daher nicht der Natur, vor den *Conseil d'État* gebracht zu werden.

---

496 C.E. 18. Juli 1930, Rouché, Rec. 1930, S. 771.

497 C.E. 3. November 1933, Sieur Desrumeaux, Rec. 1933, S. 933.

498 C.E. 6. Juli 1934, Préfets de police de la Seine c. Ministre du Commerce, Rec. 1934, S. 787.

499 C.E. 11. Februar 1916, Moninot, Rec. 1916, S. 79.

Im Fall *Bastide*[500] rügte ein in Teheran lebender französischer Buchhändler das diplomatische Untätigbleiben der französischen Regierung gegenüber der persischen Regierung und machte zudem Schadensersatzansprüche wegen der während der Unruhen im Jahre 1909 erlittenen Plünderungen seines Geschäftes geltend. Ferner forderte er Schadensersatz, weil er später durch den ministre de la France in Teheran ausgewiesen worden war.

Der *Conseil d'État* befand das erste Klagebegehren für unzulässig, da es sich um Fragen der diplomatischen Beziehungen Frankreichs handele, überprüfte die Klage zu Punkt zwei jedoch auf deren Begründetheit hin und stellte fest, der Minister habe bei der von der persischen Regierung verlangten Ausweisung nicht unrechtmäßig gehandelt. Diese Entscheidung stand in der Tradition der Urteils *Rouziers*.[501] Auch in jenem Fall hatte der *Conseil d'État* entschieden, dass die Handlung eines Diplomaten trotz deren politischen Motivation Gegenstand einer Begründetheitsprüfung sein könne, wenn in Ausübung zivilrechtlicher Vorschriften oder wie im vorliegenden Fall im Rahmen schlichter administrativer Befugnisse gehandelt worden sei,

Im Fall *Rodrigo*[502] bestätigte das Gericht seine Rechtsauffassung, die Auslegung internationaler Verträge stehe allein dem Außenminister zu.

Der Kläger, spanischer Kaufmann, war der Auffassung, nach einer französisch-spanische Konvention nicht mit kriegsbedingten Sondersteuern belegt werden zu dürfen. Er wandte sich gegen die gegenteilige Auslegung des Abkommens durch den Außenminister.

Der *Conseil d'État* urteilte, er sei nicht nur unzuständig, internationale Verträge selbst auszulegen, sondern dürfe auch nicht über die Auslegung des Außenministers befinden.
Auch in Fragen der Verteilung von Reparationen erklärte sich der *Conseil d'État* für unzuständig.

Im Fall *Sieur Huter*[503] rügte ein in Straßburg lebender Arzt die Weigerung des dortigen Generalkommissars der Republik, ihn in den Kreis der entschädigungsberechtigten Personen aufzunehmen. Durch das Abkommen von Baden-Baden hatte Deutschland der französischen Regierung 25 Millionen Francs überwiesen, um damit die aus politischen Gründen verfolgten Elsässer und Lothringer zu entschädigen.

Der *Conseil d'État* hielt die Beschwerde für unzulässig. Die ablehnende Entscheidung sei nicht der Natur, durch den *Conseil d'État* geprüft zu werden.

---

500 C.E. 31. Mai 1918, Bastide, Rec. 1918, S. 525.
501 C.E. 25. März 1911, Rouzier, Rec. 1911, S. 392 (siehe K. I. 2. b)).
502 C.E. 11. Juni 1920, Rodrigo, Rec. 1920, S. 571.
503 C.E. 22. Juli 1921, Sieur Huter, Rec. 1921, S. 727.

Im Fall *Compagnie française de tramways et d'éclairage électrique de Shanghai*[504] begehrte die klagende Gesellschaft die Aufhebung eines Urteils des *Tribunal consulaire de France à Shanghai*. Dies hatte sich für unzuständig erklärt, der Klägerin Schadensersatz zuzusprechen. Jene begründete ihr Schadensersatzbegehren gegen den *Conseil d'administration municipale de la concession française de Shanghai* mit dessen Verbot, die Preise für Wasser und Elektrizität wegen der besonders hohen Kohlepreise zu erhöhen.

Der *Conseil d'État* verweigerte die Prüfung der Klage auf ihre Begründetheit hin, weil eine Auslegung diplomatischer Verträge zwischen China und Frankreich berührt sei. Diese stehe allein der französischen Regierung zu.

Im Fall *Foltzer*[505] hatte der Kläger eine Gratifikation für die Beschlagnahme wertvoller Gegenstände in seiner Funktion als Zollbeamter in Indochina gemäß der geltenden Vorschriften verlangt. Der Generalgouverneur hatte die geforderte Belohnung verweigert und die gestohlenen Waren an deren Absender zurückgesandt.

Der *Conseil d'État* erklärte, die Maßnahme des Generalgouverneurs sei aufgrund diplomatischer Konventionen ergangen. Auch die internationale Konventionen ausführenden Maßnahmen seien nicht durch ihn prüfbar.[506]

Im Fall *Compagnie des forges et acières électriques Paul*[507] wandte sich der Kläger dagegen, dass die französische Regierung die *Banque de France* im Dezember 1917 angewiesen hatte, keine Überweisungen mehr nach Russland auszuführen.

Der *Conseil d'État* erklärte sich für unzuständig. Der Erlass stehe im Zusammenhang mit internationalen Beziehungen und entziehe sich daher seiner Zuständigkeit.

Auch für den Fall *Sieurs Davin* [508] erklärte sich das Gericht für unzuständig.

Der Kläger hielt eine durch den Kanzler der Gesandtschaft im Zuge einer Ehescheidung vollzogene Gütertrennung für unwirksam, weil jener die Verfahrensordnung nicht eingehalten habe.

Der *Conseil d'État* erklärte sich für unzuständig, dies jedoch nicht, weil ein diplomatischer Akt vorliege, sondern weil es sich bei dem gerügten Akt um einen

---

504 C.E. 27. Januar 1922, Compagnie française de tramways et d'éclairage électrique de Shanghai, Rec. 1922, S. 87.

505 C.E. 22. Dezember 1922, Foltzer, Rec. 1922, S. 992.

506 „Considérant que cette mesure a été prise en exécution d'une convention diplomatique que, par suite, ladite décision n'est pas de nature à être déférée au Conseil d'État ."

507 C.E. 1. Juni 1923, Compagnie des forges et acières électriques Paul, Rec. 1923, S. 433.

508 C.E. 23. Juni 1923, Sieurs Davin, Rec. 1928, S. 786.

zivilrechtlichen Akt gehandelt habe, für dessen Überprüfung der Verwaltungsrechtsweg nicht eröffnet sei.

Im Fall *Sieur Keil*[509] hatte der *Conseil d'État* die Klage eines deutschen Pharmazeuten zu beurteilen. Dessen Apotheke war enteignet und einem Dritten übergeben worden. Schließlich war er nach dem Waffenstillstand aus Mülhausen ausgewiesen worden.

Die Maßnahme der Ausweisung sei durch die ausgedehnten Befugnisse der Polizei gerechtfertigt gewesen, als eine reguläre zivile Verwaltung noch nicht bestanden habe und entziehe sich deswegen einer gerichtlichen Überprüfung. Für die Enteignung sei zudem das erstinstanzliche Verwaltungsgericht von Elsass-Lothringen zuständig.

Der Kläger *Couitéas*[510] war im Jahre 1896 in Tunesien Alleinerbe größerer Ländereien geworden. Deshalb hatte er sich an ein Gericht gewandt, um sein Eigentum eintragen zu lassen. Dem hatten mehrere tunesische Stämme widersprochen, die das Gebiet als Nomaden nutzten. Nachdem das Gericht nach langen diplomatischen Auseinandersetzungen zwischen der französischen Regierung und dem tunesischen Staat dem Antrag Couitéas' entsprochen und die Eigentumsansprüche der Einheimischen für unrechtmäßig erklärt hatte, war der Kläger in Eigentum und Besitz an den Ländereien eingewiesen und ihm das Recht zugesprochen worden, alle Besetzer des Gebietes zu verweisen. Die französische Regierung hatte dem Kläger jedoch keine Streitkräfte zur Umsetzung des Urteils zur Verfügung gestellt, um die Ordnung und Sicherheit im Protektorat nicht zu gefährden.

In seiner Stellungnahme wies der Regierungskommissar RIVET darauf hin, die Weigerung der Regierung sei früher ein *acte de gouvernement* gewesen.[511] Nach derzeitiger Auffassung könne ihre Weigerung, das Urteil eines französischen Gerichtes zu vollstrecken, nur als Verwaltungsakt betrachtet werden. Die Erörterung eines internationalen Vertrages sei nicht erforderlich. Der *Conseil d'État* müsse die Weigerung wegen seiner eigenen Judikatur bei Kriegsurteilen für rechtmäßig erklären, wenn dies aus Gründen der Verteidigung des Landes notwendig gewesen seien. Der *Conseil d'État* sprach dem Kläger einen Schadensersatzanspruch zu, ohne den Akt der Regierung zu annullieren. Die Weigerung der Regierung sei zwar nicht unrechtmäßig gewesen, berechtige jedoch den Kläger zum Schadensersatz.

Im Januar 1925 lag dem *Conseil d'État* die Klage *Baléchats*[512] vor, der aufgrund des Versailler Vertrages Schadensersatz wegen des in Deutschland in Kriegsgefangenschaft erlittenen Todes seines Sohnes begehrte. Der Kriegsminister hatte sein Begehren abgelehnt. Der Kläger rügte diese Entscheidung und machte einen Schadensersatzanspruch gegen den französischen

---

509 C.E. 15. Juli 1923, Sieur Keil, Rec. 1923, S. 564.
510 C.E. 30. November 1923, Couitéas, Rec. 1923, S. 789.
511 Rivet, Notes de jurisprudence, RDP 1924, S. 75, 86.
512 C.E. 9. Januar 1925, Sieur Baléchat, Rec. 1925, S. 26.

Staat geltend, weil dessen Beamte seine Akten verspätet weitergeleitet hätten. Er habe ohne eigenes Verschulden die gesetzliche Antragsfrist versäumt.

Der *Conseil d'État* wies die Klage ab. Einerseits habe der Kläger die Frist versäumt, andererseits gehörten Kriegsgefangene nach einer Auslegung der betreffenden Artikel des Versailler Vertrages durch das *Comité interministériel des réparations* nicht zu den schadensersatzberechtigten Personen, und eine erweiterte Anwendung der Vorschrift sei dem *Conseil d'État* nicht möglich. Aus demselben Grund laufe auch der Vorwurf der verspäteten Weiterleitung ins Leere, denn auch bei ordnungsgemäßer Weiterleitung hätte der Kläger nicht zum berechtigten Personenkreis gehört. Ein Schaden sei also nicht durch das Fehlverhalten entstanden.

Im Fall *Cosmetto*[513] begehrte der Kläger die Aufhebung einer Entscheidung des Marineministers. Dieser hatte sich geweigert, das Eigentum des griechischen Klägers an einem Frachtkahn anzuerkennen. Die Entscheidung verletze das Waffenstillstandsabkommen vom 11. November 1918 und den Versailler Vertrag sowie den Vertrag von St. Germain und setze eine Entscheidung der *Commission internationale du Danube* fehlerhaft um.

Der *Conseil d'État* wies die Klage ab, da die Überprüfung internationaler Konventionen sich seinem Zuständigkeitsbereich entziehe.

Im Fall *Commune de Lame*[514] stritten eine Gemeinde und ein Präfekt über die Zahlung einer Gebühr für die Weidung von Rindern im französisch-spanischen Grenzbereich. Die Kläger erkannten ihre seit Jahrhunderten bestehende und durch internationale Konventionen gestützte Verpflichtung nicht an.

Der *Conseil d'État* wiederholte erneut, dass Streitigkeiten, die „den Sinn und die Reichweite" einer diplomatischen Konvention beträfen, seiner Zuständigkeit entzogen seien.

Im Fall *Société des phosphates tunisiens et Compagnie des phosphates du Dyr*[515] wandte sich die klagende Gesellschaft gegen verschiedene in Tunesien ergangene Akte, durch die die Eisenbahntarife modifiziert worden waren.

Der *Conseil d'État* entschied, dass ihm auch die Beurteilung dieser Akte nicht zustehe, weil sie eine diplomatische Konvention ausführten.

---

513 C.E. 19. Januar 1927, Cosmetto, Rec. 1927, S. 54.

514 C.E. 21. Januar 1927, Commune de Lame, Rec. 1927, S. 80.

515 C.E. 20. November 1929, Société des phosphates tunisiens et Compagnie des phosphates du Dyr, Rec. 1929, S. 1006.

In einem weiteren Fall entschied der *Conseil d'État* über eine Schadensersatzklage einer Erbin, die behauptete, der von ihrer Schwester hinterlassene Nachlass sei von einem Diplomaten in Hongkong unterschlagen worden.[516]

Der *Conseil d'État* führte aus, es habe kein Fehlverhalten des Diplomaten vorgelegen, weswegen eine Haftung des Staates nicht in Betracht komme.

Der Kläger *Sieur Houbron*[517] war Opfer von Plünderungen in einem Stadtteil von Damaskus geworden. Er verlangte die Auszahlung eines Anteiles der erhobenen kollektiven Geldstrafe. Der Hohe Kommissar Frankreichs hatte ihn bei deren Verteilung nicht berücksichtigt.

Das Gericht sei unzuständig, entschied der *Conseil d'État*, weil der Hohe Kommissar im Rahmen seiner durch Mandat des Völkerbundes verliehenen Befugnisse gehandelt habe. Es liege kein Verwaltungsakt vor, sondern der Vollzug eines internationalen Mandates.

Im Fall *Sieurs Karl et Toto Samé*[518] waren die Kläger Pächter großer Ländereien in Kamerun. Ihnen wurde die Genehmigung verweigert, Bäume zu fällen. Sie wandten sich wegen einer Entschädigung an den Kolonieminister, die ihnen jedoch verweigert wurde.

Das Gericht nahm die Klage an. Es obliege dem Außenminister, die Frage zu klären, wem die freien Flächen in Kamerun gehörten. Dazu müsse er die betreffenden Regelungen des Versailler Vertrages auslegen, doch sei dies hier unerheblich. Hätten die Flächen dem französischem Staat gehört, habe der *commissaire de la République* im Rahmen seiner Befugnisse gehandelt, hätten sie dagegen dem kamerunischen Staat gehört, könnten gegen den französischen Staat keine Schadensersatzansprüche geltend gemacht werden. Die Klage sei daher unbegründet.

Der Entscheidung *Reitlinger*[519] lag die Klage gegen des Direktor des *Office des biens et intérêts privés* zugrunde. Jener hatte eine aus der Zeit vor dem Krieg stammende Forderung des Klägers gegen die *Banque de crédit hongrois* festgesetzt.

Der *Conseil d'État* bestätigte seine Rechtsauffassung, er sei unzuständig für die Beurteilung von Maßnahmen, die einen internationalen Vertrag umsetzten, und verweigerte eine Prüfung anhand der französisch-ungarischen Konvention vom 31. Januar 1921.

516 C.E. 7. Februar 1930, Demoiselle Roque, Rec. 1930, S. 152.
517 C.E. 15. Mai 1931, Houbron, Rec. 1931, S. 531.
518 C.E. 3. Juli 1931, Sieurs Karl et Toto Samé, Rec. 1931, S. 722.
519 C.E. 10. März 1933, Reitlinger, Rec.1933, S. 299.

Im Fall *Sieur Mamon*[520] begehrte der Kläger die Aufhebung einer Entscheidung des Kriegsministers, der ihm eine Entschädigung in Rentenmark für die von französischen Truppen verursachten Schäden an seinem Haus in Wiesbaden verweigert hatte. Der Kriegsminister berief sich auf zwei Abkommen mit der deutschen Regierung, nach denen die deutsche Regierung für derartige Schäden hafte.

Der *Conseil d'État* verweigerte die Auslegung der Abkommen und wies die Klage als unzulässig ab.

Im Fall *Rousset*[521] begehrte ein Kläger Schadensersatz wegen Plünderungen in Düsseldorf im Jahre 1924. Er habe einen Schadensersatzanspruch gegen die Stadt Düsseldorf nicht durchsetzen können, weil der Kommandant der französischen Armee diese nicht rechtzeitig für haftbar erklärt habe und ihn nach der Evakuierung Düsseldorfs bei seinem Begehren gegenüber der deutschen Regierung nicht ausreichend unterstützt habe.

Das Gericht befand die Klage für unzulässig. Einerseits bestehe ein Zusammenhang zu den Beziehungen des Kommandanten zu ausländischen Autoritäten, andererseits seien Regierungsbefugnisse in internationalen Fragen berührt.

Im Fall *Duhamel*[522] begehrte der Kläger die Aufhebung eines Strafmandates, das aufgrund eines französisch-belgischen Abkommens erging. Er hatte trotz des im Abkommen normierten Verbotes ein Bauwerk weniger als zehn Meter von der Grenze errichtet.

Der *Conseil d'État* entschied erwartungsgemäß, dass ihm die Auslegung des Abkommens nicht zustehe.

Im März 1935 erging das Urteil *Sieurs Eudes et Cie.*[523]

Die Kläger importierten Eier und fühlten sich durch ein Dekret verletzt, das den Import kontingentierte. Sie klagten gegen eine Entscheidung des Agrarministers, der ihnen Schadensersatz verweigert hatte.

Der *Conseil d'État* urteilte, die Regierung sei gesetzlich ermächtigt, derartige Maßnahmen zu treffen. Diesbezüglich sei die Klage unbegründet. Eine Auslegung des Klägervortrages ergebe, dass die Kläger das internationale Abkommen für rechtswidrig hielten. Dies sei eine Frage, für die der *Conseil d'État* nicht zuständig sei.

---

520 C.E. 22. November 1933, Sieur Mamon, Rec. 1933, S. 1071.

521 C.E. 18. Juli 1934, Sieur Rousset, Rec. 1934, S. 817.

522 C.E. 26. Oktober 1934, Ministre de Travaux publics c. Sieur Duhamel, Rec. 1934, S. 966.

523 C.E. 29. März 1935, Sieurs Eudes et Compagnie, Rec. 1935, S. 411.

Im Jahre 1935 hatte der *Conseil d'État* über die Klage der Brüder *Ravanondahy*[524] zu entscheiden.

Sie fochten eine Entscheidung des Generalgouverneurs in Madagaskar an, durch die jener eine aus Rinderherden bestehende Hinterlassenschaft des früheren Königs von Menabe dem Kolonialvermögen einverleibt hatte.

Der *Conseil d'État* wies die Klage als unzulässig ab, weil der Generalgouverneur Gebrauch von seinen souveränen Rechten bei der Annexion fremder Gebiete gemacht habe.

Im Fall *Sieur Bizet et Chambre syndicale des mandataires aux prestations en nature*[525] nahm der *Conseil d'État* hingegen einen *acte détachable* an.

Die Kläger, Bevollmächtigte für Naturalleistungen in dem dafür zuständigen Ministerium, begehrten Entschädigung für die Auflösung ihres Ministeriums durch den Finanzminister. Der Beklagte entgegnete, die Regelung über Naturalleistungen beruhe auf dem Versailler Vertrag, der als internationales Abkommen nicht vor dem *Conseil d'État* erörtert werden könne.

Das Gericht hielt die Klage dennoch für zulässig, weil der Vertrag nicht bestimmt habe, wie der französische Staat die Verteilung der Reparationen in Form von Naturalleistungen vornehmen solle. Diese Entscheidung sei von dem Vertrag unabhängig. Es wies die Klage als jedoch unbegründet ab, weil der Minister seine Befugnisse nicht missbraucht habe.

Ebenso entschied er im Fall *Société des établissements Alkan et Compagnie*[526].

Die Kläger hatten die Aufhebung einer Entscheidung des Handelsministers begehrt, der ihnen die Erlaubnis verweigert hatte, sich im Wege des französisch-jugoslawischen *Clearings* die Summe der ihnen von einer jugoslawischen Gesellschaft geschuldeten Lizenzrechte zu verschaffen.

Der *Conseil d'État* qualifizierte die Vereinbarung zwischen Jugoslawien und Frankreich als diplomatisches Abkommen, dessen Beurteilung ihm nicht zustehe. Die angefochtene Entscheidung des Ministers sei jedoch von diesem ablösbar und könne daher Streitgegenstand sein. Trotzdem sei eine gerichtliche Entscheidung aufzuschieben, bis der Außenminister die betreffende Konvention ausgelegt habe.

---

524 C.E. 13. Dezember 1935, Sieurs Ravanondahy et autres, Rec. 1935, S. 1189.

525 C.E. 8. November 1935, Sieur Bizet et Chambre syndicale des mandataires aux prestations en nature, Rec. 1935, S. 1028.

526 C.E. 11. Juni 1937, Société des établissements Alkan et Compagnie, Rec. 1937, S. 581.

Im gleichen Jahr erging die Entscheidung *Sieur Decerf*.[527]

Der Kläger wandte sich gegen ein Dekret, das seine Auslieferung nach Belgien anordnete. Er machte geltend, das zugrunde liegende Gesetz sei auf seinen Fall nicht anwendbar.

Der *Conseil d'État* stellte die Übereinstimmung des Dekretes mit einer französisch-belgischen Konvention zur Ausweisung vom 15. August 1874 fest und verweigerte eine Prüfung des diese ausführenden Aktes wegen dessen Zusammenhang mit den internationalen Beziehungen Frankreichs.

Im Urteil *Comby*[528] hingegen sprach der *Conseil d'État* dem Kläger unerwartet einen Schadensersatzanspruch gegen den französischen Staat zu.

Der Kläger, Ingenieur, hatte im Jahre 1921 einen Vertrag mit der örtlich zuständigen Zolldirektion des Hafens von Mersin über den Bau von Be- und Entladungsmaschinen geschlossen, der von einem Schiffsleutnant der französischen Marine unterzeichnet worden war. Der Kläger rügte, dass der französische Staat nach der Evakuierung durch französische Truppen nicht die erforderlichen Maßnahmen ergriffen habe, um die ausländischen Macht zur Respektierung des Vertrages zu veranlassen.

Der *Conseil d'État* entschied, es handele sich zwar um eine Frage, die im Zusammenhang mit der Ausübung der Regierungsgewalt in internationalen Angelegenheiten stehe und daher nicht justiziabel sei. Trotzdem sei der Kläger schadensersatzberechtigt, weil die Umstände des Vertragsschlusses, insbesondere die Vereinbarung der Laufzeit von zehn Jahren, bei diesem die berechtigte Überzeugung hervorgerufen hätten, dass die französischen Autoritäten seine Interessen schützen würden. Weil die Schadenshöhe aber nicht aus den Akten ersichtlich sei, verweise das Gericht den Kläger an den Außenminister.

IV. Rechtslehre nach Ausbruch des Ersten Weltkrieges

Auch in der Zeit nach dem Ersten Weltkrieg verlor die Unterscheidung zwischen Regierungs- und Verwaltungsakt nicht an Bedeutung. Allerdings sah man das Unterscheidungskriterium zwischen beiden nun zunehmend übereinstimmend darin, dass der *acte de gouvernement* auf der Grundlage der Verfassung ergehe, wohingegen der Verwaltungsakt auf einfachen Gesetzen beruhe. Die Regierung habe eine Doppelfunktion, die ihr beide Handlungsmöglichkeiten erlaube. Dieser Ansatz führte später zu der Erkenntnis, dass ein Verfassungsgericht geschaffen werden müsse. Auf der anderen Seite verstärkten sich auch die Bemühungen weiter, den Anwendungsbereich des *acte de gouvernement* zu beschränken. Die Juristen verschrieben sich mehr und mehr dem Legalitätsgrund-

---

527 C.E. 28. Mai 1937, Sieur Decerf, Rec. 1937, S. 534.

528 C.E. 2. Juli 1937, Sieur Comby, Rec. 1937, S. 664.

satz und forderten umfassenden Rechtsschutz für den Bürger. Vor allem die unklare Rechtsprechung zu Kriegsschäden rief Kritik hervor und führte zur Fortentwicklung der Theorie der *pouvoirs de guerre*. Das Interesse der Juristen am *acte de gouvernement* blieb ungebrochen. Im Jahre 1931 fand eine Konferenz dazu statt, die Erklärungsansätze hervorbrachte, die unterschiedlicher nicht hätten sein können. Einerseits geißelte man die *actes de gouvernement* als „antijuristisch“, andererseits suchte man ihre Behandlung juristisch zu erklären – beispielsweise durch das ihnen eigene Ermessen. Andere sprachen noch immer der Mobiltheorie das Wort, indem sie das staatliche Bedürfnis souveräner Akte betonten, und ihnen gar Gesetzesqualität zusprachen.

1. 1920: Carré de Malberg, Acte de gouvernement: Ausdruck des Legalitätsprinzips

Im Jahre 1920 führte der Staatsrechtler CARRÉ DE MALBERG in seinem Lehrbuch des Staatsrechts die Ideen LE COURTOIS[529] fort.[530] Er vertrat einen strikt formellen Ansatz zur Unterscheidung zwischen Verwaltungsakt und *acte de gouvernement*. Die Theorie des *acte de gouvernement* beruhe auf dem Unterschied zwischen Verfassungsgesetzen und einfachen Gesetzen.[531] Der Präsident erlasse manchen ungebundenen Akt ohne einfach-gesetzliche Ermächtigung, sondern kraft der Verfassung. Jene eröffne ihm einen vom Gesetzgeber unangreifbaren Raum. So sei er diesem ebenbürtig.[532] Der zweite Unterschied zwischen Verwaltungsakt und *acte de gouvernement* sei die Unjustiziabilität des letzteren, was das Gesetz von 1872 fixiert habe.[533] Beide Akte glichen einander aber wegen ihrer Unterordnung unter ein Gesetz. Der Verwaltungsakt unterstehe einer einfach-gesetzlichen Ermächtigung, während der *acte de gouvernement* der Verfassung folge. Der Regierung sei aber im Gegensatz zur Legislative kein unbegrenzter Handlungsraum eröffnet. Sie handele im Rahmen der durch die Verfassung vorgegebenen Befugnisse. Dies zeige sich beispielsweise beim Abschluss internationaler Verträge. Der Präsident müsse das Parlament beteiligen, wenn der Vertrag die geltenden Gesetze berühre oder Regeln enthalte, die er nicht kraft eigener Befugnis aufstellen könne.[534] Also stehe der *acte de gouvernement* wie der schlichte Verwaltungsakt unter der Herrschaft des Legalitätsprinzips, indem er nur aufgrund einer verfassungsrechtlichen Ermächtigung erlassen werden könne.[535] Der *acte de gouvernement* stehe nur insoweit außerhalb der Lega-

529 Siehe K. II. 8.

530 Carré de Malberg, Contribution à la théorie générale de l'État, Bd. 1, La fonction administrative, Section II, Des actes de gouvernement.

531 Carré de Malberg, a.a.O., S. 527.

532 Carré de Malberg, a.a.O., S. 528.

533 Carré de Malberg, a.a.O., S. 529.

534 Carré de Malberg, a.a.O., S. 536.

535 Carré de Malberg, a.a.O., S. 544.

lität, als der Bürger gegen ihn nicht klagen könne, wie er auch nicht gegen einen legislativen Akt vorgehen könne.[536] Im Gegensatz zu jenem sei aber der *acte de gouvernement* jedenfalls der Verantwortung der Minister unterstellt. Der Gesetzgeber habe seinerseits eine abschließende Aufzählung der *actes de gouvernement* unterlassen und dies durch Gesetz vom 24. Mai 1872 dem *Tribunal des Conflits* überlassen.[537] Die besondere Behandlung der *actes de gouvernement* sei also Ausdruck des Legalitätsgrundsatzes und keine willkürliche Verletzung desselben.

2. 1923: Duguit, Theorie der Doppelfunktion der Regierung

1923 präsentiere DUGUIT ein altes Kriterium in neuer Gestalt für die Abgrenzung des *acte de gouvernement* von einem gewöhnlichen Verwaltungsakt.[538] Die Regierung besitze eine Doppelfunktion, die sie befähige, entweder als politisches Organ oder als Verwaltungsorgan zu handeln. Formell sei zu bestimmen, in welchen Fällen die Regierung als politisches Organ tätig werde. Handele sie als politisches Organ, liege ein *acte de gouvernement* vor, der einer gerichtlichen Überprüfung wegen seines politischen Charakters entzogen sei.[539] Auch DUGUIT bot keine allgemein gültige Definition des *acte de gouvernement* oder dessen politischen Charakters. Sie stand noch immer aus.

3. 1924: Jèze, Anmerkung zu C.E. 23. Juli, Paulat und C.E. 31. Oktober 1924, Cotte

Im Jahre 1924 beschäftigte sich JÈZE ein weiteres Mal in einer Urteilsanmerkung mit der Lehre des *acte de gouvernement.*[540] Erneut lehnte er die Unterscheidung zwischen Regierung und Verwaltung ab. Er kritisierte jedoch auch die Vertreter der Negativen Theorie und warf ihnen vor, dass sie die Existenz des *acte de gouvernement* insgesamt leugneten, weil es ihn nicht geben *dürfe.*[541] Tatsächlich gebe es ihn aber doch, wie die Urteile der Gerichte bewiesen. Die Verurteilung des *acte de gouvernement* als „*scandale intolérable*", der zu den modernen Ideen im absoluten Widerspruch stehe, müsse aufhören.[542] Bei Maßnahmen mit internationalem Bezug bemühe sich der *Conseil d'État* um Verkürzung der Liste der *acte de gouvernement.* Trotz scheinbarer Ausweitung des Anwendungsbereiches des *acte de gouvernement* sei die Tendenz der Rechtsprechung zu erkennen, die Akte diplomatischer Beamter trotz der Proteste des Außenministers ei-

---

536 Carré de Malberg, a.a.O., S. 546.

537 Carré de Malberg, a.a.O., S. 547.

538 Duguit, Traité de Droit constitutionnel, 2. Ausgabe 1923, Bd. II, S. 245 und Bd. III, S. 685.

539 Duguit, a.a.O.

540 Jèze, Notes de Jurisprudence, RDP 1924, S. 572.

541 Jèze, a.a.O., S. 575.

542 Jèze, a.a.O., S. 577.

ner gerichtlichen Überprüfung zugänglich zu machen.[543] Man solle die Anwendung der Theorie der *pouvoirs de guerre* auch auf andere Akte im internationalen Recht ausdehnen. Gerichtliche Kontrolle sei in jedem Fall wünschenswert und beeinträchtige nicht die Handlungsfreiheit der Regierung,[544] wenn die Gerichte in der Begründetheitsprüfung der Anfechtungsklage die politischen Motive der nationalen Verteidigung untersuchten und die Grenzen der im Krieg erweiterten Befugnisse genau bestimmten.[545] Abzulehnen sei die Theorie DUGUITS[546] vom Jahre 1923. Dessen Definitionsansatz sei eine Neuauflage der Mobiltheorie.[547] DUGUIT gebe weder eine präzise Definition des *acte de gouvernement*, noch gelange er über eine empirische Bestimmung der Aufgaben der Regierung als politisches Organ hinaus. In der Praxis würden nach diesem Kriterium alle Akte zu *actes de gouvernement*, deren Motive die politische Zweckmäßigkeit sei. Das sei juristisch nicht haltbar.[548]

4. 1925: Trotabas, Der diplomatische Vertrag als Fall des Legalitätsprinzips

Im Jahre 1925 erörterte TROTABAS in einem Aufsatz die *actes de gouvernement* des internationalen Rechts, die er in zwei Gruppen unterteilte.[549] In die erste fielen diejenigen Akte, in denen wegen eines erlittenen Schadens geklagt werde, ohne dass die Klage auf positives internationales Recht gestützt werden könne. Hierzu gehöre die Ablehnung der Überprüfung von Kriegsschäden infolge Beschlagnahmen oder Umleitungen von Schiffen,[550] sowie von Maßnahmen gegenüber französischen wie fremden Staatsangehörigen oder Angehörigen neutraler oder feindlicher Staaten, worunter Internierungen, Ausweisungen, Zwangsrückführungen ins und andere Akte mit diplomatischem Bezug fielen.[551] Hier finde die Mobiltheorie erneute Anwendung. In diesen Fällen sei eine erweiterte Anwendung der Theorie der *pouvoirs de guerre* zu empfehlen.[552] Zur zweiten Kategorie internationaler Akte gehörten die Fälle, in denen sich der Kläger auf internationale Vorschriften berufen könne, insbesondere Konflikte bei der Verteilung von Reparationszahlungen.[553] Solche Klagen seien entweder Entschädigungs- oder Anfechtungsklagen.[554] Bei Entschädigungsklagen bringe der Kläger nicht den diplomatischen Akt selbst vor Gericht, sondern die Verweigerung ei-

543 Jèze, a.a.O., S. 588.
544 Jèze, a.a.O., S. 599.
545 Jèze, a.a.O., S. 599.
546 Siehe K. IV. 2.
547 Jèze, a.a.O., S. 600.
548 Jèze, a.a.O., S. 601.
549 Trotabas, Les actes de gouvernement en matière diplomatique, Rev. crit. 1925, S. 342.
550 Trotabas, a.a.O., S. 343.
551 Trotabas, a.a.O., S. 344.
552 Trotabas, a.a.O., S. 345.
553 Trotabas, a.a.O., S. 344.
554 Trotabas, a.a.O., S. 348f.

ner Entschädigung durch die Verwaltung. Streitgegenstand sei also niemals ein diplomatischer Vertrag, sondern dessen Vollzug. Die Theorie des *acte de gouvernement* werde hier also zu unrecht angewandt: Der *Conseil d'État* müsse gegebenenfalls die Klage als unbegründet abweisen, weil es sich bei einem Vertrag um eine Quelle positiven Rechts handele. Staatshaftung sei bei Klagen gegen Gesetze oder anderen Quellen des positiven Rechts nicht gegeben.[555] Eine Anfechtungsklage hingegen, die sich direkt gegen einen diplomatischen Akt richte, sei als unzulässig zurückzuweisen, weil die Regierung souveräner Richter über die Zweckmäßigkeit ihrer diplomatischen Aktivitäten bleiben müsse.[556] In anderen Fällen begehre der Kläger die Aufhebung eines Aktes, der im Widerspruch zu einem diplomatischen Vertrag stehe. Die Verweigerung einer gerichtlichen Überprüfung sei rechtsfehlerhaft. Ein schlichter Verwaltungsakt werde auch nach dem Legalitätsprinzip geprüft. Der *Conseil d'État* müsse jedenfalls das Recht zur Aufhebung eines Aktes besitzen, der zu dem Vertrag im Widerspruch stehe.[557] Nach alledem, folgerte TROTABAS, sei die Anwendung der Theorie des *acte de gouvernement* lediglich bei Klagen gegen einen diplomatischen Akt selbst gerechtfertigt.[558]

5. 1926: Alibert, Notwendige Tradition der Staatsräson

Actes de gouvernement seien, so ALIBERT, gewöhnliche Verwaltungsakte.[559] Mit ihnen wehre sich die Regierung gegen höhere Gewalt oder löse politische Probleme. Die Theorie des *actes de gouvernement* sei eine Lücke im System der *justice déléguée*, die durch die Staatsräson begründet sei.[560] Der Rückgriff auf jene sei aber gerechtfertigt, wenn sie der Vermeidung von Gefahren des Staates oder des Allgemeinwohls diene.[561] Um einen Akt als *acte de gouvernement* zu definieren, könne man sich mit einer Aufzählung jener Akte begnügen, für die der *Conseil d'État* und das *Tribunal des Conflits* zuständig seien. Beide Gerichte seien mit einer eigenen souveränen Beurteilungsbefugnis ausgestattet, die dort ihre Grenzen finde, wo sie einen Akt *acte de gouvernement* qualifizierten, der rechtswidrig sei.[562]

---

555 Trotabas, a.a.O., S. 349.
556 Trotabas, a.a.O., S. 346.
557 Trotabas, a.a.O., S. 351.
558 Trotabas, a.a.O., S. 351.
559 Alibert, Le contrôle juridictionnel de l'administration au moyen du recours pour excès de pouvoir, 1926, S. 70.
560 Alibert, a.a.O., S. 71.
561 Alibert, a.a.O., S. 72.
562 Alibert, a.a.O., S. 72.

6. 1926: Bosc, Staatshaftung und Kriegsgewohnheitsrecht

Im Jahre 1926 erörterte BOSC den *acte de gouvernement* im Verhältnis zur Theorie der *pouvoirs de guerre.*[563] Während des letzten Krieges habe man eine Ausweitung der Lehre des *acte de gouvernement* befürchten müssen, sei aber Zeuge einer anderen Entwicklung geworden. Die Rechtsprechung habe stattdessen die Theorie der *pouvoirs de guerre* entwickelt. Damit habe der *Conseil d'État* Klagen gegen Akte, die einst als *actes de gouvernement* qualifiziert worden seien, für zulässig erklärt und sie einer Rechtmäßigkeitsprüfung unterzogen.[564] Die Theorie des *acte de gouvernement* im nationalen und internationalen Recht stehe im Gegensatz zur Entwicklung des Legalitätsprinzips, des Staatshaftungsrechts und der zunehmenden Untersuchung der Zweckmäßigkeit von Verwaltungsakten. Das Legalitätsprinzip erfordere im nationalen öffentlichen Recht, dass die Regierung bei ihrem Auftreten im Ausland und bei der inneren Verwaltung im Rahmen der geltenden Gesetze handele. In Frankreich seien Gesetze für die Regierung einst eher Richtlinien als Beschränkungen ihrer Befugnisse gewesen.[565] Die Staatshaftung habe sich mit der Veränderung der sozialen Rolle des Staates entwickelt. Früher sei der Staat nur für die Sicherung des inneren und äußeren Frieden verantwortlich gewesen, im Laufe des 19. Jahrhundert habe er aber an allen Gebieten des politischen Lebens teilgenommen, so dass sich die Beziehungen zwischen ihm und dem Bürger erweitert hätten.[566] In der Französischen Revolution sei erkannt worden, dass es mit der Gleichberechtigung nicht vereinbar sei, Schadensersatzansprüche gegen den Staat auszuschließen und den einzelnen mit Sonderopfern zu belasten.[567] Die dem Bürger entstehenden Schäden habe man auf unterschiedliche Weise kompensiert; zunächst sei der handelnde Beamte zur Verantwortung gezogen worden, später der Staat selbst verantwortlich für die von seinen Beamten verursachten Schäden gemacht worden.[568] Als Rechtsgrundlage habe dabei eine Analogie zu den zivilrechtlichen Vorschriften der unerlaubten Handlung gedient. Um eine solche festzustellen, habe sich der *Conseil d'État* an den Motiven des Aktes orientiert. Die Verwaltung müsse grundsätzlich das Ziel verfolgen, die Funktionsfähigkeit des öffentlichen Dienstes zu gewährleisten.[569] Der Richter stelle anhand der Motive des Urhebers des Aktes fest, ob das Ziel tatsächlich habe verfolgt werden sollen. Der Gesetzgeber habe in einer Vielzahl von Fällen normiert, dass der Urheber seine Motive offen legen müsse. Die Behandlung des *acte de gouvernement* erscheine unter diesen Ge-

563 Bosc, Les actes de gouvernement et la théorie des pouvoirs de guerre, RDP 1926 S. 186.
564 Bosc, a.a.O., S. 187.
565 Bosc, a.a.O., S. 190.
566 Bosc, a.a.O., S. 191.
567 Bosc, a.a.O., S. 193.
568 Bosc, a.a.O., S. 192.
569 Bosc, a.a.O., S. 196.

sichtspunkten unrechtmäßig und unverständlich.[570] Die gleichen Grundsätze hätten sich mit mehr oder weniger kleinen Abweichungen im internationalen Recht durchgesetzt. Das Prinzip der Legalität sei weit auszulegen, weil das internationale Recht von gewohnheitsrechtlichen Regeln bestimmt sei.[571] Auch die Entwicklung der Staatshaftung im internationalen Recht gründe sich auf das Legalitätsprinzip. Bis zu Beginn des 18. Jahrhunderts habe eine Haftung ausländischer Staaten lediglich gegenüber dem Herrscher oder dessen Vertretern bestanden. Gegen Ende des 18. Jahrhunderts bis zum Beginn des 19. Jahrhunderts hätten während des Seekrieges zahlreiche Kaufleute Schäden erlitten. Deshalb habe die Staatshaftung ihren personalen Charakter verloren und sei auch bei Kriegsschäden anerkannt worden. Im 19. Jahrhundert habe die Einwanderung von ausländischen Arbeitskräften und Kapital neue Probleme geschaffen. Die Staatshaftung sei ausgeweitet worden.[572] Trotz der grundsätzlichen Gemeinsamkeiten der nationalen und internationalen Staatshaftung gebe es gravierende Unterschiede. Im nationalen Recht, so BOSC, könne der Staat durch positives Gesetz seine Verantwortlichkeit begrenzen. Im internationalen Recht dagegen hänge die Haftung oft von internationalen Verhandlungen ab.[573] Seit dem 19. Jahrhundert gebe es jedoch zunehmend Schiedsgerichte, deren Sprüche die Qualität von Urteilen hätten.[574] Trotzdem blieben sie an den Willen der Parteien gebunden. Erstrebenswert sei die Einrichtung eines Internationalen Gerichtshofes, vor dem jeder Staat jeden anderen verklagen könne.[575] In einer Untersuchung der Kategorien des *acte de gouvernement* im internationalen Recht, welche er nach Friedens- und Kriegsrecht unterteilte, stellte BOSC die Umstände fest, die zur Ausweitung der Lehre von den *actes de gouvernement* geführt hätten. Einerseits besitze die Exekutive bei Verhandlung und Abschluss internationaler Verträge und Abkommen ein beinahe unbegrenztes Initiativrecht. Die in einigen Fällen vorgesehene Kontrolle des Parlaments sei nur relativ, da sie meistens erst nach Vertragsschluss erfolge.[576] Andererseits könne sich die Exekutive im internationalen Recht ungehindert entfalten, weil es hier keine gerichtliche Kontrolle gebe.[577] Auch im nationalen Recht sei einst die Auffassung vertreten worden, dass eine gerichtliche Kontrolle sich nicht mit der Handlungsfreiheit der Regierung vertrage. Die gleichen Argumente, die später zu einer Ablehnung dieser Ansicht geführt hätten, müssten auch für das internationale Recht gelten, und dies um so mehr, da die Intensität der politischen Opportunität in diesem Bereich noch ausgedehnter

570 Bosc, a.a.O., S. 198.
571 Bosc, a.a.O., S. 199.
572 Bosc, a.a.O., S. 200.
573 Bosc, a.a.O., S. 201.
574 Bosc, a.a.O., S. 202.
575 Bosc, a.a.O., S. 202.
576 Bosc, a.a.O., S. 209.
577 Bosc, a.a.O., S. 209.

sei.[578] Die Fälle, in denen Bürgern im Ausland staatliche Unterstützung zur Durchsetzung ihrer Rechte versagt werde, beurteile der *Conseil d'État* falsch. Es gehe entgegen der Auffassung des Gerichts nicht um die Frage, ob der Staat verpflichtet sei, dem Bürger im Ausland zu seinem Recht zu verhelfen, sondern darum, dass der ausländische Staat zugleich internationales Recht verletze, wenn er die Rechte eines fremder Staatsangehöriger verletze. Davon seien auch die Rechte des französischen Staates betroffen, wofür der ausländische Staat Schadensersatz schulde.[579] Zu den Kriegsschäden habe der *Conseil d'État* seine Rechtsprechung zum *acte de gouvernement* an den modernen Prinzipien des Rechtsstaates weiterentwickelt. Mit der Achtung des Privateigentums und der Entwicklung eines Ersatzanspruches wegen Enteignung im Interesse des Gemeinwohls habe er Respekt vor dem Eigentum gezeigt und Schäden nur dann nach der Lehre des *acte de gouvernement* behandelt, wenn sie eine plötzliche und zwingende Folge des Kampfes gewesen seien. BOSC kritisierte die Rechtsprechung des *Conseil d'État* zu Akten in Kriegszeiten gegenüber Angehörigen neutraler Staaten, worunter Beschlagnahmen von Waren, das Aufhalten und Umleiten von Schiffen sowie die Beschlagnahme von Schiffen fielen. Derartige Akte gälten als *actes de gouvernement.* Das Gewohnheitsrecht des Transportwesens erlaube kriegsführenden Parteien die Beschlagnahme von Waren, die Umleitung und die Beschlagnahme von Schiffen, sehe aber in diesen Fällen eine Entschädigungspflicht vor.[580] Die Weigerung des *Conseil d'État,* über eine Entschädigung zu verhandeln, stehe daher im Widerspruch zum Völkerrecht und sei rechtswidrig. Seine Rechtsprechung bei Klagen wegen Kriegsschäden von Angehörigen feindlicher Staaten sei hingegen rechtmäßig, weil die internationale Praxis den Kriegsführenden, der bei einer Kriegshandlung einen Schaden verursacht habe, von dessen Entschädigungspflicht freistelle, wenn er das gewohnheitsrechtliche Kriegsrecht nicht verletzt habe. Dies sei auch Artikel 3 der IV. Konvention vom 18. Oktober 1907 über die Gesetze und Gewohnheitsrechte des Krieges im Rahmen der Haager Konferenz zu entnehmen.[581] Schließlich sei auch die Praxis des Gerichts bei Klagen zu kritisieren, mit denen Bürger eines annektierten Staates ihre Rechte durchzusetzen suchten. Hier müsse der *Conseil d'État* im Einklang mit internationalem Recht zugunsten der Kläger entscheiden, dass der annektierende Staat vollständig in die Rechtspflichten des annektierten Staates eintrete.[582] Trotz seiner kritischen Einschätzung der Rechtsprechung des *Conseil d'État* erkannte BOSC wie auch ALIBERT[583] an, dass die Theorie des *acte de gouvernement* auch die Bedürfnisse des Staates befriedige und einer notwen-

578 Bosc, a.a.O., S. 210.
579 Bosc, a.a.O., S. 214.
580 Bosc, a.a.O., S. 226.
581 Bosc, a.a.O., S. 228.
582 Bosc, a.a.O., S. 229f.
583 Siehe K. IV. 5.

digen Tradition, der Staatsräson, entspreche. Die neu entwickelte Theorie der *pouvoirs de guerre* beweise, wie ein staatlicher Bedarf - hier die Intensivierung der exekutiven Befugnisse zu Kriegszeiten – mit dem Legalitätsgrundsatz vereint werden könne.[584] Dies könne der Gesetzgeber bereits zu Friedenszeiten durch Verabschiedung besonderer Kriegsgesetze erreichen, die der Exekutive erweiterte Befugnisse zusprächen. BOSC lobte den Weg des *Conseil d'État*. Dieser habe sich bemüht, ein Gleichgewicht zwischen der Theorie der *pouvoirs de guerre*, die dem Einzelnen große Opfer abverlange, und dem ihm zu gewährenden Rechtsschutz zu entwickeln.[585] Er befürchtete, dass diese Rechtsprechung des *Conseil d'État* in der Zeit nach Ende des Ersten Weltkrieges an Bedeutung verlieren könne. Die Versöhnung des Legalitätsprinzips und der Staatshaftung mit den Notwendigkeiten des Krieges sei wünschenswert.[586]

7. 1929: Nézard, Anerkennung der Existenz der actes de gouvernement

1929 äußerte sich NÉZARD zu den *actes de gouvernement*.[587] Eine Zuständigkeit des *Conseil d'État* bestehe nicht. Regierung erfordere, dass die wesentliche Interessen des Staates berührenden Akte allein von ihr zu verantworten seien. Die ordentlichen Gerichte seien wegen der Gewaltenteilung für die Aufhebung von Verwaltungsakten nicht zuständig, demgegenüber jedoch zur Verteidigung von Freiheit und Eigentum berufen. Hierin bestehe das entscheidende Problem: wenn ein ordentliches Gericht unzuständig sei, die Legalität eines Verwaltungsaktes unmittelbar zu überprüfen, dürfe es über Schadensersatzansprüche wegen Verwaltungsakten auch nicht entscheiden. Ein solcher Anspruch könne nur gewährt werden, wenn er selbst gerichtlich überprüft würde. Das aber verbiete das Prinzip der Gewaltenteilung.[588] Die *actes de gouvernement* seien also zu Recht unjustiziabel. Das Gesetz vom 24. Mai 1872 sei dafür die Rechtsgrundlage. Eine Definition, die auf der Unterscheidung von Regierung und Verwaltung basierte, lehnte er aber ab, weil sie nicht durch eindeutige Gesetzestexte gestützt sei. Dennoch entnahm er dem der Gewaltentrennung zugrunde liegenden Gesetz vom 16.-24. August 1790[589], dass der Richter, wenn ihm schon die Einmischung in die Tätigkeit der Verwaltung untersagt sei, erst recht nicht in jene der Regierung eingreifen dürfe.[590] Eine Definition lieferte NÉZARD nicht. Seiner ausführlichen Darstellung der Rechtsprechung[591] lässt sich entnehmen, dass er die Bestimmung eines Aktes als *acte de gouvernement* dem *Conseil d'État* überließ

584 Bosc, a.a.O., S. 234.
585 Bosc, a.a.O., S. 255.
586 Bosc, a.a.O., S. 257.
587 Nézard, Répertoire de droit internationale, Bd. 1, Acte de gouvernement, S. 137ff.
588 Nézard, a.a.O., S. 139.
589 Siehe C.
590 Nézard, a.a.O., S. 140.
591 Nézard, a.a.O., S. 140-151.

und somit keine abschließende Aufzählung der Kategorien des *acte de gouvernement* befürwortete.

8. 1931: Duez, Die „antijuristische" Theorie des acte de gouvernement

Seit 1930 ließ sich ein erhöhtes Interesse der Rechtswissenschaft am *acte de gouvernement* feststellen. Im Jahre 1931 fand eine Konferenz des Internationalen Institutes für Öffentliches Recht statt. Die Berichte der Teilnehmer erschienen im *Annuaire de l'institut international de droit public* 1931. Ein Vergleich der Beiträge zeigt, dass die Auffassungen zur Rechtmäßigkeit des *acte de gouvernement* und dessen juristische Behandlung sowie Definition trotz der vorangegangenen Diskussion in der Rechtslehre noch lange nicht in Übereinstimmung zu bringen waren. DUEZ hielt die Theorie des *acte de gouvernement* für juristisch unbegründet und forderte ihre endgültige Beseitigung.[592] Sie beruhe im wesentlichen auf politischen Erwägungen.[593] Die Zurückhaltung des *Conseil d'État* gegenüber der Regierung sei historisch begründet. Je weiter dieser die Umsetzung des Legalitätsprinzips durch die Entwicklung der Anfechtungsklage erreicht habe, desto größere Zugeständnisse habe er gegenüber dem *acte de gouvernement* machen müssen, um die Entwicklung nicht zu gefährden. Indem die Rechtslehre nach der Aufgabe der Mobiltheorie durch den *Conseil d'État* neue Definitionen gesucht habe, habe sie den Erfordernissen einer sich seit 1872 fortentwickelnden Verwaltungsgerichtsbarkeit Rechnung tragen wollen. Aber auch mit Hilfe der Unterscheidung von Regierung und Verwaltung habe sich kein juristisches Kriterium finden lassen. Wieder hätten ausschließlich politische Erwägungen eine Rolle gespielt.[594] Eine Untersuchung der derzeitigen Rechtsprechung zeige, so DUEZ, dass in keinem der Fälle juristische Überlegungen zum Urteil geführt hätten. Die Lösungen des *Conseil d'État* beruhten auf unterschiedlichen politischen Motiven. Einige Urteile erklärten sich aus der Sorge des Gerichtes, einen Konflikt mit dem Parlament zu riskieren,[595] andere beruhten auf dem Motiv, der Regierung keine internationalen Schwierigkeiten bereiten zu wollen.[596] Wieder andere beruhten auf der Annahme, die Regierung besitze kraft Gewohnheitsrechts eine weite Handlungsfreiheit im Bereich der internationalen Angelegenheiten.[597] Die historische Notwendigkeit der Lehre des *acte de gouvernement* habe sich jedoch erschöpft. Die moderne Anfechtungsklage und die Staatshaftungsklage seien differenziert genug, um die Regierung nicht zu sehr in

---

592 Duez, Les actes de gouvernement, Rapport, Annuaire de l'institut international de droit public, 1931, S. 35ff.

593 Duez, a.a.O., S. 41.

594 Duez, a.a.O., S. 44ff.

595 Duez, a.a.O., S. 49ff.

596 Duez, a.a.O., S. 54ff.

597 Duez, a.a.O., S. 59ff.

ihrer Handlungsfreiheit zu beschränken.[598] Insbesondere in den Fällen, in denen die Zurückhaltung des *Conseil d'État* auf die Annahme einer gewohnheitsrechtlichen Handlungsfreiheit der Regierung zurückzuführen sei, müsse das Gericht eine seiner Rechtsprechung zum Staatsnotstand analoge Position einnehmen.[599] Diesen Weg habe der *Conseil d'État* mit seiner Entscheidung *Goldschmidt et Strauss*[600] bereits begonnen. In den anderen Bereichen dürfe man nicht mehr vom *Conseil d'État* erwarten, als er zu leisten imstande sei. Gegenüber einem starken Parlament werde er sich weiterhin zurückhalten.[601] Bei diplomatischen Akten müsse sich das Gericht weiterhin aus seinerseits diplomatischen Erwägungen bescheiden. DUEZ schlug für diese Fälle vor, den angefochtenen Akt nicht zu annullieren und den diplomatischen Dienst nicht nach dem Legalitätsgrundsatz zu beurteilen, das Opfer aber dennoch nach dem Grundsatz der *théorie du risque* zu entschädigen. Der *Conseil d'État* habe die Einladung der Rechtslehre diesbezüglich angenommen: im Urteil *Arnaud*[602] habe er unter Abgehen von seiner bisherigen Rechtsprechung einen Schadensersatzanspruch des Klägers gegen die Regierung wegen Untätigbleibens gegenüber ausländischen Regierungen in der Begründetheit geprüft.[603] Eine direkte Intervention durch den Gesetzgeber sei nicht möglich und auch nicht wünschenswert.[604] Die Materie des *acte de gouvernement* sei zu schwierig, als dass man sie einer strengen Formel des Gesetzgebers unterwerfen könne. Das Parlament sei noch immer zu sehr von der Idee der Souveränität beherrscht, um die gesamte staatliche Tätigkeit der richterlichen Kontrolle zu unterwerfen und seine eigene Macht auf diese Weise zu schwächen.[605] Wünschenswert sei zunächst eine gerichtliche Kontrolle der Verfassungsmäßigkeit von Gesetzen. Verwirkliche man diese, könnte man die *actes de gouvernement*, die im Rang unter den Gesetzen stünden, ebenfalls einer gerichtlichen Überprüfung unterziehen.[606] Die Schaffung eines Verfassungsgerichtshofes bleibe aber derzeit eine bloß theoretische Idee.[607]

9. 1931: Laun, Theorie des Ermessensfreiraums

Der deutsche Rechtsgelehrte LAUN, ebenfalls Teilnehmer der Konferenz, untersuchte die Lehre des *acte de gouvernement* unter dem Aspekt des freien Ermessens.[608] Zwischen der Theorie des *acte de gouvernement* und dem freien Ermes-

598 Duez, a.a.O., S. 64.
599 Duez, a.a.O., S. 68.
600 C.E. 27. Juni 1924, Sieurs Goldschmidt et Strauss, Rec. 1924, S. 607 (siehe K. III. 3.).
601 Duez, a.a.O., S. 67.
602 C.E. 24. Dezember 1926, Arnaud, Rec. 1926, S. 1149, zitiert bei Duez.
603 Duez, a.a.O., S. 77.
604 Duez, a.a.O., S. 77ff.
605 Duez, a.a.O., S. 78f.
606 Duez, a.a.O., S. 80.
607 Duez, a.a.O., S. 81.
608 Laun, Les actes de gouvernement, Rapport, Annuaire de l'institut international de

sen existiere eine enge Verwandtschaft.[609] Die Lehre vom *acte de gouvernement* könne erst überwunden werden, wenn man die Grenzen zwischen Recht- und Zweckmäßigkeit, also zwischen gebundenem und freiem Ermessen, zwischen dem kontrollierbaren und dem unkontrollierbaren Bereich gezogen habe.[610] Der *Conseil d'État* könne neben der Überprüfung der Zuständigkeit und der Form nur sehr eingeschränkt die Zweckmäßigkeit eines Aktes überprüfen.[611] Er erkläre lediglich solche Motive für unrechtmäßig, mit denen deren Urheber andere Ziele verfolge als ihm im Rahmen seiner Zuständigkeit zu verfolgen erlaubt seien.[612] Neben den anerkannten Verwaltungsakten, für die ein Ermessensspielraum gegeben sei, gebe es Akte, deren Motive man im staatlichen Interesse nicht überprüfen dürfe. Hier sei die Theorie des *acte de gouvernement* ein „Sicherheitsventil". Der *Conseil d'État* habe die Kontrolle der Legalität auf Kosten der nicht kontrollierbaren Zweckmäßigkeit immer stärker ausgedehnt. Je weiter diese Entwicklung voranschreite, desto unentbehrlicher werde die Lehre vom *acte de gouvernement*. Sie beruhe auf der Notwendigkeit, die Macht innerhalb des Staates nicht zugunsten der Gerichte zu verschieben, *théorie de la nécessité*. Der Unterschied zwischen Recht- und Zweckmäßigkeit beruhe auf der Unterscheidung zwischen bindenden Normen und solchen, die einen Ermessenfreiraum gewährten.[613] Eine bindende Norm erlaube ihrem Anwender keine Wahl der Mittel, während eine Ermessensnorm ihm mehrere Rechtsfolgen zur Wahl stelle. Der Gesetzgeber habe im zweiten Fall die möglichen Rechtsfolgen festgesetzt, interessiere sich jedoch im Einzelfall nicht für deren Wahl und Motive.[614] Die Wahl der einen oder der anderen Rechtsfolge sei ohne juristische Bedeutung. Der Gesetzgeber habe also mehrere Möglichkeiten, unvorhergesehene Situationen zu regeln. Entweder verabschiede er eine bindende Norm, die nur allgemeine Rechtsgrundsätze enthalte, und überlasse dem anwendenden Organ deren Auslegung und die Beurteilung der Umstände, oder er eröffne dem Rechtsanwender durch eine disjunktive Norm einen Ermessenspielraum.[615] In beiden Fällen müssten sich Verwaltungsentscheidungen am öffentlichen Interesses oder dem öffentlichen Gemeinwohl orientieren. Während bei gebundenen Normen das Gesetz selbst die Voraussetzungen des Handelns im öffentlichen Interesse bestimme, überlasse eine Norm mit Ermessenscharakter der Exekutive dessen

---

droit public, 1931, S. 85; vgl. dazu ders., Das freie Ermessen und seine Grenzen, 1910.

609 Laun, a.a.O., S. 102.
610 Laun, a.a.O., S. 111.
611 Laun, a.a.O., S. 104f.
612 Laun, a.a.O., S. 105.
613 Laun, a.a.O., S. 152.
614 Laun, a.a.O., S. 155.
615 Laun, a.a.O., S. 157.

Bestimmung.[616] Dem Gericht bleibe bei Überprüfung des ein Ermessensgesetz umsetzenden Einzelaktes nur die Überprüfung der Zuständigkeit, der Form, eines Gesetzesverstoßes oder einer Ermessensüberschreitung.[617] *Actes de gouvernement* seien Ermessensakte.[618] Von den anderen Ermessensakten unterschieden sie sich nur durch ihre absolute gerichtliche Immunität.[619] Ausgehend von der staatlichen Notwendigkeit der Theorie des *acte de gouvernement*, suchte LAUN das Interesse des Staates festzustellen, die *actes de gouvernement* anders als schlichte Ermessensakte zu behandeln. Er unterschied Verstöße gegen formelles Recht wie Unzuständigkeit und Formfehler und solche gegen materielles Recht und die Zulässigkeit der Klage. Auch ein *acte de gouvernement* müsse hinsichtlich der Zuständigkeit seines Autors überprüft werden können. Formelle Regeln seien das Fundament der juristischen Sicherheit und der staatlichen Ordnung.[620] Jeder Ermessensakt, einschließlich die *actes de gouvernement*, sei nur dann ein rechtmäßiger Exekutivakt, wenn er von einer zuständigen Autorität erlassen worden sei. Anderenfalls liege ein rechtliches *nullum negotium* vor. Das gleiche gelte für die Überprüfbarkeit der Formvorschriften. An deren Einhaltung stelle der Staat so hohe Anforderungen, dass er die Gültigkeit eines Aktes davon abhängig mache. Daher habe er auch ein Interesse an deren Kontrolle.[621] Das Charakteristikum des *acte de gouvernement* finde sich also nicht im formellen Recht. Anders als ein gegen formelles Recht verstoßender Akt sei ein materiell rechtswidriger Akt kein rechtliches *nullum*. Der Staat könne also ein Interesse daran haben, dass bestimmte Akte wegen ihres materiellen Gehaltes keiner gerichtlichen Kontrolle unterworfen seien.[622] Der Urheber einer Ermessensentscheidung müsse seine Wahl im Rahmen der Legalität treffen. Er sei gehalten, alle seine Absichten und Mittel beschränkenden Normen zu beachten. Deren Einhaltung sei nur durch eine Kontrolle seiner Motive zu garantieren.[623] Die Regierung wolle dagegen vermeiden, dass ihre Motive von Richtern überprüft würden, die keine Fachleute in diplomatischen, militärischen oder politischen Angelegenheiten seien. Dies habe sich bereits in der Mobiltheorie gezeigt.[624] Je mehr Ermessen ihr eingeräumt sei, umso weniger sei dem Staat an der Überprüfung der Motive durch ein unabhängiges Gericht gelegen.[625] Die *actes de gouvernement* seien daher der gerichtlichen Kontrolle nicht deshalb entzogen,

---

616 Laun, a.a.O., S. 162.
617 Laun, a.a.O., S. 105.
618 Laun, a.a.O., S. 166.
619 Laun, a.a.O., S. 168.
620 Laun, a.a.O., S. 175.
621 Laun, a.a.O., S. 178.
622 Laun, a.a.O., S. 180.
623 Laun, a.a.O., S. 181.
624 Laun, a.a.O., S. 182.
625 Laun, a.a.O., S. 182.

weil sie eine besondere Rechtsnatur hätten, sondern weil sie Ermessensfreiheit gewährten. Die Theorie des *acte de gouvernement* sei mithin überflüssig, wenn man allein die Zweckmäßigkeit eines Ermessensaktes der gerichtlichen Überprüfung entziehen wolle.[626] LAUN untersuchte die möglichen Ergebnisse einer Begründetheitsprüfung. Bei der Klage gegen einen Ermessensakt sei zunächst festzustellen, ob das tatsächlich angegebene Motiv des Autors eines Aktes rechtmäßig sei. Nur wenn es illegal sei, kontrolliere der *Conseil d'État* die Überlegungen, die zur Ermessensausübung geführt hätten anhand beschränkender Gesetze und prüfe eine etwaige Machtüberschreitung.[627] Bei einem *acte de gouvernement* jedoch existierten in der Regel keine beschränkenden Gesetze, so dass der Vorwurf des Machtmissbrauches grundsätzlich scheitere und der *acte de gouvernement* fast nie auf seine Begründetheit hin geprüft werden müsse.[628] Ein staatliches Interesse an einer Unterscheidung zwischen Ermessensakten und *actes de gouvernement,* gebe es nicht. Würde die Unkontrollierbarkeit der Zweckmäßigkeit allgemein anerkannt, wäre der *acte de gouvernement* überflüssig.[629]

10. 1931: Vauthier, Actes de gouvernement: Ausdruck der souveränen Macht der Regierung

Im absoluten Widerspruch zur Auffassung LAUNS stand der Beitrag VAUTHIERS, Professor für Verwaltungsrecht an der Universität Brüssel.[630] Er verteidigte den *acte de gouvernement* als notwendig und rechtmäßig. Sei ein *acte de gouvernement* missbräuchlich, müsse sich die Regierung vor der öffentlichen Meinung und dem Parlament verantworten, nicht jedoch vor einem Gericht verteidigen.[631] Eine Preisgabe des *acte de gouvernement* hätte beunruhigende Konsequenzen. In der französischen Wissenschaft bestehe derzeit die Tendenz, bestimmte Lehren als überholt anzusehen. Man strebe in der Geisteswissenschaft die Einführung von Methoden der Naturwissenschaft und Mathematik an. Man erkenne nur Beweise an, statt sich mit Ideen auseinander zu setzen. VAUTHIER warnte davor, diese Tendenz zu einseitig zu verfolgen.[632] Der moderne Staat bestehe aus vielen Elementen und sozialen Realitäten, die man nicht leugnen dürfe. Ein besonders wichtiges Element sei die staatliche Souveränität. Sie habe staatstragende Bedeutung.[633] Die Regierung sei deren Statthalterin. Demnach müsse man zugeben, dass es Akte gebe, die sie frei und ohne Rechenschaftspflicht müsse

626 Laun, a.a.O., S. 183.
627 Laun, a.a.O., S. 188.
628 Laun, a.a.O., S. 188.
629 Laun, a.a.O., S. 190.
630 Vauthier, Les actes de gouvernement, Rapport, Annuaire de l'institut international de droit public, 1931, S. 232.
631 Vauthier, a.a.O., S. 235f.
632 Vauthier, a.a.O., S. 244.
633 Vauthier, a.a.O., S. 245.

erlassen dürfen. Delegiere man diese Souveränität an die Gerichte, gefährde dies die Staatsordnung und die Gewaltenteilung.[634] Es gebe Bereiche, in denen die Regierung nur dem Parlament verantwortlich sei. Die öffentliche Gewalt müsse selbst entscheiden, ob und welche Regierungsakte es gebe, deren gerichtliche Überprüfung unzulässig sei.[635] Eine erweiterte Unabhängigkeit der Regierung vom Parlament sei erforderlich. Jenes arbeite langsam und fehlerhaft und mische sich allzu häufig in die Angelegenheiten der Regierung ein.[636] Die Theorie des *acte de gouvernement* beeinträchtige auch nicht die Rechte des Bürgers. Zwar müsse man jenem bei der Verletzung seiner subjektiven Rechte den Rechtsweg eröffnen, jedoch habe er darauf gegenüber der souveränen Macht kein Recht.[637] Man dürfe die Zuständigkeit der Verwaltungsgerichte und der ordentlichen Gerichte nicht zu Lasten der rechtmäßigen und notwendigen Vorrechte der Regierung ausdehnen.[638]

11. 1932: Gros, Negative Theorie: Verfassungsrechtliche Grundlage des acte de gouvernement

Im Jahre 1932 erschien die Dissertation von GROS unter dem Titel *Survivance de la raison d'État*.[639] Der Autor führte die Lehre des *acte de gouvernement* auf deren historischen Ursprung zurück. Im gegenwärtigen Recht Frankreichs gebe es eine Koexistenz alter und moderner Grundsätze.[640] Im *Ancien Régime* seien alle Akte des Königs *actes de gouvernement* gewesen. Der Vorgänger des *Conseil d'État*, der *Conseil du Roi*, sei ein vom Monarchen abhängiges Organ gewesen.[641] Später habe die Exekutive ihre Streitigkeiten selbst behandelt, dann sei der Kaiser höchster Richter über dem ihm unterstehenden *Conseil d'État* gewesen. Aus dieser Tradition betrachte sich der *Conseil d'État* als ein Gericht der jeweiligen obersten Macht und weigere sich, sich in die Politik der Regierung einzumischen.[642] Mit der Anerkennung der *justice déléguée* im Jahre 1872 und der Ablehnung der Mobiltheorie sei die Rechtsfigur des *acte de gouvernement* zum Scheitern verurteilt gewesen. Ihre nach 1872 fortbestehende Anerkennung sei nichts weiter als eine Überführung der Mobiltheorie in eine neue Epoche.[643] Anhand einer Untersuchung der unterschiedlichen Kategorien des *acte de gouvernement* suchte GROS nachzuweisen, dass eine Reihe von ihnen aus anderen

634 Vauthier, a.a.O., S. 247.
635 Vauthier, a.a.O., S. 248.
636 Vauthier, a.a.O., S. 250f.
637 Vauthier, a.a.O., S. 253.
638 Vauthier, a.a.O., S. 255.
639 Gros, Survivance de la raison d'état, 1932.
640 Gros, a.a.O., S. 3.
641 Gros, a.a.O., S. 34.
642 Gros, a.a.O., S. 34.
643 Gros, a.a.O., S. 36.

Gründen der gerichtlichen Überprüfung entzogen seien, andere wiederum einer Kontrolle durch den *Conseil d'État* unterworfen werden müssten. Zu den Akten der ersten Kategorie zählte GROS die Einberufung des Parlaments und Schließung seiner Sitzungen, dessen Auflösung, die Anordnung von Wahlen und die Verweigerung einer Gesetzesinitiative. So beruhe die Unzuständigkeit des *Conseil d'État* im Fall *Prévost*[644] darauf, dass eine gerichtlich nicht überprüfbare Ermessensentscheidung vorgelegen habe.[645] Das Parlament könne einerseits wirkliche Gesetze erlassen, andererseits übe es bei anderen Gesetzen nur die Kontrolle ihrer Ausführung durch die Exekutive aus. Dies bedeute jedoch nicht, dass deren Aufgaben damit dem Parlament übertragen seien. Die Regierung übe durch ihre Entscheidung, ein Gesetz über die Neuschaffung einer Kommune einzubringen, ihre administrative Kontrolle aus. Diese stehe in ihrem freien Ermessen und entziehe sich somit der gerichtlichen Überprüfung.[646] Die Unzuständigkeit im Fall *Maître*[647] habe hingegen darauf beruht, dass das Parlament einziger Richter über die Wahl seiner Mitglieder sei.[648] Zudem sei eine Verletzung von Verfassungsrecht gerügt worden, weil die Verfassung vorsehe, dass der Präsident die Wähler einberufe. Für eine Überprüfung von Verfassungsrecht sei der *Conseil d'État* unzuständig, wie sich aus Artikel 9 des Gesetzes vom 24. Mai 1872 ergebe. Der Präsident sei zwar Organ der Exekutive, aber in bestimmten Fällen übe er konstitutionelle Vorrechte aus.[649] Die Verstöße, derer er sich schuldig machen könne, hätten also konstitutionellen Charakter.[650] Ihre verfassungsrechtliche Bedeutung verbiete es, deren Beurteilung dem *Conseil d'État* als Verwaltungsgericht zu übertragen, dem anders als in anderen europäischen Ländern die Überprüfung von Verfassungsrecht nicht zustehe.[651] Folglich liege es weder an der Natur der betreffenden Dekrete, noch an der Unterscheidung zwischen politischen und administrativen Organen, dass sie der gerichtlichen Überprüfung entzogen seien, sondern an der Unterscheidung zwischen Verfassungs- und Verwaltungsrecht.[652] Entweder müsse man eine Sondergerichtsbarkeit schaffen, die mit der Beurteilung verfassungsrechtlicher Fragen betraut werde, oder man übertrage dem Parlament die Kontrolle der Verfassung.[653] In Anbetracht der Erfahrungen in der Zeit vor der Französischen Revolution und des daher gewachsenen Misstrauens gegen das Richtertum befürworte er die Zu-

644 C.E. 17. Februar 1888, Prévost, Rec. 1888, S. 149 (siehe K. I. 2. a)).
645 Gros, a.a.O., S. 42.
646 Gros, a.a.O., S. 42.
647 C.E. 6. August 1912, Maître, Rec. 1912, S. 982 (siehe K. I. 2. a)).
648 Gros, a.a.O., S. 46.
649 Gros, a.a.O., S. 49.
650 Gros, a.a.O., S. 61.
651 Gros, a.a.O., S. 59.
652 Gros, a.a.O., S. 62.
653 Gros, a.a.O., S. 63.

ständigkeit des Parlaments.[654] In der zweiten Kategorie untersuchte GROS die Begnadigungen. Formell handele es sich bei ihnen um Dekrete des Präsidenten. Fraglich sei, welche Rechtsnatur ein derartiges Dekret habe. Es sei jedenfalls kein Akt der ordentlichen Gerichtsbarkeit, da der Präsident durch eine Begnadigung nicht zum Obersten Richter werde. Er verändere nicht den Strafspruch, sondern setze lediglich dessen Vollzug außer Kraft.[655] Die Begnadigung sei eine administrative Maßnahme des Präsidenten.[656] Daher scheide deren Überprüfung durch den *Conseil d'État* nicht aus Gründen der Gewaltenteilung aus. Die Staatsräson, in den meisten Fällen Motiv eines Aktes der öffentlichen Gewalt, spiele jedenfalls bei Begnadigungsdekreten keine Rolle.[657] Der *Conseil d'État* habe dennoch die einzig mögliche juristisch überzeugende Lösung gewählt, weil dem Präsidenten das Begnadigungsrecht ohne jede Beschränkung von der Verfassung verliehen worden sei. Der *Conseil d'État* könne nicht über die Grenzen eines Rechtes urteilen, das keiner Beschränkung unterliege.[658] Dennoch solle man das Begnadigungsrecht den ordentlichen Gerichten übertragen, damit der Regierungschef nicht das Recht habe, Urteile der ordentlichen Gerichtsbarkeit aufzuheben.[659]

Bei den internationalen *actes de gouvernement* habe man zwischen dem diplomatischen Akt selbst, seiner Auslegung und seinem Vollzug zu unterscheiden.[660] Eine Klage gegen einen Vertrag sei unzulässig. weil ein internationaler Vertrag wie ein Gesetz Rechtsquelle sei und daher einer gerichtlichen Überprüfung nach geltendem französischen Recht entzogen sei.[661] Die Gerichte seien aber jederzeit befugt, die Auslegung und Anwendung von Gesetzen vorzunehmen.[662] Fraglich sei, ob dies auch für die internationalen Verträge gelte. Die Gerichte hätten sich nie geweigert, klare Bestimmungen internationaler Verträge anzuwenden, was die Entscheidung *Szaniawski* gezeigt habe.[663] Im Gegensatz dazu habe der *Conseil d'État* stets die Auslegung zweifelhafter Klauseln verweigert. Dies liege darin begründet, dass die Auswirkungen eines Vertrages zugleich die internationale Ordnung berührten. Ihnen wohne also ein außenpolitisches Element inne, dessen Beurteilung man den Gerichten nicht übertragen könne.[664] Zudem sei die Auslegung internationaler Verträge erschwert, weil dem Auslegenden, anders als bei Gesetzen, nicht die parlamentarischen Vorarbeiten und Diskussionen zur

654 Gros, a.a.O., S. 63.
655 Gros, a.a.O., S. 65.
656 Gros, a.a.O., S. 68.
657 Gros, a.a.O., S. 78.
658 Gros, a.a.O., S. 82.
659 Gros, a.a.O., S. 83.
660 Gros, a.a.O., S. 159.
661 Gros, a.a.O., S. 159.
662 Gros, a.a.O., S. 175.
663 C.E. 14. November 1884, Szaniawski, Rec. 1884, S. 779 (siehe K I. 2. b)).
664 Gros, a.a.O., S. 176.

Verfügung stünden.[665] Dennoch bleibe ein internationaler Vertrag in Teilen justiziabel. Nur dessen diplomatischer Aspekt unterliege allein der Kontrolle der Regierung.[666] Der *Conseil d'État* unterscheide mittlerweile zwischen Akten, die mit dem diplomatischen Vertrag unmittelbar verbunden und daher nicht gerichtlich überprüfbar seien, und solchen, die sich von ihrer diplomatischen Grundlage ablösen ließen. Alle Akte, die einen diplomatischen Vertrag im Inland umsetzten, seien Verwaltungsakte.[667] Die Gleichbehandlung eines diplomatischen Aktes mit anderen Gesetzen erfordere, dass der *Conseil d'État* die Übereinstimmung eines durchführenden Aktes mit dessen Rechtsgrundlage prüfe.[668] Die Abhängigkeit eines reinen Verwaltungsaktes von dem ihm zugrundeliegenden diplomatischen Vertrag ändere nicht seine Rechtsnatur. GROS folgerte aus alledem, dass es einen *acte de gouvernement*, der sich seiner Natur nach von gewöhnlichen Akten unterscheide, nicht gebe, sondern das geltende Recht auf ihn nicht angewendet werde. Er empfahl wie LAUN die Anwendung der Ermessensgrundsätze. Diesen Weg habe der *Conseil d'État* bereits eingeschlagen, wie ein Blick auf die jüngere Rechtsprechung zeige. Doch sei dies nicht ausreichend: Eine Tatsachenkontrolle müsse in jedem Fall erfolgen, forderte GROS.[669] Auch die Grundsätze der Staatshaftung müssten anwendbar sein.[670] Schwerwiegende Fehler des konsularischen Dienstes verdienten keine gerichtliche Immunität.[671] So sei die Lehre vom *acte de gouvernement* insgesamt als überflüssig und fehlerhaft bewiesen.

12. 1933: Schlosser: Sieg des Legalitätsprinzips über den acte de gouvernement

Ein Jahr später erschien in Paris die von MESTRE betreute Dissertation SCHLOSSERS. Der mündlichen Prüfung saßen JACQUELIN[672] und JÈZE[673] bei.

SCHLOSSER legte den Schwerpunkt seiner Untersuchung auf die als *actes de gouvernement* betrachteten diplomatischen Akte.[674] Er sagte der Theorie des *acte de gouvernement* ihren baldigen Untergang voraus, verwies auf die Entwicklung der Rechtsprechung zum Ermessen und prophezeite schließlich den endgültigen Sieg des Legalitätsprinzips.[675] Man könne schon nicht mehr von einer geschlossenen Theorie des *acte de gouvernement* sprechen, sondern nur von ein-

---

665 Gros, a.a.O., S. 177.
666 Gros, a.a.O., S. 177f.
667 Gros, a.a.O., S. 178.
668 Gros, a.a.O., S. 186.
669 Gros, a.a.O., S. 225.
670 Gros, a.a.O., S. 228.
671 Gros, a.a.O., S. 239.
672 Siehe K. II. 8.
673 Siehe K. II. 9.
674 Schlosser, Les actes diplomatiques considérés comme actes de gouvernement, 1933.
675 Schlosser, a.a.O., S. 130.

zelnen *actes de gouvernement*.[676] Bei diplomatischen Akten hindere schon das diplomatische Geheimnis die Gerichte daran, diese zu prüfen.[677] Die diplomatischen Beziehungen der Staaten würden nicht durch die Klage eines Bürgers berührt. Jeder Mensch habe Rechte, bei deren Verletzung er den diplomatischen Schutz seiner Regierung fordern können müsse. Die Pflicht des Staates auf Intervention zugunsten seiner Bürger sei völkerrechtlich vorgesehen.[678] Fraglich sei lediglich, ob der Staat gerichtlich dazu gezwungen werden könne. Es existiere zwar dazu kein Gesetz, doch sei der Staat natürlicher Beschützer seiner Staatsangehörigen.[679] Hierbei handele es sich nicht allein um eine moralische Verpflichtung, sondern eine Rechtspflicht: der Staat besitze auf Kosten der Bürger wesentliche Vorrechte. Im Gegenzug schulde er ihnen Schutz.[680] Dennoch dürfe die Regierung durch eine Intervention keine diplomatischen Schwierigkeiten verursachen. Zugunsten eines Einzelnen, so SCHLOSSER, dürfe man nicht das Gemeinwohl schädigen.[681] Wenn die Regierung aus diesen Gründen nicht handele, verletze sie den Einzelnen dennoch in seinem Recht auf Schutz und schulde ihm Entschädigung. Ihr Untätigsein enthülle ihre Schwäche, die Verweigerung einer Entschädigung beweise ihre Machtlosigkeit.[682] Die diplomatische Tätigkeit müsse im Ermessen der Regierung bleiben, weil das Einzelinteresse nicht auf Kosten der Allgemeininteresses geschützt werden könne. Die Ergebnis der diplomatischen Tätigkeit jedoch müsse gerichtlich überprüfbar sein.[683] Dagegen sei eine Anfechtungsklage gegen internationale Konventionen derzeit unzulässig, weil diese Rechtsquellen wie ein Gesetz seien, die der Richter zwar anwende, nicht aber aufheben dürfe.[684] Der *Conseil d'État* weise Entschädigungsklagen gegen internationale Verträge unter Berufung auf die Theorie des *acte de gouvernement* als unzulässig ab, obwohl Schadensersatzansprüche bereits deshalb ausgeschlossen seien, weil internationale Verträge positives Recht seien.[685] In Zukunft dürfe man solche Schadensersatzansprüche aber nicht ausschließen. Sei ein Vertrag eine Quelle des positiven Rechts, werde man eines Tages wie bei Gesetzen darauf gegründete Schadensersatzansprüche zulassen. Sei der Vertrag demgegenüber *acte de gouvernement*, könne der Risikogrundsatz zu einem Anspruch auf Entschädigung führen.[686] Die Regierung müsse in ihrer diplomatischen Tätigkeit frei bleiben. Sie dürfe dies aber nicht auf Kosten

676 Schlosser, a.a.O., S. 127.
677 Schlosser, a.a.O., S. 16.
678 Schlosser, a.a.O., S. 74.
679 Schlosser, a.a.O., S. 74.
680 Schlosser, a.a.O., S. 74f.
681 Schlosser, a.a.O., S. 75.
682 Schlosser, a.a.O., S. 76.
683 Schlosser, a.a.O., S. 77.
684 Schlosser, a.a.O., S. 85.
685 Schlosser, a.a.O., S. 95.
686 Schlosser, a.a.O., S. 95.

des Bürgers sein. Sie dürfe einen Schaden verursachen, um das Volk zu schützen, müsse aber diese Last gleichmäßig von allen tragen lassen.[687] Der *Conseil d'État* werde, folgerte SCHLOSSER endlich, den Anwendungsbereich des Legalitätsprinzips immer weiter ausdehnen und jenen des *acte de gouvernement* zunehmend einengen.[688]

13. 1935: Duez, Actes de gouvernement: eine zufällige Erscheinung?

1935 erschien eine weitere umfassende Abhandlung zum *acte de gouvernement.*[689] Der Dekan der Rechtswissenschaftlichen Fakultät der Universität Lille, Paul DUEZ, Verfasser eines Berichts über die Tagung vom Jahre 1931,[690] definierte den *acte de gouvernement* wie folgt:

(Acte de gouvernement c'est) un acte dont le contrôle juridictionnel appartient normalement à la compétence des tribunaux administratifs, mais dont ceux-ci, pour des raisons politiques, refusent a priori l'examen, en déclarant irrecevable la demande du plaideur.[691]

Die empirische Rechtsprechung des *Conseil d'État* beruhe, so DUEZ auch nach Ablehnung der Mobiltheorie auf rein politischen Gründen.[692] Dieser habe mit der Erfindung des *acte de gouvernement* selbst Politik betrieben. Von DUEZ stammte das seither geläufige Zitat:

La matière des actes de gouvernement est le fruit d'une politique jurisprudentielle du Conseil d'État.[693]

Der Richter habe drei politische Gründe, sich der Theorie des *acte de gouvernement* zu bedienen. Einerseits wolle er einen Konflikt mit den gesetzgebenden Kammern vermeiden, weil ein solcher die politische Debatte zwischen Regierung und Parlament verstärke und die Existenz des *Conseil d'État* in Frage stelle, wenn dieser einen Akt für rechtmäßig erkläre, der später vom Parlament aufgehoben werde.[694] Andererseits suche der *Conseil d'État* aus Gründen der Staatsräson, internationale Spannungen zu vermeiden und den Bürger einer politischen Lösung zu unterwerfen und ihn zu zwingen, auf deren gerichtliche Klä-

---

687 Schlosser, a.a.O., S. 96.
688 Schlosser, a.a.O., 130.
689 Duez, Les actes de gouvernement, 1935.
690 Siehe K. IV. 8.
691 Ein acte de gouvernement ist ein Akt, für den normalerweise die Verwaltungsgerichte zuständig sind, die aber aus politischen Gründen die Klage als unzulässig abweisen. Duez, a.a.O., S. 27.
692 Duez, a.a.O., S. 79.
693 Duez, a.a.O., S. 23.
694 Duez, a.a.O., S. 80.

rung zu verzichten.[695] In den übrigen Fällen unterwerfe sich das Gericht unter die traditionell weite Handlungsfreiheit der Regierung, so etwa beim Vollzug internationaler Verträge, dem diplomatischen Schutz von Franzosen im Ausland oder der Entschädigung für Kriegsschäden.[696] Aus juristischer Sicht sei die absolute Unzuständigkeit des Richters nur ein Zufall im Gefüge der juristischen Kompetenzen. Grundsätzlich sei der Richter zuständig, wenn alle Voraussetzungen seines Tätigwerdens vorlägen. Hier aber verweigere er nicht nur die Prüfung der Zweckmäßigkeit eines Aktes, sondern auch die seiner Rechtmäßigkeit.[697] Ein allgemeingültiges juristisches Kriterium, durch das sich der *acte de gouvernement* von schlichten Verwaltungsakten unterscheide, gebe es nicht.[698] In einem Rechtsstaat sei die Unjustiziabilität des *acte de gouvernement* ein Makel, den es zu beseitigen gelte.[699] Der *Conseil d'État*, so DUEZ, werde seine Zurückhaltung erst aufgeben, wenn ihm gleichzeitig die Zuständigkeit zur Überprüfung der Verfassungsmäßigkeit von Gesetzen übertragen werde. Anders als in anderen europäischen Ländern habe man in Frankreich bedauerlicherweise noch nicht die Überprüfung der Rechtmäßigkeit von Wahlen oder der eine Wahl vorbereitenden Akte einem Gericht übertragen. Die vom Abgeordnetenhaus 1934 einberufene Kommission für politische, administrative, wirtschaftliche und rechtliche Reformen habe einen Vorschlag angenommen, demzufolge die Beurteilung dieser Akte der streitentscheidenden Kammer des *Conseil d'État* anvertraut werden solle. Es bleibe abzuwarten, ob das Parlament diesem Vorschlag zustimmen werde.[700] Schließlich befürwortete DUEZ erneut die Schaffung eines Verfassungsgerichts nach deutschem oder österreichischem Vorbild. Die Existenz eines solchen Gerichtes würde die Theorie des *acte de gouvernement* endgültig beseitigen.[701] Bei den *actes de gouvernement* des internationalen Bereiches seien Fortschritte schwerer zu erzielen. Dennoch könne man die gerichtliche Kontrolle internationaler Verträge insoweit ausdehnen, indem man eine Unterscheidung zwischen dem Vertrag selbst und seiner Ausführung nach nationalem Recht treffe. Im nationalen Recht besitze der Vertrag Gesetzesqualität.[702] Der Richter sei also bei nationalen Streitigkeiten zuständig für die Auslegung eines Vertrages sowie für die Kontrolle der Rechtmäßigkeit aller damit im Zusammenhang stehenden Maßnahmen des nationalen Rechts wie beispielsweise der Verkündung des Vertrages.[703] Ausgeschlossen von der gerichtlichen Prüfung

695 Duez, a.a.O., S. 81.
696 Duez, a.a.O., S. 83ff.
697 Duez, a.a.O., S. 18.
698 Duez, a.a.O., S. 23.
699 Duez, a.a.O., S. 26.
700 Duez, a.a.O., S. 170.
701 Duez, a.a.O., S. 170.
702 Duez, a.a.O., S. 171.
703 Duez, a.a.O., S. 171.

blieben insbesondere die Verhandlung, Ratifikation oder Kündigung eines internationalen Vertrages. Auch eine Zuständigkeit des Ständigen Internationalen Gerichtshofes könnte, so DUEZ, einen positiven Einfluss auf den Untergang der Theorie des *acte de gouvernement* haben.[704] Um dessen Urteil zu vermeiden, könnte die Regierung den nationalen Richtern die Zuständigkeit zur Überprüfung bestimmter *actes de gouvernement* zusprechen.[705] Diesen Effekt könne man, schlug DUEZ vor, beschleunigen, indem man dem Bürger das Recht gebe, den internationalen Richter direkt anzurufen.[706] Die größten Fortschritte bei der Beseitigung der Theorie seien in dem Bereich zu erwarten, in dem sich die Zurückhaltung des Gerichts aus der traditionellen Handlungsfreiheit der Regierung erkläre.[707] Insbesondere bei ausführenden Maßnahmen eines internationalen Vertrages und bei Kriegsschäden außerhalb des französischen Territoriums müsse der Mangel des internationalen Bezuges wegen Beteiligung des französischen Staates und eines französischen Staatsbürgers zur Justiziabilität führen.[708] Leider zeige sich, dass die Entwicklung der Rechtsprechung nur sehr langsam voranschreite. Aus diesem Grund schlug DUEZ eine Übergangslösung vor: Die Konzeption des *acte de gouvernement* könne in den Bereichen, in denen ein Fortschritt zunächst nicht zu erwarten sei, beibehalten werden; zum Ausgleich müsse man ihren Einfluss auf die Verwaltungsklage mindern.[709] DUEZ befürwortete eine Klage gegen einen *acte de gouvernement* unter Verzicht auf Beurteilung seiner Rechtmäßigkeit. Es sei dann lediglich nach dem Grundsatz der Gleichheit einen Schadensersatzanspruch zu prüfen.[710] Daneben schlug DUEZ einen neuen Ansatz vor. Der Richter dürfe nach derzeitiger Rechtslage nicht die Verfassungsmäßigkeit eines Gesetzes überprüfen. Demgegenüber könne er aber prüfen, ob ein Gesetz in formeller Hinsicht rechtmäßig sei. Stelle er die Nichteinhaltung bestimmter formeller Vorschriften fest, sei das Gesetz nichtig. Diese Regel könne auch auf *actes de gouvernement* übertragen werden. Der Richter müsse die Zuständigkeit erhalten, die Entstehung eines *acte de gouvernement* zu überprüfen. Nichtig sei dieser bei Mängeln wie dem Fehlen der erforderlichen ministeriellen Gegenzeichnung, der Nichtratifizierung eines internationalen Vertrages oder bei Fehlen der parlamentarischen Ermächtigung.[711] Dies bedeute zwar keine große Einschränkung der Theorie des *acte de gouvernement*, habe jedoch zur Folge, dass der Richter seine bisherige Zurückhaltung gegenüber Re-

704 Duez, a.a.O., S. 172.
705 Duez, a.a.O., S. 173.
706 Duez, a.a.O., S. 173.
707 Duez, a.a.O., S. 173.
708 Duez, a.a.O., S. 174.
709 Duez, a.a.O., S. 176.
710 Duez, a.a.O., S. 176f.
711 Duez, a.a.O., S. 182.

gierungsakten verliere.[712] Die Akte der Regierung, so DUEZ in Anlehnung an LAUN, würden hinreichend durch die Anwendung der Grundsätze der Ermessenfreiheit gegen eine gerichtliche Kontrolle geschützt.[713] Sie habe dazu geführt, dass eine gerichtliche Kontrolle jedes Aktes im Hinblick auf die Zuständigkeit des Autors, die Einhaltung der Formvorschriften, die materielle Rechtmäßigkeit und die Überschreitung der Befugnisse möglich sei.[714] Durch die Feststellung der Nichtigkeit eines Aktes etwa wegen Unzuständigkeit seines Autors greife der Richter nicht unzulässig in die Regierungsfreiheit ein; vielmehr schütze er ihre Rechte vor dem Eingriff Unbefugter.[715] Ebenso wenig gefährde die Feststellung der Nichteinhaltung bestimmter Formen die Handlungsfreiheit der Regierung, weil diese jederzeit unter Einhaltung der Formvorschriften einen neuen Akt erlassen könne.[716] Hierdurch werde die Theorie des *acte de gouvernement* praktisch überflüssig.[717] Daneben sei die Überprüfung der Legalität eines *acte de gouvernement* zuzulassen. Eine solche habe im Bereich der *actes de gouvernement* einen sehr geringen Anwendungsbereich, weil der unantastbare Ermessensfreiraum bei einem *acte de gouvernement* gewöhnlich überwiege.[718] Die Kontrolle eines Ermessensmissbrauches sei schließlich geboten, weil auch die Regierung nur bestimmte, grundsätzlich durch das Gesetz vorgeschriebene Ziele verfolgen dürfe.[719] So zeige sich, folgerte DUEZ, dass die Beseitigung der Rechtsfigur des *acte de gouvernement* die Handlungsfreiheit der Regierung praktisch unberührt lasse.

14. 1935: Ipsen, Erforderlichkeit der Rechtsfigur des acte de gouvernement im Staatsgefüge

Im Jahr 1935 habilitierte sich HANS PETER IPSEN in Deutschland mit einer Schrift über „Justizlose Hoheitsakte".[720] Er beschäftigte sich mit den Regierungsakten in Frankreich, Italien, Spanien, Rumänien und Deutschland. Bereits im Vorwort ließ IPSEN seine Wertschätzung für die Rechtsfigur des *acte de gouvernement* erkennen. Deren Anerkennung bewirke einen gerechten Ausgleich zwischen dem Bürger und dem Volk.[721] Die Staatszielbestimmung, die Führung von Partei und Staat im neuen Staatsgebilde, sei Grundlage des neuen Deutschland. Die Führung von Partei und Staat bestimme die Grenze zwischen der Jus-

712 Duez, a.a.O., S. 182.
713 Duez, a.a.O., S. 193ff.
714 Duez, a.a.O., S. 197 und 199ff.
715 Duez, a.a.O., S. 200.
716 Duez, a.a.O., S. 202.
717 Duez, a.a.O., S. 199.
718 Duez, a.a.O., S. 203.
719 Duez, a.a.O., S. 208.
720 Ipsen, Politik und Justiz, 1935.
721 Ipsen, a.a.O., S. 11.

tiz und der unantastbaren Hoheitsgewalt.[722] Das müsse anerkennen, wer in seinem Rechtsgefühl von der Gerechtigkeit der neuen Staatsordnung überzeugt sei. Wer diesen Staat jedoch ablehne, habe nicht Teil an der deutschen Rechtswissenschaft.[723] IPSEN ging von der Annahme aus, dass es in einem Staat unbedingt *actes de gouvernement* geben müsse. Dass der Theorie der Regierungsakte eine praktische Bedeutung zukomme, vermehre den theoretischen Bedarf der Begründung seiner Legitimität.[724] Die Unjustiziabilität des Regierungsaktes könne zunächst auf dessen formaler Rechtsnatur beruhen. Er könne seiner Rechtnatur nach eine Norm sein. Die Qualifizierung eines Regierungsaktes als Norm könne wegen der Gleichheit ihres Ursprunges, ihres Rangs oder der politischen Umstände ihrer Entstehung erfolgen.[725] Früher sei ein Regierungsakt des Königs bindende Norm für seine Untertanen gewesen,[726] doch sei er nicht mit dem modernen *acte de gouvernement* gleichzusetzen, weil es damals keine Verwaltungsgerichtsbarkeit gegeben habe.[727] Der Regierungsakt stehe auch nicht in der Rangfolge über dem einfachen Gesetz. Nach französischer Auffassung liege der Unterschied zum Gesetz in der Art seiner Ermächtigung. Ein Gesetz beruhe auf einer objektiven und qualitativ ungebundenen Ermächtigung, der Regierungsakt auf einer speziellen und an Sachthemen gebundenen Ermächtigung.[728] Die Gesetzgebung unterliege nicht der Kontrolle durch eine andere Staatsgewalt; der Regierungsakt unterstehe jedoch stets der Verfassung, der gegenüber die Exekutive verantwortlich sei. Die Verantwortung für einen Regierungsakt sei indes lediglich politischer Natur, so dass die Regierung jederzeit sanktionslos gegen die Verfassung verstoßen könne.[729] Auch die Entstehung des Regierungsaktes beweise nicht dessen Rechtsnormqualität. Er sei nur der allgemeinen parlamentarischen Kontrolle wie Misstrauensvotum oder Vertrauenserklärung unterworfen und daher nicht mit dem nach formellen Vorschriften zustande gekommenen Gesetz gleichzusetzen.[730] Eine Definition sei so nicht möglich.[731] Der Regierungsakt könnte nach der Zuständigkeit seines Autors zu bestimmen sein. Dies sei aber nicht möglich, weil man zwischen den Maßnahmen der Regierung in Form von Regierungsakten und anderen Akten unterscheiden müsse, also zwischen der Exekutive als Regierung oder Verwaltung. Dieser Versuch sei bereits gescheitert, „weil sich sonst der Begriff „Regierung" als dynamisches Element

---

722 Ipsen, a.a.O., S. 11.
723 Ipsen, a.a.O., S. 12.
724 Ipsen, a.a.O., S. 150.
725 Ipsen, a.a.O., S. 91f.
726 Ipsen zitierte das Sprichwort: „Quod principi placuit legis habet vigorem." , a.a.O., S. 91.
727 Ipsen, a.a.O., S. 91.
728 Ipsen, a.a.O., S. 93.
729 Ipsen, a.a.O., S. 93.
730 Ipsen, a.a.O., S. 94.
731 Ipsen, a.a.O., S. 94.

staatlicher Wirksamkeit in eine nur deskriptive und die Wahrnehmung staatlicher Funktionen ad hoc wiedergebende Feststellung auflösen würde".[732] Daneben habe diese Theorie versagt, weil der französische Staatsorganismus zum parlamentarisch-demokratischen Gesetzgebungsstaat „entartet" sei, dem eine echte Regierung fehle.[733] Eine rein formale Betrachtung, folgerte IPSEN, führe daher nicht zu einem brauchbaren Unterscheidungskriterium.[734] Notwendig sei also eine Inhaltsbestimmung. Auch diese könne unter formalen Kriterien erfolgen.[735] Der Regierungsakt müsse formal zu den Maßnahmen abgegrenzt werden, die seiner Ausführung dienten, die jedoch nicht selbst sein Bestandteil seien.[736] Ein Unterscheidungskriterium darin bestehen, dass nur ein kraft verfassungsrechtlicher Ermächtigung ergangener Akt ein Regierungsakt sei.[737] Die Lehre CARRÉ DE MALBERGS gehe davon aus, dass der Einzelhoheitsakt seine Existenzberechtigung einer höherrangigen Norm verdanke und setze zugleich die Unterscheidung zwischen einfachen Gesetzen und Verfassungsgesetzen voraus.[738] Sie führe dazu, dass die Regierung ihre Akte als dem Gesetz gleichrangig betrachte, was gelegentlich zur Gleichsetzung von Regierungsakt und Gesetz verleite.[739] Sie sei jedoch schließlich von der französischen Rechtslehre abgelehnt worden, weil die Praxis des *Conseil d'État* ihr widerspreche und ein Großteil der Lehre die *actes de gouvernement* als eine dritte staatliche Handlungsform neben jener der Verwaltungsakte und der Verfassungsakte betrachte.[740] Auch der Ansatz LAUNS[741], der die Regierungsakte für Ermessensakte halte und sie nach den für sie geltenden Regeln behandelt wissen wolle, sei abzulehnen.[742] LAUN verkenne, dass die französische Rechtsprechung eine solche Qualifizierung nicht vornehme.[743] Die Vertreter der Negativen Theorie hätten vor allem den Individualschutz verteidigt, indem sie moralisierend dessen Verletzung durch Regierungsakte als eines zivilisierten Landes unwürdig bezeichnet hätten. Die Besonderheit der gerichtlich immunen Regierungsakte, so entwickelte IPSEN seinen eigenen Ansatz, sei in dem Grund zu suchen, aus dem der Erlasser eines Regierungsaktes oder die seine staatsrechtliche Stellung bestimmende staatliche Ordnung ein Interesse an dessen Unklagbarkeit habe.[744] Nicht erst die Beantwor-

732 Ipsen, a.a.O., S. 156.
733 Ipsen, a.a.O., S. 157.
734 Ipsen, a.a.O., S. 100.
735 Ipsen, a.a.O., S. 103.
736 Ipsen, a.a.O., S. 106.
737 Vgl. dazu Carré de Malberg (siehe K. IV. 1.)
738 Ipsen, a.a.O., S. 110f.
739 Ipsen, a.a.O., S. 111.
740 Ipsen, a.a.O., S. 112.
741 Siehe J. IV. 9.
742 Ipsen, a.a.O., S. 136f.
743 Ipsen, a.a.O., S. 137.
744 Ipsen, a.a.O., S. 138.

tung dieser Frage, sondern bereits IPSENS Frage nach dem „Interesse" erinnerte deutlich an die seit langem abgelehnte Mobiltheorie. Die staatliche Ordnung einer liberalen Demokratie erfordere, so IPSEN, dass die Regierungsakte im Verhältnis zur Judikative immun blieben. Die Legislative könne nicht dulden, dass ihre Akte oder jene der von ihr abhängigen Regierung von einem anderen Träger staatlicher Gewalt korrigiert würden.[745] In Frankreich habe das von der Exekutive auf die Legislative verlagerte Schwergewicht die Entwicklung ermöglicht, die *actes de gouvernement* der Exekutive, die diese an Stelle der untätigen Legislative vornehme, zu legitimieren.[746] Der *acte de gouvernement* sei in zahlreichen Fällen ein „gesetzesvertretendes Ersatzgeschäft" der Exekutive.[747] Der Regierungsakt sei also legitim, weil er eine Maßnahme der eigentlich zur Handlung berufenen Legislative darstelle.[748] Erkenne die Theorie des *acte de gouvernement* ihm deshalb gerichtliche Immunität zu, so begründe sich dies aus der Anerkennung des „Primats der gesetzgebenden Gewalt".[749] Weil die Gesetze die Existenz einer Regierung und der Regierungsgewalt anerkennten, gebe es Regierungsakte, die gerichtlich immun seien.[750] Daneben ergebe sich seine Legitimität daraus, dass die gerichtliche Kontrolle durch den Vorrang der politischen, parlamentarischen Kontrolle verdrängt sei.[751] Eine Kontrolle durch den Richter sei unzweckmäßig, weil dieser die tatsächlichen Umstände, die zum Erlass des Aktes geführt hätten, nicht kenne und es nicht tunlich erscheine, ihm diese Einsicht durch Darlegung aller Motive im Prozess zu verschaffen.[752] In der Ansicht IPSENS zeigte sich ein besonderes Verständnis der Gewaltenteilung. Er ordnete die Regierungsfunktion der Legislative zu, statt ihr wie bisher lediglich eine Führungsrolle innerhalb der Exekutive zuzuerkennen. Ihn leitete die Frage nach der staatlichen Ordnung. Er äußerte Verständnis für die Mobiltheorie: Sie habe die erste folgerichtige Definition geliefert und hätte eine fruchtbare Lösung für die Lehre bieten können, wenn sie zugleich eine Definition des Politischen entwickelt hätte.[753] Der Regierungstätigkeit sei auch nach Ablehnung der Mobiltheorie die politische Natur ihrer Maßnahmen immanent; ihre Akte verkörperten politische Gewalt. So habe die Mobiltheorie nicht an Bedeutung verloren.[754] Der Handlungsbereich der Regierung sei der „typische Bezirk politischer Durchdringung". „Das dem Politischen Wesentliche sei dessen Zielrichtung und seine Da-

---

745 Ipsen, a.a.O., S. 138.
746 Ipsen, a.a.O., S. 157.
747 Ipsen, a.a.O., S. 158.
748 Ipsen, a.a.O., S. 158.
749 Ipsen, a.a.O., S. 158.
750 Ipsen, a.a.O., S. 164.
751 Ipsen, a.a.O., S. 159.
752 Ipsen, a.a.O., S. 160.
753 Ipsen, a.a.O., S. 129f.
754 Ipsen, a.a.O., S 167.

seinsfunktion, die immerwährende und immer erneuerte Bestimmung und Durchsetzung des Staates an sich und dessen Staatsziel: die Verwirklichung der Staatsidee."[755] Es entspreche der praktischen Erfahrung, die Behandlung von Gefahrenzuständen dem Staatsorgan zu überlassen, dessen Aktivität die wirksamste und stets verfügbare sei. Dies sei die Regierung.[756] IPSEN lobte den Ansatz DUGUITS[757], der die politische Zweckbestimmung in der Verteidigung der staatlichen, von der Regierung geleiteten Gemeinschaft gegen den inneren und äußeren Staatsfeind bei der Definition des Politischen als des der staatlichen Sicherheit und höheren Staatsinteressen dienenden Elements" schon erkannt habe.[758] Das Problem der Regierungsakte sei auch heute ein allein politisches und könne nicht vom Staat gelöst werden, um dessen Akte es sich handele.[759] Ein politisch geschlossenes und in seiner Zielsetzung eindeutig festgelegtes Staatswesen vertrage es, so IPSEN, dass Einzelerscheinungen im Widerspruch zur allgemeinen Rechtsordnung stünden.[760] Die Theorie des *acte de gouvernement* sei darüber hinaus geeignet, das grundsätzlich liberale Rechtssystem Frankreichs zu beweisen, solange sie eine Ausnahme bleibe.[761] Somit sei die Existenz der Regierungsakte legitimiert. IPSEN wandte sich sodann der Frage zu, wer einen Regierungsakt als solchen qualifizieren dürfe.[762] Hier zeige sich erneut, dass insbesondere die Qualifikationsfrage eng mit der geltenden staatliche Ordnung und ihrer Politik zusammenhänge.[763] In der Praxis entscheide der *Conseil d'État* selbst über die Qualifikation eines Aktes als *acte de gouvernement.* Dies sei eine Überhöhung des Gerichtes zu einem dem Aktautor überlegenen Organ.[764] Dennoch werde diese Lösung den liberal-rechtsstaatlichen Erfordernissen gerecht, da sie der Forderung einer wechselseitigen Kontrolle entspreche.[765] Erkenne man diese Lösung an, zeige sich, dass die bisher als „Verlegenheitslösung" betrachtete Enumerationsmethode eine veritable Legitimation besitze.[766] Mit einer listenmäßigen Fixierung aller bekannter und denkbarer *actes de gouvernement* sei dem möglichen und erforderlichen Maß an Rechtssicherheit Genüge getan.[767] Der Ansatz IPSENS erschien zunächst sehr ungewöhnlich, indem er die nach absolut herrschender Meinung überkommene Mobiltheorie wieder belebte. Wie

755 Ipsen, a.a.O., S. 169.
756 Ipsen, a.a.O., S. 165.
757 Siehe K. IV. 2.
758 Ipsen, a.a.O., S. 132.
759 Ipsen, a.a.O., S. 139.
760 Ipsen, a.a.O., S. 162.
761 Ipsen, a.a.O., S. 163.
762 Ipsen, a.a.O., S. 140ff.
763 Ipsen, a.a.O., S. 141.
764 Ipsen, a.a.O., S. 142.
765 Ipsen, a.a.O., S. 143.
766 Ipsen, a.a.O., S. 143.
767 Ipsen, a.a.O., S. 102.

ein Blick auf andere Beiträge seiner Zeit zeigt, war dies jedoch auch in Frankreich keine Ausnahme. Auch VAUTHIER hatte diese Ansicht 1931 vertreten.[768] Zudem ist die besondere politische Lage in Deutschland zu berücksichtigen. Aus ihr erklärt sich die besondere Sympathie für die Rechtsfigur des *acte de gouvernement.* Der im Aufbau begriffene „Führerstaat" hatte ein gesteigertes Interesse daran, dass möglichst wenige Akte der politischen Führung durch das Eingreifen einer zweiten staatlichen Gewalt berührt wurden. Schließlich entsprach es der Auffassung, dass die Akte des Führers wegen ihrer ihnen grundsätzlich innewohnenden Richtigkeit keiner Kontrolle bedürften.

768 Siehe K. IV. 10.

L. Die Verfassung vom 10. Juli 1940

Vom 10. Juli 1940 bis zum 25. August 1944 stand Frankreich unter der diktatorischen Herrschaft des Marschalls PÉTAIN. Er regierte in Vichy als „*chef de l'État*". Der einzige Artikel des Verfassungsgesetzes vom 10. Juli 1940 gab PÉTAIN die Regierungsmacht und das Recht, eine neue französische Verfassung zu verkünden.[769] Dieser übertrug sich die gesamte exekutive und legislative Gewalt und entließ beide Kammern, die von nun an nur noch vom Staatschef einberufen werden sollten.[770] Das neue Parlament, der *Conseil National*, hatte nur beratende Funktion. Seine Mitglieder ernannte der Staatschef. Zugleich wurde die *Cour suprême de justice* geschaffen. Diese fungierte einerseits als Verfassungsgericht, indem sie die Verfassungsmäßigkeit von Gesetzen beurteilte und wurde andererseits damit betraut, über den Präsidenten der Republik und die Minister sowie mögliche Täter eines Attentäters gegen die Staatssicherheit zu urteilen.[771] Dessen Befugnisse füllten die hinsichtlich der *actes de gouvernement* bestehende Lücke in der Gerichtsorganisation aber kaum. PÉTAIN baute den autoritären Staat systematisch weiter aus. Innenpolitisch stützte er sich auf die Parole „*Travail, Famille, Patrie*". Nach dem Sturz MUSSOLINIS und auf Drängen der Republikaner wurde ein Verfassungsprojekt ausgearbeitet, das aber wegen Widerspruchs der deutschen Besatzungsmacht nicht in Kraft trat.[772] Als die Alliierten in der Normandie landeten, brach das Vichyregime zusammen.

I. Rechtsprechung

In der Zeit von 1940 bis 1946 ergaben sich keine Änderungen der Rechtsprechung hinsichtlich des *acte de gouvernement*.

Im Fall *Sieur Rovera*[773] hatte ein Divisionsgeneral dem Kläger nach seiner Entlassung aus der Fremdenregion untersagt, in der französischen Zone in Marokko Wohnsitz zu nehmen.

Der *Conseil d'État* erklärte die Klage für unzulässig, weil der Divisionsgeneral als Verwaltungsautorität des Protektorates Marokko gehandelt habe, und er für die Prüfung marokkanischer Verwaltungsakte nicht zuständig sei.

Im Fall *Sieur Corbier*[774] begehrte der Kläger vom französischen Staat Schadensersatz für seine bei der Rückfahrt von den Olympischen Spielen aus Barcelona erlittenen Verletzungen. Er machte geltend, diese beruhten auf der fehlerhaften Organisation der Rückreise durch einen Unterstaatssekretär.

---

769 Vgl. Godechot, a.a.O., S. 343ff.

770 Hartmann, a.a.O., S. 129.

771 Art. 33.- La sauvegarde de la Constitution et l'exercice de la justice politique sont assurés par la Cour suprême de justice.

772 Hartmann, a.a.O., S. 131.

773 C.E. 18. Juli 1941, Sieur Rovera, Rec. 1941, S. 141.

774 C.E. 1. Juni 1943, Sieur Corbier, Rec. 1943, S. 140.

Der *Conseil d'État* urteilte, es habe einerseits kein fehlerhaftes Verhalten des Unterstaatssekretärs vorgelegen, andererseits berühre die Klage auch die Frage, ob den Franzosen ausreichender konsularischer Schutz gewährt worden sei. Diese wiederum sei wegen des Zusammenhanges mit den Regierungsbefugnissen in internationalen Angelegenheiten nicht gerichtlich überprüfbar.

Demgegenüber sprach das Gericht im Urteil *Sieur Giraud*[775] dem Kläger wegen eines Fehlverhaltens des französischen Seeattachés in Konstantinopel einen Anspruch auf Schadensersatz zu.

Der Kläger war Gläubiger einer Forderung gegen die Eigentümer eines russischen Schiffes. Die französischen Autoritäten hatten ihm zugesichert, dass dieses so lange im Hafen festgehalten werde, bis wenigstens eine Anzahlung geleistet worden sei. Gegen das bloße Vorzeigen eines Schecks hatte der Seeattaché dieses dennoch entlassen, den Scheck nicht weitergeleitet und dem Kläger so die Möglichkeit genommen, Zahlung zu erlangen.

Die Klage sei zulässig und begründet, entschied der *Conseil d'État,* ohne auf den Zusammenhang mit den internationalen Beziehungen einzugehen.
Der Unterschied zu Klagen, in denen das Gericht eine Beurteilung der Verweigerung diplomatischen Schutzes verweigert hatte, mag darin liegen, dass ein solcher bereits ausdrücklich zugesagt war und der Seeattaché gegen die getroffene Vereinbarung verstoßen hatte.

Im Fall *Sieur Bro*[776] begehrte der Kläger Schadensersatz wegen des durch deutsche Militärfahrzeuge verursachten Todes seiner Frau.

Der *Conseil d'État* urteilte, es gebe keine internationale Konvention, die dem französischen Staat die Haftung für derartige Ereignisse auferlege.

Im Fall *Sieur Wang Yu Kong*[777] wandte sich der Kläger, chinesischer Spinner, gegen zwei Ordonnanzen des Generalkonsuls in China, die einerseits Bestimmungen zum Betrieb gefährlicher Betriebe, andererseits zum Nachtarbeitsverbot trafen.

Der *Conseil d'État* entschied, ein Urteil darüber, ob der Generalkonsul als französische Verwaltungsautorität handele und inwieweit er dabei den Beschränkungen der französisch-chinesischen Abkommen unterliege, richte sich nach verschiedenen internationalen Abkommen. Deren Auslegung stehe allein der französischen Regierung zu. Der Außenminister habe mitgeteilt, der Generalkonsul handele kraft ihm durch die chinesische Regierung übertragener Befug-

---

775 C.E. 16. Mai 1941, Sieur Giraud, Rec. 1941, S. 102.
776 C.E. 28. Mai 1943, Sieur Bro, Rec. 1943, S. 137.
777 C.E. 26. Januar 1944, Wang Yu Kong, Rec. 1944, S. 30 (Vgl. dazu Jèze, RDP 1945, S. 267).

nisse, die dem französischen Recht nicht unterlägen. Folglich sei der *Conseil d'État* unzuständig.

Im Fall Sieur *Boussac*[778] hatten die französische und die polnische Regierung einen Vertrag geschlossen, demzufolge der Kläger, Träger der französischen zugehörigen Gesellschaft der polnischen *Société de Zyardow,* auf eine Vielzahl seiner Ansprüche verzichtete. Die polnische Regierung hatte im Gegenzug 45 Millionen Francs an den französischen Staatshaushalt zu zahlen. Nachdem die Summe nicht vollständig gezahlt worden war, wandte der Kläger sich an den französischen Staat, der sich zu seinen Gunsten zur Ausführung des Vertrages von Rambouillet verpflichtet habe und nun intervenieren möge.

Der *Conseil d'État* hielt sich wegen eines „*acte diplomatique*" für unzuständig und betonte, dies gelte auch angesichts der die Konvention ausführenden Akte.[779]

Im Fall *Sieur Hiriart*[780] wandte sich der Kläger gegen das von den Besatzungsautoritäten angeordnete Durchgangsrecht an seinem Grundstück.

Der angegriffene Akt sei eine Maßnahme der Besatzungsmacht und aus diesem Grund nicht durch den *Conseil d'État* zu beurteilen, beschied dieser den Kläger.

II. Rechtslehre

Die Rechtslehre brachte unter der Verfassung von 1940 keine neuen Theorien hervor.

---

778 C.E. 11. August, Sieur Boussac, Rec. 1944, S. 229.

779 „Considérant que les conventions de 17 septembre et 27 novembre sont des actes diplomatiques et que les questions relatives à leur exécution ne peuvent être discutées devant le Conseil d'État par la voie contentieuse."

780 C.E. 22. November 1944, Sieur Hiriart, Rec. 1944, S. 303.

M. Die Verfassung vom 19. April 1946

Im Oktober 1945 wählten alle Franzosen, zum ersten Mal auch die Frauen, eine Versammlung, die unter anderem mit den Aufgaben einer *Constituante* betraut werden sollte. Gleichzeitig stimmte das Volk für die Vierte Republik.[781] Einen Verfassungsentwurf, der die Schaffung einer einzigen Kammer vorsah, die sowohl den Präsidenten als auch die Regierung kontrollieren sollte, lehnten die Franzosen durch Plebiszit am 05. Mai 1946 ab. Eine neue *Constituante* wurde gewählt, die eine Verfassung mit gestärkter Exekutive erarbeitete. Sie wurde vom Volk angenommen.[782] Mit der Verfassung vom 27. Oktober 1946 wurde die Vierte Republik ausgerufen. In einer Präambel wurden die Grundprinzipien der Revolution anerkannt, auf deren Grundlage die demokratische, soziale und laizistische Republik bestehen sollte. Ausdrücklich erklärte die Verfassung, dass jeder Mensch ohne Unterschied von Rasse, Religion oder Weltanschauung unveränderliche Rechte besitze. Ebenso garantierte sie die Gleichberechtigung von Mann und Frau. Das französische Volk delegierte seinen souveränen Willen an die *Assemblée Nationale*, deren Abgeordnete in allgemeiner, gleicher, direkter und geheimer Wahl für 5 Jahre gewählt wurden. Daneben wurde ein *Conseil de la République*, der Nachfolger des Senats, geschaffen, dessen Mitglieder durch die kommunalen und departementalen *collectivités* gewählt wurden.[783] Die Exekutive wurde vom Präsidenten der Republik und vom *Président du Conseil* ausgeübt, die beide von der *Assemblée Nationale* gewählt wurden. Der Präsident der Republik erhielt begrenztere Rechte als der Präsident der Dritten Republik sie gehabt hatte. Er ernannte hohe Beamte und die Minister sowie den Präsidenten des *Conseil des ministres*, führte die internationalen Verhandlungen, unterzeichnete und ratifizierte die diplomatischen Verträge, übte das Begnadigungsrecht in Zusammenarbeit mit dem *Conseil supérieur de la magistrature* aus und verkündete die Gesetze. Der Präsident des *Conseil des ministres* sorgte für die Ausführung der Gesetze, ernannte die Zivil- und Militärbeamten, leitete die nationale Verteidigung und koordinierte die Arbeit der Ministerien.[784] Das Recht der Gesetzesinitiative kam sowohl dem Parlament als auch der Regierung zu. Schließlich wurde eine *Haute Cour de la Justice* geschaffen. Deren Mitglieder wurden durch die *Assemblée Nationale* gewählt. Sie konnte den Präsidenten oder einen Minister aburteilen, wenn er vom Parlament angerufen wurde. Die Verfassung vom 27. Oktober 1946 änderte den Rang diplomatischer Verträge. Artikel 26 bis 28 bestimmten ihre Rechtsnatur.[785] Artikel 8 der Verfassung über-

---

781 Martens, Die Vierte Republik, in : Kleine Geschichte Frankreichs, S. 415, 423.

782 Vgl. Godechot, a.a.O., S. 371ff.

783 Hartmann, a.a.O., S. 135.

784 Hartmann, a.a.O., S. 137

785 Artikel 26.- Les traités diplomatiques régulièrement ratifié et publiés ont force loi dans le cas même où ils seraient contraires à des lois françaises, sans qu'il soit besoin pour en assurer l'application d'autres dispositions législatives que celles qui auraient

trug den Kammern die Zuständigkeit für die Beurteilung der Wählbarkeit der Abgeordneten sowie für die Beurteilung der Rechtmäßigkeit der Wahlhandlungen.[786]
Nach dem Sieg der Linken bei den Wahlen 1956 trat die Regierung für eine größere Unabhängigkeit der schwarzafrikanischen Kolonien ein und nahm Verhandlungen mit der algerischen Befreiungsbewegung auf. Die Entsendung immer neuer Truppen nach Algerien und der Tod vieler Soldaten sowie der Kursverfall des Franc führten zu innenpolitischen Spannungen, da die Franzosen ein Ende des Kriegs wünschten und die Regierung instabil und schwach schien.[787] Als diese sich nicht in der Lage zeigte, eine neue Verfassung zur Stärkung der Exekutive auszuarbeiten, beauftragte die *Assemblée Nationale* damit schließlich DE GAULLE.

I. Die Reform der Verwaltungsgerichtsbarkeit

Im Jahre 1953 veränderte eine Reform den Instanzenzug der Verwaltungsgerichte. Bisher hatte der *Conseil d'État* in erster und letzter Instanz über Verwaltungsstreitigkeiten entschieden. Seine zunehmende Belastung gab Anlass zur Schaffung erstinstanzlicher Verwaltungsgerichte. Durch Dekrete vom 30. September 1953 und vom 28. November 1953 erhielten die früheren *Conseils interdépartementaux de préfecture* den Rang erstinstanzlicher Verwaltungsgerichte. Der *Conseil d'État* wurde Berufungs- und Kassationsgericht. Seine erstinstanzliche Zuständigkeit bestand fort für Anfechtungsklagen gegen *décrets réglementaires et individuels*, Streitigkeiten über die persönliche Rechtstellung der durch Dekret vom Präsidenten ernannten Beamten, für Klagen ohne örtliche Zuständigkeit eines *Tribunal administratif* sowie für Anfechtungsklagen gegen *actes réglementaires* der Minister und gegen Verwaltungsentscheidungen kollegialer Organe mit nationaler Entscheidungsbefugnis.

été nécessaires pour assurer leur ratification. Art. 27.- Les traités relatifs à l'organisation internationale, les traités de paix, de commerce, les traités qui engagent les finances de l'État, ceux qui sont relatif à l'état des personnes et au droit de propriété des Français à l'étranger, ceux qui modifient les lois internes françaises, ainsi que ceux qui comportent cession, échange, adjonction de territoire, ne sont définitifs qu'après avoir été ratifiés en vertu d'une loi. Art. 28.- Les traités diplomatiques régulièrement ratifiés et publiés ayant une autorité supérieure à celle des lois internes, leurs dispositions ne peuvent être abrogées, modifiées ou suspendues qu'à la suite d'une dénonciation régulière, notifiée par voie diplomatique. Lorsqu'il s'agit d'un des traités visés à l'article 27, la dénonciation doit être autorisée par l'Assemblée Nationale, exception faite pour les traités de commerce.

786 Art. 8.- Chacune des deux Chambres est juge de l'éligibilité de ses membres et de la régularité de leur élection; elle peut seule recevoir leur démission. Vgl. Godechot, a.a.O., S. 392.

787 Martens, a.a.O., S. 431.

II. Rechtsprechung
1. Akte des nationalen Rechtskreises

Im Fall *Pebellier*[788] begehrte der Kläger die Aufhebung einer Entscheidung des Präfekten, der eine Kandidatenliste nicht entgegengenommen hatte, weil einer der aufgeführten Kandidaten das passive Wahlrecht nicht besessen habe.

Für die Beurteilung von Akten, die eine Wahl vorbereiteten, sei er unzuständig, entschied der *Conseil d'État.*

Im Jahre 1947 erging ein berühmtes Urteil zum Begnadigungsrecht.[789]

Der Kläger *Gombert* war vom Gerichtshof in Bordeaux am 16. Oktober 1946 zum Tode verurteilt worden. Am 15. Januar 1947 reichten seine Verteidiger ein Gnadengesuch beim Präsidenten der provisorischen Republik ein, das dieser durch Schweigen beschied. Er ordnete dann die Vollstreckung der Strafe für den folgenden Tag an. Die Verteidiger des Klägers reichten am 16. Januar 1947 eine Anfechtungsklage beim *Conseil d'État* ein.

Dieser entschied, die Ausübung des Begnadigungsrechtes könne nicht als Exekutivakt betrachtet werden, für den eine Zuständigkeit des *Conseil d'État* bestehe.[790]

Im Fall *Sieur Mallarmé*[791] begehrte der Kläger erstens die Aufhebung einer Entscheidung des Präfekten von Algier, der ihm eine Kandidatur bei der Wahl der Mitglieder des *Conseil de la République* verweigert hatte, und zweitens die Aufhebung eines Artikels eines Dekretes, das bestimmten Personen das passive Wahlrecht entzogen hatte.

In Bezug auf das erste Klagebegehren urteilte der *Conseil d'État* erwartungsgemäß. Allein der *Conseil de la République* sei für die Beurteilung der Akte im Vorfeld seiner Wahl zuständig, so dass die Klage diesbezüglich nicht zulässig sei. Er prüfte allerdings die Recht- und Verfassungsmäßigkeit des angefochtenen Dekrets.

Das Urteil *Mutuelle nationale des Étudiants de France*[792] betraf die Frage, ob eine Anfechtungsklage gegen ein Gesetzesvorhaben in Form eines Dekrets zulässig sei. Die nationale studentische Krankenversicherung begehrte die Aufhebung des Dekrets, das die Ausgaben für die Funktionstüchtigkeit des öffentlichen Dienstes neu regelte.

---

788 C.E. 26. Juni 1946, Sieur Pebellier, Rec. 1946, S. 218.

789 C.E. 28. März 1947, Gombert, Rec. 1947, S. 138.

790 „...ne peuvent pas être regardées comme des actes émanant d'une autorité administrative. (...) La requête du sieur Gombert est rejetée comme portée devant une juridiction incompétent pour en connaître."

791 C.E. 9. Juni 1950, Sieur Mallarmé, Rec. 1950, S. 352.

792 C.E. 9. Mai 1951, Mutuelle nationale des Étudiants de France, Rec. 1951, S. 253.

Der *Conseil d'État* hielt die Klage für unzulässig, weil es sich um einen Akt im Verhältnis zwischen Exekutive und Legislative handele, dessen Beurteilung ihm nicht zustehe.

Am 8. Juni 1951 lagen dem *Conseil d'État* drei Klagen im Zusammenhang mit der Wahl der Legislative am 17. Juni 1951 vor.

Der Kläger *Dreyfus-Schmidt*[793] begehrte die Aufhebung einer Entscheidung des Präfekten von Belfort, der die Beschwerde des Klägers gegen die Zusammenlegung der Listen der Parteien S.F.I.O. und der M.R.P, radikal-sozialistische Parteien, zurückgewiesen hatte, sowie die Aufhebung eines Erlasses des *Conseil de préfecture*, der seine Klage gegen die beschriebene Zusammenlegung für unzulässig erklärt hatte.[794]

Der *Conseil d'État* entschied, die erste Beschwerde sei unzulässig, weil Akte im Vorfeld der Wahl gerügt würden, für deren Beurteilung der *Conseil d'État* nicht zuständig sei. Allein die *Assemblée Nationale* sei dafür zuständig. Auch für die zweite Beschwerde sei er unzuständig, denn auch das Urteil des *Conseil de préfecture* sei ein Akt im Vorfeld der Wahl. Der Gesetzgeber habe die Akte des *Conseil de préfecture* offensichtlich einer gerichtlichen Beurteilung entziehen wollen, indem er den Klageweg ausdrücklich ausgeschlossen und eine dreitägige Beschwerdefrist eingeräumt habe.[795]

Der Kläger *Hirschowitz*[796] begehrte die Aufhebung eines Dekrets vom 16. Mai 1951, mit dem die Wähler in Frankreich, in den Departements in Übersee und in Algerien einberufen worden waren.

Auch diesen Akt hielt das Gericht für einen die Wahl vorbereitenden Akt, dessen Beurteilung dem Parlament obliege.

---

793 C.E. 8. Juni 1951, Sieur Dreyfus-Schmidt, Rec. 1951, S. 320.

794 Gemäß Artikel 6 des Gesetzes vom 5. Oktober 1946, letzter Absatz, geändert durch das Gesetz vom 9. Mai 1951, konnten sich Kandidaten, denen die Aufnahme in die Kandidatenliste verweigert worden war sowie Kandidaten, deren Listen zusammengelegt worden waren, an den Conseil de préfecture wenden, der die Streitigkeit innerhalb einer Frist von drei Tagen ohne Berufungsmöglichkeit zu entscheiden hatte.

795 „Que, d'autre part, en supprimant expressément la voie de recours ordinaire ouverte contre les arrêtés des Conseils de préfecture et en fixant à trois jours le délai imparti auxdits conseils pour statuer sur les contestations dont s'agit, le législateur a manifestement voulu que décisions qu'ils sont appelés à rendre en cette manière ne puissent être frappées d'aucun recours."

796 C.E. 8. Juni 1951, Sieur Hirschowitz, Rec. 1951, S. 320.

Der Kläger *Brusset*[797] begehrte die Aufhebung eines Dekrets des *Conseil préfecture interdépartemental de Bordeaux*, der sich weigerte, die Form, die Gültigkeit sowie die Bedingungen der Zusammenlegung der Liste der Unabhängigen Bauern, Nationalen Republikaner und Demokratischen Republikaner zu überprüfen.

Es handele sich, so der *Conseil d'État,* um einen Akt im Vorfeld der Wahl, dessen Beurteilung ihm nicht obliege.

Im Fall *Tixier*[798] wandte sich der Kläger einerseits gegen ein Dekret, andererseits gegen eine darauf beruhende Entscheidung des Präfekten, der die Kandidatur des Klägers abgelehnt hatte.

Der *Conseil d'État* lehnte die Klage ab und erklärte, er sei sowohl unzuständig, *actes préliminaires des opérations éléctorales* zu beurteilen als auch die Rechtmäßigkeit von *„actes réglementaires qui régissent ces opérations"*.

Im Fall *Sieur Reibel*[799] hatte der *Conseil d'État* zuletzt über die Klage eines Mannes zu entscheiden, dem durch einen Präfekten die Aufnahme in die Kandidatenliste für die Wahlen zur verfassungsgebenden Versammlung im Juni 1946 verweigert worden war. Dieser forderte nun Schadensersatz.

Der *Conseil d'État* behielt seine in den Urteilen *Dreyfus-Schmidt, Hirschowitz, Brusset* und *Tixier* entwickelte Rechtsprechung bei und erklärte sich für unzuständig, weil es sich bei der Weigerung um einen eine Wahl vorbereitenden Akt handele.

Im Jahre 1953 lag dem *Tribunal des Conflits* der Fall *Secrétaire du d'entreprise de la Société nationale de constructions aéronautiques du Sud-Est*[800] vor.

Nach einem langen Streik der Belegschaft des staatlichen Unternehmens zur Herstellung von Luftfahrtsmaterial hatte die Direktion beschlossen, die Fabrik zu schließen und die Beschäftigten zu entlassen. Der Sekretär konnte infolgedessen die ihm ursprünglich zur Verfügung gestellten Räume nicht mehr betreten und wandte sich an einen Friedensrichter. Der Fall gelangte vor das *Tribunal des Conflits*, weil Uneinigkeit darüber bestand, ob ein Zivilrichter trotz des öffentlich-rechtlichen Charakters des staatlichen Unternehmens für die Streitigkeit zuständig sei.

Das Gericht entschied, die Qualität des Unternehmens habe keinen Einfluss auf die privatrechtliche Natur der Rechtsbeziehungen zwischen der Gesellschaft und

---

797 C.E. 8. Juni 1951, Sieur Brusset, Rec. 1951, S. 321.
798 C.E. 2. November 1951, Tixier, JCP 1952, II., 6810.
799 C.E. 28. März 1952, Sieur Reibel, Rec. 1952, S. 190.
800 T.C. 12. Februar 1953, Secrétaire du Comité d'entreprise de la Société nationale de constructions aéronautiques du Sud-Est, Rec., 1953, S. 585.

dem Personal. Das *Tribunal civil* sei folglich zuständig. Das *Tribunal des Conflits* verwendete anders als der *Conseil d'État*, die Formulierung „*acte de gouvernement*“.[801]

Im Urteil *Sieurs Barel, Guyader, Fortune, Bedjaoui et Lingois*[802] hatte das Gericht über den Ausschluss mehrerer Antragsteller von der Zulassung zur Aufnahmeprüfung für die *École Nationale d'Administration* zu befinden.

Der *Conseil d'État* nahm die Klage an. Er gelangte zu der Auffassung, dass der Ausschluss der Kandidaten allein auf ihre politische Gesinnung zurückzuführen sei. Sie waren Mitglieder der kommunistischen Partei. Die Entscheidung sei rechtswidrig ergangen und verkenne den Grundsatz, dass alle Franzosen gleichen Zugang zu den öffentlichen Ämtern hätten.

2. Akte des internationalen Rechtskreises

Das Urteil *Compagnie belge des Mines*[803] brachte eine geringfügige Veränderung.

Die Kläger rügten die Beschlagnahme eines Schiffes und den Verkauf der darauf befindlichen Waren und forderten Schadensersatz. Der Staatssekretär verweigerte ihnen einen solchen Anspruch.

Der *Conseil d'État* wies die Klage nicht mit dem Hinweis auf seine Unzuständigkeit zurück, wie er es im vergleichbaren Fall *Calucundis*[804] getan hatte, sondern verwies die Kläger an den seit 1939 zuständigen *Conseil des Prises.*[805]

Im Fall *Sieurs Merle*[806] verlangten die Kläger Schadensersatz für ihr infolge einer Explosion zerstörtes Dreschmaterial.

Der *Conseil d'État* entschied, die Explosion sei ein Kriegsereignis, an das sich nach den geltenden Gesetzen kein Staatshaftungsanspruch knüpfe.

801 „Que le directeur de la société s'est opposé à la mesure sollicité par le comité d'entreprise, ce fait ne saurait constituer par lui-même un acte de gouvernement échappant par nature à tout contrôle juridictionnel, ainsi que le soutient à former l'arrêté de conflit.“

802 C.E. 28. Mai 1954, Sieur Barel, Rec. 1954, S. 308.

803 C.E. 11. Januar 1946, Compagnie belge des Mines, Rec. 1946, S. 9.

804 C.E. 1. Mai 1929, Calucundis, Rec. 1929, S. 434 (siehe K. III. 2.).

805 Dieser hatte per Dekret im September 1939 die Zuständigkeit erhalten, über Beschwerden von Staatsangehörigen neutraler Staaten im Fall von Umleitungen oder Beschlagnahmen von Schiffen zu Kriegszeiten zu urteilen.

806 C.E. 6. Februar 1946, Sieurs Merle, Rec. 1946, S. 43.

In den Fällen *Sieur Blaise*[807] und *Sieur Corbeaux*[808] wandten sich die Kläger gegen gegen sie verhängte militärische Disziplinarstrafen.

Verwaltungsakte lägen nicht vor; folglich sei er unzuständig, urteilte der *Conseil d'État.*

Im Fall *Société Lotti et Compagnie* [809] verlangte die Gesellschaft Schadensersatz wegen der Beschlagnahme ihrer Bar zugunsten amerikanischer Streitkräfte.

Der Sachverhalt knüpfe sich an Fragen der Regierungsbefugnisse in diplomatischen Angelegenheiten und sei daher gerichtlich nicht überprüfbar, entschied der *Conseil d'État.*

Dagegen überprüfte das Gericht Staatshaftungsklagen wegen im Inland erlittener Kriegsschäden auf ihre Begründetheit hin.

Im Fall *Consorts Robillard*[810] forderten die Hinterbliebenen einer bei einem Unfall mit einem Militärfahrzeug gestorbenen Frau Schadensersatz. Im Fall *Compagnie d'Assurances Helvetia*[811] begehrte eine Versicherung den Ersatz einer Summe, die sie anlässlich eines ähnlichen Unfalles an den Verletzten ausgezahlt hatte. Im Fall *Sieur Letellier*[812] forderte ein Lastkraftwagenfahrer wegen eines Unfalls mit Militärfahrzeugen Schadensersatz vom Staat und im Fall *Sieur Vigreux*[813] begehrte der Kläger Entschädigung wegen des Tritts eines Armeepferdes.

Alle Klagen hielt der *Conseil d'État* für zulässig und prüfte sie auf ihre Begründetheit hin.

Im Fall *Lecanu*[814] war der Kläger von einem amerikanischen Konvoi geblendet worden und infolgedessen durch einen Anhänger verletzt worden. Er begehrte Schadensersatz.

Der *Conseil d'État* befand die Klage anders den Fall *Société Lotti et Compagnie*, die wegen des Zusammenhanges zu den diplomatischen Beziehungen zu Amerika abgewiesen worden war,[815] für zulässig. Dies folge aus dem französisch-amerikanischen Abkommen vom 15. Februar 1945, nach dem der französische Staat die Regulierung der durch amerikanische Streitkräfte verursachten Schä-

---

807 C.E. 17. Mai 1946, Sieur Blaise, Rec. 1946, S. 132.
808 C.E. 20. Dezember 1946, Sieur Corbeaux, Rec. 1946, S. 310.
809 C.E. 5. Juli 1946, Lotti et Compagnie, Rec. 1946, S. 190.
810 C.E. 22. März 1946, Consorts Robillard, Rec. 1946, S. 93.
811 C.E. 24. Mai 1946, Compagnie d'assurances Helvetia, Rec. 1946, S. 149.
812 C.E. 19. Juli 1946, Sieur Letellier, Rec. 1946, S. 206.
813 C.E. 4. Dezember 1946, Sieur Vigreux, Rec. 1946, S. 291.
814 C.E. 28. Januar 1948, Lecanu, RDP 1948, S. 478.
815 C.E. 3. Juli 1946, Lotti et Compagnie, Rec. 1946, S. 190.

den übernehme. Daher besitze der Streitgegenstand keinen diplomatischen Charakter, so dass der *Conseil d'État* für dessen Kontrolle zuständig sei.

Auch die Schadensersatzklage *Sieur Legrand*[816] hatte Erfolg.

Der Kläger begehrte Schadensersatz für die Plünderung seines Hauses, in dem die Kommandozentrale eines Staatsmajors eingerichtet worden war.

Das Gericht sah keinen Zusammenhang zu erforderlichen Kriegsoperationen. Es ließ die Klage zu und sprach dem Kläger einen Schadensersatzanspruch zu.

Im Fall *Sieur Zegah*[817] wies der *Conseil d'État* die Klage eines Mannes zurück, dessen Koffer bei der militärischen Evakuierung eines Flugplatzes abhanden kam, obwohl er sich auf einem Militärfahrzeug befunden hatte.

Das Gericht urteilte, es habe sich um eine wegen des Nahens der deutschen Truppen notwendige Kriegsoperation gehandelt, die nicht zu Entschädigungsansprüchen berechtige.

Im Fall *Dame Alazard*[818] begehrte die Klägerin Schadensersatz wegen Misshandlungen durch französische Militärkräfte.[819]

Der *Conseil d'État* urteilte, der Staat könne nicht für Akte haftbar gemacht werden, die als „Konsequenzen von Kriegsereignissen betrachtet werden müssten".

Der Kläger *Sieur Sohr*[820] wandte sich gegen eine Entscheidung des Generalgouverneurs von Algerien. Dieser hatte die Beschlagnahme einer Holzladung eines jugoslawischen Schiffes angeordnet. Frankreich befand sich zwar nicht mit Jugoslawien im Krieg, wollte aber die Ladung dem Einfluss des italienischen Staates entziehen, mit dem es Krieg führte, und diese zugleich der allgemeinen Versorgung der eigenen Bedürfnisse zuführen.

Der *Conseil d'État* hielt die Klage für unzulässig, weil sie im Zusammenhang mit den Beziehungen des französischen Staates zu ausländischen Staaten stehe.

In den Entscheidungen *Société Légumia*[821] und *Dame veuve Allard*[822] ging es erneut um Staatshaftungsansprüche wegen Kriegsschäden. Die Kläger begehrten Schadensersatz wegen

---

816 C.E. 16. März 1949, Sieur Legrand, Rec. 1949, S. 125.
817 C.E. 23. März 1949, Sieur Zegah, Rec. 1949, S. 143.
818 C.E. 25. Juli 1949, Dame Alazard, Rec.1949, S. 372.
819 C.E. 25. Juli 1949, Dame Alazard, Rec. 1949, S. 372.
820 C.E. 12. November 1949, Sieur Sohr, Rec. 1949, S. 473.
821 C.E. 16. Dezember 1949, Société Légumia, Rec. 1949, S. 558.
822 C.E. 16. Dezember 1949, Dame veuve Allard, Rec. 1949, S. 558.

des Diebstahls von Waren durch Armeeangehörige und wegen der Verhaftung und Exekution des Ehemannes durch Angehörige der französischen Armee.

Der *Conseil d'État* wies beide Klagen ab. Die Schäden seien im Zuge der „*opérations de guerre*" entstanden und eine Staatshaftung greife daher nur ein, soweit Spezialgesetze einschlägig seien.

Im Fall *Sieur Demai*[823] hingegen beschied es eine Schadensersatzklage des während seiner Haftzeit in Frankreich misshandelten Klägers positiv, weil die Misshandlungen keine Kriegsereignisse gewesen seien.

Im Urteil *Société Comptoir de l'Industrie cotonnière et autres*[824] hatte der Hohe Kommissar Frankreichs in Indochina zugunsten des bundesstaatlichen Vermögens eine zusätzliche Exportsteuer für die Ausfuhr von Kautschuk festgelegt. Der Überseeminister setzte den klagenden Gesellschaften entgegen, dass die schwerwiegenden politischen Ereignisse den Hohen Kommissar zu der Maßnahme veranlasst hätten und eine Beschwerde vor dem *Conseil d'État* daher nicht möglich sei.

Dies hielt das Gericht für falsch und ließ die Klage ohne weitere Begründung zu.

Im Fall *Sieur Spahn*[825] begehrte der Kläger Schadensersatz wegen Maßnahmen, die zu seiner Internierung geführt hatten. Der Kläger war den Behörden wegen seiner politischen Haltung verdächtig erschienen und deswegen unter anderem von der *police judiciaire* beobachtet worden. Sein Getränkeausschank an Soldaten war geschlossen worden, und er musste sich täglich bei der Stadtverwaltung melden.

Die Untersuchungen der zivilen Polizei seien zunächst nicht vor dem *Conseil d'État* geltend zu machen, weil es sich nicht um Verwaltungsakte gehandelt habe. Die Versiegelung der Tür seines Ausschanks hingegen sei eine notwendige Kriegsoperationen gewesen und entziehe sich daher einer Beurteilung. Nur die Internierung des Klägers und seiner Frau ohne gerichtliches Mandat und ohne Internierungsbefehl berechtige den Kläger zum Schadensersatz.

Ein vielbeachtetes Urteil des *Tribunal des Conflits* erging mit der Entscheidung *Radiodiffusion française.*[826]

Der Staatssekretär für Informationen hatte die später vom Außenminister bestätigte Entscheidung getroffen, Radiosendungen des andorranischen Radiosenders „Radio Andorre" durch den Generaldirektor des französischen Senders „Radiodiffusion française" zu stören. „Radio

---

823 C.E. 16. Dezember 1949, Sieur Demai, Rec. 1949, S. 558.

824 C.E. 23. Dezember 1949, Société Comptoir de l'Industrie cotonnière et autres, Rec. 1949, S. 567.

825 C.E. 1. Februar 1950, Sieur Spahn, Rec. 1950, S. 66.

826 T.C. 2. Februar 1950, Radiodiffusion française, Rec. 1950, S. 652.

Andorre" benutzte regelmäßig Frequenzen, die ausländischen Nationen zugewiesen waren, ohne nach den Verteilungsplänen dazu zugelassen zu sein. Dies stand im Widerspruch zu Konventionen der französischen Regierung mit anderen Staaten. Diese befürchtete deren Beschwerden und ergriff daher die beschriebenen Maßnahmen, gegen die sich die *Société de gérance et de publicité du poste de radiodiffusion des Vallées d'Andorre* wandte.

Das *Tribunal des Conflits* urteilte, es handele sich um einen Rechtsstreit zwischen dem französischen Staat und einem dem französischen Recht nicht unterworfenen Territorium. Aus diesem Grunde entziehe sich der Streit jeder Gerichtsbarkeit.[827]

Im Fall *Établissements Ranisse*[828] verweigerte der *Conseil d'État* erneut einen Ersatzanspruch gegen den Staat wegen Schäden, die bei der Sabotage der Flotte in Toulon im Zuge von Kriegsoperationen entstanden waren.

Mit dem Urteil *Société Commentry, Fourchambault, et Decazeville*[829] bestätigte das Gericht seine Rechtsprechung zum *acte détachable.*

Die Kläger hatten bei einem schweizerischen Konstrukteur eine Lieferung bestellt, deren Bezahlung durch einen Kredit bei einer Filiale der *Banque de Paris* in Genf gesichert worden war. Durch ein französisch-schweizerisches Abkommen war für Schulden gegenüber Banken, die im Zusammenhang mit dem Handelsaustausch von Waren standen, die Prozedur des *clearings* auf der Berechnungsgrundlage von zehn französischen Francs für einen Schweizer Franken vorgesehen. Die Kläger verlangten entsprechende Anwendung auf ihren Fall. Der Finanzminister bestätigte die Auffassung des Wechselbüros, diese Regelung gelte nicht für Schulden, die allein aus dem Import von Waren stammten. Die Kläger reichten dagegen Klage ein.

Der *Conseil d'État* urteilte, es stehe ihm nicht zu, das internationale Abkommen auszulegen. Die Frage nach der rechtmäßigen Funktionsweise des Wechselbüros sei aber trennbar von diesem. Die gerichtliche Entscheidung sei aufzuschieben, bis der Außenminister die Regelung ausgelegt habe.

Das Urteil *Société des étains et wolfram du Tonkin*[830] beantwortete die Frage, ob der französische Staat für Schäden haftbar gemacht werden könne, die von ausländischen Autoritäten verursacht worden waren.

---

827 „Considérant que la mesure prescrite par le gouvernement dans ces conditions ci-dessus exposées à l'égard des émissions d'un poste sis dans un territoire qui n'est pas français, qui n'est pas soumis à la législation française et relève d'une double autorité distincte de celle de l'État français, échappe, à raison de sa nature, à tout contrôle juridictionnel."

828 C.E. 17. Juli 1950, Établissements Ranisse, Rec. 1950, S. 442.

829 C.E. 28. Februar 1951, Société Commentry, Fourchambault et Decazeville, Rec. 1951, S. 122.

830 C.E. 12. Juni 1951, Société des étains et wolfram du Tonkin, Rec. 1951, S. 312.

Die Kläger stützten ihre Klage auf Schäden, die sie während der Besetzung Indochinas durch japanische Autoritäten erlitten hatten. Rechtsgrundlage sei ein französisch-japanisches Abkommen.

Der *Conseil d'État* urteilte, die Überprüfung des Abkommens sei nicht möglich, da es im Zusammenhang mit den Beziehungen zwischen Frankreich und einer ausländischen Macht stehe.

Die *Société générale alsacienne* de *banque*[831] verlangte vom französischen Staat, dass dieser für die Schulden eintrete, die die russische Banken bei ihr habe. Aufgrund einer Konvention vom 2. Februar 1915 hatte die *Banque de France* der russischen Staatsbank französische Francs zur Verfügung gestellt, damit Schulden von russischen Privatpersonen oder Unternehmen gegenüber Franzosen in Francs beglichen werden könnten. Im Gegenzug sollte die russische Staatsbank den Franzosen nach dem Ablauf einer Frist von einem Jahr nach Ende der Kampfhandlungen Rubel zu Verfügung stellen. Die *Banque de France* hatte später mit der französischen Regierung mehrere Abkommen geschlossen, nach denen die Auszahlungen der *Banque de France* in ihren Geschäftsbüchern als Reservezahlungen und offene Tilgungen verbucht werden durften. Diese Abkommen waren vom französischen Parlament ratifiziert worden. Die Kläger stützten sich weiterhin auf Artikel 19 der Waffenstillstandskonvention vom 11. November 1918. Danach sei Deutschland verpflichtet, das Gold, das es durch den Vertrag von Brest-Litovsk vom 27. August 1918 erlangt habe, den Alliierten auszuliefern. Ein Teil dieses Goldes war bereits an Frankreich geliefert worden. Die klagende Bank hielt sich für vorrangig berechtigt, mit diesem Gold die Ansprüche gegen die russische Bank zu tilgen.

Der *Conseil d'État* wies die Klage wegen seiner Unzuständigkeit ab. Diese bestehe, weil die Konvention ein Abkommen zwischen Privatpersonen sei. Auch die Ratifizierung der späteren Abkommen durch das Parlament bedeute nicht, dass dieses für die Zahlung bürge. Schließlich könne er auch nicht die Waffenstillstandskonvention prüfen, da diese ein internationaler Rechtsakt sei.

Im Fall *Sieur Ngyuen Xuan Tao*[832] begehrte der Kläger Schadensersatz wegen der Zerstörung seines Hauses in Indochina.

Der *Conseil d'État* wies die Klage als unbegründet ab, weil der Schaden auf Kriegsereignissen beruhe, für deren Folgen der Staat nicht hafte.

Gegenstand des Urteils *Sieur Gény*[833] war die Frage, ob ein Bürger, der die Klausel eines Vertrages über die Ausgabe von Anleihen für unwirksam halte, von dem Finanzminister verlangen könne, dass jener die Streitigkeit vor den Internationalen Gerichtshof bringe.

831 C.E. 15. Juni 1951, Société générale alsacienne de Banque, Rec. 1951, S. 336.
832 C.E. 27. Juli 1951, Sieur Nguyen Xuan Tao, Rec. 1951, S. 434.
833 C.E. 9. Januar 1952, Sieur Gény, Rec. 1952, S. 19.

Der *Conseil d'État* entschied, der Streitgegenstand stehe im Zusammenhang mit den Beziehungen der Regierung zu einem internationalen Organ, deren Beurteilung sich ihm entziehe.

Im Fall *Sieur Simon*[834] war das Mobiliareigentum des Klägers, der in Brüssel lebte, während der Besetzung durch deutsche Autoritäten in die französische Botschaft in Brüssel verbracht worden, um es vor Plünderungen der Besatzungsmacht zu schützen. Als am 15. Mai 1940 der französische Staat das Personal des diplomatischen Dienstes aus Brüssel abberufen hatte, vertraute es, entgegen der internationalen Gepflogenheiten, den Schutz der Botschaft nebst Inventar nicht einem diplomatischen Beamten an, sondern der Botschafter selbst übertrug einem im Hinblick auf seine Vertrauenswürdigkeit nicht überprüften Mann die Verantwortung, der nachfolgend die Botschaft und das in ihr befindliche Gut des Klägers plünderte.

Der *Conseil d'État* führte aus, die Entscheidung, das Eigentum in das Botschaftsgelände zu verbringen, sei keine fehlerhafte Handlung der französischen Verwaltung. Die Entscheidung der Regierung, keinen Diplomaten zum Schutz der Botschaft in Brüssel zu belassen, sei Ausdruck der Regierungsbefugnisse in internationalen Angelegenheiten. Diese sei gerichtlich nicht überprüfbar. Zudem habe der Botschafter, der den Schutz des Gebäudes einem ungeeigneten Mann übertragen hatte, nicht fehlerhaft gehandelt, weil seine Entscheidung den Umständen angepasst gewesen sei. Schließlich habe der Kläger keinen ungewöhnlich schwerwiegenden Schaden erlitten. Aus diesem Grund könne ihm ein Anspruch auf Schadensersatz nicht zugesprochen werden. Allerdings bleibe ein eventueller Anspruch nach den Regelungen über Kriegsschäden unberührt.

Der Kläger *Sieur Szanto*[835] war in Teheran von britischen Streitkräften verhaftet und interniert worden. Er stützte sein Schadensersatzbegehren auf die unrechtmäßige Handlung des französischen Militärattachés, der in der Folgezeit nicht gegen die Verhaftung interveniert habe und das von den britischen Autoritäten übergebene Eigentum des Klägers nicht ordnungsgemäß zurückgeführt habe.

Der *Conseil d'État* entschied zunächst, eine Überprüfung der Umstände der Internierung könne nicht stattfinden, weil britische Autoritäten gehandelt hätten. Darüber hinaus sei die Untätigkeit des französischen Militärattachés kein vom *Conseil d'État* überprüfbarer Akt, weil diese mit Auslandsbeziehungen zusammenhänge. Ein Schadensersatzanspruch könne daher nicht auf die Internierung oder die fehlende Intervention gestützt werden. Eine Untersuchung des Verhaltens des Militärattachés habe schließlich ergeben, dass dieser auch bei der Rückführung des Eigentums des Klägers nicht fehlerhaft gehandelt habe. Diesbezüglich wurde die Klage als unbegründet abgewiesen.

---

834 C.E. 22. Februar 1952, Sieur Simon, Rec. 1952, S. 131.

835 C.E. 7. März 1952, Sieur Szanto, Rec. 1952, S. 154.

Ein vielbeachtetes Urteil war die Entscheidung *Dame Kirkwood*[836].

Die Klägerin begehrte einerseits die Aufhebung eines Auslieferungsdekrets, andererseits die Aufschiebung der Auslieferung bis zur Rechtskraft des Urteils. Die Klägerin, die den amerikanischen Autoritäten übergeben werden sollte, rügte, dass das Auslieferungsdekret ein Gesetz verletze.

Der *Conseil d'État* überprüfte ihre Klage auf ihre Begründetheit. Die Klägerin könne nicht geltend machen, dass das angeführte Gesetz verletzt werde, weil das Dekret nicht auf jenem beruhe, sondern auf der Konvention über Auslieferungen zwischen Amerika und Frankreich. Gemäß der Konvention sei die *Chambre des mises en accusation* zuständig, die Einhaltung der in der Konvention vorgesehenen Regeln zu überprüfen. Dieser habe ihre Einhaltung bestätigt, was von der Klägerin bestritten werde. Eine Überprüfung durch den *Conseil d'État* könne jedoch nicht stattfinden, weil der *Chambre des mises en accusation* Kompetenzen verliehen worden seien, die sich aus einer Fortführung der Aufgaben der ordentlichen Gerichtsbarkeit ergäben. Wenn die Klägerin also geltend mache, das Dekret verletze eine internationale Konvention mit Gesetzesrang, könne sie dies nicht vor dem *Conseil d'État* tun. Im übrigen sei das Vorbringen, das Ausweisungsdekret hätte vom Staatspräsidenten unterzeichnet werden müssen, gegenstandslos, weil diese Aufgabe dem *Conseil des Ministres* übertragen worden sei.

Im Jahre 1953 lag dem *Conseil d'État* der Fall *Sieur Weiss*[837] vor.

Der Kläger, Rechtsberater bei einer früheren UNO-Organisation, dem Institut für intellektuelle Zusammenarbeit, begehrte Schadensersatz. Die französische Regierung habe insbesondere während der Zeit seiner Leitung des Instituts entgegen ihrer Verpflichtungen nicht für die Übertragung des Institutsvermögens an die UNESCO gesorgt. Darüber hinaus machte er geltend, die Regierung habe versäumt, ihn bei der Kandidatur für einen Posten bei der UNESCO zu unterstützen.

Der *Conseil d'État* erklärte sich für beide Klagebegehren unzuständig, weil es sich um Fragen der Beziehungen der französischen Regierung zu den internationalen Organisationen handele.

Die Klägerin im Fall *Demoiselle Buttner*[838] begehrte Schadensersatz von der französischen Regierung, weil diese ihr falsche Informationen betreffend ihrer Ausreise aus dem Jemen gegeben hatte. Sie war zuvor von der jemenitischen Regierung als Ärztin angestellt gewesen.

836 C.E. 30. Mai 1952, Dame Kirkwood, Rec. 1952, S. 291.
837 C.E. 20. Februar 1953, Sieur Weiss, Rec. 1953, S. 87.
838 C.E. 22. April 1953, Demoiselle Buttner, Rec. 1953, S. 184.

Zudem habe sie während ihres Aufenthaltes keinen ausreichenden diplomatischen Schutz gehabt.

Der *Conseil d'État* stellte fest, die Informationen des Außenministeriums seien richtig gewesen, die Klage daher unbegründet. Hinsichtlich des mangelnden diplomatischen Schutzes sei er aber wegen des Zusammenhanges zu den Regierungsbefugnissen in internationalen Angelegenheiten unzuständig.
Das Urteil *Sieur Huckel*[839] markierte eine Änderung der Rechtsprechung des Gerichts hinsichtlich des Staatsnotstandes:

Der Generalkommandant der französischen Truppen in Nord-Indochina hatte in seiner Funktion als Übergangs-Regierungskommissar den Staatsnotstand für das Territorium Tonkin und Nord-Annam verhängt. Dagegen wandte sich der Kläger.

Der *Conseil d'État* führte aus, die Klage sei zulässig, weil der angegriffene Akt ein solcher einer französischen Verwaltungsautorität sei. Die Tatsache, dass sich das Parlament später zu der getroffenen Maßnahme äußern müsse, stehe der Zulässigkeit einer Klage ebenso wenig entgegen wie die Tatsache, dass jene durch verschiedene feindliche Akte der ausländischen Bevölkerung motiviert sei. Der *Conseil d'État* prüfte die Begründetheit der Klage.

Im Urteil *Sieurs Barbaran et autres*[840] verwendete das *Tribunal des Conflits* den Begriff *acte de gouvernement.*

Nach dem Nordatlantischen Vertrag vom 4. April 1949 hatten die französische und die amerikanische Regierung sich über die Bereitstellung und Nutzung einer Fabrik der *Société nationale des constructions aéronautiques du sud-ouest* für die Versorgung der amerikanischen Luftwaffe geeinigt. Eine Delegation des Verteidigungsministeriums war zur Unterstützung der amerikanischen Streitkräfte bereitgestellt worden. Im Jahre 1951 informierte diese Delegation die Belegschaft über bevorstehende Entlassungen. Als diese vor einem Zivilgericht klagten, wurde die Streitigkeit vor das *Tribunal des Conflits* gebracht.

Wegen der Bestimmungen des Vertrages über die Anwendbarkeit des französischen Rechts befand das Gericht, es handele sich nicht um einen *acte de gouvernement.*[841] Wenngleich die französische Regierung die Löhne, den Schutz der Arbeiter sowie die Versorgung mit Arbeitszubehör habe sicherstellen müssen,

---

839 C.E. 23. Oktober 1953, Sieur Huckel, Rec. 1953, S. 452.

840 T.C. 24. Juni 1954, Sieurs Barbaran et autres, Rec. 1954, S. 712.

841 „...qu'il suit de là que les décisions prises par la mission de liaison pour l'exécution desdites stipulations, qui ont manifestement entendu ne pas priver les travailleurs intéressés des garanties juridictionnelles attribuées par la législation française à l'ensemble des travailleurs, ne sauraient revêtir le caractère d'actes de gouvernement et échapper, à ce titre, à tout contrôle juridictionnel."

hätten die Arbeitsverträge nicht ihren privatrechtlichen Charakter verloren. Die Zivilgerichte seien zuständig.

Das Schiff der Kläger *Sieurs Taurin et Merienne*[842] war im Jahre 1947 von britischen Streitkräften beschädigt worden. Die französische Regierung erlangte nach Verhandlungen mit der britischen Regierung die Zahlung von Schadensersatz, den sie an die Kläger weiterleitete. Diese machten geltend, ihr Schaden sei größer gewesen. Die zu geringe Zahlung sei auf einen Verhandlungsfehler der französischen Regierung zurückzuführen. Der französische Staat müsse daher die Differenz zahlen.

Der *Conseil d'État* wies die Klage als unzulässig ab. Es stehe ihm nicht zu, die Beziehungen der französischen Regierung zu ausländischen Staaten zu beurteilen. Ein von den Verhandlungen trennbarer Verwaltungsakt liege nicht vor. Eine gerichtliche Kontrolle scheide daher in vollem Umfang aus.

Im Urteil *Société Lucien, Joseph et compagnie*[843] berief sich das Gericht überraschend nicht auf die Unjustiziabilität des vorliegenden Aktes.

Die Kläger wandten sich gegen eine Maßnahme des Hohen Kommissars der Republik für Madagaskar und Dependancen. Jener hatte den gesamten maritimen Verkehr zwischen Madagaskar und den Inseln La Réunion und Mauritius wegen einer Epidemie von Kinderlähmung verboten.

Das Gericht befand die Klage für zulässig, überprüfte sie auf ihre Begründetheit hin und gab ihr statt. Es gebe kein Gesetz, das der Verwaltung gestatte, den Verkehr zwischen den Inseln zu verbieten. Dies sei allein im Falle unmittelbar bevorstehender Gefahr rechtmäßig, ein solcher habe aber nicht vorgelegen.

Im Fall *Pétalas*[844] hatte das Gericht über die Aufhebung eines Ausweisungsdekretes zu entscheiden. Auf Anfrage der griechischen Regierung hatte die französische Regierung den Kläger verhaften lassen und die durch ein Gesetz und einen Vertrag zwischen Frankreich und Griechenland vorgesehene Prozedur in Gang gesetzt. Die *Chambre des mises en accusation*, dessen Konsultation vorgesehen war, befürwortete eine Ausweisung. Trotzdem ließ die französische Regierung den Kläger frei und zahlte ihm seine geleistete Kaution aus. Unter Berufung auf eine Änderung der griechischen Strafprozessregeln ordnete die Regierung am 31. Oktober 1955 die Ausweisung des Klägers an, ohne die Kommission erneut befragt zu haben.

Der *Conseil d'État* hielt die Klage für zulässig und hob das Ausweisungsdekret wegen der Verletzung der Verfahrensvorschriften auf.

---

842 C.E. 29. Oktober 1954, Sieurs Taurin et Merienne, Rec. 1954, S. 566.
843 C.E. 20. Mai 1955, Société Lucien, Joseph et autres, Rec. 1955, S. 276.
844 C.E. 18. November 1955, Sieur Pétalas, Rec. 1955, S. 548.

Im Fall *Sieur Seurot et autres*[845] begehrten die französischen Kläger Schadensersatz wegen ihrer Ausweisung aus Tunesien.

Der *Conseil d'État* wies die Klage als **unbegründet** ab.

Im Fall *Dame veuve Bordier*[846] begehrte die Klägerin Schadensersatz wegen der Tötung ihres Ehemannes bei den Unruhen in Saigon im September 1945.

Die Klage sei unzulässig, entschied das Gericht. Der Tod des Mannes stehe mit den Kriegsereignissen in Zusammenhang, für deren Folgen der Staat nicht hafte.

Im Fall *Sieur Villa*[847] lag dem Gericht die Klage eines Italieners vor, der eine Entscheidung des Industrie- und Handelsministers anfocht. Dieser hatte ihm eine Arbeitserlaubnis verweigert. Der Kläger stützte seine Klage einerseits auf die Klausel eines französisch-italienischen Vertrages, nach der Italiener ein Gewerbe ohne Arbeitserlaubnis ausüben dürften. Andererseits erfülle er aber auch alle Voraussetzungen für die Erteilung der begehrten Erlaubnis.

Der *Conseil d'État* hielt sich trotz des Zusammenhanges mit einem internationalen Abkommen nicht für unzuständig. Er stellte fest, das Abkommen sei nie ratifiziert und veröffentlicht worden. Für italienische Staatsangehörige würden die allgemeinen Vorschriften gelten. Er wies die Klage schließlich ab, weil der Industrie- und Handelsminister seine ablehnende Entscheidung auf Zweckmäßigkeitserwägungen gestützt habe, welche nicht durch das Gericht geprüft werden könnten.

Im Fall *Dame veuve Nguyen Dinh Trung*[848] hatte der *Conseil d'État* erneut über eine Schadensersatzklage wegen des Todes des Ehemannes der Klägerin in Indochina zu entscheiden.

Das Gericht entschied, dass die Klägerin schadensersatzberechtigt sei, weil die Tötung des Mannes kein Kriegsereignis gewesen sei. Wegen der Höhe des Ersatzanspruches verwies es sie an den Außenminister.

Im Fall *Myrtoon Steamship et Compagnie*[849] hatte der *Conseil d'État* über die Klage einer britischen Schiffsgesellschaft wegen eines während des Kriegs an ihrem Schiff entstandenen Schaden zu urteilen.

Der *Conseil d'État* hielt die Klage aus zwei Gründen für unzulässig. Einerseits handele es sich bei dem angegriffenen Akt um Kriegsmaßnahmen, andererseits stünden die Beziehungen Frankreichs zu anderen Staaten in Frage.

---

845 C.E. 24. Februar 1956, Sieur Seurot, Rec. 1956, S. 91.
846 C.E. 27. Februar 1956, Dame veuve Bordier, Rec. 1956, S. 92.
847 C.E. 16. November 1956, Sieur Villa, Rec. 1956, S. 433.
848 C.E. 6. März 1957, Dame veuve Nguyen Dinh Trung, Rec. 1957, S. 141.
849 C.E. 22. November 1957, Myrtoon Steamship et Compagnie, Rec. 1957, S. 632.

III. Rechtslehre

Noch immer bestand keine Einigkeit über die *actes de gouvernement.* Weder ihre Existenz, noch ihre juristische Grundlage oder die ihr angemessene gerichtliche Behandlung wurde einheitlich beurteilt. Obwohl die „Theorie" des *acte de gouvernement* bereits ihr hundertjähriges Jubiläum hatte begehen können, brachten die Juristen immer neue Erklärungen hervor. So erkannte man verbreitet an, dass der *Conseil d'État* als Verwaltungsgericht tatsächlich nicht zuständig sei. Dies beruhe auf dem „gemischten" Charakter des *acte de gouvernement*, der einerseits von der Exekutive erlassen werde, andererseits aber einen außerhalb des Verwaltungsrechts stehenden Adressaten habe. Andere wollten die Legitimität der *actes de gouvernement* noch immer nicht anerkennen und unternahmen größte Anstrengungen, ihn endlich für justiziabel zu erklären, sahen dann aber ein, dass deren faktische Unjustiziabilität schlicht auf einer Lücke in der französischen Gerichtsverfassung beruhe.

1. 1947: Celier, Die Theorie des „acte mixte"

Anlässlich der Entscheidung *Gombert*[850] entwickelte CELIER seine Theorie des *acte mixte.*[851]

> *Ce qui caractérise l'acte de gouvernement, c'est qu'il est accompli par le pouvoir exécutif dans ses relations avec une autorité échappant au contrôle du juge administratif. C'est en quelque sorte, un acte mixte, et le Conseil d'État, qui n'est qu'un démembrement du pouvoir exécutif, ne peut connaître d'une décision à laquelle le pouvoir exécutif n'est pas seul intéressé.*[852]

Es gebe zwei Fallgruppen. Zur ersten Gruppe gehörten Akte, die das Verhältnis zwischen Regierung und Parlament beträfen. Die Zurückhaltung des *Conseil d'État* beruhe nicht auf der politischen Natur dieser Akte, sondern auf einer juristischen Regel.[853] Die Entscheidung im Fall *Pebellier*[854] zeige deutlich, dass der *Conseil d'État* anerkenne, ein reiner Verwaltungsrechtstreit gemäß oben genannter Definition liege hier nicht vor, weil auch das Parlament beteiligt sei. Hinsichtlich der zweiten Fallgruppe sei der *Conseil d'État* unzuständig, weil hier die Beziehungen zwischen der französischen Regierung und einer ausländischen Autorität, die der französischen Gerichtsbarkeit entzogen seien, in Frage

---

850 C.E. 28. März 1947, Gombert, Rec. 1947, S. 138 (siehe M. II. 1.).

851 Celier, Conclusions, S. 1947.III., S. 90.

852 Der acte de gouvernement ist ein Akt, der von der Exekutive erlassen wird und sich an einen Adressat richtet, für den die Verwaltungsgerichte unzuständig sind. So ist er ein „gemischter Akt", für dessen Beurteilung der Conseil d'État daher nicht zuständig ist. Celier, a.a.O., S. 90.

853 Celier, a.a.O., S. 90.

854 C.E. 26. Juli 1946, Pebellier, Rec. 1946, S. 218 (siehe M. II. 1.).

stünden.[855] Aus diesem Grund unterscheide der *Conseil d'État* zwischen Fragen des französischen Rechts und solchen des internationalen Rechts.[856] Ein Beispiel hierfür sei dafür die unterschiedliche Behandlung von Entschädigungsklagen. In Fällen, bei denen der Empfänger der Entschädigungszahlung namentlich im diplomatischen Übereinkommen genannt war, habe der *Conseil d'État* eine Klage zugelassen. Im Gegensatz dazu habe er sich im Fall *Huter*[857] für unzuständig erklärt. Der Grund hierfür, so CELIER, liege darin, dass im zweiten Fall lediglich eine Kategorie von Adressaten bestimmt gewesen sei. Eine Auslegung des Abkommens durch den *Conseil d'État* hätte der beteiligten ausländischen Regierung Anlass zur Beschwerde geben können.[858] Ebenso beweise dies der so genannte *acte détachable*: Die Urteile *Goldschmidt et Strauss*[859] und *Dame Caraco*[860] zeigten eine deutliche Unterscheidung nach den genannten Kriterien. So bestimme die Qualität eines Urhebers oder Adressaten des Aktes, Legislative oder ausländischer Staat, die Grenzen der Zuständigkeit des *Conseil d'État*.[861] Das Begnadigungsrecht sei nach einer weit verbreiteten Ansicht kein Recht der Verwaltung, sondern ein Recht des Staatspräsidenten. Dies sei, so CELIER, abzulehnen. Zu den Rechten des Präsidenten gehörten dessen Recht zur Ernennung der Mitglieder des *Conseil d'État*, das Vetorecht beim Gesetzerlass oder das Recht, das Parlament aufzulösen, nicht jedoch eine personenbezogene Entscheidung wie das Begnadigungsrecht.[862] Letzteres sei ein Recht der Regierung und sei delegierbar, auch wenn es als Gewohnheitsrecht derzeit vom Präsidenten ausgeübt werde.[863] Es sei eine Verwaltungsentscheidung, weil es die Folgen des Urteils kraft einer besonderen verwaltungsrechtlichen Befugnis suspendiere.[864] Deshalb sei hier der *Conseil d'État* zuständig.

2. 1948: Waline, Anmerkung zu C.E. 28. Januar 1948, Lecanu

In einer Urteilsanmerkung zur Entscheidung *Lecanu*[865], in der es um einen Schadensersatzanspruch wegen eines durch einen Amerikaner verursachten Schaden ging, wies WALINE auf den Widerspruch zu dem Urteil *Société Lotti et Compagnie*[866] hin.[867] Grundsätzlich habe der *Conseil d'État* bereits vor der Ent-

855 Celier, a.a.O., S. 90.
856 Celier, a.a.O., S. 90.
857 C.E. 22. Juli 1922, Huter, Rec. 1922, S. 727 (siehe K. III. 4. b)).
858 Celier, a.a.O., S. 90.
859 C.E. 27. Juli 1924, Goldschmidt et Strauss, Rec. 1924, S. 607 (siehe K. III. 3.).
860 C.E. 5. Februar 1926, Dame Caraco, Rec. 1926, S. 125 (siehe K. III. 3.).
861 Celier, a.a.O., S. 91.
862 Celier, a.a.O., S. 91.
863 Celier, a.a.O., S. 91.
864 Celier, a.a.O., S. 91.
865 C.E. 28. Januar 1948, Lecanu, Rec. 1948, S. 478 (siehe M. II. 2.).
866 C.E. 3. Juli 1946, Lotti et Compagnie, Rec. 1946, S. 190 (siehe M. II. 2.).
867 Waline, Notes de Jurisprudence, RDP 1948, S. 472.

scheidung *Société Lotti et Compagnie* die von einer internationalen Konvention trennbaren Maßnahmen überprüft. In dieser Entscheidung habe er den Akt aber nicht als *acte détachable* qualifiziert. Fraglich sei daher, welche ein internationales Abkommen ausführende Maßnahmen von diesem trennbar und damit überprüfbar seien und welche nicht.[868] Eine Analyse der Rechtsprechung führte WALINE zur Aufstellung folgender Regeln. Eine Konvention selbst oder deren Auslegung könne niemals Gegenstand einer Klage sein. Die sie ausführenden Akte könnten unter drei Voraussetzungen Gegenstand einer gerichtlichen Überprüfung werden. Erstens dürfe die Maßnahme nur die Beziehungen des französischen Staates zu seinen Staatangehörigen betreffen, zweitens dürfe sein Urteil keine Folgen für einen ausländischen Staat oder dessen Staatsangehörige haben und drittens dürfe niemals entschieden werden, dass ein Ausländer sich in einer rechtswidrigen Lage befunden habe, da für ihn das französische Recht nicht gelte.[869] Auf jener Regel beruhe die Entscheidung im Fall *Société Lotti et Compagnie.* Hätte der *Conseil d'État* die Klage zugelassen, hätte er die Unrechtmäßigkeit der Beschlagnahme nach französischem Recht feststellen müssen. Nach internationalem Recht wäre es jedoch rechtswidrig gewesen, die amerikanischen Streitkräfte nachträglich des Ortes zu verweisen, weil diese von einer rechtmäßigen Inbesitznahme ausgegangen seien. Die Aufhebung dieses Aktes hätte schwerer wiegende Folgen als eine bloße Entschädigung wie im Fall *Lecanu* gehabt. Bei jener seien keine Auswirkungen auf ausländische Beamte zu befürchten gewesen.[870] Der Streit um eine Entschädigung habe lediglich die Beziehungen des Opfers zum französischen Staat berührt und nicht die Auslegung eines internationalen Abkommens erfordert. Das Gericht habe seiner Entscheidung nur die nationalen Prinzipien der Staatshaftung zugrunde legen müssen.[871] Fraglich sei, welchen Einfluss Artikel 26 und 27 der Verfassung vom 27. Oktober 1946 auf diese Regeln hätten. Danach werde eigentlich, so WALINE, die Unterscheidung zwischen internationalem und nationalem Recht hinfällig. Ein einmal ratifizierter Vertrag werde Bestandteil des nationalen Rechts.[872] Dennoch scheine eine Änderung der Rechtsprechung unsicher. Auch wenn bestimmte Akte durch eine Ratifikation in das nationale Recht transformiert würden, blieben sie doch das Werk eines internationalen Autors bestehend aus dem Zusammenschluss der verhandelnden Staaten, dessen Auslegung problematisch bleibe.[873]

---

868 Waline, a.a.O., S. 473.
869 Waline, a.a.O., S. 477.
870 Waline, a.a.O., S. 476.
871 Waline, a.a.O., S. 477.
872 Waline, a.a.O., S. 477.
873 Waline, a.a.O., S. 478.

3. 1951: Mignon, Theorie des acte de gouvernement : Verstoß gegen das Legalitätsprinzip

1951 untersuchte der Generalsekretär der Präfektur Saône-et-Loire MIGNON die *actes de gouvernement* unter dem Aspekt ihrer Legalität.[874] Jede staatliche Aktivität unterstehe dem Prinzip der Legalität. Dieses erfordere die Übereinstimmung von Einzelentscheidungen mit allgemeinen und unpersönlichen Regeln und die Unterwerfung jedes juristischen Aktes unter die ihm übergeordneten Regeln.[875] Zunächst hätten die in der Revolution bei der Suche nach Bürgerrechtsgarantien entwickelten Ideen eine beachtliche Bremswirkung für die Entwicklung des Legalitätsprinzips gehabt. Durch die Schaffung von Verwaltungsgerichten habe jedoch eine bemerkenswerte Entwicklung stattgefunden. Der Verstoß gegen das Legalitätsprinzip wiege bei den *actes de gouvernement* schwerer als beispielsweise bei legislativen Akten. *Actes de gouvernement* seien oftmals Einzelakte. Die derzeit einzig mögliche parlamentarische Kontrolle befriedige nicht das Bedürfnis einer methodisch klaren juristischen Lösung.[876] Habe die Theorie des *acte de gouvernement* zunächst den Respekt des *Conseil d'État* gegenüber der Regierung ausgedrückt, könne sie in einem fortentwickelten Rechtsstaat unter der Herrschaft des Legalitätsprinzips nicht länger existieren.[877] Die Sorge der Regierung, in ihrer Handlungsfreiheit beschränkt zu werden, sei unbegründet, da auch ein illegaler Akt, wenn er erforderlich sei, erlassen werden könne. Der Richter urteile erst im Nachhinein und ermögliche nur einen finanziellen Ausgleich.[878] Das französische Staatsgefüge, so MIGNON, erfordere die umfassende Herrschaft des Legalitätsprinzips. Das Recht habe das Licht der Gerechtigkeit in das Verhältnis von öffentlicher Gewalt und dem privaten Interesse gebracht. Wenn auch einige dunkle Winkel blieben: *La conscience les bannit.*[879]

4. 1952: Vedel, Anmerkung zu C.E. 8. Juni 1951, Dreyfus-Schmidt, C.E.8. Juni 1951, Hirschowitz, C.E. 8. Juni 1951, Brusset und C.E. 2. November 1951, Tixier

VEDEL kommentierte im Jahre 1952 die Entscheidungen *Sieur Dreyfus-Schmidt*[880], *Hirschowitz,*[881] *Sieur Brusset*[882] und *Tixier*[883].[884] Sie träfen drei

874 Mignon, l'amenuisement de l'emprise de la théorie des actes de gouvernement: Progrès nécessaire du concept de légalité, RA 1951, S. 30.
875 Mignon, a.a.O., S. 30.
876 Mignon, a.a.O., S. 31.
877 Mignon, a.a.O., S. 46.
878 Mignon, a.a.O., S. 46.
879 Mignon, a.a.O., S. 47.
880 C.E. 8. Juni 1951, Sieur Dreyfus-Schmidt, Rec. 1951, S. 320 (siehe M. II. 1.).
881 C.E. 8. Juni 1951, Hirschowitz, Rec. 1951, S. 320 (siehe M. II. 1.).
882 C.E. 8. Juni 1951, Brusset, Rec. 1951, S. 321 (siehe M. II. 1.)
883 C.E. 2. November 1951, Tixier, JCP 1952, II., 6810 (siehe M. II. 1.).
884 Vedel, Observations, JCP 1952, II., 6810.

grundlegende Aussagen. Erstens habe der *Conseil d'État* seine Unzuständigkeit für die Überprüfung von Verwaltungsentscheidungen im Vorfeld einer Wahl festgestellt. Zweitens habe er die Annahme einer Berufungsklage gegen ein Urteil des *Conseil de préfecture* verweigert, das die Kandidatur oder Zusammenlegung von Listen bei einer Wahl regele. Drittens halte der *Conseil d'État* die Überprüfung von *règlements éléctorale* der Exekutive bei legislativen Wahlen für unzulässig, weil es sich um die Wahl vorbereitende Maßnahmen handele.[885] Die Urteile *Hirschowitz, Dreyfus-Schmidt* und *Tixier* bewiesen die erste Regel. Ihre Grundlage, ausnahmsweise im Urteil *Dame Durand*[886] nicht angewandt, werde zumeist in der Theorie des *acte de gouvernement* gesehen. Der Rückgriff auf diese Rechtsfigur sei, so VEDEL, nicht notwendig. Es folge direkt aus der Verfassung, dass das Parlament einziger Richter über die mit den Wahlen zusammenhängenden Fragen sei. Die zweite Regel zeige sich in den Entscheidungen *Dreyfus-Schmidt* und *Brusset.* Diese Lösung sei, so VEDEL, unerwartet, da der *Conseil d'État* grundsätzlich zum Richter über Legalität aller Angelegenheiten mit verwaltungsrechtlichem Bezug berufen sei. Das Argument, die Verfassung stehe einer gerichtlichen Überprüfung derartiger Fälle entgegen, befriedige nicht. Aus der Entscheidung des Gesetzgebers, den Rechtsbehelf als Beschwerde vor dem *Conseil de préfecture* zu institutionalisieren, sei erkennbar, dass der Gesetzgeber eine gerichtliche Kontrolle der genannten Akte grundsätzlich habe zulassen wollen.[887] Er habe aber durch die Festlegung der dreitägigen Frist erkennen lassen, dass er den Rechtsstreit im Vorfeld der Wahl endgültig habe abgeschlossen wissen wollen. Die Möglichkeit der Berufung unterlaufe diesen Willen. Darüber hinaus sei die Entscheidung des *Conseil de préfecture* ein zivilrechtlicher Akt. Dies ergebe sich aus der Wortwahl des Gesetzgebers, der den Rechtsstreit einem „*juge*" übertrage und die Bezeichnung „*tribunal*" gebraucht habe.[888] Also sei allenfalls ein zivilrechtliches Rechtsmittel zulässig. Die dritte Regel zeige sich in der Entscheidung *Hirschowitz.* Der *Conseil d'État* habe die Klage für unzulässig erklärt, weil das die Wähler einberufende Dekret ein der Wahl vorangehender Akt[889] gewesen sei. Im Fall *Tixier* habe der *Conseil d'État* darüber hinausgehend formuliert, dass auch die Prüfung der Rechtmäßigkeit der *actes réglementaires* nicht stattfinde.[890] Hierin sah VEDEL ein Umschwenken der

885 Vedel, a.a.O., dritte Spalte.

886 C.E. 26. Januar 1926, Dame Durand, Rec. 1926, S. 108 (siehe K. I. 2. a)).

887 Vedel, a.a.O., vierte Spalte.

888 Vedel, a.a.O., fünfte Spalte.

889 „acte préliminaire aux opérations électorales".

890 „Considérant qu'il n'appartient qu'à l'Assemblée Nationale, qui est, en vertu de l'article 8 de la Constitution, juge de l'éligibilité de ses membres et de la régularité de leur élection, d'apprécier la légalité des actes qui sont le préliminaire des opérations électorales, et par conséquent la légalité des actes réglementaires qui régissent ces opérations."

Rechtsprechung. Niemals zuvor seien die *règlements* der Regierung mit den *préliminaires des opérations éléctorales* gleichgesetzt worden. Noch im Fall *Mallarmé*[891] habe der *Conseil d'État* ein Dekret, das die Modalitäten einer Wahl geregelt habe, auf seine Begründetheit hin überprüft.[892] Zudem könne man aus logischen Gründen in einem *décret réglementaire* nicht einen *acte préliminaire* sehen. Die Bezeichnung *„préliminaire"* müsse als *„préliminaire nécessaire"* verstanden werden. Anderenfalls wäre selbst die Nominierung eines Präfekten ein *acte préliminaire*, weil dieser die Erklärungen der Kandidatur in Empfang nehme.[893] Im Urteil *Tixier* liege kein vorbereitender Akt in diesem Sinne vor. Das Urteil sei nur mit der Anwendung der Theorie des *acte de gouvernement* zu erklären.[894] Sie sei, so VEDEL, die „ultima ratio", eine unerklärbare Kategorie, die der Sorge des Richters entspreche, er könnte ein politisches Organ durch starre Anwendung des Rechts brüskieren.[895] Bedauerlicherweise markiere die neue Rechtsprechung nach der zunehmenden Beschränkung des Anwendungsbereiches der Theorie des *acte de gouvernement* eine Rückeroberung der politischen Macht über den Richter. Es bleibe, so VEDEL, nur die Hoffnung auf einen baldigen Rückzug dieser Theorie.[896]

5. 1952, 1953: Virally, Der unauffindbare acte de gouvernement; Heumann, Anmerkung zu C.E. 30. Mai 1952, Dame Kirkwood

Im Jahre 1952 erschien der vielbeachtete Aufsatz VIRALLYS.[897] Dieser geißelte die Erscheinung des *acte de gouvernement* als einen „wirklichen Skandal".[898] Bedauerlicherweise zeige sich, dass die Theorie des *acte de gouvernement*, der ein vollständiger Rückzug vorausgesagt worden sei, wieder größere Bedeutung erlange, indem die Rechtsprechung an ihr festhalte.[899] Die Unüberprüfbarkeit mancher Akte folge aus den gewöhnlichen Kompetenzregeln. Die Theorie des *acte de gouvernement* sei eine Konstruktion der Lehre.[900] Auch andere Akte seien unjustiziabel, ohne als *acte de gouvernement* zu gelten. Eine Regel gebe es nicht, da die gleichzeitige Unzuständigkeit der ordentlichen Gerichte und des Verwaltungsgerichts auch auf einem Zufall beruhen könne.[901] CELIER[902], der den *Conseil d'État* bei *actes de gouvernement* für unzuständig halte, weil entweder

891 C.E. 9. Juni 1950, Sieur Mallarmé, Rec. 1950, S. 352 (siehe M. II. 1.).
892 Vedel, a.a.O., fünfte Spalte.
893 Vedel, a.a.O., fünfte Spalte.
894 Vedel, a.a.O., sechste Spalte.
895 Vedel, a.a.O., sechste Spalte.
896 Vedel, a.a.O., sechste Spalte.
897 Virally, L'introuvable acte de gouvernement", RDP 1952, S. 317.
898 Virally, a.a.O., S. 318.
899 Virally, a.a.O., S. 318.
900 Virally, a.a.O., S. 322.
901 Virally, a.a.O., S. 323.
902 Siehe M. III. 1.

ihr Urheber oder ihr Adressat außerhalb der französischen Verwaltung stehe, schaffe keine neue juristische Kategorie. Die betreffenden Akte seien weder materiell noch formell von anderen Verwaltungsakten unterscheidbar.[903] Der einzige Unterschied bestehe in ihrer rechtlichen Behandlung. Mit dieser Feststellung, so VIRALLY, beantworte man jedoch eine Frage mit einer anderen Frage. Die Theorie des *acte mixte* sei daher keine juristische Theorie, sondern präsentiere eine alte Konzeption in neuer Gestalt. Die Weigerung, einen Akt zu überprüfen, sei allein von politischen Motiven bestimmt.[904] Der Grund für die Unjustiziabilität bestimmter *actes de gouvernement* liege vielmehr darin, dass diese dem internationalen Recht unterlägen. Die Zuständigkeit des Richters bestimme sich nach dem Recht, welchem der Akt unterliege. Der *Conseil d'État* sei aber nur für die Beurteilung nationalen Rechts zuständig.[905] Danach richte er sich, wenn er zwischen einer internationalen Konvention und einem von ihr abtrennbaren Akt unterscheide.[906] So bleibe die internationale Konvention einer gerichtlichen Überprüfung entzogen. Die mit der Verhandlung, Unterzeichnung, Ratifikation und Kündigung verbundenen Akte genössen die gleiche gerichtliche Immunität, weil das so genannte „*treaty making power*" eine Befugnis der Regierung sei, die dem internationalen Recht unterworfen sei.[907] Im Jahre 1953 erläuterte VIRALLY dies anlässlich des Urteils *Dame Kirkwood*[908] näher.[909] Durch jenes Urteil habe der *Conseil d'État* die grundsätzliche Regel der Unzulässigkeit einer Anfechtungsklage gegen ein internationales Abkommen modifiziert. Der Grund für diese Änderung sei in den Regeln zu suchen, denen der *Conseil d'État* bei der Beurteilung eines internationalen Abkommens folge. Der *Conseil d'État* erkläre sich zunächst für unzuständig, die Rechtmäßigkeit eines internationalen Vertrages zu überprüfen, weil er einen Vertrag, der durch das Parlament ratifiziert worden sei, nicht kritisieren könne, ohne dabei die Autorität des Parlamentes infrage zu stellen.[910] Jenes überprüfe vor der Ratifizierung die Übereinstimmung des Vertrages mit dem nationalen Recht, wodurch sich eine spätere gerichtliche Kontrolle erübrige.[911] Die Unzuständigkeit des *Conseil d'État* für die Auslegung internationaler Verträge beruhe darauf, dass es deren Autor selbst obliege, den Sinn und die Reichweite eines Vertrages zu bestimmen.[912] Dies beruhe zwar nicht auf einer juristischen Regel, aber auf praktischen Erwägungen. Ein Vertrag

903 Virally, a.a.O., S. 337.
904 Virally, a.a.O., S. 338.
905 Virally, a.a.O., S. 341.
906 Virally, a.a.O., S. 346.
907 Virally, a.a.O., S. 344.
908 C.E. 30. Mai 1952, Dame Kirkwood, Rec. 1952, S. 291 (siehe M. II. 2.).
909 Virally, Le Conseil d'État et les traités internationaux, JCP 1953, 1098.
910 Virally, a.a.O., dritte Spalte.
911 Virally, a.a.O., dritte Spalte.
912 Virally, a.a.O., sechste Spalte.

sei das Ergebnis einer Verhandlung und beinhalte zumeist einen Kompromiss, der dem wirklichen Willen der Vertragpartner und nicht den fiktiven Willen des Gesetzgebers entspreche. Die Kenntnis dieses wahren Willens sei dem Richter oft wegen des diplomatischen Geheimnisses verwehrt.[913] Ein internationaler Vertrag müsse unter zwei Gesichtspunkten betrachtet werden. Einerseits sei er ein internationaler Akt, der die Beziehungen zwischen Frankreich und den ausländischen Staaten regele. Insoweit entziehe er sich der gerichtlichen Überprüfung. Andererseits sei er eine Quelle nationalen Rechts. Der Verwaltungsrichter habe den Legalitätsgrundsatz zu achten. Daher müsse er alle Akte annullieren, die dieses verletzten. Wenn er auch in diesem Bereich die Kontrolle verweigere, beruhe seine „Haarspalterei" auf einer Unsicherheit bei der Unterscheidung der Doppelnatur des Vertrages.[914] Indem die Artikel 26 ff der Verfassung dem Vertrag Gesetzeskraft verliehen und ihm ein verfassungsrechtliches Fundament verliehen, könnte ihm dies zukünftig erleichtert werden. HEUMANN erklärte in seiner Anmerkung zu demselben Urteil, grundsätzlich erkenne der *Conseil d'État* schon an, dass eine internationale Konvention unter den in Artikel 26 bis 28 normierten Bedingungen Gesetzeskraft besitze und überprüfe die Vereinbarkeit eines Dekrets oder Gesetzes mit dem höherrangigen diplomatischen Vertrag. Andererseits erfordere die Kontrolle des Vertrags und gegebenenfalls seiner Verletzung durch den Richter, dass dessen Sinn und Reichweite zuvor festlägen. Die Auslegung stehe jedoch noch immer der Regierung zu. In diesem Sinne habe das Urteil die traditionelle Rechtsprechung des *Conseil d'État* nicht verändert.[915] Die Unzuständigkeit für Akte im Bereich der Beziehungen zwischen Regierung und Parlament beruhe auf der Gewaltentrennung, die dem *Conseil d'État* verbiete, in den Aufgabenbereich der Legislative einzugreifen, so VIRALLY weiter.[916] Wenn das Verwaltungsgericht sich in verfassungsrechtliche Beziehungen einmische, überschreite es die Grenzen seiner Zuständigkeit.[917] Die Unzuständigkeit des *Conseil d'État* für die Überprüfung der Rechtmäßigkeit von Maßnahmen der inneren Ordnung wie die Verhängung von Militärstrafen oder Internierungen ergebe sich daraus, dass jene Akte nicht als Verwaltungsakte angesehen würden. Dies hänge einerseits mit der sehr speziellen Rechtsnatur von Militärakten zusammen, andererseits verfüge die Militärautorität gleichzeitig über Sanktionsmittel administrativer Art und solchen, die den Militärgerichten unterstünden. Ein *acte de gouvernement*, der sich aus politischen Gründen einer Überprüfbarkeit entziehe, sei somit *„introuvable"* und sei mit der Entscheidung *Prince Napoleon Bonaparte*[918] im Jahre 1875 verschwunden.[919]

913 Virally, a.a.O., sechste Spalte.
914 Virally, a.a.O., 13. Spalte.
915 Heumann, a.a.O., S. 73.
916 Virally, L'introuvable acte de gouvernement", RDP 1952, S. 317, 351.
917 Virally, a.a.O., S. 352.
918 C.E. 19. Februar 1875, Prince Napoleon, Rec. 1875, S. 155 (siehe K. I. 1).

6. 1953: Eisenmann, Faktische Unjustiziabilität des acte de gouvernement

Ebenfalls im Jahre 1953 erschien die Abhandlung des französischen Professors EISENMANN in deutscher Sprache.[920] Auch er bezeichnete die Unjustiziabilität des *acte de gouvernement* als rein faktisch. Der Grund hierfür liege darin, dass die französische Gerichtsverfassung lückenhaft sei.[921] Rein zufällig bestehe für die Überprüfung eines *acte de gouvernement* keine Zuständigkeit. Eine „Erscheinung", die in der Rechtslehre als Theorie des *acte de gouvernement* bezeichnet werde, sei in den positiven Rechtsquellen unter diesem Namen nicht zu finden.[922] Der *Conseil d'État* begründe seine Unzuständigkeit nicht, sondern erkläre lediglich, dass der betreffende Akt nicht zu den Akten gehöre, die vor dem *Conseil d'État* angefochten werden könnten. Damit sei zunächst nur die Kompetenz der Verwaltungsgerichte ausgeschlossen.[923] Damit erkläre er jedoch nicht, dass eine einheitliche Gruppe von Akten unjustiziabel sei, wenn dies auch faktisch oft zu einer absoluten Unjustiziabilität führe, weil der *Conseil d'État* von vornherein das einzige in Betracht kommende Gericht sei.[924] In keinem Urteil sei jedoch ein Hinweis auf einen *acte de gouvernement* enthalten.[925] Ein gemeinsames „unmittelbares und unbestreitbar wahrnehmbares Merkmal" sei nicht erkennbar.[926] Die einzige Gemeinsamkeit der unjustiziablen völkerrechtlichen Akte und derjenigen im Verhältnis zwischen Regierung und Parlament bestehe allein in ihrer Unjustiziabilität. Die Anhänger einer Theorie des *acte de gouvernement* fügten dieser ein weiteres hinzu: die Abnormität ihrer Unjustiziabilität.[927] Dies bedeute, dass *actes de gouvernement* an sich gewöhnliche Verwaltungsakte seien, die nach allgemeinen Grundsätzen justiziabel seien. Der *Conseil d'État* jedoch vertrete immer wieder die Auffassung, die betreffenden Akte seien keine Verwaltungsakte.[928] Sein anomaler Charakter erweise sich so als nicht stichhaltig, und seine Unjustiziabilität wohne auch anderen Akten inne. Die klassische Lehre des *acte de gouvernement* beruhe somit auf Ansichten, die nach geltendem Recht rechtswidrig seien. Eine gemeinsame Kategorie könne, wenn überhaupt, nur auf einer anderen Grundlage als jener der Abnormitätstheorie entwickelt werden. Die Suche nach einem gemeinsamen Kriterium sei aber bereits gescheitert. Alle Definitionen seien abzulehnen. EISENMANN lobte allein

---

919 Virally, a.a.O., S. 355.
920 Eisenmann, Gerichtfreie Hoheitsakte im heutigen französischen Recht, JöR 1953, Neue Folge/Band 2.
921 Eisenmann, a.a.O., S. 30.
922 Eisenmann, a.a.O., S. 13.
923 Eisenmann, a.a.O., S. 11.
924 Eisenmann, a.a.O., S. 12.
925 Eisenmann, a.a.O., S. 12.
926 Eisenmann, a.a.O., S. 13.
927 Eisenmann, a.a.O., S. 14.
928 Eisenmann, a.a.O., S. 17.

die Abhandlung VIRALLYS[929]. Jener sei über eine Definition des Aktes selbst zu den auf sie anzuwendenden Normen vorgedrungen. Dadurch könne er zugleich die Rechtsprechung zum *acte détachable* erklären, nach der das Gericht von dem eigentlichen diplomatischen Akt trennbare Akte nach nationalem Recht beurteile.[930] EISENMANN kritisierte jedoch, dass das gemeinsame Kriterium lediglich negativer Natur sei. Beide Kategorien folgten nicht dem Verwaltungsrecht. Das auf sie anzuwendende Recht, Völker- beziehungsweise Staatsrecht, gehöre zwei gänzlich unterschiedlichen Teilen der Rechtsordnung an.[931] Es sei unmöglich, so EISENMANN, alle Akte, die nicht verwaltungsrechtlichen Normen unterlägen, auf eine Gemeinsamkeit zurückzuführen.[932] Sie bildeten zwar wegen ihrer Unjustiziabilität eine prozessrechtliche Gruppe, nicht aber wegen eines gemeinsamen Wesens.[933] Aber auch eine Liste von *actes de gouvernement* ohne übergeordnetes gemeinsames Kriterium sei abzulehnen, weil die Rechtsprechung, der eine derartige Erstellung zukäme, bisher keinen Akt ausdrücklich als *acte de gouvernement* bezeichnet habe.[934] Von einer Theorie des *acte de gouvernement* könne man nur sprechen, wenn man an eine „innere Einheit" aller Akte glaube. Habe man aber diese Auffassung als fehlerhaft erkannt, so müsse man von einer Theorie der *gerichtsfreien Verwaltungsakte* sprechen. Eigentlich, so EISENMANN, dürfe man gar nicht erst versuchen, die Theorie des *acte de gouvernement* durch eine ebenfalls auf dem Einheitsprinzip beruhende andere zu ersetzen.[935] Die Theorie des *acte de gouvernement* sei eine „verfehlte Lehre".[936] Der eigentliche Grund für die Unjustiziabilität der *actes de gouvernement* sei eine Lücke in der französischen Gerichtsverfassung und damit ein rein faktischer. Die Rechtsstellung des Einzelnen aber, schloss EISENMANN, würde nicht wesentlich verändert, eröffne man für die betreffenden Akte den Rechtsweg. Klagen würden dann meist mangels subjektiven Rechts statt unzulässig als unbegründet abgewiesen werden.[937]

7. 1955: Rumpf, Das politische Freund-Feind-Motiv als Grund für den acte de gouvernement

Im Jahre 1955 erschien die Monographie des deutschen Professors RUMPF.[938] Dieser vertrat die Auffassung, die Rechtsfigur des *acte de gouvernement* sei zu

929 Siehe M. III. 5.
930 Eisenmann, a.a.O., S. 25.
931 Eisenmann, a.a.O., S. 26.
932 Eisenmann, a.a.O., S. 26.
933 Eisenmann, a.a.O., S. 27.
934 Eisenmann, a.a.O., S. 28.
935 Eisenmann, a.a.O., S. 29.
936 Eisenmann, a.a.O., S. 27.
937 Eisenmann, a.a.O., S. 33.
938 Rumpf, Regierungsakte im Rechtsstaat, 1955.

jeder Zeit politisch bestimmt gewesen. Die Mobiltheorie sei zwar seit Jahrzehnten als „Überbleibsel der absolutistischen Idee der Staatsräson“ verworfen, diene jedoch noch immer einer Bestimmung des Begriffes des Politischen.[939] Die Bestimmung des politischen Motivs habe sich später in die Gesetzgebung verlagert.[940] Das den frühen *actes de gouvernement* innewohnende politische Motiv habe in einer Kennzeichnung und Behandlung bestimmter Personen und Personengruppen als staatsfeindlich bestanden. Das gemeinsame politische Ziel der Rechtsprechung und Regierung sei die Ausschaltung der politischen Gegner gewesen. Hierin erkenne er die Definition CARL SCHMITTS[941] vom Begriff des Politischen wieder.[942] Dieser habe ihn als den Gegensatz von Freund und Feind definiert. Zunächst habe die Regierung die Bestimmung von Feind und Freund übernommen, was ihr jedoch nach der Anerkennung der *justice déléguée* versagt worden sei.[943] Dennoch sei die Unterscheidung in den Urteilen nach der Mobiltheorie erhalten geblieben. Man habe später aus dem politischen Motiv keine Justizlosigkeit mehr folgern dürfen, weil die politische Entscheidung nur durch den Gesetzgeber getroffen werden durfte und getroffen wurde. So habe die Legislative schon im Jahre 1886 in einem Ausnahmegesetz den Angehörigen der einst regierenden Fürstenhäuser verboten, sich im französischen Staatsgebiet aufzuhalten sowie öffentliche Ämter zu bekleiden.[944] Der *Conseil d'État* habe lediglich entschieden, ob die Exekutive das Gesetz rechtmäßig angewandt habe. Auch die Ächtungsverordnungen der provisorischen Regierung DE GAULLES gegen die Kollaborateure des Vichyregimes zeigten die Verschiebung des Freund-Feind-Motivs in die Gesetzgebung.[945] So sei ein rückwirkender Tatbestand der „nationalen Unwürdigkeit“ für Personen geschaffen worden, die Deutschland und seinen Verbündeten Hilfe geleistet hatten.[946] Ein eigentlich juristisches Kriterium neben deren politischen Gehalt besäßen die *actes de gouvernement*, so RUMPF, nicht. Die Entscheidung des *Conseil d'État* beispielsweise, Kandidaten die Aufnahme in die Kandidatenliste zu verwehren, lege die Vermutung nahe, dass das „hierin liegende heiße Eisen der Säuberungs-Politik die richterliche Enthaltsamkeit motiviere.“[947] Insbesondere bei Maßnahmen der öffentlichen Sicherheit und Ordnung zeige sich der politische Gehalt dieser Akte. Bereits zu Zeiten der Mobiltheorie habe der *Conseil d'État* Ausweisungen unerwünschter Bürger als *acte de gouvernement* betrachtet. Nach 1944 habe sich

939 Rumpf, a.a.O., S. 47.
940 Rumpf, a.a.O., S. 51f.
941 Vgl. dazu Schmitt, Der Begriff des Politischen, 1927.
942 Rumpf, a.a.O., S. 49.
943 Rumpf, a.a.O., S. 49.
944 Rumpf, a.a.O., S. 51.
945 Rumpf, a.a.O., S. 53.
946 Ordonnanz vom 26. August 1944, zitiert von Rumpf, a.a.O., S. 53.
947 Rumpf, a.a.O., S. 58.

dies auf der Gesetzesebene fortgesetzt, indem einzelnen Bürgern durch Verordnungen mit Gesetzeswirkung wegen ihres früheren politischen Verhaltens Freiheit, Eigentum, politische Recht und sogar das Leben genommen worden sei. In Ansehung der Gesetze habe die Theorie des *acte de gouvernement* an Bedeutung verloren. Mit der Entwicklung der Theorie der *pouvoirs de guerre*[948], die an die Stelle der Theorie des *acte de gouvernement* getreten sei, habe der *Conseil d'État* der Exekutive aus Gründen der nationalen Sicherheit besondere Befugnisse zugestanden.[949] Das dahinter stehende Motiv der Freund-Feind-Unterscheidung sei nur unausgesprochen geblieben.[950] Bei völkerrechtlichen Akten bestimme das diplomatische Element die Zurückhaltung des Gerichts.[951] Es sei ein „Ratschlag des Taktes", der Regierung in ihre diesbezügliche Aktivität nicht hineinzureden.[952] Das politische Element decke sich hier nicht mit dem Ermessensbereich, da die Auslegung und Anwendung vertraglicher Normen Rechtsfragen seien. Es bedeute „Staatsräson".[953] So werde, nachdem man das Wesen des Politischen in der Freund-Feind-Politik gefunden habe, nun das freie Ermessen mit ihm gleichgesetzt. Bisher sei keine bessere Erklärung für die Existenz des *acte de gouvernement* gefunden worden als die HAURIOUS[954]. Die Regierung wisse die ihr vorbehaltenen Befugnisse zu schützen, indem sie dem *Conseil d'État* jenseits der Schranke des *acte de gouvernement* größte Kontrollfreiheit gewähre. Jene einzuschränken, bedeute die Rechtskontrolle über den Ermessensfreiraum zu gefährden.[955] In der französischen Praxis seien jedoch alle Versuche gescheitert, den *acte de gouvernement* mit dem angeblich unkontrollierten Ermessen zu verschmelzen, „weil es kein vom Richter unangetastetes freies Ermessen als abgegrenzte juristische Kategorie mehr gebe".[956] Die *actes de gouvernement* stellten daher die einzige wirklich unkontrollierbare Kategorie von Exekutivakten dar, was zwar nicht für die Überlegenheit der Theorie über die Praxis spreche, aber „für den Instinkt des *Conseil d'État* für das Wesen des Politischen".[957] „Die negative Theorie hat die Logik auf ihrer Seite, der Staatsrat den Wirklichkeitssinn."[958] Das politische Freund-Feind-Motiv habe sich vom willkürlichen Einzelakt in den allgemeinen, wenn auch nicht immer berechenbaren Verordnungs- oder Gesetzesakt gewandelt. „Politische Kampfmaßnahmen"

948 Siehe K. III. 1.
949 Rumpf, a.a.O., S. 66.
950 Rumpf, a.a.O., S. 70.
951 Rumpf, a.a.O., S. 77.
952 Rumpf, a.a.O., S. 77.
953 Rumpf, a.a.O., S. 77.
954 Siehe K. II. 5.
955 Rumpf, a.a.O., S. 89.
956 Rumpf, a.a.O., S. 91.
957 Rumpf, a.a.O., S. 91.
958 Rumpf, a.a.O., S. 92.

würden in der Gestalt des Gesetzes normiert und als Rechtssätze geachtet.[959] Die Politik sei als „spannungsvolle, unvorhersehbare, gesellschaftliche Dynamik" zu begreifen, die unter Umständen „das ihr angelegte Kleid der Normen unter Zustimmung des Richters zum Zerreißen" bringe.[960]

959 Rumpf, a.a.O., S. 95.
960 Rumpf, a.a.O., S. 95.

N. Die Verfassung vom 4. Oktober 1958

Am 29. Juli 1958 wurde der unter der Leitung DE GAULLES erarbeitete Verfassungsentwurf dem *Comité consultatif constitutionnel* vorgelegt, dessen wenige Änderungen von der Regierung nicht akzeptiert wurden. Nach einer Prüfung durch den *Conseil d'État* wurde er am 03. September schließlich vom *Conseil des ministres* angenommen und schließlich am 28. September in einem Referendum gebilligt. Am 05. Oktober trat die Verfassung in Kraft und gilt noch heute.[961] Sie verleiht dem Präsidenten eine wichtige Rolle. Dieser wacht über die Achtung vor der Verfassung und die Funktionstüchtigkeit der Staatsorgane, garantiert die nationale Unabhängigkeit, die Integrität des Territoriums, die Achtung der Verträge der Europäischen Union und der anderen diplomatischen Verträge. Er ernennt den Premierminister, sitzt dem *Conseil des ministres* vor, verkündet die Gesetze, kann bestimmte Gesetze einem Referendum unterwerfen, besitzt das Recht der Auflösung der *Assemblée Nationale*, ernennt die Beamten, ist Chef der Streitkräfte, verhandelt und ratifiziert die diplomatischen Verträge, übt das Begnadigungsrecht aus und kann schließlich den Ausnahmezustand verhängen. Zur Regierung gehören der Premierminister, die Minister und die Staatssekretäre. Der Regierung wurde die Bestimmung der politischen Richtung des Landes, die Aufsicht über die Verwaltung und die Streitkräfte übertragen. Der Premierminister leitet die Regierungsaktivität, ist für die nationale Verteidigung verantwortlich und stellt die Ausführung der Gesetze sicher. Der starken Exekutive steht die Legislative, bestehend aus *Assemblée Nationale* und *Senat,* gegenüber. Die Rechte des Parlaments sind begrenzter als in früheren Verfassungen. Es ist nur noch für den Erlass von Gesetzen und Rechtsverordnungen bestimmter Materien zuständig, aber nicht länger für solche, die durch Dekret geregelt werden. Die Verfassung von 1958 schuf einen *Conseil constitutionnel*, der inzwischen vor allem die Verfassungsmäßigkeit von Gesetzen überprüft.[962]

---

961 Vgl. Godechot, a.a.O., S. 424ff.

962 Art. 58.- Le Conseil constitutionnel veille à la régularité de l'élection du président de la République. (...) Art. 59.- Le Conseil constitutionnel statue, en cas de contestation, sur la régularité de l'élection des députés et des sénateurs. Art. 60.- Le Conseil constitutionnel veille à la régularité des opérations de référendum et en proclame les résultats. Art. 61.- Les lois organiques, avant leur promulgation, et les règlements des Assemblées parlementaires, avant leur mise en application, doivent être soumis au Conseil constitutionnel qui se prononce sur leur conformité à la Constitution. (Loi constitutionnel n° 74-904 du 29 octobre 1974): Aux mêmes fins, les lois peuvent être déférées au Conseil constitutionnel avant leur promulgation, par le Président de la République, le Premier ministre, le président de l'Assemblée Nationale, le président du Sénat ou soixante députés ou soixante sénateurs. (...) Art. 62.- Une disposition déclarée inconstitutionnelle ne peut être promulguée ni mise en application. Les décisions du Conseil constitutionnel ne sont susceptible d'aucun recours. Elles s'imposent aux pouvoirs publics et à toutes les autorités administratives et juridictionnelles. Vgl. Godechot, a.a.O., S. 440f.

Er ist zuständig für Streitigkeiten anlässlich von Wahlen. Ferner beurteilt er die Rechtmäßigkeit der Wahl des Präsidenten und der Referenden sowie die Verfassungsmäßigkeit der *lois organiques*. Durch das konstitutionelle Gesetz von 1974 wurde ihm die Zuständigkeit für die Beurteilung der Rechtmäßigkeit von Gesetzen übertragen. Daneben gibt es fortan eine *Haute Cour de Justice,* die den Staatspräsidenten wegen Hochverrats verurteilen kann. Ferner sind ihm die Minister strafrechtlich für Maßnahmen in Ausübung ihres Amtes verantwortlich.
Den diplomatischen Verträgen verleiht Artikel 55 einen höheren Rang als den einfachen Gesetzen, soweit sie gemäß Art. 53 ratifiziert wurden.[963]
Die ersten Jahre der Fünften Republik waren gekennzeichnet von der Entkolonialisierung und der Algerienfrage. DE GAULLE trieb die Entlassung Algeriens aus dem französischen Staat gegen Widerstände voran. Nach einer Volksabstimmung, bei der mehr als 72 % der Abstimmberechtigten für das Selbstbestimmungsrecht des algerischen Volkes stimmten, putschen vier Generäle gegen DE GAULLE, der daraufhin den Ausnahmezustand gemäß Art. 16 der Verfassung verhängte. Nach monatelangen, von blutigen Demonstrationen begleiteten Verhandlungen mit der provisorischen algerischen Regierung in Evian wurde Algerien schließlich am 18. März 1962 in die Unabhängigkeit entlassen. DE GAULLE hatte eine viel größere als von der Verfassung vorgesehene Rolle gespielt, was schließlich zu der Verfassungsänderung vom 06. November 1962 führte. Von nun an war der Staatspräsident direkt wählbar. DE GAULLE wurde 1965 zum Staatspräsidenten gewählt. In den folgenden Jahren bestimmten innenpolitische Probleme seine Politik. Soziale und wirtschaftliche Probleme lösten die Maiunruhen von 1968 aus. Ein Generalstreik wurde schließlich staatsbedrohend.[964] Lohnerhöhungen und die Anhebung des Mindesteinkommens entspannten zunächst die Lage; die Gaullisten erhielten bei der Wahl 1968 die absolute Mehrheit. DE GAULLE verband sein Verbleiben im Amt dennoch mit einem Referendum zur Verwaltungsreform Frankreichs, das mit 47 % der Stimmen nicht den gewünschten Erfolg brachte. DE GAULLE legte daraufhin sein Amt nieder. Die anschließende Amtszeit POMPIDOUS war gekennzeichnet durch die Politik eines „modernisierten Gaullismus“.[965] 1974 wurde GISCARD D'ESTAING Staatspräsident, der CHIRAC zum Premierminister ernannte. Jener trat im Juli 1976 wegen

963 Art. 53.- Les traités de paix, les traités de commerce, les traités ou accords relatifs à l'organisation internationale, ceux qui engagent les finances de l'État, ceux qui modifient des dispositions de nature législative, ceux qui comportent cession, échange ou adjonction de territoire, ne peuvent être ratifiés ou approuvés qu'en vertu d'une loi. Ils ne prennent effet qu'après avoir ratifiés ou approuvés. (...). Art. 55.- Le traités ou accords régulièrement ratifiés ou approuvés ont, dès leur publication, une autorité supérieure à celle des lois, sous réserve, pour chaque accord ou traité, de son application par l'autre partie.

964 Hartmann, a.a.O., S. 161.

965 Hartmann, a.a.O., S. 162.

Differenzen mit dem Präsidenten zurück. Im Jahre 1981 siegte MITTERAND und blieb bis 1995 Staatspräsident. Mit sozialistischen Reformen suchte er die Verstaatlichung von Schlüsselindustrien und Privatbanken voranzutreiben, die Todesstrafe, die Militärgerichte und bestimmte Antidemonstrationsgesetze abzuschaffen. Weitere Reformen betrafen das Medienwesen, die Hochschulen sowie den Urlaubsanspruch der Arbeitnehmer.[966] Als die Regierung bei den Wahlen 1986 große Verluste befürchtete, ließ MITTERAND das Verhältniswahlrecht nach einer Reform der Wahlkreise wieder einführen. Trotzdem verloren die Sozialisten die Wahl, so dass MITTERAND mit CHIRAC einen politischen Gegner als Premierminister ernennen musste. Die neue Regierung machte viele Reformen wieder rückgängig, insbesondere die Privatisierung staatlicher Unternehmen und die Wiedereinführung des Mehrheitswahlrechts. Im Jahre 1988 wurde MITTERAND noch einmal zum Staatspräsidenten gewählt und löste die *Assemblée Nationale* auf. Bei den Neuwahlen gelang es den Sozialisten aber nicht, die absolute Mehrheit zurückzuerobern. Im Jahre 1995 wurde MITTERAND von CHIRAC abgelöst. Wegen schwerwiegender sozialer und wirtschaftlicher Probleme löste dieser die *Assemblée Nationale* 1997 trotz ihm günstiger Mehrheitsverhältnisse auf. Bei den Wahlen gewann die Linke die absolute Mehrheit. JOSPIN wurde Premierminister. Unter der Regierung JOSPINS wurde das aktive Wahlalter auf 18 Jahre gesenkt. Im Herbst 2000 wurde die Amtszeit des Präsidenten auf fünf Jahre verkürzt. Bei den letzten Präsidentenwahlen im Jahre 2002 siegte CHIRAC.

I. Rechtsprechung

1. Akte des nationalen Rechtskreises

Im Fall *Sieur Gaillard*[967] lag dem *Conseil d'État* die Klage des Chefs des *Bureau des secrétariats généraux de la France d'outre-mer* vor. Dieser begehrte die Aufhebung eines Dekrets, das die Chefs und Vizechefs des einstigen *Bureau des l'ancien corps supérieur de secrétariats généraux des colonies* nicht als Staatsbeamte klassifiziert hatte.

Das Gericht überprüfte das Zustandekommen der zugrundeliegenden Dekrete. Ein erstes sei in Anwendung eines Gesetzes ergangen, welches die Modifizierung bestimmter Regelungen unter bestimmten Verfahrensvorschriften erlaubt habe, habe aber endgültige Regelungen offen gelassen. Das vorliegend angegriffene Dekret bezwecke die endgültige Umsetzung der vorangegangenen Entscheidung und sei ein Akt, der wegen seines Zusammenhanges mit den Beziehungen der Regierung zum Parlament gerichtlich nicht kontrollierbar sei. Die Klage sei daher unzulässig.

966 Vgl. dazu Hartmann, a.a.O., S. 164f.
967 C.E. 2. Mai 1958, Sieur Gaillard, Rec. 1958, S. 258.

Im Fall *Le Regroupement Nationale*[968] war der gleichnamigen Partei durch den Innenminister im Vorfeld der Abstimmung über die Selbstbestimmung des algerischen Volkes untersagt worden, Werbung anlässlich des Referendums zu betreiben.

Der *Conseil d'État* erklärte die Klage für unzulässig. Das französische Volk habe das Gesetz inzwischen angenommen, der Staatspräsident habe es bereits verkündet, und es sei im *Journal officiel* veröffentlicht worden. Danach könne nicht mehr gerichtlich über die Rechtmäßigkeit von vorbereitenden Akten eines Referendums entschieden werden.[969]

Im Jahre 1962 hatte der *Conseil d'État* über die Klage *Sieurs Rubin de Servens et autres*[970] zu entscheiden. Das Urteil ist sehr bekannt, weil der *Conseil d'État* ausnahmsweise die Bezeichnung „*acte de gouvernement*" verwendete.

Der Staatspräsident hatte gemäß Artikel 16 der Verfassung vom 4. Oktober 1958[971] ein Militärgericht eingerichtet. Diese Entscheidung war durch den Putsch in Algier im Frühjahr 1961 motiviert gewesen. Vom 23. April bis zum 29. September herrschte in Frankreich der Ausnahmezustand. Die Kläger waren durch das Militärgericht zu Strafen verurteilt worden und begehrten die Überprüfung der Rechtmäßigkeit der aufgrund Artikel 16 ergangenen Entscheidung.

Der *Conseil d'État* erklärte, eine auf Artikel 16 der Verfassung beruhende Entscheidung sei ein *acte de gouvernement*. Im übrigen handele es sich um einen legislativen Akt, da Artikel 34 vorschreibe, dass die Schaffung neuer Gerichtsbarkeiten sowie neuer Strafprozessregeln durch Gesetz geregelt werde. Der Staatspräsident sei dazu gemäß Artikel 16 der Verfassung befugt.[972]

---

968 C.E. 27. Oktober 1961, Le Regroupement Nationale, Rec. 1961, S. 594.

969 „...qu'après cette dernière date, le juge de l'excès de pouvoir ne peut plus se prononcer sur la légalité des actes administratifs constituant le préliminaire obligatoire du referendum, sans qu'il soit porté un appréciation sur la validité de la loi..., qu'il ensuit que la légalité de l'arrêté et des décisions attaquées n'est plus susceptible d'être discutée par la voie contentieuse."

970 C.E. 2. März 1962, Sieurs Rubin de Servens et autres, Rec. 1962, S. 143.

971 Art. 16: Lorsque les institutions de la République, l'indépendance de la Nation, l'intégrité de son territoire ou l'exécution de ses engagements internationaux sont menacées d'une manière grave et immédiate et que le fonctionnement régulier des pouvoirs publics constitutionnels est interrompu, le président de la République prend les mesures exigées par ces circonstances, après consultation officielle du Premier ministre, des présidents des Assemblées ainsi que du Conseil constitutionnel. (...).

972 „... que cette décision présente le caractère d'un acte de gouvernement dont il n'appartient au Conseil d'État ni apprécier la légalité ni de contrôler la durée d'application (....) qu'il ensuit de ladite décision, qui porte sur les matières législatives et qui a été prise par le Président de la République pendant la période d'application des pouvoirs exceptionnels, présente le caractère d'un acte législatif dont il n'appartient pas au juge administratif de connaître."

Im Fall *Sieur Rebeuf*[973] begehrte der Kläger die Erstattung einer während der Wahlen geleisteten Kaution sowie seiner Wahlkampfkosten. Diese war ihm wegen des zu geringen Stimmanteils verwehrt worden. Rebeuf machte geltend, die Kommission habe 2096 seiner Stimmen rechtswidrig für ungültig erklärt, obwohl eine weitere Stimme genügt hätte, um 5 % der Stimmen zu erhalten.

Der *Conseil d'État* urteilte, er sei nicht zuständig, da es um den Ausgang einer Wahl gehe und er als Verwaltungsgericht nicht einzelne die Wahl begleitende Maßnahmen beurteilen dürfe.

Ähnlich im Fall *Sieur Sourdot*[974]: Der Kläger begehrte Schadensersatz. Er machte geltend, er habe bei der Wahl der Legislative nicht die erforderlichen fünf Prozent der Wählerstimmen erlangt, weil die Polizei seine Plakate nicht ausreichend geschützt habe und andere Kandidaten nicht daran gehindert habe, illegale Werbeplakate aufzuhängen. Aus diesem Grund seien ihm seine Wahlkampfkosten nun nicht erstattet worden.

Das Gericht wies die Klage als unzulässig ab, weil er anderenfalls den Einfluss der geltend gemachten Unregelmäßigkeiten auf den Ausgang der Wahl hätte prüfen müssen. Dies gehöre nicht zur verwaltungsgerichtlichen Zuständigkeit.

Der Kläger *Goujon*[975] begehrte die Aufhebung einer im *Journal Officiel* veröffentlichten Entscheidung des Innenministers, die den Senatspräsidenten informiert hatte, M. Benedetti werde den verstorbenen Senator M.Tailhades ersetzen.

Das Gericht hielt den Akt für unüberprüfbar, weil er die Beziehungen zwischen Exekutive und Legislative betreffe. Der Kläger hatte parallel beim *Conseil constitutionnel* Klage eingereicht, die dieser unter Berufung auf seine ausschließliche Zuständigkeit für die Kontrolle der Rechtmäßigkeit von Wahlen abgewiesen hatte. Der Ersetzungsakt falle nicht in seinen enumerativen Zuständigkeitskatalog.

Im Jahre 1989 lag dem *Conseil d'État* die Klage *Allains*[976] vor. Dieser begehrte die Aufhebung des Dekrets, mit dem der Staatspräsident die *Assemblée Nationale* im Jahre 1988 aufgelöst hatte.

Erwartungsgemäß wies das Gericht die Klage als unzulässig ab, weil es sich um einen Akt im Verhältnis zwischen Präsident und Legislative handele.

---

973 C.E. 11. Januar 1963, Sieur Rebeuf, Rec. 1963, S. 18.
974 C.E. 8. November 1963, Sieur Sourdot, Rec. 1963, S. 535.
975 C.E. 25. März 1987, Goujon, Rec. 1987, S. 103.
976 C.E. 22. Februar 1989, Allain, Rec. 1989, S. 60.

Die Entscheidung *Union nationale écologiste et Parti pour la défense des animaux*[977] markierte die fortschreitenden Aufweichung der Theorie des *acte de gouvernement.*

Die klagenden Parteien forderten die Aufhebung der Entscheidung der Kommission zur Verteilung von Sendezeiten während des Wahlkampfes. Ihnen war keine Sendezeit eingeräumt worden.

Das Gericht stellte fest, die Kommission habe gemäß den Vorschriften über die Verteilung von Sendezeit entschieden. Ferner dürfe der *Conseil d'État* der Verwaltung keine Weisungen erteilen. Daher sei die Klage unzulässig.

Die Kläger *Syndicat des justiciables, Bidalou et Meyet*[978] begehrten einerseits die Aufhebung eines Dekrets, das ein Konsultativkommitée zur Überarbeitung der Verfassung eingerichtet hatte, andererseits eines Dekrets, welches dessen Präsidenten und Mitglieder nominierte.

Der *Conseil d'État* entschied, die Einrichtung eines Konsultativorganes für Verfassungsänderungen stelle einen wegen seiner Natur nicht überprüfbaren Akt dar.[979]

Im Urteil *Mégret*[980] weitete der *Conseil d'État* seine Rechtsprechung zum *acte détachable* auf die Beziehungen zwischen der Regierung und dem Parlament aus.

Der Kläger begehrte die Aufhebung einer Entscheidung des Premierministers. Dieser hatte einen Abgeordneten vorübergehend dem Staatssekretär für Industrie zur Verfügung gestellt.

Der *Conseil d'État* erklärte sich für zuständig. Ein Akt, mit dem der Premierminister einen Abgeordneten mit einer vorübergehenden Tätigkeit beim Staatssekretär für Industrie beauftrage, sei ein von den Beziehungen der Exekutive und Legislative lösbarer Verwaltungsakt, der einer gerichtlichen Überprüfung zugänglich sei.

---

977 C.E. 12. März 1993, Union nationale écologiste et Parti pour la défense des animaux, Rec. 1993, S. 67.
978 C.E. 2. Dezember 1993, Bidalou et Meyet, Rec. 1993, S. 339.
979 C.E. 2. Dezember 1993, Bidalou et Meyet, Rec. 1993, S. 339.
980 C.E. 25. September 1998, Mégret, Rec. 1998, S. 341.

2. Akte des internationalen Rechtskreises

Im Fall *Société des mines et fonderies de zinc de la Vieille Montagne*[981] forderte die klagende Gesellschaft Schadensersatz wegen der Umleitung eines ihrer Schiffe in Richtung Belfast. Während der Umleitung war das Schiff von einem italienischen U-Boot versenkt worden. Rechtsgrundlage für die Umleitung war der Wormser Vertrag vom 4. Juli 1940 zwischen Großbritannien und Frankreich. Der Kläger machte geltend, dass er bereits durch den Vertrag selbst oder die Umleitung durch die Franzosen oder Briten enteignet worden sei und aus diesem Grunde Entschädigung fordern könne. Die Beantwortung der Frage, entschied der *Conseil d'État*, hänge von einer Auslegung des französisch-britischen Wormser Vertrages ab und legte ihn dem Außenminister zur Auslegung vor. Jener erklärte, keine der Klauseln könne so ausgelegt werden, dass sie den Übergang des Eigentums an der Ladung bei Umleitung eines Schiffes an den französischen oder britischen Staat anordne.

Der *Conseil d'État* stellte zunächst seine Zuständigkeit fest. Die Akte erforderten keine direkte Beurteilung der Beziehungen Frankreichs zu einem ausländischen Staat, weil lediglich die Haftung Frankreichs für die Folgen des Vertrages betroffen sei. Diesbezüglich habe es einer Auslegung durch den Außenminister bedurft. Nachdem dieser festgestellt habe, dass der Vertrag den Übergang des Eigentums an der Ladung bei Umleitung eines Schiffes an den französischen oder britischen Staat nicht anordne, sei die Klage unbegründet, weil der Kläger sein Schiff erst durch die Versenkung durch ein italienisches U-Boot verloren habe, nicht aber durch Umsetzung des Vertrages.

Im Fall *Sieurs Georger et Teivassignamany*[982] verlangten die Kläger die Aufhebung eines *Arrêts* des Kommissars der Republik der französischen Einrichtungen in Indien, mit dem dieser die Mitglieder der repräsentativen Versammlung und die Stadträte einberufen hatte, damit diese sich im Namen der Bevölkerung für oder gegen den Eintritt in die Indische Union aussprächen.

Das Gericht stellte fest, dass gemäß Artikel 27 der Verfassung die Zustimmung der Bevölkerung vor der Verabschiedung eines Gesetzes zur Ratifizierung eines Vertrages über die Zession eines Territoriums notwendig sei. Daher sei sie nicht lösbar von der Ratifikation selbst, so dass allein das Parlament für die Beurteilung zuständig sei. Es wies die Klage als unzulässig ab.

Die Kläger *Sieur André et Société des tissages Nicolas Gaimant*[983] wandten sich gegen ein Dekret vom 28. Januar 1958, das den Vertrag über die Errichtung der Europäischen Wirtschaftsunion und die Europäische Atomunion veröffentlichte. Das Dekret modifiziere die

981 C.E. 14. März 1958, Société des mines et fonderies de zinc de la Vieille Montagne, Rec. 1958, S. 164.

982 C.E. 27. Juni 1958, Sieurs Georger et Teivassigamany, Rec. 1958, S. 403.

983 C.E. 3. März 1961, Sieur André et Société des tissages Nicolas Gaimant, Rec. 1961, S. 154.

Verfassung. Der Präsident habe daher die Verträge durch ein einfaches Gesetz nicht ratifizieren können.

Das Gericht erklärte seine Unzuständigkeit für Maßnahmen des Präsidenten zur Ratifikation der Römischen Verträge sowie für die Verfahrensmäßigkeit der Ratifikation internationaler Verträge.

Die *Société indochinoise d'électricité*[984] begehrte Schadensersatz wegen der Kündigung ihrer Konzession zur Stromversorgung in Indochina. Die Gesellschaft war Inhaberin von Verträgen im Territorium Kouang-Tschéou Wan. Sie machte den französischen Staat für ihren Schaden verantwortlich, weil dieser durch den Verzicht auf administrative Befugnisse in der Region die Konzessionsverträge undurchführbar gemacht habe.

Der *Conseil d'État* erklärte seine Unzuständigkeit. Die französisch-indochinesische Konvention vom 18. August 1945, durch die das Territorium an China zurückgefallen sei, stehe eng mit den Regierungsbefugnissen in internationalen Angelegenheiten in Zusammenhang, welche nicht überprüfbar seien.

Im Fall *Prince Sliman-Bey*[985] lag dem Gericht die Klage eines tunesischen Prinzen vor, dessen Vater getötet worden war. Er rügte zum einen ein Fehlverhalten der Polizei des Generalresidenten Frankreichs in Tunis, zum anderen die Nichtbeachtung einer Klausel des Vertrages von Bardo, die den Mitgliedern der herrschenden Dynastie besonderen Schutz zugesagt hatte.

Der *Conseil d'État* erklärte sich für beide Klagebegehren für unzuständig. Einerseits habe die Polizei im Auftrag des tunesischen Staats gehandelt, so dass der französische Staat nicht für eventuelles Fehlverhalten hafte, andererseits berühre eine Überprüfung des zitierten Vertrages die Beziehungen Frankreichs zu regierenden Dynastien in Tunesien, was eine gerichtliche Kontrolle ausschließe.

Der Kläger *Sieur Laurent*[986] begehrte die Aufhebung eines Urteils des Verwaltungsgerichts von Grenoble und die Zahlung von Schadensersatz. Jenes hatte die Aufhebung der ablehnenden Entscheidung des Außen- und des Finanzministers abgelehnt. Von jenen hatte der Kläger Schadensersatz gefordert, weil er nach der französisch-tunesischen Konvention vom 9. März 1957 seines Amtes als Gerichtsvollzieher der französischen Gerichtsbarkeit enthoben worden war.

Der *Conseil d'État* erklärte zunächst, das Verwaltungsgericht habe sich unrechtmäßig für örtlich unzuständig erklärt. Soweit der Kläger allerdings seine Klage auf die internationale Konvention stütze, komme ein Schadensersatzanspruch gegen den Staat nicht in Betracht. Weil der Kläger zudem kein tunesischer Verwaltungsbeamter sei, würden begünstigende Vorschriften für tunesi-

984 C.E. 13. Juli 1961, Société indochinoise d'électricité, Rec. 1961, S. 519.
985 C.E. 16. März 1962, Prince Sliman-Bey, Rec. 1962, S. 179.
986 C.E. 26. April 1963, Sieur Laurent, Rec. 1963, S. 247.

sche Beamten für ihn nicht gelten. Schließlich seien Entschädigungsansprüche der Gerichtsvollzieher grundsätzlich ausgeschlossen, weshalb die Klage unbegründet sei.

Der Kläger *Sieur Vassile*[987] war bei der Verteilung der von Deutschland an Frankreich gezahlten Entschädigungssumme für die nationalsozialistische Verfolgung von Franzosen nicht berücksichtigt worden.

Das Dekret, welches die Entschädigungssumme in Frankreich verteile, sei von dem Vertrag vom 29. August 1961 zwischen Frankreich und Deutschland ablösbar. Der *Conseil d'État* überprüfte folglich die Begründetheit der Klage.

Im Fall *Dame Cramencel*[988] begehrte die Klägerin Schadensersatz wegen Plünderung ihrer Geschäfte nach einem Erdbeben in Agadir. Das *Tribunal administratif de Paris* hatte ihre Schadensersatzklage abgewiesen.

Der Schutz des Eigentums französischer Bürger im Ausland obliege dem diplomatischen Dienst und sei im vorliegenden Fall mit den internationalen Beziehungen Frankreichs zu Marokko eng verbunden und schließe daher eine gerichtliche Überprüfung aus, entschied der *Conseil d'État.*

Im Fall *Cartel d'action morale et sociale et Union féminine civique et sociale*[989] wandten sich die Kläger gegen eine nachträglich im *Journal officiel* veröffentlichte Klausel zur Konvention der Vereinten Nationen zur Bekämpfung von Menschenhandel und Zuhälterei. Die Klausel modifizierte das Dekret.

Der *Conseil d'État* erklärte seine Unzuständigkeit für die Beurteilung der Ratifikation. Die Rechtmäßigkeit der Veröffentlichung solcher Konventionen könne er aber nachprüfen. Während er die Anstellung eines Zahnarztes im Rahmen der französisch- nigerischen technischen Zusammenarbeit in Niger als einen von den internationalen Beziehungen zwischen den beiden Staaten lösbaren Akt betrachtete, hielt er die Entlassung eines Richters in Gabun für einen unüberprüfbaren Akt:

Im Fall Sieur Aubert[990] begehrte der Kläger, ein Zahnarzt, Schadensersatz vom französischen Staat, weil ihm zunächst ein Posten in einem nigerischen Krankenhaus durch den Staatssekretär für Auslandsbeziehungen zugesagt worden war, die nigerische Regierung aber später einen anderen Arzt eingestellt hatte. Das erstinstanzliche Verwaltungsgericht hatte seine Unzuständigkeit erklärt.

---

987 C.E. 13. März 1964, Sieur Vassile, Rec. 1964, S. 179.

988 C.E. 2. März 1966, Dame Cramencel, Rec. 1966, S. 157.

989 C.E. 16. März 1966, Cartel d'action morale et sociale et Union féminine civique et sociale, Rec. 1966, S. 211.

990 C.E. 1. Oktober 1966, Sieur Aubert, Rec. 1966, S. 512.

Der *Conseil d'État* hielt den Akt für einen *acte détachable.* Er sei von den Beziehungen Frankreichs zu Niger ablösbar. Die Klage wurde auf ihre Begründetheit hin überprüft.

In dem Fall *Sieur Mauguein*[991] hingegen begehrte der Kläger Schadensersatz wegen seiner Entlassung als Richter in Gabun. Er warf einem Diplomaten vor, dieser habe bei der gabunesischen Regierung für seine Entlassung gesorgt und die für die Beschäftigung französischer Richter zuständige Kommission nicht angerufen.

Der *Conseil d'État* urteilte, die Maßnahmen des Diplomaten seien nicht von den diplomatischen Funktionen und den Beziehungen zwischen Frankreich und Gabun ablösbar. Daher entziehe sich die Streitigkeit der Zuständigkeit des Gerichts.

Die *Société des transports en commun de la région d'Hanoï*[992] begehrte Schadensersatz vom französischen Staat. Die Klägerin betrieb die örtliche Transportgesellschaft in Hanoï aufgrund zeitlich begrenzter Konzessionsverträge mit der Stadt Hanoï und dem Protektorat Tonkin. Die Transportgesellschaft verpflichtete sich, gegen Zahlungen des französischen Staates sämtliches Material und Ausstattung an die Stadt Hanoï abzutreten. Nach Fristablauf ordnete die französische Regierung die Weiterführung des Betriebes zur Evakuierung französischer Truppen und Delegationsmitglieder in Vietnam an und veranlasste die Klägerin durch einen Brief zur Unterzeichnung eines Vertrages mit der Stadt Hanoï, in dem eine Entschädigung vereinbart wurde, die jene aber als zu gering erachtete. Die Klägerin machte geltend, dass der französische Staat sie bei der Aushandlung der Konditionen nicht ausreichend unterstützt habe.

Der *Conseil d'État* urteilte, dass der Schaden der Klägerin untrennbar mit der Ausübung der Regierungsbefugnisse zusammenhänge und direkt die Beziehungen Frankreichs zu einem ausländischen Staat betreffe. Eine Haftung des französischen Staates greife daher nicht ein.[993] Er erklärte die Klage aber nicht für unzulässig. Zudem hätten vietnamesische Autoritäten gehandelt. Auch wegen des Risikogrundsatzes brauche der französische Staat für Folgen aus deren Handeln nicht zu haften. Die Klage sei demgemäß unbegründet.

---

991 C.E. 1. März 1967, Sieur Maugein, Rec. 1967, S. 97.

992 C.E. 28. Juni 1967, Société des transports en commun de la région d'Hanoï, Rec. 1967, S. 279.

993 „...inséparable de d'exercice des pouvoirs du Gouvernement français dans les relations internationales et met directement en cause les rapports de la France et d'un état étranger; qu'elle n'est dés lors davantage susceptible d'engager la responsabilité de l'État français sur le fondement de la faute.(....) Considérant que de tout ce qui précède, il résulte que la Société des transports en commun de la région d'Hanoï n'est pas fondée à soutenir que c'est à tort que, par le jugement attaqué, le Tribunal administratif de Paris a rejeté sa demande."

Im Fall *Sieur Tallagrand*[994] begehrte der Kläger Schadensersatz wegen der Enteignung seiner Privatschule durch die demokratische Volksrepublik Algerien. Er machte geltend, der ihm entstandene Schaden sei durch das Verhalten der französischen Autoritäten bei der Verhandlung und Unterzeichnung des Übereinkommens von Evian verursacht worden. Er hielt sich für schadensersatzberechtigt, weil die Präambel der Verfassung die Gleichbehandlung aller französischer Bürger bei katastrophenbedingten Schäden festlege. Darüber hinaus rügte er, die Regierung habe kein gemäß Artikel 4 § 3 des Gesetzes vom 26. Dezember 1961 erforderliches Gesetz eingebracht, das die Modalitäten einer Entschädigung der aus Algerien Repatriierter regele.

Das Gericht urteilte, Maßnahmen zur Errichtung eines unabhängigen algerischen Staates entzögen sich der gerichtlichen Kontrolle.[995] Das in der Verfassung niedergelegte Prinzip der Gleichheit aller Franzosen sei keine gesetzliche Grundlage für einen Schadensersatzanspruch. Die Frage der Gesetzesinitiative stehe im Zusammenhang mit den Beziehungen der Exekutive zum Parlament, deren Beurteilung ebenfalls nicht dem *Conseil d'État* zustehe.[996] Der Kläger könne sich daher nicht „begründet beschweren".[997]

Im Fall *Sieur Debauchez*[998] begehrte der Kläger eine staatliche Entschädigungszahlung wegen der Bombardierung seines Hauses in Tunesien im Jahre 1958.

Der *Conseil d'État* entschied, das Bombardement als Militäroperation sei kein trennbares Fehlverhalten und löse keine Staatshaftung aus, soweit –wie vorliegend- keine gesetzliche Grundlage existiere, und wies die Klage als unbegründet ab.[999]

994 C.E. 29. November 1968, Sieur Tallagrand, Rec. 1968, S. 607.

995 „...que les agissements et les décisions qui ont pu à cette occasion être á l'origine du préjudice invoqué sont indissociables de l'action menée par le gouvernement français en vue de l'accession d'un nouvel État à l'indépendance ; que dès lors , et quel qu'ait été, à l'époque, le statut des négociateurs du front de libération nationale, les conclusionssus analysées soulèvent une question qui n'est pas susceptible, par sa nature, d'être portée devant la juridiction administrative."

996 „...que, si le réquerant soutient que sa demande en réparation trouve son fondement dans l'abstention du gouvernement qui n'a pas déposé le projet de loi annoncé en ce qui concerne le Français rapatriés d'Algérie, la question ainsi soulevée, qui se rattache aux rapports du pouvoir exécutif avec le Parlement, n'est pas susceptible par sa nature d'être portée devant la juridiction administrative; qu'ainsi, l'action en réparation du requérant ne saurait être fondée ni sur les dispositions de la loi précitée ni sur la non intervention de la loi distincte prévue."

997 „Considérant que de tout ce qui précède il résulte que le sieur Tallagrand n'est pas fondé à se plaindre de ce que par le jugement attaqué, le Tribunal administratif de Marseille a rejeté sa demande."

998 C.E. 5. Februar 1969, Sieur Debauchez, Rec. 1969, S. 66.

999 „Considérant que le bombardement....a constitué une opération militaire qui, par sa nature, n'est pas susceptible d'engager la responsabilité de l'État, que les préjudices

Das *Comité des Chômeurs de la Marne et sieur Le Gac*[1000] begehrten einerseits die Aufhebung eines Dekrets, das ein Gesetzvorhaben einem Referendum unterwarf, andererseits die Aufhebung eines dessen Organisation regelnden Dekrets.

Der *Conseil d'État* entschied, er sei zur Beurteilung der Rechtmäßigkeit des Dekrets ebenso wenig zuständig wie für die Beurteilung der Rechtmäßigkeit der Entscheidung, das Dekret im *Journal officiel* zu veröffentlichen. Das Organisationsdekret hingegen sei nicht mehr angreifbar, weil das Resultat bereits vom *Conseil constitutionnel* bekannt gegeben, im *Journal officiel* veröffentlicht worden und daher endgültig wirksam sei.

Im Fall *Conseil des parents d'élèves des écoles publiques de la Mission universitaire et culturelle française au Maroc et sieur Schulz*[1001] lag dem *Conseil d'État* eine Klage gegen den Außenminister vor, der eine Schulgeldpflicht für den Besuch der Schulen der *Mission universitaire et culturelle française* in Marokko angeordnet hatte.

Die Mission bestehe zwar kraft einer internationalen kulturellen Konvention zwischen Marokko und Frankreich; diese beinhalte aber keine Vorschriften über ihre Funktionsweise, so dass die Entscheidung des Außenministers ein *acte détachable* sei. Die Klage wurde auf ihre Begründetheit hin überprüft.

Der Kläger *Sieur Le Gros*[1002] wandte sich gegen zwei Ausweisungsverlangen des französischen Außenministers. Ein französisches Gericht hatte zwei internationale Haftbefehle gegen den Kläger erlassen und an den *Conseil fédérale Helvétique* übermittelt.

Der *Conseil d'État* erklärte sich für unzuständig, das Ausweisungsverlangen zu überprüfen. Es sei nicht lösbar von einer zivilrechtlichen Prozedur, da der Minister im Rahmen eines Verfahrens der ordentlichen Gerichtsbarkeit gehandelt habe und das Auslieferungsbegehren auf Antrag des Oberstaatsanwaltes ergangen sei. Daher lägen keine ablösbaren Verwaltungsakte vor. Die Klage wurde wegen Unzuständigkeit abgewiesen.[1003]

---

résultant d'une opération qui présente ce caractère ne sauraient, en absence de faute-détachable, ouvrir aux victimes droit à réparation à la charge de l'État que sur le fondement de textes ayant force de loi."

1000 C.E. 29. April 1970, Comité des Chômeurs de la Marne et sieur Le Gac, Rec. 1970, S. 279.

1001 C.E. 21. Juni 1972, Conseil des Parents d'élèves des écoles publiques de la Mission universitaire et culturelle française au Maroc et sieur Schulz, Rec. 1972, S. 459.

1002 C.E. 21. Juli 1972, Sieur Legros, Rec. 1972, S. 554.

1003 „...qu'il suit de là que les conclusions de la requête du sieur Legros ont été portées devant une juridiction incompétent pour en connaître ; (Rejet pour incompétence)."

Im Fall *Ministre des Finances c./ Sieur Canino*[1004] hatte eine französisch-italienische Schlichtungskommission dem Kläger auf der Grundlage des Friedensvertrages zwischen Frankreich und Italien persönlich einen Schadensersatzanspruch zugestanden. Der französische Staat kam seiner Auszahlungsverpflichtung nicht nach. Inzwischen hatte das *Tribunal administratif de Paris* den Erben des Sieur Canino die Summe zugesprochen. Der Wirtschafts- und Finanzminister wandte sich an den *Conseil d'État*. Er machte geltend, dass die Verzögerung der Zahlung auf einer ungeklärten Streitigkeit zwischen Frankreich und Italien beruhe. Diese stritten über die Auslegung einer Klausel des Vertrages.

Das Gericht urteilte, die Einlassungen des Ministers seien unbegründet. Auch wenn die Verzögerung ihren Ursprung in einem Akt der internationalen Beziehungen habe, bleibe dieser Umstand ohne Einfluss auf die geschuldete Entschädigung. Es bestätigte das erstinstanzliche Urteil.

Die Kläger *Sieurs Paris de Bollardière et autres*[1005] begehrten die Aufhebung eines Dekrets, das die Einrichtung einer Schutzzone um das Mururoa-Atoll anordnete, sowie eines Erlasses des Kriegsministers, der die Schifffahrt in der Zone untersagt hatte.

Wegen des Zusammenhanges mit den internationalen Beziehungen Frankreichs könnten diese Akte nicht durch den *Conseil d'État* beurteilt werden, entschied jener.

Im Fall *Astudillo Calleja*[1006] begehrte der Kläger die Aufhebung eines Ausweisungsdekrets, das seine Übergabe an die spanischen Autoritäten angeordnet hatte.

Der *Conseil d'État* gab der Klage statt, weil eine Klausel der französisch-spanischen Auslieferungskonvention bestimme, dass eine Ausweisung nicht stattfinde, wenn die Auslieferung wegen eines politischen Deliktes oder aus politischen Gründen verlangt werde. Vorliegend gelangte das Gericht nach einer Begründetheitsprüfung zu der Überzeugung, dass ein solcher Sachverhalt vorlag.

Diese Rechtsprechung behielt er auch im Fall *Croissant*[1007] bei. Die Klage gegen ein Auslieferungsdekret wurde auch hier auf ihre Begründetheit hin überprüft.

Der Kläger *Vo Thanh Nghia*[1008] wandte sich gegen ein Urteil des *Tribunal administratif de Paris*. Der Präfekt von Paris hatte der Demokratischen Volksrepublik Vietnam die Baugenehmigung für eine Botschaft in Paris erteilt. Eine dagegen gerichtete Klage hatte das erstinstanzliche Verwaltungsgericht angenommen. Der Kläger machte geltend, die französische

---

1004 C.E. 29. November 1974, Ministre des Finances c./ Sieur Canino, Rec. 1974, S. 597.
1005 C.E. 11. Juli 1975, Paris de Bollardière et autres, Rec. 1975, S. 423.
1006 C.E. 24. Juni 1977, Astudillo Calleja, Rec. 1977, S. 290.
1007 C.E. 7. Juli 1978, Croissant, Rec. 1978, S. 292.
1008 C.E. 22. Dezember 1978, Vo Thanh Nghia, Rec. 1978, S. 523.

Verwaltungsgerichtsbarkeit sei für die Beurteilung der Rechtmäßigkeit der Entscheidung unzuständig.

Das Gericht urteilte, es handele sich um einen gewöhnlichen Verwaltungsakt, der sich nicht direkt an eine Umsetzung der Wiener Konvention oder an die bilateralen Beziehungen Frankreichs und Vietnams knüpfe.

Im Fall *G.I.E. Vipal*[1009] begehrte der Kläger zunächst die Aufhebung eines abweisenden Urteils des *Tribunal administratif de Poitiers*. Er hatte eine Entscheidung des *Office national interprofessionnel du bétail et des viandes* angefochten, das die Berechnungsmethode für Entschädigungen wegen Exports von Fleischkonserven in Länder außerhalb der EG festgelegt hatte. Außerdem hatte er Schadensersatz gefordert.

Der *Conseil d'État* erklärte seine Zuständigkeit und prüfte die Begründetheit. Die Beurteilung von Maßnahmen einer Autorität, die auf der Grundlage des EG-Vertrages für den französischen Staat bei der Durchführung internationaler Verpflichtungen Frankreichs tätig werde, obliege allein der französischen Verwaltungsgerichtsbarkeit, weil sie in nationaler Funktion tätig sei. Nur präjudizielle Fragen der Auslegung oder Gültigkeit solcher Vereinbarungen seien der Verwaltungsgerichtsbarkeit entzogen. Das Gericht habe seine Unzuständigkeit zu Unrecht erklärt.

Im Fall *Société Radio Monte Carlo*[1010] begehrte die Radiogesellschaft die Aufhebung eines abweisenden Urteiles des *Tribunal administratif de Paris*. Der Klägerin war gestattet worden, einen Sender auf französischem Territorium zu installieren. Dagegen hatte das *Office de radio-télévision française* erstinstanzlich zunächst erfolgreich geklagt.

Der *Conseil d'État* erklärte sich für zuständig, weil die Erlaubnis nicht im Zusammenhang mit den internationalen oder diplomatischen Befugnissen der Regierung stehe. Das erstinstanzliche Urteil wurde aufgehoben.

Die Kläger im Fall *Association „Les verts", Parti écologiste et autres*[1011] begehrten die Aufhebung einer von dem französischen Delegierten im Europarat gegebenen Zustimmung zu einem zusätzlichen Budget der EG.

Jene Billigung berühre die diplomatischen Beziehungen Frankreichs und dessen Beziehungen zu einer internationalen Organisation und entziehe sich daher der gerichtlichen Überprüfung, urteilte der *Conseil d'État*.

1009 C.E. 2. Oktober 1981, G.I.E. Vipal, Rec. 1981, S. 347.
1010 C.E. 17. Dezember 1982, Société Radio Monte Carlo, Rec. 1982, S. 418.
1011 C.E. 23. November 1984, Association „Les verts", Rec. 1984, S. 382.

Das Urteil *Solis Estarita*[1012] bereicherte die Rechtsprechung zu Ausweisungsdekreten um einen neuen Aspekt.

Die Klägerin begehrte die Aufhebung einer Entscheidung des Außenministers, der das Auslieferungsbegehren Kolumbiens hinsichtlich M. Henriquez abgelehnt hatte. Sie wandte sich gegen eine Verbalnote, die der französische Außenminister an die kolumbianische Botschaft in Frankreich gerichtet hatte. In dieser hatte er mitgeteilt, dass deren Auslieferungsbegehren nicht erfüllt werde, weil die Auslieferung des Betroffenen bereits per Dekret an die Vereinigten Staaten von Amerika angeordnet worden sei. Jenen sei überlassen, ob sie den Betroffenen an Kolumbien auslieferten.

Der *Conseil d'État* hielt an seiner Rechtsprechung fest und erklärte, eine Anfechtungsklage sei zulässig, wenn das Ausweisungsdekret von den internationalen Beziehungen Frankreichs trennbar sei. Dies gelte aber nicht, wenn eine Klage wie im vorliegenden Fall gegen die Korrespondenz zwischen der französischen und einer ausländischen Regierung gerichtet sei. Die Klage wurde als unzulässig abgewiesen.

Im Fall *Delmas-Vieljeux*[1013] begehrte der Kläger die Aufhebung einer auf gerichtliche Anfrage geleisteten Auslegung zweier Artikel der Brüsseler Konvention durch den Außenminister.

Das Gericht entschied, die Auslegung diplomatischer Abkommen durch den Außenminister hänge mit den internationalen Beziehungen Frankreichs zusammen und könne durch ihn nicht überprüft werden.

Der Kläger *Fidan*[1014] wandte sich gegen ein seine Auslieferung anordnendes Dekret.

Der *Conseil d'État* gab der Klage statt, weil nicht gesichert sei, dass der Kläger in der Türkei von der Todesstrafe verschont bleibe und diese zum französischen Recht im Widerspruch stehe.

Die Kläger *Consorts Yener et consorts Erez*[1015] wandten sich gegen ein Urteil des *Tribunal administratif de Paris*, das ihnen einen Schadensersatz wegen der Tötung ihrer Angehörigen, des türkischen Botschafters und seines Fahrers in Paris, versagt hatte.

Der *Conseil d'État* gab der Klage statt. Die Frage sei von den internationalen Beziehungen Frankreichs trennbar, weil allein die Verantwortlichkeit des Staates für eventuell unzureichenden diplomatischen Schutz der Diplomaten in Frage stehe.

1012 C.E. 26. Juli 1985, Solis Estarita, Rec. 1985, S. 230.
1013 C.E. 14. Januar 1987, Delmas-Vieljeux, Rec. 1987, S. 4.
1014 C.E. 27. Februar 1987, Fidan, Rec. 1987, S. 81.
1015 C.E. 27. April 1987, Consorts Yener et consorts Erez, Rec. 1987, S. 152.

Im Fall *Ministre chargé du plan et de l'aménagement du territoire c./ Communauté urbaine de Strasbourg*[1016] hatte der Premierminister eine von dem französischen Minister für Forschung und Technologie und seinem deutschen Kollegen vorbereitete Entscheidung für die Ansiedlung des Europäischen Labors für Strahlenforschung in Grenoble bekannt gegeben. Das *Tribunal administratif de Strasbourg* hatte die Entscheidung aufgehoben.

Der *Conseil d'État* entschied, diese Entscheidung sei ein von den internationalen Beziehungen Frankreichs trennbarer *acte détachable*, der als gewöhnlicher Verwaltungsakt gerichtlich überprüfbar sei.

Im Fall *Société Robatel S.L.P.I.* [1017] wandte sich die Klägerin gegen ein Urteil des *Tribunal administratif de Paris*, das ihre Klage auf Schadensersatz wegen eines Lieferverbots von Nuklearmaterial an Pakistan abgewiesen hatte.

Der *Conseil d'État* hielt das ergangene Verbot des Industrieministers von den internationalen Beziehungen für unabhängig. Es sei ein *acte détachable*, auch wenn die französische Regierung damit ursprünglich bezweckt habe, Garantien zur Vermeidung der Verbreitung von Atomwaffen zu erlangen. Er wies die Klage als unbegründet zurück.

Im Urteil *Société Sapvin*[1018] begehrte die Klägerin die Aufhebung eines Urteils des *Tribunal administratif de Paris*, das eine Entscheidung des Außenministers bestätigt hatte. Dieser hatte der Klägerin diplomatischen Schutz versagt. Sie verlangte entweder die Aufnahme diplomatischer Verhandlung mit Spanien oder die Anrufung des Internationalen Gerichtshofes, weil sie ein Urteil gegen eine spanische Gesellschaft nicht vollstrecken könne. Ferner verlangte sie Schadensersatz vom französischen Staat.

Der *Conseil d'État* entschied, die Verweigerung der Aufnahme diplomatischer Verhandlungen zur Durchsetzung eines in Frankreich erlangten Urteiles gegen eine spanische Gesellschaft und die Weigerung, den internationalen Gerichtshof anzurufen, seien Akte, die nicht von den internationalen Beziehungen zwischen Frankreich und Spanien ablösbar seien und sich einer gerichtlichen Kontrolle entzögen.

Der Kläger *Gordien*[1019] begehrte die Aufhebung eines Urteils des *Tribunal administratif de Paris*, das ihm einen Schadensersatz wegen des Todes seines Bruders versagt hatte. Jener war bei einer von der gabunesischen Armee veranstalteten Fallschirmübung gestorben.

1016 C.E. 8. Januar 1988, Ministre chargé du plan et de l'aménagement du territoire c./ Communauté urbaine de Strasbourg, Rec, 1988, S. 3.

1017 C.E. 19. Februar 1988, Société Robatel S.L.P.I., Rec. 1988, S. 75.

1018 C.E. 25. März 1988, Société Sapvin, Rec. 1988, S. 134.

1019 C.E. 25. November 1988, Gordien, Rec. 1988, S. 423.

Der *Conseil d'État* hielt sich für zuständig. Der Unfall eines französischen Soldaten im Ausland betreffe nicht unmittelbar die Beziehungen Frankreichs zu dem fremden Staat.

Der Kläger *Nicolo*[1020] wandte sich gegen die Wahlberechtigung und Wählbarkeit der in den Übersee lebenden Franzosen in das Europäische Parlament.

Ohne auf die Frage seiner Zuständigkeit einzugehen, überprüfte der *Conseil d'État* die Frage auf ihre Begründetheit hin und wies die Klage als unbegründet ab, weil die überseeischen Departements und Territorien Bestandteil der Französischen Republik seien und keine Vorschrift den Ausschluss der dort ansässigen Bürger bestimme.

Im Fall *Ben Bahaffa*[1021] wandte sich der Kläger gegen die einseitige Aufhebung einer Klausel eines französisch-marokkanischen Abkommens durch den französischen Staat. Der Klausel zufolge waren Marokkaner ausnahmsweise von dem Erfordernis eines mindestens dreimonatigen Aufenthaltsvisums für die spätere Bewilligung einer befristeten Aufenthaltsgenehmigung befreit gewesen.

Der *Conseil d'État* hielt sich für unzuständig.

Im Fall *G.I.S.T.I.*[1022] hatte der *Conseil d'État* über die Rechtmäßigkeit eines Rundschreibens des Innenministers und des Sozialministers zu befinden, in dem unter anderem der Nachzug von Kindern algerischer Familien, die Arbeitsgenehmigung und bestimmte Erfordernisse für eine Aufenthaltsgenehmigung geregelt wurden. Die Vereinigung *Groupement d'information et de soutien des travailleurs immigrés* rügte die Unvereinbarkeit des Schreibens mit Klauseln eines internationalen Abkommens.

Der *Conseil d'État* hielt sich ohne ausdrücklichen Hinweis für zuständig. Er nahm eine Auslegung bestimmter Klauseln vor und gab der Klage teilweise statt.

Im Fall *C.O.F.A.C.E.*[1023] war zwischen einer französischen und einer kolumbianischen Gesellschaft ein Vertrag über die Errichtung einer Papierfabrik in Kolumbien geschlossen worden. Die französische Versicherungsgesellschaft hatte sich für die Rückzahlung eines Kredits der kolumbianischen Gesellschaft gegenüber einem Bankenkonsortium verbürgt. Später wurde die Versicherungsgesellschaft in Anspruch genommen. Die zwischen der französischen und der kolumbianischen Regierung geführten Verhandlungen führten zu der Vereinbarung, dass die Ansprüche an eine kolumbianische Organisation abgetreten werden sollten, welche sich zur Zahlung von 450 000 000 Francs an eine französische Bank verpflichtete. Nach der

---

1020 C.E. 20.Oktober 1989, Nicolo, Rec. 1989, S. 190.

1021 Tribunal adm. Nantes, 22. Februar 1990, Ben Bahaffa, JCP 1990, IV., S. 247.

1022 C.E. 29. Juni 1990, G.I.S.T.I., Rec. 1990, AJDA 1991, S. 621.

1023 T.C. 2. Dezember 1991, Compagnie française d'assurance pour le commerce extérieur, Rec. 1991, S. 478.

Überweisung erließ der französische Wirtschafts- und Finanzminister ein Dekret, das die Verteilung der Summe zwischen den Banken und der Versicherungsgesellschaft festlegte. Gegen dieses wandte sich die Klägerin.

Hierbei handele es sich, so das *Tribunal des Conflits*, um einen von der Konvention lösbaren Akt, weil die Verteilung nicht Gegenstand des Abkommens gewesen sei.

In der Entscheidung *G.I.S.T.I. und M.R.A.P.*[1024] wandten sich die Kläger gegen den Ausschluss irakischer Studenten von der Immatrikulation an französischen Universitäten. Der Bildungsminister hatte den Präsidenten der Universitäten per Rundschreiben diese Weisung erteilt.

Der *Conseil d'État* urteilte, es liege eine Entscheidung vor, die nicht von der Führung der diplomatischen Beziehungen Frankreichs ablösbar sei.

In der Entscheidung *Préfet de la Gironde c./ Mhamedi*[1025] hatte der *Conseil d'État* über die Klage eines Präfekten zu entscheiden, der die Aufhebung eines Urteiles durch den *Conseiller délégué* des Verwaltungsgerichts in Bordeaux begehrt hatte. Dieser hatte dessen Entscheidung, aufgehoben, den Klagegegner Mhamedi, welcher keine Aufenthaltsgenehmigung besaß, an die Grenze zu bringen. Der französische Außenminister hatte zuvor gegenüber der marokkanischen Regierung nach den terroristischen Attentaten im Jahre 1986 erklärt, eine Klausel der Ordonnanz vom 2. November 1945 sei aufzuheben, nach der marokkanische Staatsangehörige unter bestimmten Voraussetzungen von der Visapflicht befreit seien.

Der *Conseil d'État* prüfte die Klage auf ihre Begründetheit hin und gab ihr statt.

Im Urteil *Ministre de la coopération c./ Bonn*[1026] war der Kläger in der Zeit von 1976 bis 1984 im Rahmen eines Vertrages über technische Zusammenarbeit zwischen Frankreich und Zaire in Zaire beschäftigt gewesen. Der zairische Staat hatte trotz anders lautender Bestimmungen in dem Abkommen die Kosten für Unterkunft und Reise des Angestellten nicht übernommen. Ein verwaltungsgerichtliches Urteil hatte den französischen Staat aufgrund einer Klausel des Vertrages zwischen dem Kläger und dem Ministerium für Zusammenarbeit dazu verurteilt, die Kosten des zairischen Staates zu übernehmen. Gegen diese Entscheidung hatte der Minister für Zusammenarbeit geklagt.

Der *Conseil d'État* erklärte sich für zuständig, überprüfte die Angelegenheit in der Begründetheit und wies die Klage des Ministers ab.

1024 C.E. 23. September 1992, G.I.S.T.I. et M.R.A.P., Rec. 1992, S. 346.
1025 C.E. 18. Dezember 1992, Préfet de la Gironde c./ Mhamedi, Rec. 1992, S. 446.
1026 C.E. 14. Mai 1993, Ministre de la coopération c./ Bonn, Rec. 1993, S. 153.

Mit den Urteilen *Royaume-Uni de Grande-Bretagne et d'Irlande du Nord, Gouverneur de la colonie royale de Hong Kong*[1027] und *Mme Aylor*[1028] bestätigte der *Conseil d'État* seine Rechtsprechung zu Ausweisungsdekreten erneut. Beide Klagen hielt er für zulässig.

Im Fall *Royaume-Uni de Grande-Bretagne et d'Irlande du Nord, Gouverneur de la colonie royale de Hong Kong* wandten sich die britische und irische Regierung und der Gouverneur der königlichen Kolonie Hongkong gegen die Weigerung der französischen Regierung, M. Saniman auszuliefern.

Der *Conseil d'État* erklärte wiederum seine Zuständigkeit. Die Weigerung sei von den diplomatischen Beziehungen trennbar. Die Klage wurde auf ihre Begründetheit hin geprüft.

Die Klägerin *Aylor* begehrte die Aufhebung eines Dekrets, das ihre Auslieferung an die Vereinigten Staaten von Amerika anordnete.

Die Klage war zulässig, wurde aber im Gegensatz zum Urteil *Fidan* trotz der in den Vereinigten Staaten von Amerika, hier in Texas, möglichen Todesstrafe als unbegründet abgewiesen, weil jene den Verzicht deren Vollzugs garantiert hatten.

Das Urteil *Gouvernement Suisse*[1029] betraf die Beurteilung eines zurückgezogenen Ausweisungsdekretes.

In Paris waren zwei iranische Staatsangehörige verhaftet worden, die im Verdacht standen, in der Schweiz einen iranischen oppositionellen Professor getötet zu haben. Die Schweiz stellte einen Auslieferungsantrag, dem Frankreich zunächst entsprach. Später zog die französische Regierung diese Entscheidung zurück und entschied, dass ein übergeordnetes französisches Interesse die Auslieferung verbiete. Die Iraner wurden noch am selben Abend in den Iran abgeschoben.

Der *Conseil d'État* erklärte erneut, er halte die Ablehnung eines Ausweisungsbegehrens für einen *acte détachable* und hob die Entscheidung der Regierung auf.

Im vielbeachteten Fall *Association Greenpeace France*[1030] hatte der Staatspräsident am 13. Juni 1995 seine Entscheidung bekannt gegeben, vor der Verhandlung eines internationalen Vertrages zur nuklearen Abrüstung eine Reihe von Nuklearversuchen durchzuführen. Diese

---

1027 C.E. 15. Oktober 1993, Royaume-Uni de Grande Bretagne et d'Irlande du Nord, Gouverneur de la colonie royale de Hong Kong, RFDA 1993, S. 1193.

1028 C.E. 15. Oktober 1993, Mme Aylor, Rec. 1993, S. 283.

1029 C.E. 14. Dezember 1994, Gouvernement Suisse, RDP 1995, S. 796.

1030 C.E. 29. September 1995 Association Greenpeace France, RDP 1996, S. 283.

waren zunächst wegen einer französischen diplomatischen Initiative zur nuklearen Abrüstung ausgesetzt worden, später jedoch wieder aufgenommen worden, bis die anderen nuklearen Großmächte die Aussetzung ihrer Versuche angekündigt hätten.

Die Entscheidung, urteilte der *Conseil d'État*, sei nicht von den internationalen Beziehungen Frankreichs ablösbar und daher gerichtlich unüberprüfbar.
Mit dem Urteil *Guichard*[1031] erging wegen seines Tenors interessantes Urteil.

Der Kläger, Vater eines von der Mutter nach Kanada entführten Kindes, rügte einerseits die Weigerung des Justizministers, in Anwendung der Haager Konvention vom 25. Oktober 1980 bei der kanadischen Regierung wegen des Vorfalls zu intervenieren. Andererseits begehrte er die Feststellung, dass er bei der Entführung die elterliche Sorge gehabt habe.

Das Gericht urteilte, das Verwaltungsgericht sei zwar nicht zuständig, Personenstandsangelegenheiten zu beurteilen. Die Weigerung des Ministers sei aber nicht notwendig mit den Beziehungen der französischen Regierung zu einer ausländischen Regierung verbunden und könne daher nicht als *acte de gouvernement* betrachtet werden, so dass das Verwaltungsgericht zwar zuständig sei. Die Klage sei aber unbegründet sei, weil die Voraussetzungen der Konvention nicht erfüllt seien, da der Kläger nicht sorgeberechtigt gewesen sei.

Im Fall *Société Héli-Union*[1032] begehrte die Klägerin die Aufhebung eines eine Resolution des UNO-Sicherheitsrates umsetzenden Dekrets. Die Resolution beinhaltete das Gebot an alle Staaten, ihren Staatsangehörigen Libyen die Hilfe beim Bau von Flugzeugen zu untersagen, weil Libyen sich nicht vom Terrorismus distanziere.

Das Gericht entschied, es handele sich um einen Akt, der nicht von den internationalen Beziehungen Frankreichs lösbar sei und sich daher jeder gerichtlichen Kontrolle entziehe.

Im Fall *Ministre de l'Intérieur/Association „Communauté tibétaine en France et ses amis"*[1033] begehrte der Innenminister die Aufhebung eines Urteils des *Tribunal administratif de Paris*. Dies hatte das Demonstrationsverbot des Polizeipräfekten anlässlich des Besuches des Präsidenten der Volksrepublik China aufgehoben.

Der *Conseil d'État* hielt sich für zuständig. Es obliege dem Polizeipräsidenten, alle zur Sicherheit erforderlichen Maßnahmen zu treffen. Allerdings sei das generelle Verbot diesbezüglich nicht gerechtfertigt gewesen. Außerdem rechtfertige das Motiv, die internationalen Beziehungen Frankreichs zu schützen, das Verbot nicht. Die Klage wurde abgewiesen.

1031 C.E. 11. Juli 1997, Guichard, Rec. 1997, S. 569.

1032 C.E. 29. Dezember 1997, Société Héli-Union, Rec. 1997, S. 501.

1033 C.E. 12. November 1997, Ministre de l'Intérieur c./ Communauté tibétaine en France et ses amis, Rec. 1997, S. 417.

Die Kläger *Lombo*[1034] begehrten die Aufhebung eines Urteils des *Tribunal administratif d'Orléans*. Der Außenminister hatte sich geweigert, den Klägern als Botschaftsangehörigen den Aufenthalt in Frankreich zu gestatten. Das Gericht hatte sich geweigert, die Entscheidung eines Präfekten aufzuheben, das Ehepaar zur Grenze zu bringen.

Die Weigerung des Außenministers, dem in der zentralafrikanischen Botschaft beschäftigten Afrikaner den Aufenthalt in Frankreich zu gestatten, sei so eng mit den diplomatischen Beziehungen Frankreichs verknüpft, dass sich eine verwaltungsgerichtliche Kontrolle verbiete, entschied der *Conseil d'État*.[1035]

II. Rechtslehre

Die Meinungen der Rechtsgelehrten blieben gespalten. Noch immer fand die Theorie der Natur des Aktes Anhänger. Der *Conseil d'État* sei nur zur Beurteilung von Verwaltungsstreitigkeiten berufen. Nicht bei allen Juristen führte diese Einsicht dazu, die Schaffung eines Verfassungsgerichts voranzutreiben. Nach wie vor verteidigten viele den unangreifbaren Handlungsraum der Regierung. Die moderne Theorie des *acte de gouvernement* beinhaltet heute aber meistens die Anerkennung der Unzuständigkeit des *Conseil d'État* und gleichzeitige Forderung eines zuständigen Gerichtes. Besonders wichtig erschien den Rechtsgelehrten die Integration der internationalen Verträge in das Legalitätssystem und deren damit verbundene gerichtliche Überprüfbarkeit.

1. 1958: Chapus, Unzuständigkeit der Verwaltungsgerichte für die Beurteilung von Regierungsangelegenheiten

Im Jahre 1958 erschien ein Aufsatz von CHAPUS.[1036] Dieser bestritt die Auffassung VIRALLYS. Der *acte de gouvernement* existiere, wie ein Blick auf die Rechtsprechung zeige, die sogar den Begriff *acte de gouvernement* nach einem halben Jahrhundert des Schweigens wieder verwende.[1037] Seine Existenz sei legitim und normal. CHAPUS belebte das Unterscheidungskriterium zwischen Regierung und Verwaltung neu. Die Regierung könne als politische Autorität handeln oder als Kopf der Verwaltung. Es wäre erstaunlich, so CHAPUS, wenn alle Akte der Exekutive nur im Bereich der Verwaltungsautorität anzusiedeln seien, wenn diese nur Verwaltungsakte, niemals aber politische Akte- *actes de gouvernement*- erlasse.[1038] Der *Conseil d'État* erkenne diesen Unterschied an. Die Akte, für die der *Conseil d'État* sich für unzuständig erkläre, beträfen keine Fragen des gewöhnlichen Verwaltungsrechts.[1039] Fraglich sei, ob die Unjustiziabilität

1034 C.E. 16. November 1998, Lombo, Rec. 1998, S. 407.
1035 C.E. 16. November 1998, Lombo, Rec. 1998, S. 407.
1036 Chapus, L'acte de gouvernement, monstre ou victime, D.1958, chron. S. 5 (hier in : L ádministration et son juge, 1999).
1037 Chapus, a.a.O., S. 78.
1038 Chapus, a.a.O., S. 81.
1039 Chapus, a.a.O., S. 83.

des *acte de gouvernement* der Grund oder die Folge der Unzuständigkeit der Gerichte sei.[1040] Nach der politischen Erklärung sei sie der Grund der gerichtlichen Unzuständigkeit. Weil der Akt aus politischen Erwägungen unjustiziabel sein solle, erkläre sich der Richter für unzuständig.[1041] Es sei mit Hilfe einer politischen Erklärung nicht möglich, den *acte de gouvernement* zu definieren. Nach juristischer Erklärung ergebe sich die Immunität aus den allgemeinen Regeln der Zuständigkeit, die auf der Unterscheidung zwischen Regieren und Verwalten beruhten. Diese bezeichnete als CHAPUS als eine juristische, obwohl die herrschende Meinung in der Rechtslehre sie überwiegend als juristisch unfundiert und rein soziologisch abgelehnt hatte. Die Unzuständigkeit der ordentlichen Gerichte sei jedenfalls anerkannt. Jene der Verwaltungsgerichte folge daraus, dass diese nur für Streitigkeiten der Verwaltung zuständig seien.[1042] Die Empörung über den *acte de gouvernement* sei ungerechtfertigt, so der Autor. Der *acte de gouvernement* von 1875, dem eine politische Erwägung zugrunde gelegen habe, sei ein anderer gewesen als der heutige. Diesem sei die Fehlerhaftigkeit des anderen nicht vorzuwerfen. Der heutige *acte de gouvernement* sei „das Opfer der ihm zu Unrecht vorgeworfenen Sünden".[1043]

2. 1960: Montané de la Roque, acte de gouvernement: Ausdruck der souveränen Regierungsgewalt

Im Jahre 1960 erschien der Aufsatz MONTANÉ DE LA ROQUES.[1044] Wie CHAPUS begründete er die Unzuständigkeit des Verwaltungsrichters mit der Qualität des Aktautors.[1045] Die Regierung repräsentiere die Nation ebenso wie die Legislative.[1046] Die Verfassung vom 1958 habe ihr nun den Rang zugesprochen, der ihr gebühre. Aus dem Zusammenspiel der Artikel 34 und 37 der Verfassung[1047] sei ersichtlich, dass die Maßnahmen der Regierung dem Gesetz ebenbürtig seien.[1048] Wie das Gesetz, das als souveräner Akt unjustiziabel sei, entzögen sich die Re-

1040 Chapus, a.a.O., S. 83.
1041 Chapus, a.a.O., S. 84.
1042 Chapus, a.a.O., S. 86.
1043 Chapus, a.a.O., S. 87.
1044 Montané de la Roque, Les actes de gouvernement, Annales de la Faculté de droit de Toulouse, 1960, S. 71.
1045 Montané de la Roque, a.a.O., S. 81.
1046 Montané de la Roque, a.a.O., S. 82.
1047 Art. 34.- La loi est votée par le parlement. La loi fixe les règles concernant: (Aufzählung der Gesetzesmaterialien...) Art. 37.- Les matières autres que celles qui sont du domaines de la loi ont un caractère réglementaire (...)Art. 38.- Le gouvernement peut, pour l´exécution de son programme, demander au Parlement l´autorisation de prendre par ordonnances (...) des mesures qui sont normalement du domaine de la loi. Vgl. Godechot, a.a.O., S. 434f.
1048 Montané de la Roque, a.a.O., 82.

gierungsakte ebenfalls der gerichtlichen Überprüfbarkeit.[1049] Dies beweise auch die Ordonnanz vom 17. November 1958. Sie habe einige Akte des Parlaments, in denen sich keine souveränen Rechte ausdrückten, der Kontrolle der Verwaltungsgerichtsbarkeit unterworfen.[1050] So billige die Verfassung DE GAULLES der Exekutive die gleichen Rechte wie die Legislative zu. Einst sei die Macht und Willkür der Exekutive gefährlich erschienen, so MONTANÉ DE LA ROQUE, heute müsse man eher jene der Legislative fürchten.[1051]

3. 1961: Stassinopoulos, Theorie „d'illégalité légitime"

Im Jahre 1961 erschien der Aufsatz von STASSINOPOULOS.[1052] Dieser war der Frage von Schadensersatzansprüchen Einzelner wegen internationaler Akte gewidmet. Es existiere keine Kategorie von Verwaltungsakten, für die eine Entschädigung für einen durch fehlerhaftes Verhalten oder Gesetzesverstoß verursachten Schaden ausgeschlossen sei.[1053] Die Theorie des *acte de gouvernement* sei nicht gerechtfertigt, weil es eine von der Verwaltung trennbare Regierungsfunktion nicht gebe.[1054] Ihr wahrer Existenzgrund sei das praktische Interesse, bestimmte „administrative Situationen" nicht zu stören. STASSINOPOULOS schlug vor, den *acte de gouvernement* als solchen unanfechtbar zu lassen, gleichzeitig aber einen Schadensersatzanspruch zu geben.[1055] Die nachträgliche Aufhebung eines *acte de gouvernement* widerspreche dem allgemeinen öffentlichen Interesse. Die Entschädigung des Einzelnen nehme diesem aber das Gefühl der Rechtsschutzverweigerung durch den *Conseil d'État.*[1056] Die Rechtsprechung zeige sich dieser Forderung gegenüber zunehmend liberaler, wie das Urteil *Couitéas*[1057] beweise. Es zeige, dass ein Akt der Regierung aus übergeordnetem Interesse unangreifbar bleiben könne, während einem Schadensersatzbegehren stattgegeben werde. Jenes Urteil sei nicht in die Liste der *actes de gouvernement* aufzunehmen, sondern eröffne eine neue Kategorie von *actes illégaux-légitimes.*[1058] Ein illegaler Akt könne durch die so genannte Theorie *d'illégalité légitime* gerechtfertigt werden, ohne dass ein Schadensersatzanspruch ausgeschlossen werden müsse.[1059] STASSINOPOULOS empfahl deren Anwendung auf die bekannten *actes de gouvernement.*

1049 Montané de la Roque, a.a.O., 82.
1050 Montané de la Roque, a.a.O., 82.
1051 Montané de la Roque, a.a.O., 82.
1052 Stassinopoulos, Responsabilité civile de l'état du fait des actes de gouvernement ayant trait aux relations internationales, 1961.
1053 Stassinopoulos, a.a.O., S. 12.
1054 Stassinopoulos, a.a.O., S. 49.
1055 Stassinopoulos, a.a.O., S. 12.
1056 Stassinopoulos, a.a.O., S. 12.
1057 C.E. 30. November 1923, Couitéas, Rec. 1923, S. 789 (siehe K. I. 2. b)).
1058 Stassinopoulos, a.a.O., S. 17.
1059 Stassinopoulos, a.a.O., S. 17.

4. 1962-1966: Favoureu, Puisoye, Ausgeweitete Zuständigkeit des Conseil constitutionnel?

Zunehmend setzte sich die Auffassung durch, dass Frankreich ein Verfassungsgericht brauche.[1060] Die Unjustiziabilität der *actes de gouvernement* beruhe allein auf einer Lücke in der Gerichtsverfassung.[1061] Im Jahre 1962 erschien die von WALINE, EISENMANN und VEDEL betreute Dissertation FAVOUREUS. Er unterstützte die Auffassung von CHAPUS, der die Unjustiziabilität der *actes de gouvernement* mit der Unzuständigkeit aller Richter erklärt hatte.[1062] Während jener sich darauf beschränkt hatte, entwickelte FAVOUREU diesen Gedanken fort. Erkenne man die faktische Unjustiziabilität bestimmter Akte an, habe man die Lücke in der französischen Gerichtsverfassung erkannt.[1063] Der *acte de gouvernement* sei seiner Natur nach justiziabel und nur durch Zufall unjustiziabel, weil ein zuständiger Verfassungsrichter fehle.[1064] Die *actes de gouvernement* seien jedenfalls der Verfassung untergeordnet. Eine Prüfung der Verfassungsmäßigkeit sei denkbar, wenn sie auch in Frankreich bisher nicht existiere.[1065] Sie beschränke sich auf die in der Verfassung geregelten Vorschriften über Zuständigkeit, Verfahren und Form.[1066] Etwas anderes könnte nur für internationale Verträge wegen deren Verfassungsrang gelten. Hinsichtlich ihrer formellen Rechtsmäßigkeit, etwa der Akte ihrer Verhandlung oder ihres Abschlusses, sei eine Kontrolle anhand der Verfassung auch möglich. Die Zuständigkeit des französischen Richter beschränke sich nicht auf die Anwendung des nationalen Rechts, wenn sein Spruch auch meist keinen Einfluss auf die vertragliche Bindung gegenüber dem Ausland habe. Problematisch sei lediglich eine Begründetheitsprüfung, da die Verfassung eine Überordnung der internationalen Verträge vorsehe. So gebe es keine Vorschriften, anhand derer die Begründetheit überprüft werden könnte.[1067] Der nationale Richter dürfe aber internationales Recht anwenden.[1068] Er dürfe ferner Akte nationaler Organe beurteilen, wenn jene nach internationalem Recht handelten, das in das nationale Recht integriert worden oder als Gewohnheitsrecht anerkannt sei.[1069] Schließlich fordere Artikel 55 der Verfassung von 1958, dass ordnungsgemäß ratifizierte Verträge, die einen den einfachen Gesetzen übergeordneten Rang besäßen, überprüft werden können.

1060 Favoureu, Du déni de justice en droit public français, 1962; Puisoye, Etat actuel de la jurisprudence de l'acte de gouvernement, JCP 1965, I.,1939; ders., Pour une conception plus restrictive de la notion d'acte de gouvernement, AJDA 1965, S. 211.

1061 Favoureu, a.a.O., S. 269.

1062 Favoureu, a.a.O., S. 171.

1063 Favoureu, a.a.O., S. 217.

1064 Favoureu, a.a.O., S. 218.

1065 Favoureu, a.a.O., S. 233.

1066 Favoureu, a.a.O., S. 262.

1067 Favoureu, a.a.O., S. 234.

1068 Favoureu, a.a.O., S. 248.

1069 Favoureu, a.a.O., S. 250f.

Auch die Auslegung eines internationalen Vertrages sei durch das internationale Recht erlaubt, wie ein Vergleich mit anderen Ländern zeige, in denen eine solche zugelassen sei.[1070] Gestützt werde diese Auffassung durch den EG-Vertrag, der die Länder zu seiner Auslegung ermächtige.[1071] Aus alledem folge, so FAVOUREU, dass ein geeigneter Richter mit der Prüfung aller als *acte de gouvernement* geltenden Akte betraut werden könne.[1072]
Die *actes de gouvernement* folgten den Regeln der Verfassung, stimmte ihm PUISOYE zu.[1073] Daher sei ein Verfassungsrichter für deren Überprüfung zuständig. Eine Zuständigkeit des *Conseil constitutionnel* sei für folgende Akte zu bejahen: Einberufung des Parlaments, Schließung von Sitzungen, Entscheidungen bezüglich der Tagesordnung, Auflösung des Parlaments, Ausübung des Initiativrechts bei Gesetzesvorhaben, Verkündung von Gesetzen, Anwendung des Artikel 16 der Verfassung von 1958, Anrufung des *Conseil constitutionnel* und die Ernennung der Mitglieder des *Conseil constitutionnel.*[1074] Die vorbereitenden Maßnahmen einer Wahl hingegen sollten der Verwaltungsgerichtsbarkeit unterliegen, weil sie einen verwaltungsrechtlichen Aspekt beinhalteten. Für die Einberufung der *collèges électoraux* oder die Verweigerung einer Aufnahme in die Kandidatenliste bestimmten die Ordonnanzen aus dem Jahre 1958 eine Zuständigkeit der Verwaltungsgerichte. Deswegen scheide eine Zuständigkeit des *Conseil constitutionnel* hier aus. Im Gegensatz dazu existiere für die Einberufung der Wähler keine ausdrückliche Kompetenzvorschrift: das Dekret könne nicht isoliert beurteilt werden, sondern sei Bestandteil der gesamten Wahl. Hierfür solle man die Zuständigkeit des *Conseil constitutionnel* bestimmen.[1075]

5. 1964: Capitant, „Quasi-legislative" Natur des acte de gouvernement

Im Jahre 1964 verfasste CAPITANT in einer Festschrift einen Aufsatz zum *acte de gouvernement.*[1076] *Actes de gouvernement* seien keine Verwaltungsakte, weil sie keine Gesetze umsetzten. Dies nämlich sei die Aufgabe der Verwaltung.[1077] Ein *acte de gouvernement* sei dem Legalitätsgrundsatz nicht unterworfen. Beispielsweise sei ein Dekret, das ein Gesetz einbringe, nicht dem Gesetz untergeordnet, sondern bezwecke statt der Anwendung eines Gesetzes eine gesetzliche Veränderung. Gleiches gelte für ein Dekret, das einen Vertrag ratifiziere. Ein

1070 Favoureu, a.a.O., S. 253.
1071 Favoureu, a.a.O., S. 253.
1072 Favoureu, a.a.O., S. 254.
1073 Puisoye, Pour une conception plus restrictive de la notion d'acte de gouvernement, AJDA 1965, S. 211, 218.
1074 Puisoye, a.a.O., S. 218.
1075 Puisoye, a.a.O., S. 219.
1076 Capitant, De la nature des actes de gouvernement, Études juridiques offertes à Léon Julliot de la Morandière, 1964, S. 99.
1077 Capitant, a.a.O., S. 111.

Vertrag sei einem Gesetz nicht untergeordnet, sondern besitze den gleichen Rang. Schließlich sei auch ein Begnadigungsdekret kein Verwaltungsakt, weil es sich gerade nicht an ein Gesetz halte, sondern den Verurteilten von einer Strafe befreie, zu der er legal verurteilt worden sei.[1078] Das Verwaltungsgericht sei unzuständig, weil es Akte außerhalb des Legalitätsprinzips diesem nicht unterwerfen dürfe.[1079] CAPITANT fragte, welcher Staatsgewalt diese Akte zuzuordnen seien. Sie gehörten weder Verwaltung noch zur Regierung, weil diese nicht als vierte Gewalt im Staat existiere, wie EISENMANN[1080] demonstriert habe. Ein *acte de gouvernement* könne demnach entweder Ausdruck der Judikative oder der Legislative sein. CAPITANT behauptete, *actes de gouvernement* seien solche, mit denen die Regierung an der Legislative teilnehme.[1081] Die Gesetzesinitiative, die Vertrauensfrage, die Einberufung der Abgeordneten oder die Verkündung eines Gesetzes seien Akte, mit der die Regierung an der Gesetzgebung teilnehme, ohne dass bereits gleichzeitig Gesetze vorlägen.[1082] Auch die diplomatische Aktivität, führte er aus, knüpfe sich an die legislative Funktion. Der internationale Vertrag sei ein Instrument der internationalen Legislative. Im Inland jedoch bestimme die Verfassung, welche Organe zuständig seien und welche Verfahrensregeln einschlägig seien.[1083] Bei internationalen Verträgen sei die Regierung bei der Verhandlung, Ratifizierung, Auslegung und Anwendung eines Vertrages Gesetzgeber.[1084] Wenn sich ein diplomatischer Akt davon trennen lasse, sei er ein Verwaltungsakt, was von der Rechtsprechung mit dem *acte détachable* anerkannt worden sei.[1085] Zweifelhaft sei nur die Rechtsnatur des Begnadigungsdekrets. Zwar sei die Auffassung nahe liegend, dass es sich um einen richterlichen Akt handele, weil er am Ende eines ausgeschöpften Rechtsweges stehe, wobei der Staatschef als eine dem Richter übergeordnete Instanz entscheide.[1086] Dagegen spreche jedoch, dass die Judikative grundsätzlich die Kontrolle der Legalität eines Verwaltungsaktes oder der Rechtmäßigkeit der Handlung eines Einzelnen übernehme. Durch den Begnadigungsakt werde aber weder die Rechtmäßigkeit des Vollzuges der Strafe noch das Urteil überprüft. Es handele sich vielmehr um einen souveränen Akt mit Ermessenscharakter. Diese Tatsache zeige, so CAPITANT, dass das Begnadigungsdekret einem Gesetz ähnlicher sei als einem judikativen Akt. Es sei ein Einzelfallgesetz.[1087] Folglich bestehe die

1078 Capitant, a.a.O., S. 111f.
1079 Capitant, a.a.O., S. 112.
1080 Siehe M. III. 6.
1081 Capitant, a.a.O., S. 112.
1082 Capitant, a.a.O., S. 113.
1083 Capitant, a.a.O., S. 113.
1084 Capitant, a.a.O., S. 113.
1085 Capitant, a.a.O., S. 113.
1086 Capitant, a.a.O., S. 114.
1087 Capitant, a.a.O., S. 115.

Gemeinsamkeit aller *actes de gouvernement* im Ausdruck legislativer Befugnisse. Ihre Unjustiziabilität liege daran, dass sie wegen ihrer „quasi-legislativen" Natur dem Legalitätsprinzip nicht unterstünden.[1088]

6. 1969: Waline, Anmerkung zu C.E. 29. November 1968, Tallagrand

1969 kommentierte WALINE die Entscheidung *Tallagrand*[1089].[1090] Der *Conseil d'État* habe sich geweigert zu prüfen, ob die verhandelnden Parteien bessere Ergebnisse hätten erzielen können. Dies sei eine politische Frage gewesen. Hätte der *Conseil d'État* die Gültigkeit der Verträge von Evian bezweifelt, hätte er die Fortführung des bewaffneten Kampfes riskiert. Dies sei, so WALINE, eine politische Frage.[1091] Der *Conseil d'État* setze seine traditionelle Rechtsprechung fort, indem er die Klage nicht zulasse.[1092]

7. 1978: Sabiani, Theorie der diplomatischen Funktion

In einem Aufsatz sprach sich SABIANI für eine *„Théorie de l'autorité diplomatique en droit positif français"* aus.[1093] Die Besonderheit des diplomatischen Dienstes erfordere eine neue Auslegung der Gewaltenverteilung.[1094] Die bedeutendste Besonderheit der internationalen Aktivität des Staates liege in der Unjustiziabilität diplomatischer Akte.[1095] Ferner verleihe Artikel 55 der Verfassung von 1958 einer Konvention einen höheren Rang als einem Gesetz. SABIANI befürwortete eine Ausdehnung dieser Vorschrift auf unilaterale diplomatische Akte. Es gebe keinen Unterschied zwischen der Aufnahme diplomatischer Beziehungen oder Verhandlungen und der unilateralen Kündigung eines Vertrages oder der Entscheidung, sich aus einer internationalen Organisation zurückzuziehen.[1096] Daher stünden alle internationalen Tätigkeiten über dem Gesetz, was einen diplomatischen Akt von einem gewöhnlichen Verwaltungsakt, der dem Legalitätsprinzip unterworfen sei, unterscheide.[1097] Schließlich sehe die Verfassung von 1958 vor, dass eine Konvention, die im Widerspruch zu einer gesetzlichen Vorschrift stehe, aufgrund parlamentarischer Ermächtigung beschlossen werde könne. Daraus folge, so SABIANI, dass eine Konvention geeignet sei, gesetzliche Vorschriften zu regieren.[1098] Diese Besonderheiten erforderten eine

1088 Capitant, a.a.O., S. 115.
1089 C.E. 29. November 1968, Tallagrand, Rec. 1968, S. 607.
1090 Waline, Notes de Jurisprudence, RDP 1969, S. 686.
1091 Waline,a.a.O., S. 689.
1092 Waline,a.a.O., S. 691.
1093 Sabiani, Pour une théorie de l'autorité diplomatique en droit positif français, AJDA 1978, S. 543.
1094 Sabiani, a.a.O., S. 546
1095 Sabiani, a.a.O., S. 544.
1096 Sabiani, a.a.O., S. 544.
1097 Sabiani, a.a.O., S. 544.
1098 Sabiani, a.a.O., S. 545.

Neuordnung der Gewalten im Staat. SABIANI berief sich auf LOCKE, der neben der Legislative und der Exekutive eine dritte Gewalt im Staate, ein *pouvoir fédératif* gewünscht habe.[1099] Dieses besitze das Recht der Entscheidung über Frieden und Krieg und das Recht der Verhandlung mit ausländischen Staaten und sei nach LOCKE juristisch großzügig zu behandeln, indem man Diplomaten mit einem großen Entscheidungsspielraum ausstatte. Die *autorité diplomatique* erfordere die besondere Behandlung ihrer Maßnahmen.[1100] Das sie kennzeichnende Moment sei zunächst in ihrer Abgrenzung von der Verwaltung zu suchen. Während die Verwaltung im Rahmen der durch Gesetz bestimmten Materien handele, könnten die Diplomaten spontan und unbegrenzt tätig werden. Ihre Akte besäßen einen übergesetzlichen Rang und seien zudem einer gerichtlichen Kontrolle entzogen.[1101] Der Unterschied zwischen der Legislative und der diplomatischen Autorität bestehe in der Qualität ihrer Akte. Der Primat der diplomatischen Konvention im Verhältnis zum Gesetz sowie die Allgemeinheit der diplomatischen Materie gegenüber der Spezialität der legislativen Angelegenheiten beweise ihren höheren Rang.[1102] Die diplomatische Gewalt sei also eine übergeordnete Autorität, was durch die Verfassungen von 1946 und 1958 bestätigt worden sei. So habe man nicht die Idee MONTESQUIEUS, sondern die Ansicht LOCKES umgesetzt. Erkenne man die Theorie des *pouvoir fédératif* an, entspreche man dem Wunsch LOCKES, der die diplomatische Tätigkeit der Bedachtsamkeit und Weisheit derjenigen überlassen wollte, die sie im Interesse der Allgemeinheit ausübten.[1103] Die Unjustiziabilität der diplomatischen Akte sei aber, so SABIANI einschränkend, eine relative, weil eine Zuständigkeit des *Conseil constitutionnel* denkbar sei.[1104]

8. 1982: Chalvidan, Theorie des acte de gouvernement: auch aktuell eine politische Theorie

1982 erschien der Aufsatz CHALIVIDANS.[1105] Dieser beschäftigte sich, motiviert durch die Entscheidungen *Paris de Bollardière*[1106] und *Vo Than Nghia*[1107], ausführlich mit den unterschiedlichen Theorien zum *acte de gouvernement*. Das politische Motiv habe, so CHALVIDAN, bis in heutige Zeit überlebt.[1108] Bei nahezu allen Autoren stelle er seine Anerkennung oder jedenfalls die einer Regie-

1099 Vgl. dazu Locke, Essai sur le pouvoir civil, 1953, (zitiert bei Sabiani).
1100 Sabiani, a.a.O., S. 549.
1101 Sabiani, a.a.O., S. 551.
1102 Sabiani, a.a.O., S. 551.
1103 Sabiani, a.a.O., S. 553.
1104 Sabiani, a.a.O., S. 552.
1105 Chalivadan, Doctrine et acte de gouvernement, AJDA 1982, S. 4.
1106 C.E. 11. Juli 1975, Paris de Bollardière, Rec. 1975, S. 423 (siehe N. I. 2.).
1107 C.E. 22. Dezember 1978, Vo Thang Nhgia, Rec. 1978, S. 523 (siehe N. I. 2.).
1108 Chalvidan, a.a.O., S. 17.

rungsfunktion fest, die seiner Auffassung nach das politische Moment beinhalte.[1109] Die Haltung des Richters bestätige die Einschätzung, dass der politische Charakter des Aktes bestimmend sei. So stelle der *Conseil d'État* nicht wie sonst a priori die Unzulässigkeit der Klage fest, sondern sei bei der Prüfung seiner Zuständigkeit gezwungen, die Probleme der Begründetheit zu streifen. Er habe in jedem Fall zu prüfen, ob ihm ausreichend Legalitätselemente zur Beurteilung des Aktes zur Verfügung stünden. Wenn er durch internationales Recht oder durch eine Art „Supra-Legalität" regiert werde, verweigere der *Conseil d'État* seine Zuständigkeit.[1110] Das Gericht bestimme den Charakter des Aktes im voraus: Sei dieser im wesentlichen politisch, sei er mit der Regierungsfunktion verbunden. Weise er hauptsächlich administrative Elemente auf, handele es sich um einen Verwaltungsakt.[1111] So zeige sich, dass das politische Motiv noch immer ausschlaggebend sei.[1112] Dies zeige sich in den Entscheidungen *Paris de Bollardière* und *Vo Than Nhgia*. Ein Dekret zu nuklearen Versuchen habe eine größere politische Bedeutung als eine Baugenehmigung.[1113] In der Fünften Republik, folgerte CHALVIDAN, misstraue man der Exekutive nicht mehr, weil ihre Rechte durch die Verfassung deutlich bestimmt seien. Daher „blühe der *acte de gouvernement*" bar jeder Beobachtung durch die Rechtslehre.[1114] Wenn aber der Verfassungsrichter zukünftig seine Begründetheit überprüfe, werde er der Regierung einen weiten Ermessensspielraum, einen politischen, überlassen.[1115] Am Ende werde die Verfassung nicht mehr der Rechtfertigung der fehlenden gerichtlichen Kontrolle dienen, sondern sie gar begründen.[1116]

9. 1987: Favoureu, Anmerkung zu C.E. 25. März 1987, Goujon

Im Jahre 1987 verfasste FAVOUREU eine Anmerkung zum Urteil *Goujon.*[1117] Er betonte erneut die eigentlich bestehende Zuständigkeit des *Conseil constitutionnel.* Der Regierungskommissar habe den *Conseil d'État* zwar im vorliegenden Verfahren aufgefordert, dessen eigene Kompetenz anzuerkennen, weil der *Conseil constitutionnel* eine gerichtliche Kontrolle verweigert habe.[1118] Jener sei aber grundsätzlich für Streitigkeiten mit verfassungsrechtlichem Bezug zuständig. Im derzeitigen französischen Recht stehe jedoch eine verfassungsrechtliche

1109 Chalvidan, a.a.O., S. 15f.
1110 Chalvidan, a.a.O., S. 16.
1111 Chalvidan, a.a.O., S. 17.
1112 Chalvidan, a.a.O., S. 17.
1113 Chalvidan, a.a.O., S. 17.
1114 Chalvidan, a.a.O., S. 18.
1115 Chalvidan, a.a.O., S. 19.
1116 Chalvidan, a.a.O., S. 19.
1117 Favoureu, L'acte de gouvernement, acte provisoirement et accidentiellement injusticiable, RFDA 1987, S. 544.
1118 Vgl. RFDA 1982, S. 543.

Streitigkeit, die *actes de gouvernement,* außerhalb seiner Kompetenz.[1119] Das Oberste Gericht betrachte seine Zuständigkeiten als enumerativ beschränkt und entziehe sich der Aufgabe, als Gericht über alle Verfassungsstreitigkeiten zu entscheiden. Fraglich sei, ob der Richter seine Zuständigkeit selbst ausweiten könne oder ob der Gesetzgeber tätig werden müsse.[1120] Bei Streitigkeiten über Wahlen sei eine Ausdehnung der ihm von der Verfassung verliehenen Kompetenz durch ihn selbst zulässig.[1121] Bei Streitigkeiten zwischen der Exekutive und der Legislative dürfe das Gericht anlässlich der Kontrolle der Rechtmäßigkeit von Gesetzen Initiativakte der Exekutive prüfen.[1122] Bei dieser Kontrolle sei es zudem möglich, die Akte der Verkündung oder eine Verweigerung der Unterzeichnung durch den Präsidenten zu beurteilen.[1123] Im Bereich der internationalen *actes de gouvernement* sei die Zuständigkeit des Gerichts bereits durch die Verfassung von 1958 ausgeweitet worden. Der *Conseil constitutionnel* könne jedoch zusätzlich durch ein *Loi organique*[1124] seine Zuständigkeit ausweiten. Diese einfache Möglichkeit zeige, dass die Unjustiziabilität des *acte de gouvernement* nicht gesichert sei. Der *acte de gouvernement* unterliege dem Verfassungsrecht und damit der Kompetenz des *Conseil constitutionnel,* der bedauerlicherweise seine Zuständigkeit noch nicht festgestellt habe.[1125]

10. 1990: Teboul, Anmerkung zu C.E. 29. Juni 1990, G.I.S.T.I.

Im Jahre 1990 kommentierte TEBOUL die Entscheidung *G.I.S.T.I.*[1126].[1127] Der *Conseil d'État* habe einen sowohl von Praktikern wie Theoretikern erwünschten Schritt getan: er habe die Auslegung einer internationalen Konvention selbst übernommen, statt sie an den Außenminister zu verweisen.[1128] Leider sei die Regel, die das Urteil aufstelle, zugleich sicher und unsicher: Sicher sei, dass das Gericht nicht länger an die Auslegung des Außenministers gebunden sein wolle.[1129] Die „*Considérants*" enthielten jedoch diesbezüglich keine grundsätzliche Regel. Unsicherheit bestehe auch darüber, ob der Außenminister nicht eigentlich angerufen werden *sollte.* TEBOUL lehnte dies ab. Der Richter sei wegen der Öf-

1119 Favoureu, a.a.O., S. 546.
1120 Favoureu, a.a.O., S. 546.
1121 Favoureu, a.a.O., S. 547.
1122 Favoureu, a.a.O., S. 547.
1123 Favoureu, a.a.O., S. 547.
1124 Artikel 46 der Verfassung vom 4. Oktober 1958 sah ein besonderes Gesetzgebungsverfahren für Gesetze, die von der Verfassung zu Lois organiques erklärt wurden, vor. Unter anderem hatte der Conseil constitutionnel vor ihrem Inkrafttreten ihre Verfassungsmäßigkeit zu überprüfen.
1125 Favoureu, a.a.O., S. 547.
1126 C.E. 29. Juni 1990, G.I.S.T.I., Rec. 1990, S. 671 (siehe N. I. 2.)
1127 Teboul, Note, AJDA 1990, S. 631.
1128 Teboul, a.a.O., S. 631.
1129 Teboul, a.a.O., S. 631.

fentlichkeit der diplomatischen Vorbereitungsarbeiten in der Lage, selbst die Auslegung vorzunehmen.[1130] Dabei könne er sich der in der Wiener Konvention über das Vertragsrecht festgelegten Methoden bedienen oder die Interpretationsregeln des nationalen Rechts zu befolgen. TEBOUL befürwortete eine Auslegung nach internationalen Regeln, damit alle Staaten die gleiche Methode befolgten. So könne die Befürchtung entkräftet werden, die Auslegung durch den nationalen Richter gefährde der Einheit des internationalen Vertragsrechtes.[1131]

11. 1993, 1994: Vigouroux, Fines, Anmerkungen zu C.E. 15. Oktober 1993, Royaume-Uni de la Grande Bretagne et d'Irlande du Nord, Gouverneur de la colonie royale de Hongkong

Der Regierungskommissar VIGOUROUX und FINES kommentierten den Fall *Royaume-Uni de la Grande Bretagne et d'Irlande du Nord, Gouverneur de la colonie royale de Hongkong*[1132], in dem es um eine Auslieferungsweigerung ging. VIGOUROUX riet dem *Conseil d'État,* sich für zuständig zu erklären.[1133] Zwar unterscheide sich die Weigerung, ein Ausweisungsdekret zu erlassen, von einer Anordnung desselben dahingehend, dass sie direkt im Verhältnis der Staaten ausgesprochen werde, während die Anordnung zunächst an die auszuliefernde Person adressiert sei. Jedoch sei eine Weigerung eher lösbar von den einschlägigen Konventionen als die eine Konvention umsetzende Anordnung.[1134] Die Verweigerung einer Auslieferung müsse als Verletzung der vertraglichen Verpflichtungen Frankreichs überprüfbar sei. Im Interesse des Landes sei es zudem nicht wünschenswert, dass ein straffällig gewordener Staatsangehöriger eines anderen Staates in Frankreich Zuflucht finde.[1135] Nachdem der Staat lange Zeit die Rechte der auszuliefernden Person geschützt habe, stelle er nun die Bedürfnisse des beantragenden Staates in den Vordergrund, bemerkte FINES. Dies beruhe auf der heute engeren Verflechtung der nationalen Rechtsordnung mit der internationalen.[1136] Die Konventionen über Ausweisungen bezweckten die gegenseitige Hilfe bei der Verfolgung Straffälliger. Sie seien heute weniger ein politisches Mittel, als eine repressive Maßnahme zur Verfolgung jener.[1137] Das Gericht, empfahl VIGOUROUX, möge sich für die Kontrolle zuständig erklären. Unüberprüfbar sei eine derartige Angelegenheit nur, wenn die Verweigerung

1130 Teboul, a.a.O., S. 632.
1131 Teboul, a.a.O., S. 639.
1132 C.E. 15. Oktober 1994, Royaume Uni de Grande Bretagne et d'Irlande du Nord, Gouverneur de la colonie royale de Hong Kong, RFDA1993, S. 283 (siehe N. I. 2.).
1133 Vigouroux, La contestation par un État étranger d'un refus d'extradition, RFDA 1993, S. 1179.
1134 Vigouroux, a.a.O., S. 1181.
1135 Vigouroux, a.a.O., S. 1181.
1136 Fines, Notes de jurisprudence, RDP 1994, S. 525, 526.
1137 Vigouroux, a.a.O., S. 1184, Fines, a.a.O., S. 528.

eines Ausweisungsdekrets durch befürchtete Störungen der öffentlichen Ordnung begründet sei.[1138] Dies sei jedoch vorliegend nicht der Fall gewesen. Interessant an den an die Mobiltheorie erinnernden Ausführungen VIGOUROUX erscheint seine Ansicht, das Motiv der Ausweisung könne Unjustiziabilität zur Folge haben, wenn es den Schutz der Öffentlichen Ordnung bezwecke.

12. 1994: Cayla, Acte de gouvernement an sich justiziabel

Ebenfalls im Jahre 1994 erschien ein Aufsatz CAYLAS, der sich mit der Umsetzung internationaler Verträge beschäftigte.[1139] Die Annahme einer zur Unüberprüfbarkeit führenden Untrennbarkeit eines Aktes von internationalen Verträgen sei ein Verstoß gegen die Verfassung. Nach dieser seien die Regeln des internationalen Rechts den nationalen Vorschriften übergeordnet.[1140] Die Theorie des *acte de gouvernement* sei zugunsten der Theorie des *acte détachable* zu begrenzen.[1141] Als übergeordnete Norm erfordere der internationale Vertrag eine gerichtliche Kontrolle. Die Auffassung, die einseitige Aufhebung der Klausel eines internationalen Vertrages sei untrennbar mit dem Vertrag verbunden, sei nicht haltbar. Die Exekutive als eine der Legislative untergeordnete Gewalt könne nicht die Gültigkeit einer dem einfachen Gesetz übergeordneten Norm außer Kraft setzen.[1142] Fraglich bleibe allerdings, wie der *Conseil d'État* einen *acte détachable* definiere.[1143] Wenn er etwa ein Ausweisungsdekret von dem ihm zugrunde liegenden Vertrag für ablösbar halte, so beruhe dies darauf, dass die geltenden Vorschriften nicht eingehalten worden seien. Gewöhnlich führe das Vorliegen aller Voraussetzungen zwingend zur Auslieferungsentscheidung. Wenn die Voraussetzungen zwar erfüllt seien, die Regierung jedoch trotzdem nicht ausliefere, werde die Entscheidung als trennbar betrachtet, weil sie nicht als automatische, direkte und notwendige Folge der Konvention betrachtet werden könne. Der *Conseil d'État* lasse sich somit von Erwägungen der Begründetheit leiten.[1144] Er überprüfe den Akt, um seine Überprüfbarkeit festzustellen.[1145] Das Auslieferungsdekret sei nicht länger ein zwischenstaatlicher Akt kraft internationaler Konvention, die je nach den Umständen angewandt werde, sondern an objektive Rechtsnormen gebunden und müsse automatisch bei Vorliegen bestimmter Voraussetzungen vollzogen werden. Aus diesem Grund sei er justizia-

---

1138 Vigouroux, a.a.O., S. 1185.

1139 Cayla, Le contrôle des mesures d'exécution des traités: réduction ou négation de la théorie des actes de gouvernement, RFDA 1994, S. 1.

1140 Cayla, a.a.O., S. 1.

1141 Cayla, a.a.O., S. 1.

1142 Cayla, a.a.O., S. 3.

1143 „Acte détachable est l'acte qui ne gêne pas la liberté de manœvre gouvernementale." Cayla, a.a.O., S. 19.

1144 Cayla, a.a.O., S. 9.

1145 Cayla, a.a.O., S. 9.

bel.[1146] Die Entscheidung *Royaume-Uni de Grande Bretagne et d'Irlande du Nord, Gouverneur de la colonie royale de Hongkong* bedeute daher keine Aufgabe der Theorie des *acte de gouvernement* zugunsten des *acte détachable*, sondern begleite lediglich die Entwicklung des internationalen Rechts. Der *Conseil d'État* verfolge, wie andere Urteile zeigten, nicht eine vollständige Aufgabe der Theorie. Im Fall *G.I.S.T.I. et M.R.A.P*[1147] habe er aus politischen Gründen einen *acte de gouvernement* angenommen. Nach Auffassung der Regierung sei der Akt untrennbar gewesen, weil die EU dadurch die Zusammenarbeit mit dem Irak beendet habe.[1148] Der wahre Grund sei jedoch, dass man Unjustiziabilität des Aktes unter Berufung auf die Theorie des *acte de gouvernement* als Druckmittel für die diplomatischen Verhandlungen habe einsetzen wollen. Dass der *Conseil d'État* sich für unzuständig erkläre und die Klage nicht als unzulässig abweise, beweise die Justiziabilität des *acte de gouvernement,* denn dann müsse logisch eine anderweitige Zuständigkeit bestehen.[1149] Der *acte de gouvernement* bleibe an sich justiziabel. Seine Unjustiziabilität sei lediglich „*accidentielle*".[1150] Der Richter müsste nur mit einer Prüfungskompetenz ausgestattet werden. Der im Urteil *G.I.S.T.I. et M.R.A.P.* angenommene *acte de gouvernement* sei ein Fall bedauernswerter Rechtsverweigerung gewesen.[1151] Der Richter habe dem Kläger durch sein Urteil zu verstehen gegeben, dass er seine Unzuständigkeit bedaure, der Akt aber nicht an sich unjustiziabel sei.[1152] Nun aber scheine der *Conseil d'État* entschlossen, den Rechtsstaat zu vollenden. Er frage sich allerdings, so CAYLA, ob die zukünftige Ausübung der diplomatischen Befugnisse durch den Richter nicht die auf der Gewaltenteilung beruhende Demokratie schädige, dessen Ausdruck die *actes de gouvernement* gewesen seien.[1153]

13. 1995: Auvret-Finck, Neuordnung der gerichtlichen Kompetenzen

Im Jahre 1995 erschien die Abhandlung AUVRET-FINCKS zur Theorie des *acte de gouvernement*.[1154] Die Unzulässigkeit der Klage gegen einen *acte de gouvernement* sei Folge der Unzuständigkeit des Richters.[1155] Sie behindere die Vertiefung des verwaltungsgerichtlichen Rechtsschutzes. Der Verwaltungsrichter sei jedoch, wie Artikel 55 der Verfassung von 1958 zeige, zuständig für die Über-

1146 Cayla, a.a.O., S. 10.
1147 C.E. 23. September 1992, G.I.S.T.I. et M.R.A.P., Rec. 1992, S. 346 (siehe N. I. 2.)
1148 Cayla, a.a.O., S. 12.
1149 Cayla, a.a.O., S. 15.
1150 Cayla, a.a.O., 16.
1151 Cayla, a.a.O., S. 17.
1152 Cayla, a.a.O., S. 17.
1153 Cayla, a.a.O., S. 20.
1154 Auvret-Finck, Les actes de gouvernement, irréductible peau de chagrin, RDP 1995, S. 131.
1155 Auvret-Finck, a.a.O., S. 149.

prüfung bestimmter *actes de gouvernement.*[1156] Eine Analyse der Urteile des *Conseil d'État* bewegte die Autorin zu der Annahme, die *actes de gouvernement* verletzten die Prinzipien des Rechtsstaates „wie nie zuvor" und müssten „ausgerottet" werden.[1157] Die Schwächen im Bereich der Gerichtsverfassung hätten einen unantastbaren Bereich der Unjustiziabilität einiger *actes de gouvernement* zur Folge. Die Bereicherung des Legalitätsgrundsatzes um die Normen des internationalen Rechts erzwinge aber die Ausweitung der richterlichen Kontrolle von Exekutivakten.[1158] Auch bei Annahme eines höheren Ranges des *acte de gouvernement* gegenüber dem gewöhnlichen Verwaltungsakt blieben sie doch dem Verfassungsrecht und den internationalen Normen unterworfen. Das internationale Recht trage direkt zum Verschwinden einiger *actes de gouvernement* bei, indem es die gesamte Rechtsordnung beeinflusse.[1159] Die Verringerung der Zahl internationaler *actes de gouvernement* kraft „externer Legalität" werde in gleicher Weise die nationalen *actes de gouvernement* erfassen, so etwa bei Gesetzesvorhaben zur Umsetzung von EU-Richtlinien.[1160] Nationale, internationale und gemeinschaftsrechtliche Vorgaben forderten die Erweiterung der gerichtlichen Kompetenzen.[1161] Ein Rechtsstaat sei ohne vollkommenen Rechtsschutz undenkbar.[1162] Dies zeige auch das Recht auf einen gesetzlichen Richter gemäß Artikel 4 des *Code civil*[1163].[1164] Die Scheu des Verwaltungsrichters vor Eingriff in die Regierungsangelegenheiten könne durch Stärkung seiner Position ausgeräumt werden. So habe der *Conseil constitutionnel* im Jahre 1980[1165] die Unabhängigkeit der Judikative, insbesondere jene der Verwaltungsgerichte von der Legislative und der Exekutive bestätigt.[1166] Ferner habe der Gesetzgeber mit der Verwaltungsrechtsreform 1987 die Unabhängigkeit der Verwaltungsgerichte gestärkt. Der *Conseil d'État* werde nicht länger als Organ der Verwaltung angesehen.[1167] In einem Urteil 1987[1168] habe der *Conseil constitutionnel* sich in diesem Sinne über die letztinstanzliche Zuständigkeit des *Conseil d'État* ausgesprochen:

1156 Auvret-Finck, a.a.O., S. 151.
1157 Auvret-Finck, a.a.O., S. 156.
1158 Auvret-Finck, a.a.O., S. 157.
1159 Auvret-Finck, a.a.O., S. 157.
1160 Auvret-Finck, a.a.O., S. 159.
1161 Auvret-Finck, a.a.O., S. 165.
1162 Auvret-Finck, a.a.O., S. 161.
1163 Art. 4.- Le juge qui refusera de juger, sous prétexte du silence, de l'obscurité ou de l'insuffisance de la loi, pourra être poursuivi comme coupable de déni de justice.
1164 Auvret-Finck, a.a.O., S. 162ff.
1165 Décision 119 DC, Rec. C.C., S. 46, zitiert bei Auvret-Finck, a.a.O., S. 166.
1166 Auvret-Finck, a.a.O., S. 166.
1167 Auvret-Finck, a.a.O., S. 167.
1168 Décision 86-224 DC, Rec. C.C., S. 8, zitiert bei Auvret-Finck, a.a.O., S. 167.

La compétence de la juridiction administrative relève en dernier ressort de l'annulation ou la réformation des décisions prises, dans l'exercice des prérogatives de puissance publique, par les autorités exerçant le pouvoir exécutif, leurs agents, les collectivités territoriales de la République ou les organismes publics.

Die Formulierung „*les autorités exerçant le pouvoir exécutif*" bezeichne den Gegenpol zur Legislative. Die Exekutive könne, so AUVRET-FINCK, nicht allein auf die Verwaltung reduziert werden.[1169] So lade die Formulierung des *Conseil constitutionnel* dazu ein, unter Akten der Exekutive auch diejenigen zu verstehen, die bisher als *actes de gouvernement* gegolten hätten.[1170] Die Verwaltungsgerichte hätten die Grenzen ihrer Zuständigkeit noch nicht erreicht.[1171] Um die Erscheinung des *acte de gouvernement* jedoch vollständig zu beseitigen, bedürfe es der Äußerung eines politischen Willens. Die Rechtsprechung des *Conseil constitutionnel* habe gezeigt, dass dieser seine Kompetenz nicht eigenständig ausdehne. Aus diesem Grund sei eine Neuordnung der gerichtlichen Zuständigkeiten erforderlich, die sich auf einer Zusammenarbeit des einfachen Richters mit dem Verfassungsrichter stütze. Eine enumerative Zuweisung von Angelegenheiten, für deren Überprüfung der *Conseil constitutionnel* zuständig sei, genüge nicht.[1172] Stoße der Richter bei der Beurteilung des Aktes auf eine verfassungsrechtliche Frage, müsse er die Möglichkeit haben, den *Conseil constitutionnel* anzurufen.[1173] Allein dessen Integration könne die starre Rechtsprechung des *Conseil d'État* hinsichtlich der *actes de gouvernement* durchbrechen und die unbegründete Furcht vor dem „regierenden Richter" beseitigen.[1174]

14. 1996: Sanson, Anmerkung zu C.E. 29. Dezember 1995, Association Greenpeace

Im Jahre 1995 kommentierte der Regierungskommissar SANSON die Entscheidung *Association Greenpeace France*[1175].[1176] Seine Ausführungen bewiesen, dass der *acte de gouvernement* bis heute überlebt hat. Er hielt die Entscheidung des Staatspräsidenten für einen solchen. Zwar genügten die Reaktionen des Auslands wegen der Wiederaufnahme der Nuklearversuche allein nicht für die Annahme eines Aktes, der sich von den internationalen Beziehungen nicht trennen lasse[1177], aber die öffentliche Bekanntgabe der Wiederaufnahme der Nuklearversuche könne zunächst als diplomatischer, provozierender Akt betrachtet werden.

1169 Auvret-Finck, a.a.O., S. 167.
1170 Auvret-Finck, a.a.O., S. 168.
1171 Auvret-Finck, a.a.O., S. 168.
1172 Auvret-Finck, a.a.O., S. 173.
1173 Auvret-Finck, a.a.O., S. 173.
1174 Auvret-Finck, a.a.O., S. 173f.
1175 C.E. 29. September 1995, Association Greenpeace, RDP 1996, S. 283 (siehe N. I. 2.).
1176 Sanson, Conclusions des commissaires du gouvernement, RDP 1996, S. 256.
1177 Sanson, a.a.O., S. 261.

Die bei Nuklearversuchen bedeutsame Methode der Abschreckung erfordere derartige Akte, um die Glaubwürdigkeit der Regierung hinsichtlich der Funktionstüchtigkeit der Waffe zu bewahren. Auch sei die Entscheidung, die Versuche auf dem Mururoa-Atoll durchzuführen, deshalb kein *acte détachable,* weil sie untrennbar mit der Entscheidung der Wiederaufnahme verbunden sei, da nur an diesem Ort funktionstüchtige Einrichtungen existierten.[1178] Schließlich hätte auch die gegenteilige Entscheidung MITTERANDS, die Versuche einzustellen, als *acte de gouvernement* qualifiziert werden müssen. Aus Gründen der Logik sei demnach auch vorliegend ein *acte de gouvernement* anzunehmen.[1179] Das Gericht war dem Antrag SANSONS gefolgt.

15. 1996: Serrand, Unjustiziabilität des acte de gouvernement aufgrund seiner nicht-administrativen Natur

Im Jahre 1996 erschien die umfangreiche Dissertation SERRANDS.[1180] Er halte die gerichtliche Immunität des *acte de gouvernement* für „normal". Sie beruhe zum einen auf der französischen Gerichtsverfassung; zum anderen liege einem *acte de gouvernement* regelmäßig eine politische Entscheidung zugrunde, deren Natur sich der gerichtlichen Überprüfbarkeit entziehe.[1181] Die Akte der Exekutive besäßen nicht-administrativen Charakter, wenn sie als *actes de gouvernement* erlassen würden. Die Exekutive habe den gleichen Rang wie die Legislative. Bereits MONTESQUIEU habe ihr eine gleichrangige Position im Staatsgefüge beiordnen wollen, indem er sie mit einem Vetorecht gegenüber dem Parlament ausgestattet habe.[1182] Die Exekutive übe im nationalen Rechtskreis eine „konstitutionelle Hilfsaktivität" aus. SERRAND machte sich damit die Auffassung OTTO MAYERS[1183] zueigen. Im internationalen Rechtskreis organisiere die Exekutive die Beziehungen zu den ausländischen Mächten und übe damit eine - von LOCKE als „*fédératif*" bezeichnete[1184]- verbindende und verbündende Aktivität aus.[1185] Eine Analyse der Verfassungstexte beweise, dass der Exekutive seit jeher weiter reichende Befugnisse als bloß gesetzausführende zugedacht worden seien. Die Verfassung von 1958 verleihe der Exekutive die bisher mächtigste Stellung in der Staatsorganisation. Die Exekutive regele die Funktion der Verfassungsorgane, nehme an der Gesetzgebung teil und führe die internationalen Verhandlungen. Darin liege keine administrative, sondern Regierungstätig-

1178 Sanson, a.a.O., S. 263.
1179 Sanson, a.a.O., S. 264.
1180 Serrand, L´acte de gouvernement, 1996.
1181 Serrand, a.a.O., S. 668.
1182 Serrand, a.a.O., S. 510.
1183 Vgl. dazu Mayer, Le droit administratif allemand, Band 1, S. 9.
1184 Vgl. dazu Locke, Deuxième traité du gouvernement civil, Kapitel XII, S. 159.
1185 Serrand, a.a.O., S. 524.

keit.[1186] Der *acte de gouvernement* sei unjustiziabel, weil weder die ordentlichen Gerichte noch die Verwaltungsgerichte oder der *Conseil constitutionnel* für ihre Kontrolle zuständig seien.[1187] Jener sei unzuständig, weil seine Kompetenz durch die enumerative Aufzählung seiner Zuständigkeiten begrenzt sei und sich der politisch bestimmte Bereich der *actes de gouvernement* seiner Natur gemäß nicht durch Normen vorherbestimmen lasse. Aus diesem Grund wohne der politischen Aktivität ein ausgedehnter Ermessensfreiraum inne.[1188] Deren „*Juridictionnalisation*" sei nicht möglich, weil die Regierung zumeist in außergewöhnlichen und dringenden Fällen zu entscheiden habe. Jene könnten nicht durch feste Normen vorherbestimmt werden und müssten notfalls auch willkürlich entschieden werden können. Wolle man derartige Entscheidungen durch Normen vorherbestimmen, verzögere man sie in entscheidenden Momenten und verschiebe die Zuständigkeit der Regierung auf andere Organe. So zeige sich, folgerte SERRAND, dass die Natur des *acte de gouvernement* dessen gerichtliche Immunität erfordere.[1189] Es sei zudem nicht wünschenswert, dass derartige Akte „juridiktionalisiert" würden. Dies führte zur Politisierung der Justiz, was abzulehnen sei.[1190] Die Exekutive müsse das Monopol der politischen Entscheidung behalten. Sie sei Repräsentantin des souveränen Volkswillens. In einer Demokratie habe das Volk das letzte Wort. Ihre Prinzipien erforderten, dass die Exekutive als staatliche Repräsentantin gerichtlich immune Entscheidungen treffen könne.[1191] Zudem besitze die Exekutive im Unterschied zur Judikative die erforderliche Homogenität. Die Entscheidungen könnten hier schnell getroffen werden, und die Verantwortlichen seien leicht auszumachen.[1192] Wolle man dem Richter derartige Entscheidungen übertragen, führte dies zwar nicht zu einer Regierung der Richter, jedoch zu einem „Nicht-Regierungssystem" und einer politisierten Gerichtsbarkeit.[1193] Der Richter könnte zwar die Regierung vom Regieren abhalten, selbst jedoch nicht regieren. Zudem sei die Judikative ohnehin bereits stark politisiert, seit der *Conseil constitutionnel* die politischen Organe kontrolliere.[1194] Diese dürfe nicht durch die Einführung der Kontrolle der *actes de gouvernement* vertieft werden. Daher sei lediglich die Kontrolle der Zuständigkeit und der Formvorschriften zuzulassen, was die politische Aktivität der Regierung nicht zu schwächen vermöge.[1195]

1186 Serrand, a.a.O., S. 549.
1187 Serrand, a.a.O., S. 580.
1188 Serrand, a.a.O., S. 610.
1189 Serrand, a.a.O., S. 642.
1190 Serrand, a.a.O., S. 643.
1191 Serrand, a.a.O., S. 649.
1192 Serrand, a.a.O., S. 651.
1193 Serrand, a.a.O., S. 651.
1194 Serrand, a.a.O., S. 661.
1195 Serrand, a.a.O., S. 664.

O. Zusammenfassung

Die Theorie des *acte de gouvernement* ist mehr eine richterliche Konzeption denn eine abstrakt-theoretische Lehre. Der *Conseil d'État* selbst übte schon zu Zeiten seiner nur abhängigen Entscheidungsbefugnis Zurückhaltung gegenüber politischen Streitigkeiten. Noch heute ist man der Überzeugung, dass jene seine Entwicklung zu einem unabhängigen Verwaltungsgericht überhaupt ermöglichte. Seine Zugeständnisse an die Regierung sicherten seine Existenz und erlaubten ihm später die Ausweitung seiner Kontrolle. Dass er diesen Preis hat zahlen müssen, verdankt er dem früheren Gebaren der machthungrigen Richterschaft. Das spätestens seit der Fronde tief verwurzelte Misstrauen gegen die Richter hinderte die Gerichte von Beginn an einer ungestörten Entwicklung. Früh hatte man die Erfahrung gemacht, dass jene sich stets in die Regierungsgeschäfte einzumischen suchten. Die Umsetzung der MONTESQUIEUSCHEN Gewaltenteilung wurde als Chance begriffen, den Richter ein für alle mal aus den Regierungsangelegenheiten herauszuhalten. So erklärte sich die absolute Gewaltentrennung ohne jegliche Kontrolle der Gewalten untereinander. Die Judikative urteilte nur über zivilrechtliche Streitigkeiten; die Verwaltung löste ihre eigenen Probleme. Erst als der *Conseil d'État* auch für die Beurteilung von Verwaltungsstreitigkeiten zuständig wurde, stellte sich das Problem der Einmischung des Richters erneut. Der *Conseil d'État* war verständig genug, sich einer Machtanmaßung nicht verdächtig zu machen, indem er selbst seine Unzuständigkeit erklärte, wenn ihm die Angelegenheit politisch erschien oder wenn der beteiligte Minister sich auf sein „politisches Motiv“ berief. Im Laufe seines nunmehr über 130-jährigen Bestehens als unabhängiges Verwaltungsgericht hat der *Conseil d'État* seine Zuständigkeit für die unterschiedlichsten Exekutivakte abgelehnt. Dem deutschen Rechtsgelehrten erscheint dies oft nur selbstverständlich. Streitigkeiten zwischen Legislative und Exekutive, also Organstreitigkeiten, schlichtet in Deutschland das Verfassungsgericht, gegen internationale Verträge oder die Weigerung eines Ministers, ein bestimmtes Gesetz einzubringen kann der deutsche Bürger mangels Klagebefugnis nicht vorgehen. Dieser Unterschied erklärt sich einerseits aus dem Fehlen eines in Frankreich zuständigen Verfassungsgerichtes, andererseits aus der im französischen Verwaltungsrecht ausgedehnteren Klagebefugnis. Eine solche Erklärung hat der *Conseil d'État* aber nie gegeben. Weder hat er jemals eine Regel aufgestellt, welcher Akt *acte de gouvernement* oder politisch sei, noch hat er später die noch heute verwendete Tenorierung begründet, der Akt sei nicht der N a t u r, von ihm überprüft zu werden. Die Erklärung blieb der französischen Rechtslehre überlassen, der der *Conseil d'État* immer einen Schritt vorausging. Lange Zeit blieben ihre Erklärungen mehr staatstheoretisch und soziologisch denn juristisch. Als der *Conseil d'État* die Mobiltheorie nach seiner erlangten unabhängigen Entscheidungsbefugnis überwand und niemals mehr einen Akt *acte de gouvernement* nannte, sondern dessen Natur für seine Unjustiziabilität verantwortlich machte, stand die in ihrer Entwicklung begriffene Rechtslehre vor der Aufgabe, diese zu bestimmen. Sie fand das Kriterium rasch in einer Unterscheidung zwischen der Regierungs- und der Verwaltungsfunktion. Noch heute sind vereinzelt Rechtsgelehrte davon überzeugt, dass diese Unterscheidung die Unjustiziabilität des *acte de gouvernement* bedinge. Schon früh entwickelte sich daneben die Negative Theorie, deren Vertreter die Kategorie des *acte de gouvernement* schlicht nicht anerkannten. Sie stützten sich insbesondere darauf, dass der *Conseil d'État* niemals von einer einheitlichen Kategorie der *actes de gouvernement* gesprochen habe. In der Tat gibt es in der fast zweihundertjährigen Geschichte der Theorie des *acte de gouvernement* nach der Preisgabe der Mobiltheorie nur wenige Urteile, die den Begriff *acte de gouvernement* verwendeten.[1196] Die Herausgeber des *Recueil des arrêts du Conseil d'État* allerdings überschreiben manche Urteile noch bis in die heutige Zeit mit der Rubrik *acte de gouvernement.* Die Anhänger der Negativen Theorie führten die Unjustiziabilität bestimmter Akte einerseits auf unterschiedliche juristische Regeln- etwa solche der Gerichtsorganisation- zurück und verneinten eine einheitliche Kategorie, andererseits suchten sie zu erklären, warum der als *acte de gouvernement* behandelte Akt justiziabel sein s o l l e. Die Vertreter der Negativen Theorie sahen sich später durch die Entwicklung des Legalitätsgrundsatzes bestätigt und kämpften weiter für eine Ausdehnung des verwaltungsgerichtlichen Rechtsschutzes. Aus der Theorie der Natur der Sache entstand später die Auffassung, der *acte de gouvernement* sei nicht justiziabel, weil er eine verfassungsrechtliche Rechtsgrundlage besitze, der *Conseil d'État* aber allein für Verwaltungsstreitigkeiten zuständig sei. Während diese Erkenntnis später dazu führte, ein Verfassungsgericht für erforderlich zu halten, erfuhr die Mobiltheorie um 1935 herum wieder Zustimmung. Ein starker Staat bedürfe einer starken Regierung. Ihre Stärke messe sich an der Anzahl ihrer absolut souveränen Akte. Auch in dem in der Entstehung begriffenen Führerstaat Hitlers war die Theorie des *acte de gouvernement* ein Thema. Eine Staatsgewalt bemaß ihre Stärke eben immer nach den Einflussmöglichkeiten der anderen. Die moderne Theorie des *acte de gouvernement* erklärt die faktische Unjustiziabilität bestimmter Exekutivakte wohl zu Recht historisch. Sie hat die richtigen Argumente auf ihrer Seite. Erst eine unabhängige Verwaltungsgerichtsbarkeit verkörperte das nach heutiger Auffassung selbstverständliche Gleichgewicht der Staatsgewalten, die einander kontrollieren und hemmen sollen, ohne in ureigene Befugnisse ihrer Nachbargewalten einzugreifen. Erst der Legalitätsgrundsatz erforderte einen umfassenden Rechtsschutz des Bürgers, der schließlich in Artikel 13 der Europäischen Konvention zum Schutze der Menschenrechte niedergelegt wurde. Erst die Schaffung eines Verfassungsgerichtes erlaubte die Überprüfung von Angele-

1196 T.C. 12. Februar 1953, Secrétaire du Comité d'entreprise de la Société nationale de constructions aéronautiques du Sud-Est, Rec. 1953, S. 585, T.C. 24. Juni 1954, Sieurs Barbaran et autres, Rec. 1954, S. 712, C.E. 2. März 1962, Sieurs Rubin de Servens et autres, Rec. 1962, S. 143 ; C.E. 11. Juli 1997, Guichard, Rec. 1997, S. 569.

genheiten verfassungsrechtlicher Art. Das französische Verwaltungsrecht blickt auf eine lange Entwicklung. Der *Conseil d'État* hat einen großen Anteil daran. Ebenso wie ihm die Entdeckung der vorübergehenden Erforderlichkeit der Theorie des *acte de gouvernement* und ihre Entwicklung zu verdanken ist, hat er auch ihre Beschränkung vorangetrieben. Durch die Ausweitung des Legalitätsgrundsatzes, der damit verbundenen Staatshaftung, die Entwicklung neuer Theorien wie jener des *acte détachable* oder der *pouvoirs de guerre* und schließlich durch mutige Entscheidungen hat er die Anzahl unjustiziabler Exekutivakte immer weiter verringert. Der *Conseil constitutionnel* wird das Werk des *Conseil d'État* vollenden. Die Tage des *acte de gouvernement* sind gezählt.

Quellenverzeichnis

Urteile

C.E. 1. Mai 1822, Lafitte, S. 1822.II., S. 63
C.E. 23. Juli 1823, Veuve Joachim Murat, Rec. 1823, S. 545
C.E. 6. August 1823, Le corsaire Le Représaille, Rec. 1823, S. 557
C.E. 12. Juli 1836, Boidron, Rec. 1836, S. 330
C.E. 6. Dezember 1836, Coen Bacri, Rec. 1836, S. 525
C.E. 5. Dezember 1838, Duchesse de Saint-Leu, Rec. 1838, S. 641
C.E. 22. August 1844, Prince Napoléon, Rec. 1844, S. 508
T.C. 18. Juni 1852, Héritiers d'Orléans, Rec. 1852, S. 252
C.E. 12. März 1853, Prince de Wagram, Rec. 1853, S. 329
C.E. 6. Dezember 1855, Dumeste, Rec. 1855, S. 701
C.E. 10. Januar 1856, Dautreville, Rec. 1856, S. 28
C.E. 9. Mai 1867, Duc d'Aumale et Lévy, Rec. 1867, S. 472
C.E. 19. Februar 1875, Prince Napoléon, Rec. 1875, S. 155.
Cour de Paris 29. Januar 1976, Prince Jérôme Napoléon, S. 1876, II., S. 297
T.C. 5. November 1880, Marquigny, Rec. 1880, S. 800.
T.C. 5. November 1880, Bouffier, Rec. 1880, S. 813
C.E. 20. Mai 1887, Henri d'Orléans, duc, d'Aumale et autres, Rec. 1887, S. 409
T.C. 25. März 1889, Dufeuille, S. 1891.III., S. 32
C.E. 23. Juli 1875, Villebrun, Rec. 1875, S. 717
C.E. 12. Januar 1877, Dupuy, Rec. 1877, S. 48
C.E. 8. Dezember 1882, Laffon, Rec. 1882, S. 983
C.E. 14. November 1884, Szaniawski, Rec. 1884, S. 779
C.E. 5. Dezember 1884, Société belge des Chemins de fer, Rec. 1884, S. 885
C.E. 26. Februar 1886, Saccoman, Rec. 1886, S. 173
C.E. 17. Februar 1888, Prévost, Rec. 1888, S. 149
T.C. 15. Februar 1890, Vincent, Rec. 1890, S. 183
C.E. 16. Mai 1890, De Condinguy, Rec. 1890, S. 496
C.E. 18. Dezember 1891, Vandelet et Faraut, S. 1893, III., S. 129
C.E. 10. Februar 1893, Thubé-Lourmand, Rec. 1893, S. 114
C.E. 30. Juni 1893, Gugel, Rec. 1893, S. 544
C.E. 13. November 1896, Jacquot et autres, Rec. 1896, S. 709
C.E. 26. Februar 1897, Sieur Ferret, Rec. 1897, S. 159
C.E. 18. März 1898, Conseil générale du Senegal, Rec. 1898, S. 233
C.E. 13. Juni 1902, Sieur Parquet, Rec. 1902, S. 454
C.E. 26. Dezember 1902, Rapi, Rec. 1902, S. 793
C.E. 12. Februar 1904, Bachatori, dits Bachadour, Rec. 1904, S. 105
C.E. 5. August 1904, Dame Ravero, Rec. 1904, S. 663
C.E. 23. Dezember 1904, Consorts Poujade, Rec. 1904, S. 871

C.E. 3. März 1905, Sieurs Mante frères et Borelli de Régis, Rec. 1905, S. 226
C.E. 22. Februar 1907, Le Chartier, Rec. 1907, S. 185
C.E. 22. Dezember 1905, Dame Ramiadana, Rec. 1905, S. 967
C.E. 5. Juli 1907, Humblot, Rec. 1907, S. 637
T.C. 25. März 1911, Rouzier, Rec. S. 392
C.E. 12. Mai 1911, Epoux Olzenski, Rec. 1911, S. 551
C.E. 21. Juli 1911, Said Ali Ben Said Omar, Rec. 1911, S. 847
C.E. 6. August 1912, Maître, Rec. 1912, S. 982
C.E. 26. Januar 1912, Dame Marguerite Durand, Rec. 1912, S. 108
C.E. 4. August 1915, Delmotte, Rec. 1915, S. 275
C.E. 11. Februar 1916, Moninot, Rec. 1916, S. 79
C.E. 31. Mai 1918, Bastide, Rec. 1918, S. 525
C.E. 28. Juni 1918, Heyriès, Rec. 1918, S. 651
C.E. 18. Oktober 1918, Voltine, Rec. 1918, S. 908
C.E. 10. Januar 1919, Woisthenrisch, Rec. 1919, S. 15
C.E. 31. Januar 1919, Tatem Steam Navigation Company Limited, Rec. 1919, S. 114
C.E. 28. Februar 1919, Isabelle Dol et Jeanne Laurent, Rec. 1919, S. 208
C.E. 5. Juli 1919, Albyn Line Limited, Rec. 1919, S. 594
C.E. 25. Juli 1919, Continental Pétroleum Company, Rec. 1919, S. 694
C.E. 13. Februar 1920, Besegher, Rec. 1920, S. 165
C.E. 14. Mai 1920, Syndicat National de la Boulangerie de Paris, Rec. 1920, S. 499
C.E. 26. März 1920, Cazeilles, Rec. 1920, S. 357
C.E. 30. April 1920, Époux Bélaton, Rec. 1920, S. 429
C.E. 21. Mai 1920, Braillon, Rec. 1920, S. 531
C.E. 11. Juni 1920, Rodrigo, Rec. 1920, S. 571
C.E. 2. Juli 1920, Mahalin, Rec. 1920, S. 660
C.E. 9. Juli 1920, Bord-Tridon, Rec. 1920, S. 688
C.E. 16. Juli 1920, Bernard, Rec. 1920, S. 708
C.E. 7. August 1920, Internationale Credit en Handels Vereeniging, Rec. 1920, S. 869
C.E. 29. Oktober 1920, Époux Derisbourg-Bara, Rec. 1920, S. 891
C.E. 5. November 1920, Wannieck, Rec. 1920, S. 923
C.E. 19. November 1920, Millevoix, Rec. 1920, S. 980
C.E. 6. Mai 1921, Sieurs Pithis et Dallas, Rec. 1921, S. 450
C.E. 30. Dezember 1921, Sieurs Framjee sons and Compagnie, Rec. 1921, S. 1134
C.E. 27. Januar 1922, Compagnie française de tramways et d´éclairage électrique de Shanghai, Rec. 1922, S. 87
C.E. 3. März 1922, Compagnie Van den Bergh´s Limited, Rec. 1922, S. 189
C.E. 2. Juli 1922, de Poorter, Rec. 1922, S. 498

C.E. 22. Juli 1922, Sieur Huter, Rec. 1922, S. 727
C.E. 3. November 1922, Consorts Lichiardopoulos, Rec. 1922, S. 793
C.E. 22. Dezember 1922, Foltzer, Rec. 1922, S. 992
C.E. 23. Februar 1923, Sieurs Svendsen et Christensen, Rec. 1923, S. 185
C.E. 23. März 1923, Société générale des transports maritimes à vapeur, Rec. 1923, S. 305
C.E. 1. Juni 1923, Compagnie des forges et acières électriques Paul, Rec. 1923, S. 433
C.E. 23. Juni 1923, Sieur Davin, Rec. 1928, S. 786
C.E. 15. Juli 1923, Sieur Keil, Rec. 1923, S. 564
C.E. 30. November 1923, Couitéas, Rec. 1923, S. 789
C.E. 27. Juni 1924, Goldschmidt et Strauss, Rec. 1924, S. 607
C.E. 31. Oktober 1924, Cotte, Rec. 1924, S. 839
C.E. 9. Januar 1925, Sieur Baléchat, Rec. 1925, S. 26
C.E. 7. Februar 1925, Compagnie royale néerlandaise de navigation, Rec. 1925, S. 132
C.E. 5. Februar 1926, Dame Caraco, Rec. 1926, S. 125
C.E. 5. März 1926, Sieur Panisse, Rec. 1926, S. 245
C.E. 19. Januar 1927, Cosmetto, Rec. 1927, S. 54
C.E. 21. Januar 1927, Commune de Lame, Rec. 1927, S. 80
C.E. 8. April 1927, Arnaudon, Rec. 1927, S. 458
C.E. 15. Juni 1928, Sieur Tokatlian, Rec. 1928, S. 754
C.E. 27. Februar 1929, Sieur Pancrazi, Rec. 1929, S. 240
C.E. 1. Mai 1929, Calucundis, Rec. 1929, S. 434
C.E. 20. November 1929, Société des phosphates tunisiens et Compagnie des phophates du Dyr, Rec. 1929, S. 1006
C.E. 10. Januar 1930, Société française radio-électrique et Compagnie générale de télégraphie, Rec. 1930, S. 25
C.E. 7. Februar 1930, Demoiselle Roque, Rec. 1930, S. 152
C.E. 18. Juli 1930, Rouché, Rec. 1930, S. 771
C.E. 15. Mai 1931, Houbron, Rec. 1931, S. 531
C.E. 3. Juli 1931, Sieurs Karl et Toto Samé, Rec. 1931, S. 722
C.E. 10. März 1933, Reitlinger, Rec.1933, S. 299
C.E. 3. November 1933, Sieur Desrumeaux, Rec. 1933, S. 933
C.E. 22. November 1933, Sieur Mamon, Rec. 1933, S. 1071
C.E. 6. Juli 1934, Préfets de police de la Seine c. Ministre du Commerce, Rec. 1934, S. 787
C.E. 18. Juli 1934, Sieur Rousset, Rec. 1934, S. 817
C.E. 26. Oktober 1934, Ministre de Travaux publics c. Sieur Duhamel, Rec. 1934, S. 966
C.E. 29. März 1935, Sieurs Eudes et Compagnie, Rec. 1935, S. 411
C.E. 8. November 1935, Sieur Bizet et Chambre syndicale des mandataires aux

prestations en nature, Rec. 1935, S. 1028
C.E. 13. Dezember 1935, Sieurs Ravanondahy et autres, Rec. 1935, S. 1189
C.E. 11. Juni 1937, Société des établissements Alkan et Compagnie, Rec. 1937, S. 581
C.E. 28. Mai 1937, Sieur Decerf, Rec. 1937, S. 534
C.E. 2. Juli 1937, Sieur Comby, Rec. 1937, S. 664
C.E. 16. Mai 1941, Sieur Giraud, Rec. 1941, S. 102
C.E. 18. Juli 1941, Sieur Rovera, Rec. 1941, S. 141
C.E. 28. Mai 1943, Sieur Bro, Rec. 1943, S. 137
C.E. 1. Juni 1943, Sieur Corbier, Rec. 1943, S. 140
C.E. 26. Januar 1944, Wang Yu Kong, Rec. 1944, S. 30
C.E. 22. November 1944, Sieur Hiriart, Rec. 1944, S. 303
C.E. 11. Januar 1946, Compagnie belge des Mines, Rec. 1946, S. 9
C.E. 6. Februar 1946, Sieurs Merle, Rec. 1946, S. 43
C.E. 22. März 1946, Consorts Robillard, Rec. 1946, S. 93
C.E. 17. Mai 1946, Sieur Blaise, Rec. 1946, S. 132
C.E. 24. Mai 1946, Compagnie d'assurances Helvetia, Rec. 1946, S. 149
C.E. 26. Juni 1946, Sieur Pebellier, Rec. 1946, S. 218
C.E. 5. Juli 1946, Lotti et Compagnie, Rec. 1946, S. 190
C.E. 19. Juli 1946, Sieur Letellier, Rec. 1946, S. 206
C.E. 4. Dezember 1946, Sieur Vigreux, Rec. 1946, S. 291
C.E. 20. Dezember 1946, Sieur Corbeaux, Rec. 1946, S. 310
C.E. 19. März 1947, Panaget, Rec. 1947, S. 114
C.E. 28. März 1947, Gombert, Rec. 1947, S. 138
C.E. 28. Januar 1948, Lecanu, RDP 1948, S. 478
C.E. 16. März 1949, Sieur Legrand, Rec. 1949, S. 125
C.E. 23. März 1949, Sieur Zegah, Rec. 1949, S. 143
C.E. 25. Juli 1949, Dame Alazard, Rec,. 1949, S. 372
C.E. 12. November 1949, Sieur Sohr, Rec. 1949, S. 473
C.E. 16. Dezember 1949, Société Légumia, Rec. 1949, S. 558
C.E. 16. Dezember 1949, Dame veuve Allard, Rec. 1949, S. 558
C.E. 16. Dezember 1949, Sieur Demai, Rec. 1949, S. 558
C.E. 23. Dezember 1949, Société Comptoir de l'Industrie cotonnière et autres, Rec. 1949, S. 567
C.E. 1. Februar 1950, Sieur Spahn, Rec. 1950, S. 66
T.C. 2. Februar 1950, Radiodiffusion française, Rec. 1950, S. 652
C.E. 9. Juni 1950, Sieur Mallarmé, Rec. 1950, S. 352
C.E. 17. Juli 1950, Établissements Ranisse, Rec. 1950, S. 442
C.E. 28. Februar 1951, Société Commentry, Fourchambault er Decazeville, Rec. 1951, S. 122
C.E. 9. Mai 1951, Mutuelle nationale des Étudiants de France, Rec. 1951, S. 253
C.E. 8. Juni 1951, Sieur Dreyfus-Schmidt, Rec. 1951, S. 320

C.E. 8. Juni 1951, Sieur Hirschowitz, Rec. 1951, S. 320
C.E. 8. Juni 1951, Sieur Brusset, Rec. 1951, S. 321
C.E. 12. Juni 1951, Société des étains et wolfram du Tonkin, Rec. 1951, S. 312
C.E. 15. Juni 1951, Société générale alsacienne de Banque, Rec. 1951, S. 336
C.E. 27. Juli 1951, Sieur Nguyen Xuan Tao, Rec. 1951, S. 434
C.E. 2. November 1951, Tixier, JCP 1952, II., 6810
C.E. 9. Januar 1952, Sieur Gény, Rec. 1952, S. 19
C.E. 22. Februar 1952, Sieur Simon, Rec. 1952, S. 131
C.E. 7. März 1952, Sieur Szanto, Rec. 1952, S. 154
C.E. 28. März 1952, Sieur Reibel, Rec. 1952, S. 190
C.E. 30. Mai 1952, Dame Kirkwood, Rec. 1952, S. 291
T.C. 12. Februar 1953, Secrétaire du Comité d´entreprise de la Société nationale de constructions aéronautques du Sud-Est, Rec, 1953, S. 585
C.E. 20. Februar 1953, Sieur Weiss, Rec. 1953, S. 87
C.E. 22. April 1953, Demoiselle Buttner, Rec. 1953, S. 184
C.E. 23. Oktober 1953, Sieur Huckel, Rec. 1953, S. 452
C.E. 28. Mai 1954, Sieur Barel, Rec. 1954, S. 308
T.C. 24. Juni 1954, Sieurs Barbaran et autres, Rec. 1954, S. 712
C.E. 29. Oktober 1954, Sieurs Taurin et Merienne, Rec. 1954, S. 566
C.E. 20. Mai 1955, Société Lucien, Joseph et autres, Rec. 1955, S. 276
C.E. 18. November 1955, Sieur Pétalas, Rec. 1955, S. 548
C.E. 24. Februar 1956, Sieur Seurot, Rec. 1956, S. 91
C.E. 27. Februar 1956, Dame veuve Bordier, Rec. 1956, S. 92
C.E. 16. November 1956, Sieur Villa, Rec. 1956, S. 433
C.E. 6. März 1957, Dame veuve Nguyen Dinh Trung, Rec. 1957, S. 141
C.E. 22. November 1957, Myrtoon Steamship et Compagnie, Rec. 1957, S. 632
C.E. 14. März 1958, Société des mines et fonderies de zinc de la Vieille Montagne, Rec. 1958, S. 164
C.E. 2. Mai 1958, Sieur Gaillard, Rec. 1958, S. 258
C.E. 27. Juni 1958, Sieurs Georger et Teivassigamany, Rec. 1958, S. 403
C.E. 3. März 1961, Sieur André et Société des tissages Nicolas Gaimant, Rec. 1961, S. 154
C.E. 13. Juli 1961, Société indochinoise d´électricité, Rec. 1961, S. 519
C.E. 27. Oktober 1961, Le Regroupement Nationale, Rec. 1961, S. 594
C.E. 2. März 1962, Sieurs Rubin de Servens et autres, Rec. 1962, S. 143
C.E. 16. März 1962, Prince Sliman-Bey, Rec. 1962, S. 179
C.E. 11. Januar 1963, Sieur Rebeuf, Rec. 1963, S. 18
C.E. 26. April 1963, Sieur Laurent, Rec. 1963, S. 247
C.E. 8. November 1963, Sieur Sourdot, Rec. 1963, S. 535
C.E. 13. März 1964, Sieur Vassile, Rec. 1964, S. 179
C.E. 2. März 1966, Dame Cramencel, Rec. 1966, S. 157
C.E. 16. März 1966, Cartel d´action morale et sociale et Union féminine civique

et sociale, Rec. 1966, S. 211
C.E. 1. Oktober 1966, Sieur Aubert, Rec. 1966, S. 512
C.E. 1. März 1967, Sieur Maugein, Rec. 1967, S. 97
C.E. 28. Juni 1967, Société des transports en commun de la région d'Hanoi, Rec. 1967, S. 279
C.E. 29. November 1968, Sieur Tallagrand, Rec. 1968, S. 607
C.E. 5. Februar 1969, Sieur Debauchez, Rec. 1969, S. 66
C.E. 29. April 1970, Comité des Chômeurs de la Marne et sieur Le Gac, Rec. 1970, S. 279
C.E. 21. Juni 1972, Conseil des Parents d'élèves des écoles publiques de la Mission universitaire et culturelle française au Maroc et sieur Schulz, Rec. 1972, S. 459
C.E. 21. Juli 1972, Sieur Legros, Rec. 1972, S. 554
C.E. 29. November 1974, Ministre des Finances c./ Sieur Canino, Rec. 1974, S. 597
C.E. 11. Juli 1975, Paris de Bollardière et autres, Rec. 1975, S. 423
C.E. 24. Juni 1977, Astudillo Calleja, Rec. 1977, S. 290
C.E. 7. Juli 1978, Croissant, Rec. 1978, S. 292
C.E. 22. Dezember 1978, Vo Thanh Nghia, Rec. 1978, S. 523 français
C.E. 2. Oktober 1981, G.I.E. Vipal, Rec. 1981, S. 347
C.E. 17. Dezember 1982, Société Radio Monte Carlo, Rec. 1982, S. 418
C.E. 23. November 1984, Association „Les verts", Rec. 1984, S. 382
C.E. 26. Juli 1985, Solis Estarita, Rec. 1985, S. 230
C.E. 14. Januar 1987, Delmas-Vieljeux, Rec. 1987, S. 4
C.E. 27. Februar 1987, Fidan, Rec. 1987, S. 81
C.E. 25. März 1987, Goujon, Rec. 1987, S. 103
C.E. 27. April 1987, Consorts Yener et consorts Erez, Rec. 1987, S. 152
C.E. 8. Januar 1988, Ministre chargé du plan et de l'aménagement du territoire c./ Communauté urbaine de Strasbourg, Rec, 1988, S. 3
C.E. 19. Februar 1988, Société Robatel S.L.P.I., Rec. 1988, S. 75
C.E. 25. März 1988, Société Sapvin, Rec. 1988, S. 134
C.E. 22. Februar 1989, Allain, Rec. 1989, S. 60
C.E. 20.Oktober 1989, Nicolo, Rec. 1989, S. 190
Tribunal adm. Nantes, 22. Februar 1990, Ben Bahaffa, JCP 1990, IV., S. 247
C.E. 29. Juni 1990, G.I.S.T.I., Rec. 1990, AJDA 1991, S. 621
T.C. 2. Dezember 1991, Compagnie française d'assurance pour le commerce extérieur, Rec. 1991, S. 478
C.E. 23. September 1992, G.I.S.T.I. et M.R.A.P., Rec. 1992, S. 346
C.E. 18. Dezember 1992, Préfet de la Gironde c./ Mhamedi, Rec. 1992, S. 446
C.E. 12. März 1993, Union nationale écologiste et Parti pour la défense des animaux, Rec. 1993, S. 67

C.E. 14. Mai 1993, Ministre de la Coopération c./ Bonn, Rec. 1993, S. 153
C.E. 15. Oktober 1993, Royaume-Uni de Grande Bretagne et d'Irlande du Nord, Gouverneur de la colonie royale de Hong Kong, RFDA 1993, S. 1193
C.E. 15. Oktober 1993, Mme Aylor, Rec. 1993, S. 283
C.E. 2. Dezember 1993, Bidalou et Meyet, Rec. 1993, S. 339
C.E. 14. Dezember 1994, Gouvernement Suisse, Rec. 1994, RDP 1995, S. 796
C.E. 25. September 1995, Mégret, Rec. 1998, S. 341
C.E. 29. September 1995 Association Greenpeace France, RDP 1996, S. 283
C.E. 11. Juli 1997, Guichard, Rec. 1997, S. 569
C.E. 29. Dezember 1997, Société Héli-Union, Rec. 1997, S. 501
C.E. 12. November 1997, Ministre de l'Intérieur c./ Communauté tibétaine en France et ses amis, Rec. 1997, S. 417
C.E. 16. November 1998, Lombo, Rec. 1998, S. 407

Gesetzesmaterialien

Moniteur universel, Januar-März 1849
Journal officiel, Januar 1872
Journal officiel, April 1872
Journal officiel, Mai 1872

Literaturverzeichnis

Alibert, Raphael, Le contrôle juridictionnel de l'administration au moyen du recours pour excès de pouvoir, Paris 1926

Aucoc, Léon, Conclusions, C.E. 9. Mai 1867, Duc'd'Aumale et Michel Lévy, S. 126-127

Aucoc, Léon, Conférences sur le droit administratif faites à l'École des ponts et chaussées, 2. Auflage, Paris 1878

Aucoc, Léon, Note sur la Jurisprudence du Conseil d'État, Rev. crit. 1883, S. 266 ff

Auvret-Finck, Josiane, Les actes de gouvernement, irréductible peau de chagrin, RDP 1995, S. 131-174

Batbie, Anselme, Traité de droit public et administratif, Band 1, 2. Auflage, Paris 1885-1894, (1. Auflage Paris 1864)

Bequet, Répertoire du droit administratif, Bd. VIII, Contentieux administratif, Paris 1891

Berthélemy, Henri, Traité élémentaire de droit administratif, Paris 1900

Bosc, A., Les actes de gouvernement et la théorie des pouvoirs de guerre, RDP 1926, S. 186-257

Brémond, M., Examen doctrinal, Rev. crit. 1888, S. 561-567

Brémond, M., Examen doctrinale, Rev. crit. 1891, S. 129-135

Brémond, M., Examen doctrinale, Rev. crit. 1893, S. 321-328

Brémond, M., Des actes de gouvernement, RDP 1896, S. 23-75

Caenegem, R. C. van, An historical introduction into Western Constitutional Law, Cambridge 1995

Capitant, René, De la nature des actes de gouvernement, Études juridiques offertes à Léon Julliot de la Morandière, Paris 1964

Cayla, Olivier, Le contrôle des mesures d'exécution des traités: réduction ou négation de la théorie des actes de gouvernement, RFDA 1994, S. 1-20

Celier, Conclusions du commissaire de gouvernement, C.E. 28. März 1947, Gombert, S. 1947, III, S. 89-94

Chalvidan, Pierre Henri, Doctrine et acte de gouvernement, AJDA 1982, S. 4-19

Chapus, René, L'acte de gouvernement, monstre ou victime, D. 1958, Chron., S. 5; hier in : L'administration et son juge, Paris 1999

Chardenet, Conclusions, T.C. 25. März 1911, Rouzier, Rec. S. 392-400

Choppin, Note sous C.E. 9. Mai 1867, Duc d'Aumale et Lévy, S. 1867, II., S. 124-125

Corneille, Conclusions, C.E. 4. August 1915, Delmotte, Rec. 1915, S. 275-279

Dareste, R.,. Justice administrative en France, Band 1, Paris 1862

Dauphinot, Georges, Des actes de gouvernement, thèse Nancy 1898
Doucet, J., Étude critique de la notion d'acte de gouvernement et de son application aux matières internationales, thèse Grenoble 1910
Drago, Roland, La Loi du 24 Mai 1872, E.D.C.E. 1972, S. 13-24
Ducrocq, M., Cours de droit administratif, Band 1, 6. Ausgabe Paris 1881
Duez, Paul, Les actes de gouvernement, Annuaire de l'Institut International de Droit Public 1931, S. 35-84
Duez, Paul, Les actes de gouvernement, Paris 1935
Dufour, Gabriel, Traité général de droit administratif appliqué ou exposé de la doctrine et de la jurisprudence, 2. Auflage Paris 1854
Duguit, Léon, Traité de Droit constitutionnel, 2. Auflage Paris 1923

Eisenmann, Charles, Gerichtsfreie Hoheitsakte im heutigen französischen Recht, JöR 1953 (Neue Folge/ Band 2), S. 1-34

Favoureu, Louis, Du déni de justice en droit public français, thèse Paris 1962
Favoureu, Louis, L'acte de gouvernement, acte provisoirement et accidentiellement injusticiable, RFDA 1987, S. 544-547
Fines, Francette, Notes de jurisprudence, C.E. 15 octobre 1993, Royaume-Uni de Grande Bretagne et d'Irlande du Nord, Gouverneur de la colonie de Hongkong, RDP 1994. S. 525-549
Fuzier-Hermann, Notions de droit administratif, Répertoire générale alphabétique du droit français, Paris 1886

Gautier, Alfred, Précis des matières administratives, Paris 1879
Glasson, E., De l'incompétence absolue, Rev. crit. 1881, S. 496-519
Godechot, Jacques, Les Constitutions de la France depuis 1789, Paris 1995
Godechot, Jacques, L'Histoire de la France de 1789 à nos jours, JöR 1989 (Neue Folge, Band 38), S. 45-76
Gomel, Note sous T.C. 5. November 1880, Bouffier, S. 1881.III., S. 93-97
Gros, André, Survivance de la Raison d'État, thèse Paris 1932

Hagens, Walter, Die Verwaltungsgerichtsbarkeit in Frankreich und der Conseil d'État, AöR 1902, 17. Band, S. 373-412
Hattenhauer, Hans, Europäische Rechtsgeschichte, 4. Auflage, Stuttgart 2004
Hartmann, Peter Claus, Französische Verfassungsgeschichte der Neuzeit (1450-2002), Berlin 2003
Haupt, Hans-Gerhard, Direktorium, Konsulat und Kaiserreich (1794-1814), in : Kleine Geschichte Frankreichs, S. 268-282, Stuttgart 1994
Haupt, Hans-Gerhard, Die Restauration (1814-1830), in : Kleine Geschichte Frankreichs, S. 283-295, Stuttgart 1994

Haupt, Hans-Gerhard, Julirevolution und Julimonarchie (1830-1848), in: Kleine Geschichte Frankreichs, S. 296-307 Stuttgart 1994

Hauriou, Maurice, Note sous C.E. 18. Dezember 1891, Vandelet et Faraut, S. 1893, III., S. 129-135

Hauriou, Maurice, Note sous C.E. 30. Juni 1893, Gugel, S.1895, III., S. 41-43

Heumann, Claude, Le contrôle juridictionnel du Conseil d'État sur l'application des traités diplomatiques, EDCE 1953, S. 71-73

Hinrichs, Ernst, Das Frankreich Richelieus und Mazarins ((1624-1661), in : Kleine Geschichte Frankreichs, S. 171-182, Stuttgart 1994

Hinrichs, Ernst, Die Krise des Ancien Régime (1763-1787), in : Kleine Geschichte Frankreichs, S. 232-251, Stuttgart 1994

Ipsen, Hans Peter, Politik und Justiz, Das Problem der justizlosen Hoheitsakte, Hamburg 1936

Jacquelin, René, Les principes dominants du contentieux administratif , Paris 1899

Jarass, Hans D., Besonderheiten des französischen Verwaltungsrechts im Vergleich, DöV 1981, S. 813-821

Jarass, Hans D., Das Verwaltungsrecht der französischen Republik, Tübingen 1913

Jèze, Gaston, Notes de Jurisprudence, RDP 1905, S. 90-104

Jèze, Gaston, Notes de Jurisprudence, RDP 1911, S. 663-684

Jèze, Gaston, Notes de Jurisprudence, RDP 1924, S. 572-601

Jèze, Gaston, Notes de Jurisprudence, RDP 1945, S. 267

Koch, Johannes, Verwaltungsrechtsschutz in Frankreich, Eine rechtsvergleichende Untersuchung zu den verwaltungsinternen und verwaltungsgerichtlichen Rechtsbehelfen des Bürgers gegenüber der Verwaltung, Schriften zum Öffentlichen Recht, Dissertation, Berlin 1998

Koch, Friedrich-Karl, Die historischen Grundlagen der Verwaltungsrechtspflege in Frankreich und deren Einfluß, Dissertation, Würzburg 1980

Labbé, J.-E., Notes sous C.E. 29. Januar 1876, S.,II., S. 297-299

Laferrière, E., Traité de la Juridiction administrative et des recours contentieux, 2. Auflage, Paris 1896

De Laubadère, André/Venezia, Jean-Claude/ Gaudemet, Yves, Droit administratif, 16. Auflage, Paris 1999

Laun, Rudolf, Les actes de gouvernement, Annuaire de l'Institut International de Droit Public 1931, S. 85-191

Laun, Rudolf, Das freie Ermessen, Leipzig 1910

Le Courtois, Maurice, Des actes de gouvernement, thèse, Poitiers 1899

Locke, J., Deuxième traité du gouvernement civil, Paris 1867

Long, Marceau/ Weil, Prosper/ Braibant, Guy, Les grands arrêts de la jurisprudence administrative, 7. Auflage, Paris 1978

Lonné, Jules, Les actes de gouvernement, thèse Paris 1898

Lücking, Wilhelm, Die Grundlagen der französischen Verwaltungsgerichtsbarkeit, Beiträge zum öffentlichen Recht, Hrg.: Prof. Dr. Hubert Armbruster, Würzburg 1955

Malberg, Carré de, Contribution à la théorie générale de l'État, Bd. 1, Paris 1920-1922

Marguerie, M., Conclusions, C.E. 20. Mai 1887, Henri d'Orléans, duc d'Aumale et autres, Rec. 1887, S. 409-412

Martens, Stefan, Die Vierte Republik (1944-1958), in : Kleine Geschichte Frankreichs, S. 418-430, Stuttgart 1994

Martens, Stefan, Der Untergang der Dritten Republik (1930-1944), in : Kleine Geschichte Frankreichs, S. 385-410, Stuttgart 1994

Martens, Stefan, L'entre-deux-guerres- Die Zwischenkriegszeit (1918-1929), in : Kleine Geschichte Frankreichs, S. 369-384, Stuttgart 1994

Mayer, Otto, Le droit administratif allemand, Band 1, Paris 1903

Michoud, Léon, Des actes de gouvernement, Annales de l'Enseignement supérieur de Grenoble, Bd. 1, 1889, S. 263-333

Mignon, Maxime, L'amenuisement de l'emprise de la théorie des actes de gouvernement, Progrès nécessaire du concept de légalité, Revue administrative 1951, S. 30-47

Montané de la Roque, Pierre, Les actes de gouvernement, Annales de la Faculté de droit de Toulouse 1960, S. 71-82

Montesquieu, Charles-Louis de Secondat, Baron de la Brède et de, De l'esprit des lois, 1748 ; hier: Vom Geist der Gesetze', Stuttgart 1965

Müller, Wolfgang, Der Conseil d'État, AöR 1992 (117. Band), S. 337-407

Nézard, Henry, Répertoire de droit internationale, Bd. 1, Acte de gouvernement, S. 137ff, Paris 1929

Pacteau, Bernhard, Contentieux administratif, 3. Auflage, Paris 1994

Pranard, Charles, De la notion de l'acte de gouvernement, thèse, Paris 1902

Puisoye, Jacques, L'état actuel de la jurisprudence de l'acte de gouvernement, JCP 1965, I, 1939

Puisoye, Jacques, Pour une conception plus restrictive de l'acte de gouvernement, AJDA 1965, S. 211-220

Reinhard, Hans, Der Staatsrat in Frankreich, JöR 1981 (Neue Folge/Band 30), S. 73-145

Rivet, Notes de Jurisprudence, RDP 1924, S. 78-101
Ronjat, Conclusions, T.C. 5. November 1880, Marquigny, Rec. 1880, S. 806-812
Rumpf, Helmut, Regierungsakte im Rechtsstaat, Rechtsvergleichende Beiträge zu einer Untersuchung des Verhältnisses von Politik und Recht, Bonn 1955

Sabatier, Plädoyer, T.C. 5. November 1880, Marquigny, Rec. 1880, S. 801-806
Sabiani, François, Pour une théorie de l'autorité diplomatique en droit positif français, AJDA 1978, S. 543-553
Sanson, M., Conclusions des commissaires du gouvernement, C.E. Ass. 29 septembre 1995, Association Greenpeace France, RDP 1996, S. 256-283
Schlosser, Georges, Les actes diplomatiques considerés commes actes de gouvernement, thèse, Paris 1933
Schmitt, Carl, Der Begriff des Politischen, München 1932
Serrand, Pierre, L'acte de gouvernement (Contribution à la théorie des fonctions juridiques de l'État), thèse, Paris 1996
Stassinopoulos, Michel, Responsabilité civile de l'État du fait des actes de gouvernement ayant trait aux relations internationales, Paris 1961

Tacke, Charlotte, Das Zweite Kaiserreich (1852-1870), in : Kleine Geschichte Frankreichs, S. 321-331, Stuttgart 1994
Teboul, Gérard, Note, AJDA 1990, S. 631-640
Trotabas, Louis, Les actes de gouvernement en matière diplomatique, Rev. crit. 1925, S. 342-351

Vauthier, Maurice, Les actes de gouvernement, Annuaire de l'Institut International de Droit Public 1931, S. 232-255
Vedel, Georges, Observations, JCP 1952, II., 6810
Vigouroux, Christian, La contestation par un État étranger d'un refus d'extradition, RFDA 1993, S. 1179-1192
Virally, Michel, L'introuvable "acte de gouvernement", RDP 1952, S. 317-358
Virally, Michel, Le Conseil d'État et les traités internationaux, JCP 1953, I., 1098

Waline, Marcel, Notes de Jurisprudence, RDP 1948, S. 472-479
Waline, Marcel, Notes de Jurisprudence, RDP 1969, S. 686-693
Waline, Marcel, Droit administratif, 7. Auflage, Paris 1957
Wright, V., La réorganisation du Conseil d'État en 1872, EDCE 1972, S. 21-64

RECHTSHISTORISCHE REIHE

Band 1 Studien zu den germanischen Volksrechten. Gedächtnisschrift für Wilhelm Ebel. Vorträge gehalten auf dem Fest-Symposion anläßlich des 70. Geburtstages von Wilhelm Ebel am 16. Juni 1978 in Göttingen. Götz Landwehr (Hrsg.) 1982.

Band 2 Hans Poeschel: Die Statuten der Banken, Sparkassen und Kreditgenossenschaften in Hamburg und Altona von 1710 bis 1889. 1978.

Band 3 Thomas Kolbeck: Juristenschwemmen, Untersuchungen über den juristischen Arbeitsmarkt im 19. und 20. Jahrhundert. 1978.

Band 4 Norbert Hempel: Richterleitbilder in der Weimarer Republik. 1978.

Band 5 Rolf Stratmann: Die Scheinbußen im mittelalterlichen Recht. 1978.

Band 6 Martin C. Lockert: Die niedersächsischen Stadtrechte zwischen Aller und Weser. Vorkommen und Verflechtungen. Eine Bestandsaufnahme. 1979.

Band 7 Joachim Rückert/Wolfgang Friedrich: Betriebliche Arbeiterausschüsse in Deutschland, Großbritannien und Frankreich im späten 19. und frühen 20. Jahrhundert. Eine vergleichende Studie zur Entwicklung des kollektiven Arbeitsrechts. 1979.

Band 8 Peter Bender: Die Rezeption des römischen Rechts im Urteil der deutschen Rechtswissenschaft. 1979.

Band 9 Friedrich Karl Alsdorf: Untersuchungen zur Rechtsgestalt und Teilung deutscher Ganerbenburgen. 1980.

Band 10 Dietmar Willoweit/Winfried Schich (Hrsg.): Studien zur Geschichte des sächsisch-magdeburgischen Rechts in Deutschland und Polen (Sammelband). 1980.

Band 11 Brigitte Hempel: Der Entwurf einer Polizeiordnung für das Herzogtum Sachsen-Lauenburg aus dem Jahre 1591. 1980.

Band 12 Klaus-Detlev Godau-Schüttke: Rechtsverwalter des Reiches. Staatssekretär Dr. Curt Joël. 1981.

Band 13 Rainer Polley: Anton Friedrich Justus Thibaut (AD 1772-1840) in seinen Selbstzeugnissen und Briefen. Teil 1: Abhandlung. Teil 2: Briefwechsel. Teil 3: Register zum Briefwechsel. 1982.

Band 14 Michael Wettengel: Der Streit um die Vogtei Kelkheim 1275-1276. Ein kanonischer Prozeß.1981.

Band 15 Otto Wilhelm Krause: Naturrechtler des sechzehnten Jahrhunderts. Ihre Bedeutung für die Entwicklung eines natürlichen Privatrechts. 1982.

Band 16 Helga Spindler: Von der Genossenschaft zur Betriebsgemeinschaft. Kritische Darstellung der Sozialrechtslehre Otto von Gierkes. 1982.

Band 17 Holger Otte: Gustav Radbruchs Kieler Jahre 1919 - 1926. 1982.

Band 18 Rüdiger Teuner: Die fuldische Ritterschaft 1510 - 1656. 1982.

Band 19 Gerhard Dilcher/Rudolf Hoke/Gian Savino Pene Vidari/Hans Winterberg (Hrsg.): Grundrechte im 19. Jahrhundert. 1982.

Band 20 Karl-Hans Schloßstein: Die westfälischen Fabrikengerichtsdeputationen - Vorbilder, Werdegang und Scheitern. 1982.

Band 21 Birger Schulz: Der Republikanische Richterbund (1921-1933). 1982.

Band 22 Engelbert Krause: Die gegenseitigen Unterhaltsansprüche zwischen Eltern und Kindern in der deutschen Privatrechtsgeschichte. 1982.

Band 23 Meent W. Francksen: Staatsrat und Gesetzgebung im Großherzogtum Berg (1806-1813). 1982.

Band 24 Gerd von Sonnleithner: Bearbeitung des Handelsrechts durch Ignaz von Sonnleithner in seinem "Leitfaden über das österreichische Handels- und Wechselrecht". 1982.

Band 25 Rudolf Palme: Rechts-, Wirtschafts- und Sozialgeschichte der inneralpinen Salzwerke bis zu deren Monopolisierung. 1983.

Band 26 Helen Bosshard: Pestalozzis Staats- und Rechtsverständnis und seine Stellung in der Aufklärung. 1983.

Band 27 Jens Jessen: Die Selbstzeugnisse der deutschen Juristen. Erinnerungen, Tagebücher und Briefe. Eine Bibliographie. 1983.

Band 28 Günter Martin Jensen: Das Domanium Waldeck. Die rechtliche Zuordnung eines Fürstenvermögens. 1984.

Band 29 Johann Heinrich Kumpf: Petitionsrecht und öffentliche Meinung im Entstehungsprozeß der Paulskirchenverfassung 1848/49. 1983.

Band 30 Sabine Frey: Rechtsschutz der Juden gegen Ausweisungen im 16. Jahrhundert. 1983.

Band 31 Dietrich Joswig: Die germanische Grundstücksübertragung. 1984.

Band 32 Andreas Baryli: Konzessionssystem contra Gewerbefreiheit. Zur Diskussion der österreichischen Gewerberechtsreform 1835 bis 1860. 1984.

Band 33 Gerhard Oberkofler: Studien zur Geschichte der österreichischen Rechtswissenschaft. 1984.

Band 34 Rudolf Lauda: Kaufmännische Gewohnheit und Burgrecht bei Notker dem Deutschen. Zum Verhältnis von literarischer Tradition und zeitgenössischer Realität in der frühmittelalterlichen Rhetorik. 1984.

Band 35 Jens Jensen: Die Ehescheidung des Bischofs Hans von Lübeck von Prinzessin Julia Felicitas von Württemberg-Weiltingen AD 1648-1653. Ein Beitrag zum protestantischen Ehescheidungsrecht im Zeitalter des beginnenden Absolutismus. 1984.

Band 36 Horst Schröder: Friedrich Karl von Savigny. Geschichte und Rechtsdenken beim Übergang vom Feudalismus zum Kapitalismus in Deutschland. 1984.

Band 37 Andreas Hatzung: Dogmengeschichtliche Grundlagen und Entstehung des zivilrechtlichen Notstands. 1984.

Band 38 Matthias Klasen: Das Billwerder Landrecht. Landrecht und Landgericht in den Hamburger Elbmarschen. 1985.

Band 39 Rainer Jamin: Aufbau, Tätigkeit und Verfahren der Auseinandersetzungsbehörden bei der Durchführung der preußischen Agrarreformen. 1985.

Band 40 Henry Winter: Teilschuld, Gesamtschuld und unechte Gesamtschuld. Zur Konzeption der §§ 420 ff. BGB - Ein Beitrag zur Entstehungsgeschichte des BGB. 1985.

Band 41 Hermann Eichler: Verfassungsbewegung in Amerika und Europa. 1985.

Band 42 Dagmar Bandemer: Heinrich Albert Zachariae. Rechtsdenken zwischen Restauration und Reformation. 1985.

Band 43 Eva-Christine Frentz: Das Hamburgische Admiralitätsgericht (1623-1811). Prozeß und Rechtsprechung. 1985.

Band 44 Karl Lillig: Rechtsetzung im Herzogtum Pfalz-Zweibrücken während des 18. Jahrhunderts. Ein Beitrag zur Geschichte der territorialen Rechtsbildung. 1985.

Band 45 Walter Weber: Die Entwicklung der Sparkassen zu selbständigen Anstalten des öffentlichen Rechts. Ein Beitrag zur Entwicklung des Anstaltsbegriffs im 19. Jahrhundert. 1985.

Band 46 Bärbel Baum: Der Stabreim im Recht. Vorkommen und Bedeutung des Stabreims in Antike und Mittelalter. 1986.

Band 47 Hans Popp: Die nationalsozialistische Sicht einiger Institute des Zivilprozeß- und Gerichtsverfassungsrechts. 1986.

Band 48 John Karl-Heinz Montag: Die Lehrdarstellung des Handelsrechts von Georg Friedrich von Martens bis Meno Pöhls. Die Wissenschaft des Handelsrechts im ersten Drittel des 19. Jahrhunderts. 1986.

Band 49 Volker D. Anhäusser: Das internationale Obligationenrecht in der höchstrichterlichen Rechtsprechung des 19. Jahrhunderts. 1986.

Band 50 Udo Beer: Die Juden, das Recht und die Republik. Verbandswesen und Rechtsschutz 1919-1933. 1986.

Band 51 Herbert Grziwotz: Der moderne Verfassungsbegriff und die "Römische Verfassung" in der deutschen Forschung des 19. und 20. Jahrhunderts. 1986.

Band 52 Ralf Conradi: Karl Friedrich Eichhorn als Staatsrechtslehrer. Seine Göttinger Vorlesung über "Das Staatsrecht der deutschen Bundesstaaten" nach einer Kollegmitschrift aus dem Wintersemester 1821/22. 1987.

Band 53 Dieter Dannreuther: Der Zivilprozeß als Gegenstand der Rechtspolitik im Deutschen Reich 1871 - 1945. Ein Beitrag zur Geschichte des Zivilprozeßrechts in Deutschland. 1987.

Band 54 Stephan Felix Pauly: Organisation, Geschichte und Praxis der Gesetzesauslegung des (Königlich) Preußischen Oberverwaltungsgerichtes 1875 - 1933. 1987.

Band 55 Rüdiger Schulz: Die Entstehung des Seerechts des Allgemeinen Deutschen Handelsgesetzbuches unter besonderer Berücksichtigung der Bestimmungen über die Reederei, den Schiffer und die Schiffsmannschaft. 1987.

Band 56 Reinhold Reis: Deutsches Privatrecht in den Weistümern der Zenten Schriesheim und Kirchheim. 1987.

Band 57 Jürgen Christoph: Die politischen Reichsamnestien 1918 - 1933. 1987.

Band 58 Gerhard Oberkofler/Eduard Rabofsky: Hans Kelsen im Kriegseinsatz der k.u.k.-Wehrmacht. Eine kritische Würdigung seiner militärtheoretischen Angebote. 1988.

Band 59 Arne Wulff: Staatssekretär Prof. Dr. Dr. h.c. Franz Schlegelberger. 1876-1970. 1991.

Band 60 Gerhard Köbler (Hrsg.): Wege europäischer Rechtsgeschichte. Karl Kroeschell zum 60. Geburtstag. 1987.

Band 61 Rüdiger Hütte: Der Gemeinschaftsgedanke in den Erbrechtsreformen des Dritten Reichs. 1988.

Band 62 Markus Göldner: Politische Symbole der europäischen Integration. Fahne, Hymne, Hauptstadt, Paß, Briefmarke, Auszeichnungen. 1988.

Band 63 Wolfgang Kröner: Freiheitsstrafe und Strafvollzug in den Herzogtümern Schleswig, Holstein und Lauenburg von 1700 bis 1864. 1988.

Band 64 Werner Gaile: Die Norder Theelacht. 1988.

Band 65 Karl v. Kempis: Andreas Gaill (1526 - 1587). Zum Leben und Werk eines Juristen der frühen Neuzeit. 1988.

Band 66 Wolf-Rüdiger Osburg: Die Verwaltung Hamburgs in der Franzosenzeit. 1811-1814. 1988.

Band 67 Christian Schudnagies: Hans Frank. Aufstieg und Fall des NS-Juristen und Generalgouverneurs. 1988.

Band 68 Otmar Jung: Senatspräsident Freymuth. Richter, Sozialdemokrat und Pazifist in der Weimarer Republik. Eine politische Biographie. 1989.

Band 69 Joachim Lohner: Das landeshauptmannschaftliche Gericht in Oberösterreich zu Beginn der Neuzeit. Eine Darstellung des oberösterreichischen Prozeßrechts am obersten Territorialgericht des Landes anhand der oberösterreichischen Landtafel.1989.

Band 70 Bernd Klemann: Rudolf von Jhering und die Historische Rechtsschule. 1989.

Band 71 Adalbert Langer: Männer um die österreichische Zivilprozeßordnung 1895. Zusammenspiel / Soziales Ziel. 1990.

Band 72 Robert-Dieter Klee: Die Landessuperintendentur Lauenburg. Ursprung und Entwicklung sowie Ende der Sonderstellung des Kirchenkreises Herzogtum Lauenburg durch die nordelbische Kirchenvereinigung. 1989.

Band 73 Heinrich Herrmann: Die Gehöferschaften im Bezirk Trier. 1989.

Band 74 Wilhelm Brauneder, Franz Baltzarek (Hrsg.): Modell einer neuen Wirtschaftsordnung. Wirtschaftsverwaltung in Österreich 1914 - 1918. 1991.

Band 75 Thomas Dreyer: Die "Assecuranz- und Haverey-Ordnung" der Freien und Hansestadt Hamburg von 1731. 1990.

Band 76 Bernhard Sendler: Die Rechtssprache in den süddeutschen Stadtrechtsreformationen. 1990.

Band 77 Brigitte Lehmann: Ehevereinbarungen im 19. und 20. Jahrhundert. 1990.

Band 78 Michael Sunnus: Der NS-Rechtswahrerbund (1928-1945). Zur Geschichte der nationalsozialistischen Juristenorganisation. 1990.

Band 79 Stefan Schulz: Die historische Entwicklung des Rechts an Bienen. (§§ 961 - 964 BGB). 1990.

Band 80 Gerhard Lingelbach, Heiner Lück (Hrsg.): Deutsches Recht zwischen Sachsenspiegel und Aufklärung. Rolf Lieberwirth zum 70. Geburtstag dargebracht von Schülern, Freunden und Kollegen, herausgegeben von Gerhard Lingelbach und Heiner Lück. 1991.

Band 81 Manfred Krohn: Die deutsche Justiz im Urteil der Nationalsozialisten 1920 - 1933. 1991.

Band 82 Angelika Kühn: Privilegierung nationaler Minderheiten im Wahlrecht der Bundesrepublik Deutschland und Schleswig-Holsteins. 1991.

Band 83 Georg Brun: Leben und Werk des Rechtshistorikers Heinrich Mitteis unter besonderer Berücksichtigung seines Verhältnisses zum Nationalsozialismus. 1991.

Band 84 Wolfgang Simon: Claudius Freiherr von Schwerin. Rechtshistoriker während dreier Epochen deutscher Geschichte. 1991.

Band 85 Friedrich-Carl Wachs: Das Verordnungswerk des Reichsdemobilmachungsamtes. Stabilisierender Faktor zu Beginn der Weimarer Republik. 1991.

Band 86 Jens-Uwe Petersen: Die Vorgeschichte und die Entstehung des Mieterschutzgesetzes von 1923 nebst der Anordnung für das Verfahren vor dem Mieteinigungsamt und der Beschwerdestelle. 1991.

Band 87 Ulrike Haibach: Familienrecht in der Rechtssprache. Die historische Entwicklung zentraler Ausdrücke des geltenden Familienrechts. 1991.

Band 88 Joern Christian Nissen: Die Beratungen des Seeversicherungsausschusses der Akademie für Deutsches Recht zu einem neuen Seeversicherungsgesetz (1934-1939). Ein Beitrag zur Entwicklung der allgemeinen Lehren des Seeversicherungsrechts unter besonderer Berücksichtigung des Handelsgesetzbuchs und der Allgemeinen Deutschen Seeversicherungs-Bedingungen 1919. 1991.

Band 89 Diethard Bühler: Die Entstehung der allgemeinen Vertragsschluß-Vorschriften im Allgemeinen Deutschen Handelsgesetzbuch (ADHGB) von 1861. Ein Beitrag zur Kodifikationsgeschichte des Privatrechts im 19. Jahrhundert. 1991.

Band 90 Gerhard Oberkofler: Die Vertreter des Römischen Rechts mit deutscher Unterrichtssprache an der Karls-Universität in Prag. Vom Vormärz bis 1945. 1991.

Band 91 Ulrich Andermann: Ritterliche Gewalt und bürgerliche Selbstbehauptung. Untersuchungen zur Kriminalisierung und Bekämpfung des spätmittelalterlichen Raubrittertums am Beispiel norddeutscher Hansestädte. 1991.

Band 92 Heinz Marcus Hanke: Luftkrieg und Zivilbevölkerung. Der kriegsvölkerrechtliche Schutz der Zivilbevölkerung gegen Luftbombardements von den Anfängen bis zum Ausbruch des Zweiten Weltkrieges. 1991.

Band 93 Kirsten Kraglund: Familien- und Erbrecht. Materielles Recht und Methoden der Rechtsanwendung in der Rechtsprechung des Oberappellationsgerichts der vier Freien Städte Deutschlands zu Lübeck. 1991.

Band 94 Reinhard Lorenz: Die politische und rechtliche Stellung des Proletariats in Preußen in der Zeit zwischen den Reformen und der Revolution 1848/49. 1991.

Band 95 Eric Hilgendorf: Die Entwicklungsgeschichte der parlamentarischen Redefreiheit in Deutschland. 1991.

Band 96 Hans J. Reiter: Die Handelsgesellschaft Villeroy & Boch von der Gründung 1836 bis zum Jahr 1878. 1992.

Band 97 Martin Johannes Heller: Reform der deutschen Rechtssprache im 18. Jahrhundert. 1992.

Band 98 Michael Kotulla: Die Tragweite der Grundrechte der revidierten preußischen Verfassung vom 31.01.1850. 1992.

Band 99 Michael Siefener: Hexerei im Spiegel der Rechtstheorie. Das crimen magiae in der Literatur von 1574 bis 1608. 1992.

Band 100 Andreas Ebert-Weidenfeller: Hamburgisches Kaufmannsrecht im 17. und 18. Jahrhundert. Die Rechtsprechung des Rates und des Reichskammergerichtes. 1992.

Band 101 Enno Bommel: Die Entstehung der Verwirkungslehre in der Krise des Positivismus. 1992.

Band 102 Ralph Steppacher: Die Berücksichtigung der bäuerlichen Postulate bei der Entstehung des ZGB und der Revision des OR. Ein Beitrag zur schweizerischen Kodifikationsgeschichte (1893 - 1912). 1992.

Band 103 Martin Fleckenstein: Die Todesstrafe im Werk Carl Joseph Anton Mittermaiers (1787 - 1867). Zur Entwicklungsgeschichte eines Werkbereichs und seiner Bedeutung für Theorie- und Methodenbildung. 1992.

Band 104 Jörn Eckert: Der Kampf um die Familienfideikommisse in Deutschland. Studien zum Absterben eines Rechtsinstitutes. 1992.

Band 105 Jörg Grotkopp: Beamtentum und Staatsformwechsel. Die Auswirkungen der Staatsformwechsel von 1918, 1933 und 1945 auf das Beamtenrecht und die personelle Zusammensetzung der deutschen Beamtenschaft. 1992.

Band 106 Andreas Rohde: Die Garantiehaftung des Vermieters und ihr Verhältnis zum Unmöglichkeitsrecht in dogmengeschichtlicher und modernrechtlicher Sicht. 1992.

Band 107 Tjark Siefke Kunstreich: Gesamtvertretung. Eine historisch-systematische Darstellung. 1992.

Band 108 Jürgen Krüger: Blindheit und Königtum. Die Blindheit des Königs Georg V. von Hannover als verfassungsrechtliches Problem. 1992.

Band 109 Wolfgang Putschek: Ständische Verfassung und autoritäre Verfassungspraxis in Österreich 1933-1938 mit Dokumentenanhang. Verfassung und Verfassungswirklichkeit. Mit einem Anhang: Denkschriften von Rechtsanwalt Dr. Erich Führer 1936/37. 1993.

Band 110 Klaus Hofmann: Die Verdrängung der Juden aus öffentlichem Dienst und selbständigen Berufen in Regensburg 1933-1939. 1993.

Band 111 Franz Kilger: Die Entwicklung des Telegraphenrechts im 19. Jahrhundert mit besonderer Berücksichtigung der technischen Entwicklung. Telegraphenrecht im 19. Jahrhundert. 1993.

Band 112 Wilhelm Brauneder (Hrsg.): Heiliges Römisches Reich und moderne Staatlichkeit. 1993.

Band 113 Thomas Heinrich: Das preußische Nichtehelichenrecht: Von der Aufklärung zur Reaktion. 1993.

Band 114 Gerald Kohl: Jagd und Revolution. Das Jagdrecht in den Jahren 1848 und 1849. 1993.

Band 115 Christian Schudnagies: Der Kriegs- oder Belagerungszustand im Deutschen Reich während des Ersten Weltkrieges. Eine Studie zur Entwicklung und Handhabung des deutschen Ausnahmezustandsrechts bis 1918. 1994.

Band 116 Elisabeth Bellmann: Die Internationale Kriminalistische Vereinigung (1889-1933). 1994.

Band 117 Julia Pfannkuch: Volksrichterausbildung in Sachsen 1945-1950. 1993.

Band 118 Jörg Offen: Von der Verwaltungsgemeinschaft des BGB von 1896 zur Zugewinngemeinschaft des Gleichberechtigungsgesetzes von 1957. 1994.

Band 119 Dorothee Kohlhas-Müller: Untersuchungen zur Rechtsstellung Theoderichs des Großen. 1995.

Band 120 Monika Rose: Das Gerichtswesen des Herzogtums Pfalz-Zweibrücken im 18. Jahrhundert. Ein Beitrag zur territorialen Gerichtsbarkeit im Alten Reich. 1994.

Band 121 Jörn Eckert / Hans Hattenhauer (Hrsg.): Bibel und Recht. Rechtshistorisches Kolloquium 9. - 13. Juni 1992 an der Christian-Albrechts-Universität zu Kiel. 1994.

Band 122 Robert Martin Mizia: Der Rechtsbegriff der Autonomie und die Begründung des Privatfürstenrechts in der deutschen Rechtswissenschaft des 19. Jahrhunderts. 1995.

Band 123 Walther Graf von Plettenberg: Das Fortleben des Liber Iudiciorum in Asturien/León (8. - 13. Jh.). 1994.

Band 124 Wolfgang Schulz: Das deutsche Börsengesetz. Die Entstehungsgeschichte und wirtschaftlichen Auswirkungen des Börsengesetzes von 1896. 1994.

Band 125 Frank Hagemann: Der Untersuchungsausschuß Freiheitlicher Juristen. 1949 – 1969. 1994.

Band 126 Andreas Rethmeier: "Nürnberger Rassegesetze" und Entrechtung der Juden im Zivilrecht. 1995.

Band 127 Edith Grether: Die Poesie der Throne. Die Juristen in der Fruchtbringenden Gesellschaft. 1995.

Band 128 Anna Bartels-Ishikawa: Der Lippische Thronfolgestreit. Eine Studie zu verfassungsrechtlichen Problemen des Deutschen Kaiserreiches im Spiegel der zeitgenössischen Staats. 1995.

Band 129 Jörg Schmidt: Otto Koellreutter 1883-1972. Sein Leben, sein Werk, seine Zeit. 1995.

Band 130 Christian Hattenhauer: Wahl und Krönung Franz II. AD 1792. Das Heilige Reich krönt seinen letzten Kaiser - Das Tagebuch des Reichsquartiermeisters Hieronymus Gottfried von Müller und Anlagen. 1995.

Band 131 Jutta v. der Decken: Das Seearbeitsrecht im Hamburger Stadtrecht von 1301 bis 1603. 1995.

Band 132 Detlev Schmidt: Die Reform des Rechts der Handelsvertreter von 1953. 1995.

Band 133 Gabi Roßdeutscher: Privatautonomie im Scheidungsrecht. Scheidungsbezogene Vereinbarungen in den letzten 200 Jahren. 1995.

Band 134 Harald Kahlenberg: Leben und Werk des Rechtshistorikers Walther Merk. Ein Beispiel für das Verhältnis von Rechtsgeschichte und Nationalsozialismus. 1995.

Band 135 Michael Steitz: Adelbert Düringer am Reichsgericht (1902-1915). Seine aktienrechtlichen Entscheidungen und sein Einfluß auf das Aktienrecht in Deutschland. 1995.

Band 136 Christian Becker: Beata Justorum Translatio. Juristen in schleswig-holsteinischen Leichenpredigten. 1996.

Band 137 Christoph Seiler: Vom Allgemeinen Landrecht zum Bürgerlichen Gesetzbuch. Dargestellt am Beispiel der höchstrichterlichen Judikatur zum kaufrechtlichen Sachmängelgewährleistungsrecht. 1996.

Band 138 Bernd Mayer: Die Vertrauensmännerausschüsse auf den preußischen Steinkohlegruben an der Saar. Entstehung und Wirken. Eine rechtshistorische Untersuchung. 1996.

Band 139 Rochus Scholl: Juden und Judenrecht im Herzogtum Pfalz-Zweibrücken. Ein Beitrag zur Rechtsgeschichte eines deutschen Kleinstaates am Ende des alten Reiches. 1996.

Band 140 Meike Bursch: Judentaufe und frühneuzeitliches Strafrecht. Die Verfahren gegen Christian Treu aus Weener/Ostfriesland 1720-1728. 1996.

Band 141 Markus Hillenbrand: Fürstliche Eheverträge. Gottorfer Hausrecht 1544 - 1773. 1996.

Band 142 Ulf Häder: Das gemeinschaftliche Oberappellationsgericht thüringischer Staaten in Jena. Ein Beitrag zur Geschichte des Gerichtswesens im 19. Jahrhundert. 1996.

Band 143 Andreas Bauer: Das Gnadenbitten in der Strafrechtspflege des 15. und 16. Jahrhunderts. Dargestellt unter besonderer Berücksichtigung von Quellen der Vorarlberger Gerichtsbezirke Feldkirch und des Hinteren Bregenzerwaldes. 1996.

Band 144 Christian Wirth: Der Jurist Johann Andreas Georg Friedrich Rebmann zwischen Revolution und Restauration. 1996.

Band 145 Stefanie Müller: Die Rechtsprechung des Hanseatischen Oberlandesgerichts zum persönlichen Eherecht in Hamburgischen Gerichtsfällen von 1879 -1900. 1996.

Band 146 Jean-Nicolas Morisset: Der Frachtvertrag in der *Ordonnance de la marine* von 1681. 1996.

Band 147 Dirk Lentfer: Die Glogauer Landesprivilegien des Andreas Gryphius von 1653. 1996.

Band 148 Wencke Mull: Die Haftung für Einsturzschäden nach den §§ 836-838 BGB in der Rechtsprechung des Reichsgerichts. 1996.

Band 149 Renate Zelger: Teufelsverträge. Märchen, Sage, Schwank, Legende im Spiegel der Rechtsgeschichte. 1996.

Band 150 Guido Kraß: Das Arrestverfahren in Frankfurt am Main im Spätmittelalter. 1996.

Band 151 F. Benedict Heyn: Die Entwicklung des Eisenbahnfrachtrechts von den Anfängen bis zur Einführung des Allgemeinen Deutschen Handelsgesetzbuches (ADHGB). 1996.

Band 152 Thomas Lang: Die Staats- und Verfassungslehre Carl Salomo Zachariaes. 1996.

Band 153 Michael Hebeis: Karl Anton von Martini (1726-1800). Leben und Werk. 1996.

Band 154 Gerald Hubert: Die Diskussion um die rechtliche Natur der Bizone in den Jahren 1947-1949. 1996.

Band 155 Christof Horn: Die Rechtsprechung des Reichsgerichts in Ehescheidungssachen der Jahre 1900 bis 1905. 1996.

Band 156 Hermann Nehlsen / Georg Brun (Hrsg.): Münchener rechtshistorische Studien zum Nationalsozialismus. 1996.

Band 157 Jan Otto Clemens Kehrberg: Die Entwicklung des Elektrizitätsrechts in Deutschland. Der Weg zum Energiewirtschaftsgesetz von 1935. 1997.

Band 158 Johannes Tradt: Der Religionsprozeß gegen den Zopfschulzen (1791-1799). Ein Beitrag zur protestantischen Lehrpflicht und Lehrzucht in Brandenburg-Preußen gegen Ende des 18. Jahrhunderts. 1997.

Band 159 Dietmar Olsen: Das kaufrechtliche Sachmängelgewährleistungsrecht des Code civil in der Rechtsprechung deutscher Gerichte im 19. Jahrhundert. Ein Beitrag zur Ablösung der Partikularrechte durch das BGB. 1997.

Band 160 Ulrich Bernhardt: Die Deutsche Akademie für Staats- und Rechtswissenschaft „Walter Ulbricht" 1948-1971. 1997.

Band 161 Claudia Susan Hoppe: Die Bürgschaft im Rechtsleben Hamburgs von 1600 bis 1900. 1997.

Band 162 Franz-Rudolf Ecker: Die Entwicklung des Bergrechts im Saarbrücker Steinkohlenrevier bis zum Ende des 18. Jahrhunderts. Ein Vergleich mit dem älteren deutschen Bergrecht. 1997.

Band 163 Anne Katrin Rückert: Politik und Privatrecht in der „konservativen Revolution". 1997.

Band 164 Gisbert Laube: Der Reichskunstwart. Geschichte einer Kulturbehörde 1919-1933. 1997.

Band 165 Nicolas Lührig: Die Diskussion über die Reform der Juristenausbildung von 1945 bis 1995. 1997.

Band 166 Regula Gerber Jenni: Die Emanzipation der mehrjährigen Frauenzimmer. Frauen im bernischen Privatrecht des 19. Jahrhunderts. 1997.

Band 167 Mischa A. Färber: Das gemeinschaftliche Testament in der höchstrichterlichen Rechtsprechung zum Allgemeinen Preußischen Landrecht und zum BGB. Ein Beitrag zur Ablösung der Partikularrechte durch das BGB. 1997.

Band 168 Catherine Antoinette Gasser: Philipp Lotmar 1850-1922. Professor der Universität Bern. Sein Engagement für das Schweizerische Arbeitsrecht. 1997.

Band 169 Lars Immisch: Der sozialistische Richter in der DDR und seine Unabhängigkeit. Der Versuch eines Rechtsvergleiches zum Unabhängigkeitsbegriff in der bundesdeutschen Rechtsordnung. 1997.

Band 170 Jessica Jacobi: Besitzschutz vor dem Reichskammergericht. Die friedenssichernde Funktion der Besitzschutzklagen am Reichskammergericht im 16. Jahrhundert, dargestellt anhand von Kameralisten. 1998.

Band 171 Ewald Hügemann: Die Geschichte des öffentlichen und privaten Mietpreisrechts vom Ersten Weltkrieg bis zum Gesetz zur Regelung der Miethöhe von 1974. 1998.

Band 172 Lutz Rentzow: Die Entstehungs- und Wirkungsgeschichte der Vernewerten Landesordnung für das Königreich Böhmen von 1627. 1998.

Band 173 Sabine Stürmer: Mühlenrecht im Herzogtum Pfalz-Zweibrücken während des 18. Jahrhunderts. Ein Beitrag zum Wirtschaftsrecht eines deutschen Kleinstaates im Alten Reich. 1998.

Band 174 Mario Bogisch: *Nemo testis in re sua.* Das Problem der Zeugnisfähigkeit bei der Anwendung der deutschen Zivilprozeßordnung von 1877. 1998.

Band 175 Rainer Oßwald: Pactane sunt servanda? Freiwilligkeit, Zwang und Unverbindlichkeitserklärungen im islamischen Vertragsrecht malikitischer Schule. 1998.

Band 176 Bettina Kern: Der preußische BGB-Entwurf von 1842. 1998.

Band 177 Inken Fuhrmann: Die Diskussion über die Einführung der fakultativen Zivilehe in Deutschland und Österreich seit Mitte des 19. Jahrhunderts. 1998.

Band 178 Annette Rieck: Der Heilige Ivo von Hélory (1247-1303). Advocatus pauperum und Patron der Juristen. 1998.

Band 179 Frank Bottenberg: Die Hamburgische Strafprozeßordnung von 1869. 1998.

Band 180 Matthias Krauß: Das kursächsische Postrecht von seinen Anfängen bis zum Ende des Alten Reichs. 1998.

Band 181 Torsten Schmidt: Die Entmündigung von den Anfängen des BGB bis zu ihrer Ablösung durch das Institut der Betreuung. 1998.

Band 182 Christian Nunn: Rudolf Müller-Erzbach. 1874-1959. Von der realen Methode über die Interessenjurisprudenz zum kausalen Rechtsdenken (Leben und Werk). 1998.

Band 183 Christian Ortloff: Das staatskirchenrechtliche System Wilhelm Traugott Krugs. Glaubens- und Gewissensfreiheit – eine Forderung der Vernunft. 1998.

Band 184 Christian Hattenhauer: Schuldenregulierung nach dem Westfälischen Frieden. Der sog. § *de indaganda* und seine Umsetzung im Jüngsten Reichsabschied (AD 1648 und 1654). 1998.

Band 185 Werner Schubert: Preußen im Vormärz. Die Verhandlungen der Provinziallandtage von Brandenburg, Pommern, Posen, Sachsen und Schlesien sowie – im Anhang – von Ostpreußen, Westfalen und der Rheinprovinz (1841-1845). 1998.

Band 186 Silvia Schumacher: Das Rechtsverhältnis zwischen Eltern und Kindern in der Privatrechtsgeschichte. 1999.

Band 187 Kai Sommer: Die Strafbarkeit der Homosexualität von der Kaiserzeit bis zum Nationalsozialismus. Eine Analyse der Straftatbestände im Strafgesetzbuch und in den Reformentwürfen (1871-1945). 1998.

Band 188 Jan Erik Backhaus: Volksrichterkarrieren in der DDR. 1999.

Band 189 Ralf Ruhnau: Die Fürstlich Thurn und Taxissche Privatgerichtsbarkeit in Regensburg. Ein Kuriosum der deutschen Rechtsgeschichte. 1999.

Band 190 Antonio Grilli: Die französische Justizorganisation am linken Rheinufer 1797-1803. 1999.

Band 191 Stephanie Kammerloher-Lis: Die Entstehung des Gesetzes über die religiöse Kindererziehung vom 15. Juli 1921. 1999.

Band 192 Jan Telp: Ausmerzung und Verrat. Zur Diskussion um Strafzwecke und Verbrechensbegriffe im Dritten Reich. 1999.

Band 193 Kurt von Pannwitz: Die Entstehung der Allgemeinen Deutschen Wechselordnung. Ein Beitrag zur Geschichte der Vereinheitlichung des deutschen Zivilrechts im 19. Jahrhundert. 1999.

Band 194 Sylvia Busch: Die Entstehung der Allgemeinen Gerichtsordnung für die Preussischen Staaten von 1793/95. Ein Beitrag zur Geschichte der Kodifikationsbewegung und der Reform des Zivilprozesses in Preußen im 18. Jahrhundert. 1999.

Band 195 Dirk Bieresborn: Klage und Klageerwiderung im deutschen und englischen Zivilprozeß. Eine rechtshistorische und rechtsvergleichende Untersuchung unter besonderer Berücksichtigung der Beeinflussung durch das römisch-kanonische Verfahren. 1999.

Band 196 Andreas Thier / Guido Pfeifer / Philipp Grzimek (Hrsg.): Kontinuitäten und Zäsuren in der Europäischen Rechtsgeschichte. Europäisches Forum Junger Rechtshistorikerinnen und Rechtshistoriker München 22.-24. Juli 1998. 1999.

Band 197 Franz Smola: Die Fürstlich Liechtenstein'sche Kunstsammlung. Rechtsfragen zur Verbringung der Sammlung von Wien nach Vaduz in den Jahren 1944/45. 1999.

Band 198 Frank Martin Krauss: Das geteilte Eigentum im 19. und 20. Jahrhundert. Eine Untersuchung zum Fortbestand des Teilungsgedankens. 1999.

Band 199 Matthias Frey: Die spanische Aktiengesellschaft im 18. Jahrhundert und unter dem Código de Comercio von 1829. 1999.

Band 200 Alexandra Gilde: Die Stellung der Frau im Reichsstrafgesetzbuch von 1870/71 und in den Reformentwürfen bis 1919 im Urteil der bürgerlichen Frauenbewegung. Eine Analyse ausgewählter Straftatbestände. 1999.

Band 201 Malte Dießelhorst / Arne Duncker: Hans Kohlhase. Die Geschichte einer Fehde in Sachsen und Brandenburg zur Zeit der Reformation. 1999.

Band 202 Jörg Hillmann: Territorialrechtliche Auseinandersetzungen der Herzöge von Sachsen-Lauenburg vor dem Reichskammergericht im 16. Jahrhundert. 1999.

Band 203 Carsten Engler: Die Kommanditgesellschaft (KG) und die stille Gesellschaft im Allgemeinen Deutschen Handelsgesetzbuch (ADHGB) von 1861. 1999.

Band 204 Vesta Hoffmann-Steudner: Die Rechtsprechung des Reichsgerichts zu dem Scheidungsgrund des § 49 EheG (EheG 1938) in den Jahren 1938-1945. 1999.

Band 205 Michaela Thiele: Die Auflösung von Arbeitsverhältnissen aufgrund Anfechtung und außerordentlicher Kündigung nach der Rechtsprechung des Reichsarbeitsgerichts (1927-1945). 2000.

Band 206 Peter Landau / Hermann Nehlsen / Mathias Schmoeckel (Hrsg.): Karl von Amira zum Gedächtnis. 1999.

Band 207 Marcus Flinder: Die Entstehungsgeschichte des Zivilgesetzbuches der DDR. 1999.

Band 208 Boris Franz Leo Bromm: Die Entstehungsgeschichte des Berufs des Handelsvertreters. Unter besonderer Berücksichtigung der Sozialgesetzgebung in den Jahren von 1871-1933. 2000.

Band 209 Winfried C. J. Eberstein: Das Tierschutzrecht in Deutschland bis zum Erlaß des Reichs-Tierschutzgesetzes vom 24. November 1933. Unter Berücksichtigung der Entwicklung in England. 1999.

Band 210 Patrick Deller: Der „nach dem Vertrage" vorausgesetzte Gebrauch (§ 459 Absatz 1 Satz 1 BGB). Eine kaufrechtliche Untersuchung unter Berücksichtigung rechtshistorischer wie rechtsvergleichender Grundlagen. 2000.

Band 211 Eckard Freiherr von Bodenhausen: Haftung des Geschäftsherrn für Verrichtungsgehilfen im Straßen- und Schienenverkehr. Eine Analyse der Entscheidungen des Reichsgerichts zu § 831 BGB (1900-1945). 2000.

Band 212 Birte Gast: Der Allgemeine Teil und das Schuldrecht des Bürgerlichen Gesetzbuchs im Urteil von Raymond Saleilles (1855-1912). 2000.

Band 213 Hansjörg Michael Huber: Koloniale Selbstverwaltung in Deutsch-Südwestafrika. Entstehung, Kodifizierung und Umsetzung. 2000.

Band 214 Ulf Björner: Die Verfassungsgerichtsbarkeit im Norddeutschen Bund und Deutschen Reich (1867-1918). Eine rechtshistorische Untersuchung über Gerichtsbarkeit im Spannungsfeld von Politik und Recht innerhalb der von Bismarck geschaffenen deutschen Bundesstaaten. 2000.

Band 215 Mathias Freiherr von Rosenberg: Friedrich Carl von Savigny (1779-1861) im Urteil seiner Zeit. 2000.

Band 216 Reinhard Binder-Krieglstein: Österreichisches Adelsrecht 1868-1918/19. Von der Ausgestaltung des Adelsrechts der cisleithanischen Reichshälfte bis zum Adelsaufhebungsgesetz der Republik unter besonderer Berücksichtigung des adeligen Namensrechts. 2000.

Band 217 Claudia-Regine Nerius: Johannes Lehmann-Hohenberg (1851-1925). Eine Studie zur völkischen Rechts- und Justizkritik im Deutschen Kaiserreich. 2000.

Band 218 Ludger Meuten: Die Erbfolgeordnung des Sachsenspiegels und des Magdeburger Rechts. Ein Beitrag zur Geschichte des sächsisch-magdeburgischen Rechts. 2000.

Band 219 Christoph Alexander von Wilcken: Die Reformbestrebungen zum Genossenschaftsgesetz in der Frühzeit der Bundesrepublik. Die Beratungen der Sachverständigenkommission zur Überprüfung des Genossenschaftsrechts 1954 bis 1958 und der Referentenentwurf von 1962. 2000.

Band 220 Verein Junger RechtshistorikerInnen Zürich (Hrsg.): ¿Rechtsgeschichte(n)? ¿Histoire(s) du droit? ¿Storia/storie del diritto? ¿Legal Histori(es)? Europäisches Forum Junger Rechtshistorikerinnen und Rechtshistoriker Zürich 28.-30. Mai 1999. 2000.

Band 221 Hans Christian Schüler: Die Entstehungsgeschichte der Bundesnotarordnung vom 24. Februar 1961. 2000.

Band 222 Nils-Eberhard Schramm: Die Vereinigung demokratischer Juristen (1949-1999). 2000.

Band 223 Silke Anke Torp: Das Rechtsverhältnis zwischen den Eltern und ihren Kindern. Dienstleistungspflicht, Aussteuer und Ausstattung. Eine Analyse der Rechtsprechung des Reichsgerichts und des Reichsarbeitsgerichts zu den Vorschriften der §§ 1616 bis 1625 des Bürgerlichen Gesetzbuches in der Zeit von 1900 bis 1945. 2000.

Band 224 Martin Jürgen Maaß: Die Geschichte des Eigentumsvorbehalts, insbesondere im 18. und 19. Jahrhundert. 2000.

Band 225 Stefanie Langer: Rechtswissenschaftliche Itinerarien. Lebenswege namhafter europäischer Juristen vom 11. bis zum 18. Jahrhundert. 2000.

Band 226 Ulrich Schmitz: Der Unterhaltsanspruch des nichtehelichen Kindes gegen seinen Erzeuger. Die rechtsgeschichtliche und dogmatische Entwicklung im deutschen Recht. 2000.

Band 227 Sebastian Günther: Friedrich Carl von Savigny als Grundherr. 2000.

Band 228 Henning Ibs: Hermann J. Held (1890-1963). Ein Kieler Gelehrtenleben in den Fängen der Zeitläufe. 2000.

Band 229 Matthias Rücker: Wirtschaftswerbung unter dem Nationalsozialismus. Rechtliche Ausgestaltung der Werbung und Tätigkeit des Werberats der deutschen Wirtschaft. 2000.

Band 230 Hendrik Sandmann: Die Entwicklung von Begriff und Inhalt des Wirtschaftchsrechts durch die Rechtswissenschaft in der Weimarer Republik. 2000.

Band 231 Sibylle Müller: Gibt es Menschenrechte bei Samuel Pufendorf? 2000.

Band 232 Karin Olechowski-Hrdlicka: Die gemeinsamen Angelegenheiten der Österreichisch-Ungarischen Monarchie. Vorgeschichte – Ausgleich 1867 – Staatsrechtliche Kontroversen. 2001.

Band 233 Johannes Mierau: Die juristischen Abschluß- und Diplomprüfungen in der SBZ/DDR. Ein Einblick in die Juristenausbildung im Sozialismus. 2001.

Band 234 Jörg Wolff (Hrsg.): Stillstand, Erneuerung und Kontinuität. Einsprüche zur Preußenforschung. 2001.

Band 235 Friedo Schröder: Die anwaltliche Tätigkeit während der nationalsozialistischen Herrschaft. Eine Analyse der anwaltlichen Argumentation in Zivilprozessen anhand der vorhandenen Prozeßakten der Landgerichte Frankenthal, Wiesbaden, Limburg und Frankfurt und der Handakten der *jüdischen Konsulenten* des OLG-Bezirks Frankfurt. 2001.

Band 236 Der Code pénal des Königreichs Westphalen von 1813 mit dem Code pénal von 1810 im Original und in deutscher Übersetzung. Herausgegeben und mit einer Einleitung versehen von Werner Schubert. 2001.

Band 237 Klaus Richter: Deutsches Kolonialrecht in Ostafrika 1885-1891. 2001.

Band 238 Kai von Lewinski: Deutschrechtliche Systembildung im 19. Jahrhundert. 2001.

Band 239 Alexander Herzog: Sittenwidrige Rechtsgeschäfte in der höchstrichterlichen Rechtsprechung aus den Jahren 1948-1965. 2001.

Band 240 Claudia Rönnau: Die Beratungen des Wasserrechtsausschusses der Akademie für Deutsches Recht zu einem Reichswassergesetz (1934-1941). Ein Beitrag zur Dogmatik der Begriffe *Gemeingebrauch* und *Sondergebrauch* in der Zeit des Nationalsozialismus. 2001.

Band 241 Momme Rohlack: Kriegsgesellschaften (1914-1918). Arten, Rechtsformen und Funktionen in der Kriegswirtschaft des Ersten Weltkrieges. 2001.

Band 242 Rolf Geyer: Der Gedanke des Verbraucherschutzes im Reichsrecht des Kaiserreichs und der Weimarer Republik (1871-1933). Eine Studie zur Geschichte des Verbraucherrechts in Deutschland. 2001.

Band 243 Felix Lorenz Benjamin Lehmann: Der Rote Adlerorden. Entstehung und rechtliche Grundlagen (1705-1918). 2002.

Band 244 Marc Ludwig: Der Pfändungsschutz für Lohneinkommen. Die Entstehungs- und Entwicklungsgeschichte der Vorschriften zum Schutz vor Lohnpfändung in Deutschland. 2001.

Band 245 Alexander Wachter: Dorfschule zwischen Pastor und Schulmeister. Zur Säkularisierung des niederhessischen Schulwesens im 19. Jahrhundert. 2001.

Band 246 Richard Scholz: Analyse der Entstehungsbedingungen der reichsgerichtlichen Aufwertungsrechtsprechung. Untersuchung unter besonderer Berücksichtigung der konservativen Geldpolitik der Reichsbank und der Inflationspolitik der Reichsregierung. 2001.

Band 247 Judith Laeverenz: Märchen und Recht. Eine Darstellung verschiedener Ansätze zur Erfassung des rechtlichen Gehalts der Märchen. 2001.

Band 248 Christina Schenk: Bestrebungen zur einheitlichen Regelung des Strafvollzugs in Deutschland von 1870 bis 1923. 2001.

Band 249 Nils Werner: Die Prozesse gegen die Landvolkbewegung in Schleswig-Holstein 1929/32. Ein Beitrag zur Justizkritik in der späten Weimarer Republik. 2001.

Band 250 Wolfgang Walter: Das Duell in Bayern. Ein Beitrag zur bayerischen Strafrechtsgeschichte. 2002.

Band 251 Jörn Eckert / Kjell Å. Modéer (Hrsg.): Geschichte und Perspektiven des Rechts im Ostseeraum. Erster Rechtshistorikertag im Ostseeraum 8.–12. März 2000. 2001.

Band 252 Jan Könighaus: Die Inauguration der Christian-Albrechts-Universität zu Kiel 1665. Symbolgehalt und rechtliche Bedeutung des Universitätszeremoniells. 2002.

Band 253 Andreas Görgen: Rechtssprache in der Frühen Neuzeit. Eine vergleichende Untersuchung der Fremdwortverwendung in Gesetzen des 16. und 17. Jahrhunderts. 2002.

Band 254 Ralf Schäfer: Die Rechtsstellung der Haigerlocher Juden im Fürstentum Hohenzollern-Sigmaringen von 1634-1850. Eine rechtsgeschichtliche Untersuchung. 2002.

Band 255 Regine Schmalhorst: Die Tierhalterhaftung im BGB von 1896. Die Entstehung und Änderung des § 833 BGB sowie eine Analyse der Rechtsprechung des Reichsgerichts bis 1908. 2002.

Band 256 Thomas Hense: Konrad Beyerle. Sein Wirken für Wissenschaft und Politik in Kaiserreich und Weimarer Republik. 2002.

Band 257 Christian Mahlmann: Die Strafrechtswissenschaft der DDR. Klassenkampftheorie und Verbrechenslehre. 2002.

Band 258 Henning Kahmann: Die Bankiers von Jacquier & Securius 1933–1945. Eine rechtshistorische Fallstudie zur "Arisierung" eines Berliner Bankhauses. Mit einem Geleitwort von John Kornblum. 2002.

Band 259 Volker Friedrich Drecktrah: Die Gerichtsbarkeit in den Herzogtümern Bremen und Verden und in der preußischen Landdrostei Stade von 1715 bis 1879. 2002.

Band 260 Andreas Klass: Standes- oder Leistungselite? Eine Untersuchung der Karrieren der Wetzlarer Anwälte des Reichskammergerichts (1693-1806). 2002.

Band 261 Wolfgang Eder: Das italienische Tribunale Speciale per la Difesa dello Stato und der deutsche Volksgerichtshof. Ein Vergleich zwischen zwei politischen Gerichtshöfen. 2002.

Band 262 Albrecht Cordes / Bernd Kannowski (Hrsg.): Rechtsbegriffe im Mittelalter. 2002.

Band 263 Thomas Hildebrandt: Die Brandenburgischen Provinziallandtage von 1841, 1843, und 1845 anhand ausgewählter Verhandlungsgegenstände. 2002.

Band 264 Jan Finzel: Georg Adam Struve (1619–1692) als Zivilrechtler. 2003.

Band 265 Björn Carsten Frenzel: Das Selbstverständis der Justiz nach 1945. Analyse der Rolle der Justiz unter Berücksichtigung der Reden zur *Wiedereröffnung* der Bundes- und Oberlandesgerichte. 2003.

Band 266 Nils Reichhelm: Die marxistisch-leninistische Staats- und Rechtstheorie Karl Polaks. 2003.

Band 267 Raik Schneider: Altrechtliche Personenzusammenschlüsse. Ihre Entwicklung unter besonderer Berücksichtigung des Rechts des Großherzogtums Sachsen-Weimar-Eisenach sowie der Herzogtümer Sachsen-Meiningen und Sachsen-Gotha. 2003.

Band 268 Anke Meier: Die Geschichte des deutschen Konkursrechts, insbesondere die Entstehung der Reichskonkursordnung von 1877. 2003.

Band 269 Stefan Jens Jordan: Leben und Werk des Tübinger Rechtsprofessors Wilhelm Gottlieb Tafinger 1760–1813. 2003.

Band 270 Stefanie Hubig: Die historische Entwicklung des § 23 ZPO. Zum Ursprung und Fortleben des Vermögensgerichtsstandes im deutschen Prozeßrecht des 19. Jahrhunderts. 2003.

Band 271 Michael G. Perband: Der Grundsatz der freien Beweiswürdigung im Zivilprozeß (§ 286 ZPO) in der Rechtsprechung des Reichsgerichts. 2003.

Band 272 Mathias Bouveret: Die Stellung des Staatsoberhauptes in der parlamentarischen Diskussion und Staatsrechtslehre von 1848 bis 1918. 2003.

Band 273 Barbara Széchényi: Rechtliche Grundlagen bayerischer Zensur im 19. Jahrhundert. 2003.

Band 274 Sylvia Scharfenberg: Die Entstehungsgeschichte des Beurkundungsgesetzes vom 28. August 1969. 2003.

Band 275 Urte Nesemann: Die schwedische Familiengesetzgebung von 1734 bis zu den Reformgesetzen von 1915 bis 1920 und deren Einfluss auf die Gesetzgebungsprojekte der Weimarer Republik. Unter besonderer Berücksichtigung der Rechtsstellung der Frau und des unehelichen Kindes. 2003.

Band 276 Alexandra Brück: Die Polizeiordnung Herzog Christians von Braunschweig-Lüneburg vom 6. Oktober 1618. 2003.

Band 277 Torsten Landwehr: Das Kommissionsgeschäft in Rechtswissenschaft, Gesetzgebung und Rechtspraxis vom 16. bis zum Ende des 18. Jahrhunderts. 2003.

Band 278 Tassilo Wilhelm Maria Englert: Deutsche und italienische Zivilrechtsgesetzgebung von 1933–1945. Parallelen in der Rechtsetzung und gegenseitige Beeinflussung unter besonderer Berücksichtigung des Familien- und Erbrechts. 2003.

Band 279 Tobias Prang: Der Schutz der Versicherungsnehmer bei der Auslegung von Versicherungsbedingungen durch das Reichsgericht. 2003.

Band 280 Thorsten Lieb: Privileg und Verwaltungsakt. Handlungsformen der öffentlichen Gewalt im 18. und 19. Jahrhundert. 2004.

Band 281 Michael Rühling: Das Ladenschlussgesetz vom 28. November 1956. Vorgeschichte, Entstehung des Gesetzes und weitere Entwicklung. 2004.

Band 282 Kathrin Nawotki: Die schleswigsche Deichstavengerechtigkeit. Vom 17. Jahrundert bis in die Gegenwart. Eine gewohnheitsrechtliche Superfizies an nordfriesischen Deichgrundstücken und ihre Entwicklung. 2004.

Band 283 Erik Nils Voigt: Die Gesetzgebungsgeschichte der militärischen Ehrenstrafen und der Offizierehrengerichtsbarkeit im preußischen und deutschen Heer von 1806 bis 1918. 2004.

Band 284 Dorothea Riedi Hunold: Die Einführung der allgemeinen Wechselfähigkeit in der Schweiz in der zweiten Hälfte des 19. Jahrhunderts. Unter besonderer Berücksichtigung der politischen, wirtschaftlichen und sozialen Verhältnisse. 2004.

Band 285 Thomas Gergen: Pratique juridique de la paix et trêve de Dieu à partir du concile de Charroux (989–1250). Juristische Praxis der Pax und Treuga Dei ausgehend vom Konzil von Charroux (989–1250). 2004.

Band 286 Kathrin Bethkenhagen: Die Entwicklung des Luftrechts bis zum Luftverkehrsgesetz von 1922. 2004.

Band 287 Heiko Lüpkes: Die Verbrechen der Diener des Staats im Allgemeinen Landrecht für die Preußischen Staaten von 1794 und ihre Entwicklung zu den Vergehen und Verbrechen im Amte im Strafgesetzbuch für die Preußischen Staaten von 1851. 2004.

Band 288 Mirco Peter Hirsch: Von der Erbbescheinigung des Preußischen Rechts zum Erbschein des Bürgerlichen Gesetzbuchs. 2004.

Band 289 Bettina Günther: Die Behandlung der Sittlichkeitsdelikte in den Policeyordnungen und der Spruchpraxis der Reichsstädte Frankfurt am Main und Nürnberg im 15. bis 17. Jahrhundert. 2004.

Band 290 Seunghyeon Seong: Der Begriff der *nicht gehörigen Erfüllung* aus dogmengeschichtlicher und rechtsvergleichender Sicht. 2004.

Band 291 Steffen-Werner Meyer: Bemühungen um ein Reichsgesetz gegen den Büchernachdruck. Anläßlich der Wahlkapitulation Leopolds II. aus dem Jahre 1790. 2004.

Band 292 Ulrich Löffler: Instrumentalisierte Vergangenheit? Die nationalsozialistische Vergangenheit als Argumentationsfigur in der Rechtsprechung des Bundesverfassungsgerichts. 2004.

Band 293 Norbert Koch: Die Entwicklung des deutschen privaten Immissionsschutzrechts seit Beginn der Industrialisierung. Unter besonderer Berücksichtigung des Einflusses der höchstrichterlichen Rechtsprechung. 2004.

Band 294 Julius Ludwig Pfeiffer: Das Tierschutzgesetz vom 24. Juli 1972. Die Geschichte des deutschen Tierschutzrechts von 1950 bis 1972. 2004.

Band 295 Bert-Hagen Strodthoff: Die richterliche Frage- und Erörterungspflicht im deutschen Zivilprozeß in historischer Perspektive. 2004.

Band 296 Tim Kannewurf: Die Höfeordnung vom 24. April 1947. Entstehungsgeschichte und Einordnung in die Entwicklung des Anerbenrechts. 2004.

Band 297 Steffi Heine: Die Methodendiskussion nach Inkrafttreten des Bürgerlichen Gesetzbuches und die Gründung des Vereins *Recht und Wirtschaft.* 2004.

Band 298 Anne Marlene Simon-Holtorf: Geschichte des Familienwahlrechts in Frankreich (1871 bis 1945). 2004.

Band 299 Jürgen Busch: Das Germanenbild der deutschen Rechtsgeschichte. Zwischen Wissenschaft und Ideologie. Mit einem Vorwort von Herwig Wolfram. 2004.

Band 300 Jan Kohlmann: Der Marsch zu den Gräbern von Karl und Rosa. Geschichte eines Gedenktages. 2004.

Band 301 Christian Rainer Schlicht: Die kumulative Schuldübernahme in der Rechtsprechung des Reichsgerichts und in der zeitgenössischen Literatur. 2004.

Band 302 Hans Peter Glöckner: Positive Vertragsverletzung. Die Geburt eines Rechtsinstituts. 2004.

Band 303 João Manuel Azevedo Alexandrino Fernandes: Die Theorie der Interpretation des Gesetzes bei Francisco Suárez. 2005.

Band 304 René Funk: Die Wahlprüfung der volksgewählten Abgeordneten der Volksvertretungen im Frühkonstitutionalismus. Eine Untersuchung der Wahlprüfung in den Kammern der Abgeordneten des Großherzogtums Baden, des Königreichs Württemberg und des Großherzogtums Hessen. 2005.

Band 305 Carolin O'Sullivan. Die Ahndung von Rechtsbrüchen der Seeleute im mittelalterlichen hamburgischen und hansischen Seerecht (1301–1482). 2005.

Band 306 Martin Jürgens: Staat und Reich bei Ernst Rudolf Huber. Sein Leben und Werk bis 1945 aus rechtsgeschichtlicher Sicht. 2005.

Band 307 Florian G. Dürselen: Franz Beyerle (1885–1977). Leben, Ära und Werk eines Rechtshistorikers. 2005.

Band 308 Kai Bandilla: Urheberrecht im Kaiserreich. Der Weg zum Gesetz betreffend das Urheberrecht an Werken der Literatur und Tonkunst vom 19. Juni 1901. 2005.

Band 309 Stefan Mieth: Die Entwicklung des Denkmalrechts in Preußen 1701–1947. 2005.

Band 310 Catharina Lodemann: Die Geschichte des französischen *acte de gouvernement*. 2005.

www.peterlang.de

Anne Marlene Simon-Holtorf

Geschichte des Familienwahlrechts in Frankreich (1871 bis 1945)

Frankfurt am Main, Berlin, Bern, Bruxelles, New York, Oxford, Wien, 2004. 288 S.
Rechtshistorische Reihe. Verantwortlicher Herausgeber: Werner Schubert. Bd. 298
ISBN 3-631-52945-7 · br. € 51.50*

Die Forderung nach Einführung eines Familienwahlrechts (vote familial) kam in Frankreich in der Mitte des 19. Jahrhunderts auf. Hiernach sollten dem Familienoberhaupt mehrere Wahlstimmen zustehen, sei es in Vertretung der Kinder, sei es für die Familie als solche. Die Arbeit behandelt außer der umfangreichen Literatur alle parlamentarischen Initiativen zwischen 1871 und 1938 zur Einführung des Familienwahlrechts (seit 1924 verbunden mit dem erst 1945 in Frankreich verwirklichten Frauenstimmrecht) und die Verfassungsprojekte von Vichy, die ein Familienwahlrecht vorsahen. Zum Abschluß bringt die Arbeit einen detaillierten Überblick über die derzeitige Diskussion zur Einführung eines Familien- bzw. Kinderwahlrechts in Deutschland.

Aus dem Inhalt: Wahlrecht und Gesetzgebung in Frankreich · Begriff und Zweck des Familienwahlrechts · Anfänge des Familienwahlrechts in Frankreich von 1871 bis 1899 · Familienwahlrecht in Belgien, Tunesien und Marokko · Familienwahlrecht in Frankreich von 1900 bis 1938 · Familienwahlrecht in der Vichy-Zeit · Familienwahlrecht heute

FSC
www.fsc.org
MIX
Papier | Fördert
gute Waldnutzung
FSC® C083411

Kolibri 360 GmbH
Ferdinand-Jühlke-Straße 7
99095 Erfurt, Deutschland
produktsicherheit@kolibri360.de

Druck:
CPI Druckdienstleistungen GmbH
im Auftrag der
Kolibri 360 GmbH
Ferdinand-Jühlke-Str. 7
99095 Erfurt